十二五高等院校应用型特色规划教材

公共关系学

姚凤云　郑郁　钟凯　主　编

清华大学出版社

北　京

内 容 简 介

本书分三篇二十章。第一篇公共关系原理篇分为八章，深入论述了公共关系的含义、特征、要素、历史；公共关系学的含义、研究对象和内容；公共关系主体——社会组织；公共关系客体——公众；公共关系中介——传播；公共关系目标——塑造形象；公共关系的职能；公共关系的基本原则等基本原理。第二篇公共关系实务篇分为九章，详尽地阐释了公共关系的调研、策划、实施、评估等工作程序；公共关系活动模式；公共关系专题活动；网络公共关系；危机公共关系管理；公共关系礼仪等实务知识。第三篇公共关系技术篇分为三章，先后阐释了公共关系广告；公共关系谈判；公共关系演讲等公关实操技术。本书融理论性、知识性、技能性和实用性于一体，例证充实，通俗易懂。

本书可作为大学管理类专业的专业课教材，也可作为其他各专业的公共选修课教材，还可作为继续教育培训教材和自学用书。

图书在版编目(CIP)数据

公共关系学/姚凤云，郑郁，钟凯主编. --北京：清华大学出版社，2015(2020.2重印)
(十二五高等院校应用型特色规划教材)
ISBN 978-7-302-41446-9

Ⅰ. ①公…　Ⅱ. ①姚… ②郑… ③钟…　Ⅲ. ①公共关系学—高等学校—教材　Ⅳ. ①C912.3

中国版本图书馆 CIP 数据核字(2015)第 209421 号

责任编辑：彭　欣
封面设计：汉风唐韵
责任校对：宋玉莲
责任印制：丛怀宇

出版发行：清华大学出版社
网　　址：http://www.tup.com.cn，http://www.wqbook.com
地　　址：北京清华大学学研大厦 A 座　　**邮　　编**：100084
社 总 机：010-62770175　　**邮　　购**：010-62786544
投稿与读者服务：010-62776969，c-service@tup.tsinghua.edu.cn
质量反馈：010-62772015，zhiliang@tup.tsinghua.edu.cn
印 装 者：清华大学印刷厂
经　　销：全国新华书店
开　　本：185mm×260mm　**印　　张**：22.25　**字　　数**：508 千字
版　　次：2015 年 10 月第 1 版　**印　　次**：2020 年 2 月第 4 次印刷
定　　价：45.00 元

产品编号：065321-01

前言

在提笔撰写本书前言之际，请先让我将自己抒写的赞美公共关系的一首小诗附于前言之首，以表对公共关系学这一新兴学科的赞美之情，并诚请大家与我共同分享：

“公关”赞

公关，
你是社会发展的风景线！
从古代活动的萌芽状态，
到现代西方的科学起源；
从各国思想实务的推进，
到中国当代理论与实践……
你一路装点着人类文明的璀璨！

公关，
你是组织航船的助风帆！
从团队之舟的扬帆启航，
到时而停于修整的港湾；
从几度整装再发的继航，
到最终抵达胜利的彼岸……
你一心力促起主体的前程无限！

公关，
你是人们成长的活力丹！
从个体思想观念的确立，
到个人能力智慧的施展；
从各方素质的渐渐提高，
到各种成就的步步显现……
你一再催生出人们成长的康健！

公关，
你是公众畅饮的甘甜泉！

从对组织的漠然或抵触，
到对主体的理解和盛赞；
从双方的关系游离不识，
到彼此的相互认知互联……
你一并促进了主客的润融共建！

公关，
你是启动传播的动力源！
从发出主体的种种信息，
到反馈客体的纷纷意见；
从传播意图渠道的利用，
到说服技巧艺术的变幻……
你一直借助于中介而多谱新篇！

公关，
你是塑造形象的好标杆！
从基本职能的认真履行，
到纷繁实务的频频开展；
从程序原则的严格遵循，
到活动模式的灵活择选……
你一向追求其美好目标的实现！

公共关系学是20世纪初在西方形成的一门比较年轻的和正在逐步发展完善的边缘性、交叉性的社会科学。20世纪80年代初，这门新学科从我国改革开放的窗口——南方沿海经济特区引入进来，并伴随着改革的进程，在华夏大地由南向北迅速传播开来。它早已日益受到国内人们的高度重视，在社会生活的各个领域正发挥着越来越重要的作用。

2000年中国国际公共关系大会通过的《新世纪中国公关业宣言》称“振兴公关、教育为本”。国家教育部高教司提出在高校普及公关教育时，曾明确指出：“21世纪的大学生，无论学什么专业，无疑都应具备较好的公关能力和素质，这是一项非常重要的历史使命。”为了能与时俱进地总结公共关系学最新理论和实践，为了促进高校公共关系教育的发展，满足高校教学用书的需求，我们特编写了本书。

本书共分三篇二十章，对公共关系的原理、实务、技能做了较为系统的阐释。它融理论性、知识性、技能性和实用性于一体，观点明晰、例证充实、通俗易懂。此书既可作为大学管理类专业的专业课教材，也可作为其他各专业的公共选修课教材，还可作为继续教育培训教材和自学用书。

本书主编为姚凤云、郑郁、钟凯；副主编为杨莉、李远航、秦丽。具体编写任务为(按所写章节为序)：姚凤云(编写第一章)；杨莉(编写第二、八、十七、十九章)；钟凯(编写第三、四、十四章)；李远航(编写第五、七、二十章)；钟玲(编写第六章)；姚万军(编写第九章)；朱凤(编写第十章)；秦丽(编写第十一章)；劳惠燕(编写第十二章)；郑郁(编写第十三、

十六、十八章)；姚博文(编写第十五章)。

在本书的编写过程中，我们参阅了大量公共关系学和相关学科的论著、教材，文章和其他资料，在此，谨向诸位原作者表示诚挚的谢意！编写此书，我们付出了很多努力，但由于我们的知识水平和写作能力有限，因此书中的疏漏和错误恐难避免，诚望专家、同行和广大读者多多给予指正。谢谢！

编　者

目录

第一篇　公共关系原理篇

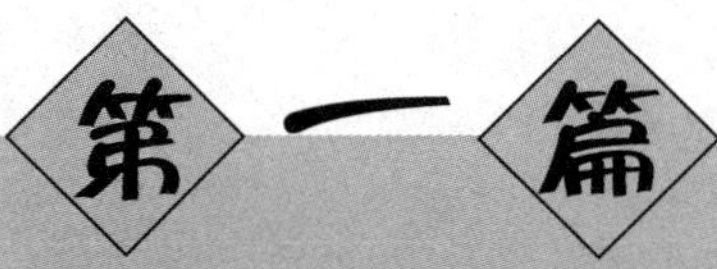

第一篇 公共关系原理篇

第一篇公共关系原理篇分为八章，即公共关系学绪论、公共关系的历史与现状、公共关系主体——社会组织、公共关系客体——公众、公共关系中介——传播、公共关系目标——塑造形象、公共关系的职能、公共关系的基本原则等八章。

第一章

公共关系学绪论

通过本章的学习，深刻把握公共关系的含义和特征，了解公共关系的基本要素，明确公共关系与相关概念的区别，了解公共关系学的含义、研究对象和内容，为本课程的学习打下理论基础。

习近平主席的阳光公关行动

有人说，2013 年是爱你一生，2014 年是爱你一世，“1314 在一起，爱你一生一世”，这是每一个普通的中国人最浪漫的新年愿望。

2013 年 12 月 28 日中午，国家主席习近平用排队吃包子的亲民行动，自然表达了“和人民群众在一起”的真挚情感，一举赢得了国内广大民众的衷心爱戴和国际社会的一片赞叹。

2013 年 12 月 31 日，习近平在其办公室发表新年贺词，这是其办公室在国内民众面前的首度曝光。透过央视镜头看到了办公室上的二红一白电话机、长城壁画和身后书架上的四幅照片：他与家人推着轮椅上的父亲、他牵母亲的手散步、他与夫人合影、他骑着自行车载着女儿。人们在接受到他平白朴实的新年祝福之余，更感受到一种与众不同的开明开放和家国情怀。

2013 年 12 月 10 日，国家主席习近平夫人彭丽媛和普通观众一起排队入场北京音乐厅，参加中国交响乐团纪念李凌诞辰 100 周年音乐会。让人再次想起她陪同习近平出访时“第一夫人外交”的巨大影响力。

毫无疑问，习近平的这一系列“排队买包子”“办公室背景”“夫人陪同出访”，都称得上是可以载入史册、流传千古的“首脑公关”事件。

虽然“不当总统，就当公关人”的首脑公关在国外很普遍，虽然诸如奥巴马买汉堡、带女儿逛书店，默克尔买菜，拜登吃面，骆家辉喝咖啡等国外政客的生活公关秀，早已经是司空见惯的公关策略。但是，在中国，习主席的“包子事件”“办公室首曝光”“第一夫人陪同出访”却是近年来中国最高领导人最接地气、最提人气的一组亲民行为，也是最具国际影响力的一组中国特色的阳光公关行动。

资料来源：陈先红．浅析包子公关的智慧(节选)．国际公关．2014．04．17．(注：案例题目为本书加)

公共关系是20世纪初在西方形成的一门比较年轻的和正在逐步发展完善的边缘性、交叉性的社会科学。在西方,有的学者把以电脑为代表的科学技术水平,以旅游业为代表的富裕生活程度,以公共关系为代表的经营管理效能并列为衡量一个国家发达程度的三大标志。公共关系学在发达国家早已受到人们的高度重视。20世纪80年代初,这门新学科从我国改革开放的窗口——南方沿海经济特区引入进来,并伴随着改革的进程,在华夏大地由南向北迅速传播开来。它也日益受到国内人们的高度重视,在社会生活的各个领域正发挥着越来越重要的作用。

本章将分三节分别阐释公共关系的含义和特征;公共关系的要素和与相关概念辨析;公共关系学的含义、研究对象和内容,以及与相关学科的关系等问题。

第一节 公共关系的含义和特征

一、公共关系的含义

(一) 什么是关系

从一般意义上讲,所谓关系是指事物之间,人与事物之间,人与人之间的某种性质的联系,表现在他们之间的相互作用、相互影响的一种状态和活动之中。例如,月亮因地球吸引而绕其运行,海洋因月亮影响而潮汐涨落;农民依赖土地而耕作,土地因农民改良而肥沃;张三因取李四之长而补其短,李四因张三优点的影响而趋于完善……诸如以上事物之间、人与事物之间、人与人之间相互作用和影响的联系现象极为普遍。

从特殊意义上讲,关系是对人而言的,它具有人文性。人文性指的是主体的能动性。这是因为,人具有动物或其他任何事物所不具有的主体能动性。人与外界发生联系时,是在遵循客观规律的基础上,发挥其主动性和创造性去能动地反映外部世界的。他既认识环境,又改造环境,使其更能适应人的生存需要。应该说,人的主体能动性是关系的基本属性。离开了人的存在和介入,关系就失去本来的意义。人以外的任何动物虽与外界环境发生联系,但动物只是凭借本能去适应环境,不能对外界环境进行能动的反映。这种单方面实施作用的状态,不具有主体能动性,因而,不能与外界构成关系。正如马克思所指出的:"动物不对什么东西发生'关系',而且根本没有'关系'。"

从关系的人文性特点看,关系的限定范围只是指人和事物、人和人之间的联系。据此,可将关系分为两类:

一类是人与物构成的自然关系。这是指人类为了索取衣、食、住、行所需要的物质资料而和大自然打交道所构成的关系,例如,人驯服动物、保护动物和动物给人的回报;人培育植物、改良植物和植物给人的补偿;人探测矿藏、开发矿藏和矿藏给人的馈赠等都属于自然关系。

一类是人与人、人与社会构成的社会关系。这是指人类为了征服自然,获取各自和共同利益而与其他个人和组织客观或能动地联系、交往、合作而构成的社会关系。社会关系是指人们在共同活动的过程中结成的相互关系的总称。

社会关系中的一类重要的关系是物质关系。人们在物质生活、社会生活中所发生的相互关系，即生产关系、经济关系均属于物质关系。物质关系是其他一切社会关系的基础，是一切社会关系中最基本的关系。

社会关系中的另一类关系是思想关系(或者称之为精神关系)。人们在政治生活、精神生活中发生的政治、法律、教育、文化、道德、宗教等各种关系均属于思想关系。

各种社会关系(各物质关系和思想关系)还可以简单地划分为两种关系，即团体关系和个体关系。

所谓团体关系是指国家关系、社区关系、组织关系(包括企业关系)等。

所谓个体关系一是指有血缘关系的家庭亲戚关系，如父子、夫妻、兄弟、姊妹、舅舅外甥等关系；二是指通过一定媒介而有实际交往的人际关系，如同志、朋友、师生、同学、邻里、伙伴等关系。

(二) 什么是公共关系

要了解什么是公共关系，有必要追溯一下“公共关系”一词的渊源。“公共关系”一词源于美国，是从英文 Public Relations 译过来的。“公共关系”英文缩写符号为“PR”，中文简称为“公关”。在英文中，Public 这个词有两种不同的词性含义。作为形容词，它可译作“公共的”，作为名词，它可译作“公众”。

中国香港、中国台湾一些学者把 Public Relations 译为“公众关系”。他们认为，这个概念本来含义就是谋求组织机构内外公众的良好关系；而这些组织关系，在特定的情况下，出于某种策略思想又不完全都具有“公共”的性质。但我们认为：“公众关系”既可能让人理解为“与公众的关系”，也可能让人理解为“公众间的关系”，而对于一个组织来说，前者具有单向性，不能体现“关系”双方的相互作用与影响；后者则具有无关性，对公共关系的主体——组织不具有意义。因此，译为“公共关系”较为贴切。因为，这里的“公共”，我们一般都将其理解为“社会的”“共同的”“共有的”“大家的”等。这样，“公共关系”便顺理成章地让人领悟到它既蕴含社会组织与公众的关系，也包含了公众与社会组织的关系，所以，译为“公共关系”容易为人们所接受和运用。

从字面上理解“公共关系”，它是指社会组织与其内外各种公众之间的关系。这是一种简单的理解。而如何理解“公共关系”的本质和内涵，给其下一个各方面公允的确切的定义，这是公共关系研究中最难解决的问题。正如公共关系学者史蒂芬·菲茨拉杰德所说：“令人头痛的不是公共关系一词缺乏意义，而是这个词包罗万象，囊括过多。”对这个极为宽泛的术语可以做各种各样合乎情理的解释。目前，国际国内对公共关系下了上千条表述不同无法统一的定义。真可谓众说纷纭，各抒己见。

下面，我们有选择地介绍一些关于公共关系的定义：

(1) 现代公共关系学先驱之一爱德华·伯尼斯关于公共关系的定义是：“公共关系是一种处理一个团体与公众或者是决定该团体活力的公众之间的关系的职业。”

(2) 美国的公共关系权威康菲尔认为：“公共关系是一种管理哲学，在所有决策和行动上，都以公众利益为前提。此项原则应厘定于政策中，向社会大众阐释，以获得谅解与信任。”

(3) 美国普林斯顿大学希尔滋教授认为："公共关系是我们所从事的各种活动，所发生的各种关系的通称，这些活动与关系都是公众性的，并且都有其社会意义。"

(4) 英国著名的公共关系专家弗兰克·杰弗金斯提出的公共关系定义是："公共关系就是一个组织为了达到与它的公众之间相互了解的确定目标，而有计划地采用一切向内和向外的传播方式的总和。"

(5) 美国的雷克斯·哈罗博士在分析归纳了472个公共关系的定义后认为："公共关系是帮助在一个组织和它的公众之间建立和维持传播、接受和合作关系的一种管理职能；涉及各种问题的处理；使管理服务公众舆论并作出反应；明确和强调管理服务于公众利益的责任；帮助管理部门掌握变化情况并有效地运用这些变化，使之成为帮助预测趋势的早期警报系统；运用研究成果和良好的、符合职业道德水准的传播技术作为自己的主要工具。"

(6) 熊源伟主编的《公共关系学》的定义是："公共关系是社会组织为了塑造组织形象，通过传播、沟通手段来影响公众的科学与艺术。"

(7) 王乐夫等编著的《公共关系学》的定义是："公共关系是一种内求团结、外求发展的经营管理艺术。它运用合理的原则和方法，通过有计划而持久的努力，协调和改善组织机构的对内对外关系，使本组织机构的各项政策和活动符合广大公众的需求，在公众中树立起良好形象，以谋求公众对本组织机构的了解、信任、好感和合作，并获得共同利益。"

(8) 明安香著的《当代实用公共关系》中的定义是："公共关系是运用各种信息传播手段，在组织机构的内部和外部形成双向的信息流通网络，从而不断地改善管理与经营，赢得社会各界的信任和支持，取得自身效益与社会整体效益完善统一的政策与行动。"

(9) 居延安著的《公共关系学》中的定义是："公共关系是一个社会组织运用传播手段使自己与公众相互了解和相互适应的一种活动或职能。"

(10) 国际公共关系协会关于公共关系的定义是："公共关系是一种管理职能，它具有连续性和计划性，通过公共关系，公立的和私立的组织或机构试图赢得与它们有关人们的理解、同情和支持……"

不用更多的举例，仅从以上列举的这些定义，就可了解到公共关系研究的困难和复杂程度了。然而，我们又可以看到，以上这些定义的阐述又可谓仁者见仁，智者见智，均以其不同表述的形式和角度揭示了公共关系这一复杂事物多层次、多侧面的丰富内涵，令人眼界大开。

通过以上介绍的公共关系的若干种定义，并对其加以分析和联系现实进行综合，我们认为，所谓公共关系是指社会组织为塑造良好的自身形象，创造和谐的社会环境，谋求与公众共同受益和发展，而运用传播手段与公众进行双向沟通和协调的一种独特的管理活动。

二、公共关系的基本特征

(一) 公共关系是状态与活动的统一

公共关系首先表现为一种客观存在的状态。一个社会组织在社会生活中，无论是否认识到公共关系的存在，无论是否理解公共关系这个词的词义，也无论是否进行和开展公共关系工作和活动，这个组织都始终存在于公共关系的状态之中，即它总是与其他组织和个人存在着一定性质的广泛的联系，或是与其他组织和个人处于良好的、平衡的、亲密的交往之中，或是与其他组织和个人处于紧张的、疏远的气氛之中，这是一种客观存在的现象。例如，一家宾馆自开业那天起，它始终处于和各类公众利益的联系之中。宾客、新闻单位、所在社区、政府机构、竞争对手、内部员工等组织和个人经常会与宾馆有各方面的联系。尽管宾馆还没有意识到这些组织和个人对自身生存发展有着什么重要的关系，也没有对其做任何公关工作，但与这些组织和个人的联系却是客观存在的。他们之间相互影响、相互作用的联系没有主观意识介入的主动、被动之分，而是在不自觉之中所进行的联系。这就形成了一种自然的公共关系状态。

在现代社会，不论你承认与否，这种自然公共关系状态是普遍存在的。正如英国的公共关系学的教育家弗兰克·杰弗金斯所说："公共关系涉及任何组织，包括商业性的和非商业性的组织。无论我们是否喜欢，公共关系总是存在的，你不能决定有或没有公共关系。公共关系是由与组织有关联的所有人的各种沟通联络所组成的。每个人都处于公共关系中，除非他与世隔绝，与人类脱离任何关系。"但应该看到的是，这种自然的公共关系状态对于一个组织及其成员来说，是一种盲目的公共关系状态。

然而，任何有理性的社会组织成员，都不会对组织面临的公共关系的状态视而不见、听而不闻、坐等其变、一味盲从。而相反的是，当一个组织及其成员意识到公共关系的客观存在，并认识到与其有关联的其他组织和个人对自身生存和发展具有重要的关系时，便会为创造良好的社会环境而能动地采取适应、改造、调解与之关系的行动，也就是自觉地在公关理论和意识的指导下，进行和开展一些有计划、有组织的公共关系活动。即进行日常性和专门性的公共关系活动，从中运用传播手段对其他社会组织或个人进行信息交流、情感输送，促其对组织增进感情或改变态度，引发其支持、合作等行动，以便创造最佳的发展环境，确保组织预定目标的实现，促进组织与公众共同受益和发展，进而塑造出良好的组织形象。由此可见，公共关系是状态与活动的统一。

(二) 公共关系是实务与观念的统一

公共关系一方面体现为公共关系实务。公共关系实务是指作为组织管理职能的公共关系业务工作的总和。它包括公关调查、公关咨询、公关策划、公关宣传、公关交际、公关服务及各种公关专题活动。

公共关系另一方面也体现为公共关系观念。公共关系观念是指公共关系的理论、思想、文化等意识形态。它是公共关系现象在人们头脑中的反映，即人们对公共关系实践认识、反思后形成的意识。它包括声誉观念、公众观念、传播沟通观念、协调均衡观念、整体效益观念、互利合作观念、社会责任观念等观念意识。

这些公共关系观念意识又反作用于公共关系实践，即在公共关系理论、思想、文化等意识形态的指导或影响下，进行和开展各项公共关系实务。所以说，公共关系是实务和观念的统一。

(三) 公共关系是技术与艺术的统一

公共关系是一种技术。“它运用健全的、正当的传播技能和研究方法作为主要的工具”“通过传播大量具有说服力的材料,促进社会上人与人之间或人与公司之间,或公司与公司之间亲密友好的关系”。传播技术的不断发展,促进了公共关系水平的不断提高。可以说,公共关系是科学技术高度发达的产物。

公共关系还是一门艺术。公共关系是一门帮助组织建立良好信誉、塑造美好形象的艺术。它之所以称为艺术,是因为它涉及人的富有创造性的活动。例如,无论是日常的公共关系工作的进行,还是公共关系专题活动的策划和举办,都蕴含和展现出不同程度的艺术性。仅从公共关系经常采用的传播形式——广告的设计和宣传看,其艺术性就很强。公共关系艺术性的不断创新,使其具有越来越强的吸引力。然而,公共关系的艺术展现又直接与公共关系的技术相关联。公共关系技术和艺术的结合和统一是公共关系的生命力所在。

第二节 公共关系的要素与相关概念的辨析

一、公共关系的基本要素

公共关系作为一种关系,它的构成有三大要素:即主体——社会组织;客体——公众;中介——传播。这三个要素相辅相成,缺一不可。如图 1.1 所示。

图 1.1 公共关系的三大要素

公共关系作为一种管理活动,从过程上看,它还包括另一要素,即公共关系目标。公共关系的目标是塑造形象。

(一) 公关主体——社会组织

公关的主体——社会组织可以简称为组织。它是公共关系的第一要素。公共关系学中所讲的组织是指按着一定的目标、任务和统属关系构成的群体和集团。这种群体和集团内部有计划、有分工、有领导、有管理制度和机构。组织,包括它的公共关系机构和公共关系人员,构成了公共关系的主体。在公共关系活动中,组织是公共关系的主要承担者之一,具有主导作用。组织的类别一般包括工业组织、商业组织、金融组织、公益事业组织、服务组织、文化组织、军事组织、民间组织,以及社会团体、政府机构等。

(二) 公关客体——公众

公关的客体——公众是公共关系的第二个要素。任何关系都首先由主客体双方构成,公共关系更是如此。公众是指公共关系主体——组织的公共关系工作的接受对象,即公共关系的客体。组织的公众是与组织有特定联系的所有的其他组织和个人。公共关系的一个重要目的就是努力使组织与各种社会公众相互适应、相互合作。公众并不是总处于被动地位，在一定条件下，它将左右组织的命运、显示出它的重要性。

(三) 公关中介——传播

公关的中介——传播是公共关系的第三个要素。传播是连接公共关系主体——组织和客体——公众之间关系的中介。在公共关系中，传播是将一定的信息通过传播媒介输送给社会公众，以达到公共关系所期望的行为产生的目的。它能起到公共关系主体信息双向交流的作用。离开了传播，组织与公众稳定、和谐的状态就不能获得，组织与公众及社会间的相互适应、同步发展就难以实现。

(四) 公关目标——塑造形象

公关的目标——塑造形象是公共关系的第四个要素。公共关系作为组织管理中的一种管理活动，它总是为达到一定的目标而去向公众实施传播的。任何公共关系工作和活动最终都是为实现塑造形象这一基本的公关目标，它包括组织的精神形象、领导者形象、员工形象、产品形象等。这些形象将成为组织追求与公众及社会关系稳定、平衡、和谐、同步发展的重要资产。当然，实现公共关系塑造形象这一最终目标，离不开具体的阶段性目标；这一总目标又离不开分目标。

为帮助人们较清楚地认识公共关系的要素，在此特举一实例进行分析。

联合碳化钙公司的捉放鸽子事件

美国纽约市联合碳化钙公司新建了一幢52层的高楼。大楼竣工之后，公司领导煞费苦心想扩大公司影响，但一直没有找到合适的机会。正当此时，有人发现一大群鸽子不知什么原因飞进了一个房间。鸽子粪、鸽子毛把房间弄得凌乱不堪。有人想把窗户全部打开，把鸽子轰走了事。然而，这家公司的公关顾问在得知这一消息后，却下令关闭所有的门窗，不让一只鸽子飞走。接着，他导演了一场妙趣横生的捉鸽、放鸽事件。

首先，公关顾问给动物保护委员会打电话，告诉他们这里发现一大群鸽子，为了不使它们受到伤害，请动物保护委员会派人来处理。果然，动物保护委员会在接到电话之后，郑重其事地派人带着网兜前往联合碳化钙公司总部大楼进行捕捉。与此同时，公关顾问又给新闻机构打电话，告诉他们在联合碳化钙公司将发生有趣的捕鸽事件。新闻媒介认为这是一条有价值的新闻，立即派人前往现场采访报道。

从捕捉第一只鸽子开始，到最后一只鸽子落网，前后共花了三天时间。三天来，各新闻媒介对捕捉鸽子的行动作了连续报道，而且交替使用特写、专访、评论和消息报道等体裁。报道生动有趣，引起了众人的关注。结果，联合碳化钙公司没花一分钱，便因此而名声大振，公司经理充分利用在荧屏上亮相的机会，向公众介绍了公司的宗旨和情况，扩大和加深了公众对联合碳化钙公司的了解，极大地提高了公司的知名度。

在这项成功的公关活动中，公关的主体是美国纽约市联合碳化钙公司；客体是包括该市市民和新闻界等在内的各界公民；中介是以新闻媒体和鸽子为媒介的传播；目标是提高联合碳化钙公司的知名度，塑造其良好的社会形象，为企业发展创造优化的环境条件。

资料来源：姚风云.公共关系学.哈尔滨：黑龙江科学技术出版社，1995.

二、相关概念的辨析

目前，我国一些人由于对公共关系的理论和实务不甚了解，所以，对其存在种种误解。这极有碍于公共关系的发展，为帮助人们对其有正确的认识和理解，有必要对公共关系与庸俗关系、交际、宣传、广告、市场营销之间的区别做如下辨析。

(一) 公共关系与庸俗关系

庸俗关系是指借拉关系谋取私利，以实现某种欲望的不正当关系。

公共关系与庸俗关系有着本质的区别。

1. 两种关系产生的基础不同

公共关系是商品经济发达的产物。由于商品经济发达，使得生产的社会化程度越来越高，企业之间、地区之间、国家之间的依赖程度越来越大，各团体要取得生存和发展就必须在激烈的竞争中运用传播手段与公众建立双向的、立体的、多维的关系网络，以维护和发展组织所特有的声誉，以便在竞争中取胜。同时，公共关系也是民主社会、法治社会的产物。在民主和法治社会中，竞争是有规则的公平的竞争，争取公众的理解和支持是现代公共关系的落脚点。庸俗关系则是生产力低下、封闭、落后的自然经济和封建政治文化的派生物。一方面由于物质产品不丰富，人们为满足各种需要，便出现了拉关系、走后门的现象；另一方面由于封建等级观念严重，导致某些人采用不正当手段以权谋私、胡作非为。

2. 两种关系的根本目的不同

公共关系的根本目的是树立组织的良好信誉和形象，追求组织与公众共同获益和发展。而庸俗关系的根本目的是为了捞取私利，即要捞取在正当的情况下不可能得到的某种利益。为此而不惜损害国家的、集体的、公众的利益。

3. 两种关系的活动方式不同

公共关系主张光明正大、公正诚实、遵纪守法、符合道德规则。它运用公开、合法与符合社会道德准则的传播技术、交往手段去开展工作。例如，有的国家规定公共关系开支必须在国内公开注册。在美国，法律规定进行公共关系活动馈赠的礼品，每份超过10美元时，都要公开申报，否则，将受到法律惩处。庸俗关系由于是不正当的关系，所以，其活动方式是以物质引诱、行贿受贿、吃吃喝喝、拉拉扯扯、吹吹拍拍、弄虚作假等卑劣手段去博取一些人的欢心，以达到个人的目的。由于这些均是不正当的行为，所以，必然体现为偷偷摸摸、躲躲闪闪。

4. 两种关系的实际社会效果不同

公共关系有利于形成以诚相见、真诚合作的风气，有利于和谐、友善、正常、健康的人际关系和团体关系的形成，总体上有利于社会文明程度的提高，并促进市场经济的发展。

而庸俗关系由于它致力于从社会上获取一部分本不应该属于个人或小团体的东西，因而，在他受益的同时，势必带来其他人和团体的利益受损。从一定意义上讲，它诱发，甚至是制造矛盾、扰乱社会秩序、冲击公德公理，破坏了社会的和谐稳定，既妨碍了社会文明进步，又不利于社会生产力的发展。

(二) 公共关系与交际

现在，很多人认为公共关系就是日常的一些迎来送往、喝酒干杯等交际应酬活动，甚至把它看成是靠年轻漂亮的小姐等活招牌来吸引人的招揽应酬。而事实上，一些组织设立的公共关系机构的职能也只是交际应酬。这些看法和做法显然是不正确的。其实，交际只是公共关系的一种活动方式和手段，是公共关系活动的一方面内容。具体地看，公共关系与交际有如下区别：

1. 两者的目标不完全一致

公共关系的目标是树立组织的良好形象，与外界交朋友、建立友谊、消除误会、创造合作的气氛、增强内部员工的凝聚力；而交际的目标只是为公共关系总体目标的实现去通过交际活动建立良好的人际关系。两者在目标上有总属之别。

2. 两者采用的方式不同

公共关系活动是依赖组织的整体行动做基础，并借助专门传播媒介、传播技术、策划专门活动去进行；而交际主要是依赖个人间直接的口头和文字语言，或者非语言的方式去协调人际关系。

(三) 公共关系与宣传

有些人认为公共关系就是宣传，并把两者视为一体。这一看法是因为公共关系与宣传有某些共同之处所致。

公共关系与宣传的共同之处：一是在性质上两者都是一种传播过程。公共关系是社会组织利用传播手段与社会公众进行交流和沟通的过程；宣传也是一种有意识控制社会心理的传播过程。二是从工作内容上两者有某些交叉，公共关系的公众对象有内外之分，对内部公众的公关传播与这个组织宣传部门工作的宣传，有重合，尽管公共关系与宣传的内容并非等同；三是社会组织经常借助宣传手法来开展公共关系工作。

但是，公共关系与宣传又有明显的区别：一是两者的范畴不同。宣传工作多指政治宣传，属于思想政治工作范畴，而公关工作属于管理范畴。二是两者的内容不同，宣传工作主要任务是宣传马列主义、党的路线、方针、政策、先进人物、时代精神，而公关活动主要是宣传本组织的目标、经营方针、优质产品、优质服务等。三是两者的传播方式不同。宣传工作主要是单向传播过程，它的主要方法是单向的“灌输”，而公共关系活动的过程是一种双向传播过程，特别注意信息反馈。

(四) 公共关系与广告

公共关系同广告有着密切的联系。一是公共关系与广告都具有传播信息的功能，都需借助传播媒介来实施传播；二是公共关系有时也需要采取广告的形式来进行，广告是公共关系的特殊工具。

然而，公共关系又不能混同于广告，两者之间有着一定的区别：一是两者的目标不同。广告的目的是推销企业某种产品或服务。而公共关系的目标是塑造组织形象，增进内外公众对组织的了解，促进组织与公众的共同发展，创造良好的公共关系状态。二是两者所处的地位不同。一般来说，广告在组织经营管理活动中传播周期短，处于局部性的地位，而公共关系由于它是组织的长期发展而努力的一项长期性、系统性的工作，所以，它处于全局性地位，并贯穿于经营管理的全过程。三是两者的效果不同。广告的效果一般体现在经济效益上，其结果可直接及时地测量出来。而公共关系虽也考虑经济效益，但其效果一般间接地体现在组织的社会效益上，一时难于测定。

(五) 公共关系与市场营销

公共关系与市场营销的关系是，市场营销离不开公共关系，公共关系的发展又促进市场营销。

公共关系与市场营销的明显区别是：一是两者的目的不同。市场营销的目的是实现企业的经营目标，而公共关系的目的是塑造良好的组织形象。二是两者的主体不同。市场营销的主体是从事营销活动的工商企业，而公共关系的主体，除工商企业外，还包括事业、行政单位和其他社会团体。三是两者的对象不同。市场营销所面临的公众是消费者，而公共关系的公众对象除消费者外，还包括组织内部的员工、股东，外部的政府部门、新闻单位、社会团体等。

第三节　公共关系学的含义、研究对象和内容

在阐释完公共关系的含义、要素和误解辨析之后，我们对公共关系的有关问题已有所了解。接下来，本章再对公共关系学的含义、对象和内容等问题作以简略的论述。

一、公共关系学的含义

公共关系学属于社会科学的范畴。它是20世纪20年代开始形成的一门科学。公共关系学综合地运用了社会学、心理学、社会心理学、行为学、人际关系学、传播学、新闻学、管理学、经济学等现代科学知识，并在总结公共关系经验和方法的基础上形成一门新兴的边缘性、交叉性学科。它既是一门至关重要的管理哲学，又是一门实践性很强的应用科学。

公共关系学作为一门科学，它的含义是什么呢？由于人们对什么是公共关系理解不一，故对公共关系学概念的表述也不尽相同。在此，我们对其无意列举，只将我们对公共关系学所下的定义作以表述，即公共关系学是通过研究公共关系活动现象及其基本规律而总结其特有的理论和一般实务技能的一门社会科学。

二、公共关系学的研究对象

目前，国内外学者由于对公共关系和公共关系学的含义没有统一的见解，所以，对公

共关系学的研究对象也说法不一。例如,有人从管理学的角度,认为公共关系的运作特点是公共关系的研究对象,甚至有的学者只研究限于以营利为目的的企业公共关系的运作为公共关系学的研究对象;也有人从社会关系的角度,认为各种社会组织与相应的外部公众的相互关系是公共关系学的研究对象,甚至有的学者主张公共关系学要研究人类社会从古至今的一切关系;还有人从传播的角度,认为向特定的公众疏导和获取信息的方法、手段、步骤是公共关系学的研究对象。

以上的各种主张对界定公共关系学的研究对象都具有一定的意义。但根据我们对公共关系学所定的概念来看,公共关系学的研究对象和其他学科一样,也是由历史、理论和应用三大部分组成:

(1) 研究公共关系发生发展的历史,总结出其发生发展的原因、条件和各发展阶段的特点,从中找出规律,探求公共关系的基本理论。

(2) 研究公共关系的原理、思想、原则,探求其自身的特点与规律。

(3) 研究公共关系的应用。

三、公共关系学的研究内容

(1) 公共关系学的具体概念,包括公共关系的含义、公共关系学的含义、公共关系要素等内容。

(2) 公共关系的历史与现状,包括公共关系的萌芽,西方近现代公共关系的产生、发展和当代中国的公共关系状况和发展趋势等内容。

(3) 公共关系主体,即社会组织及其公共关系机构和人员,包括公共关系主体的内涵、社会组织内部设置的公共关系部门和社会上的公共关系公司、公共关系协会等机构的有关内容;公关人员的素质、技能、类型和公关人员的培训等内容。

(4) 公共关系的客体,即公共关系的工作对象——公众,包括公众的特征、网络系统、分类和组织内部的员工关系、股东关系,外部的媒介关系、社区关系、顾客关系、竞争对手关系等内容。

(5) 公共关系的中介,即公共关系的传播,包括传播的要素、模式、类型、大众传播媒介及其选择、传播的技巧艺术等内容。

(6) 公共关系的职能,包括采集信息、参谋咨询、传播沟通、教育引导、协调关系等职能。

(7) 公共关系的基本原则,包括信誉至上、真实客观、一视同仁、求同存异、互惠互利和遵守法纪等原则。

(8) 公共关系活动的程序,包括公共关系调查、公共关系策划、公共关系实施、公共关系评价。

(9) 公共关系模式,包括不同功能的公共关系模式,如交际性公共关系模式、宣传性公共关系模式、服务性公共关系模式、社会性公共关系模式、征询性公共关系模式;不同阶段的公共关系模式,如建设性公共关系模式、维系性公共关系模式、防御性公共关系模式、矫正性公共关系模式、进攻性公共关系模式等。

(10) 公共关系专题活动,包括展览会、新闻发布会、赞助活动、联谊活动、开业典礼活动、专题日活动等专题活动。

(11) 网络公共关系,包括网络公关的内涵和特征、发展历程,网络新闻和网络媒体关系、网络消费者关系、网络投资者关系、网络社区关系,公共关系网站、网络广告与电子邮件、网上公关活动的开展等内容。

(12) 危机公关管理,包括危机的含义和类型、危机产生的原因、危机的性质与影响,危机公关管理的含义和作用,危机公关管理原则,危机公关管理程序与处理方式等内容。

(13) 公共关系礼仪,包括公共关系礼仪的含义、特征、原则和作用,交际活动与礼仪、日常交往中的礼节,公共关系人员的礼仪规范等内容。

(14) 公共关系广告,包括公关广告的含义和特点、商品广告和公关广告的区别、公共关系广告的类型、公共关系广告的策划和实施、公共关系广告的写作等内容。

(15) 公共关系谈判,包括谈判的含义、特征、原则、分类、程序和策略等内容。

(16) 公共关系演讲,包括演讲的含义、特点、类型、功能、语言技巧等内容。

四、公共关系学与相关学科的关系

(一) 公共关系学与管理学

管理学是对管理运动的发展和变化的概括和总结,它是以人和组织的根本利益为前提而进行有目的、有意识的控制的一门学科。公共关系学与管理学有着重要的联系与区别。公共关系学与管理学的联系主要表现在:

(1) 从纵向联系看,管理学取得学科地位的时间早于公共关系学。公共关系学是综合、借鉴组织经营管理学和其他科学逐渐产生和发展起来的一门新兴学科。在现代公共关系出现之前,各种组织都已经形成了比较完善的管理职能,公共关系学是组织管理演变和发展的结果。

(2) 从交叉关系看,公共关系学与管理学有重合之处。例如,管理学所侧重的组织机构内部的管理研究,与公共关系学研究组织内外管理经营中的内部管理的有些内容相重合。而且,随着社会的发展,有效的管理越来越离不开公共关系活动的开展,公共关系工作已是现代组织和企业管理的有机组成部分。所以,研究管理学的同时,也都将公共关系学的研究纳入其中。

(3) 从互动关系看,公共关系学的研究有助于管理思想和管理方法的科学化进程;管理学的研究可以促进公共关系学的研究。因为管理学的基本原理始终是公共关系学的重要理论来源之一。

(二) 公共关系学与社会学

社会学是从变动着的社会系统的整体出发,通过人们的社会关系和社会行为来研究社会的结构、功能、发生、发展规律的一门集合性的社会科学。公共关系学与社会学的联系主要表现在:

(1) 公共关系学的一些概念是直接从社会学中引进来的。社会学的重要研究内容是社会生活的群体单位,如家庭、村寨、城镇、都市、部落、民族及各种团体等。如前面公共关系三要素中所述，公共关系的主体是各种社会组织，客体是各类公众，即组织以外的其他组织、社团、群体和个人等。公共关系学中这些关于社区、社会组织、社团和群体等概念便是直接从社会学中引入的。

（2）社会学中关于社会组织和公众的理论不仅对公共关系学有极大的参考价值和借鉴作用，而且成为必不可少的基础理论。

（三）公共关系学与社会心理学

社会心理学是研究个体和群体，在与社会环境的相互作用中，其心理活动发生、发展与变化的规律的一门科学。它与社会学相比是在比较具体的、微观的水平上考察自己的客体，所关注的是社会心理现象的形成、发展、变化的具体规律和机制。而公共关系学研究社会组织与公众的关系、公众群体与行为个体的关系时，就不能不借助社会心理学观察问题的视野。社会心理学为公共关系学提供了解公众心理特点，重视和改善公众舆论气氛，预见公众心理趋向的理论和方法。

（四）公共关系学与传播学

传播学是研究人类传播行为和人与人之间信息传播的现象及其规律的一门学问。它较深入地研究如何借助语言、文字或非语言、文字方式进行信息、思想和情感的交流等问题。传播是公共关系的三大要素之一，传播活动是公共关系的本质特征之一。社会组织与公众间的信息传播规律和问题更是公共关系学重要的研究对象和内容。因此，公共关系学与传播学有非常密切的关系。

（1）从纵向联系看，公共关系学在其未独立之前，多半是放在传播学中讲授的。传播学的理论研究和成果，为后来公共关系学的建立提供了十分重要的理论基础。传播学是公共关系学的重要理论来源之一，并且，公共关系学是随着大众传播媒介的普及和传播技术的进步而发展起来的。

（2）从交叉关系看，公共关系学与传播学不仅有学科前后联系的渊源，而且两者的研究内容也有重合之处。如传播学中关于信息的理论、关于传播者和受传者的理论、关于传播过程和传播效果的理论、关于大众传播、人际传播、组织传播的理论也都是公共关系学理论研究内容中的重要部分。

与公共关系学相关的学科还有很多，如心理学、行为学、人际关系学、新闻学、舆论学、演讲学等。由此可见，公共关系学是以多学科为基础的边缘性和交叉性的学科。

本章小结

本章分三节对公共关系的含义、特征、要素、相关概念和公共关系学等问题进行了论述。第一节公共关系的含义和特征，首先论述了公共关系的含义，而后阐释了公共关系的特征；第二节公共关系的要素和与相关概念的辨析，首先介绍了公共关系的基本要素，而后辨析了相关概念的联系与区别；第三节公共关系学的含义、研究对象和内容，首先阐释了公共关系学的含义，而后介绍了公共关系学的研究对象和内容。本章阐释以上与公共关系相关的基础概念，为本课程的后续学习打下基本的理论基础。

自 测 题

关键名词

关系　公共关系　庸俗关系　公共关系学

思考训练题

1. 公共关系具有哪些基本特征？
2. 公共关系具有哪些基本要素？
3. 谈谈公共关系与庸俗关系的联系与区别。
4. 谈谈公共关系与交际的联系与区别。
5. 简答公共关系学的研究对象。
6. 谈谈公共关系学与管理学的联系与区别。

北京奥运开幕式张艺谋用情动人

用写意的风格营造梦幻、浪漫的气氛，用世界的语言讲述中国人的情感，这就是北京奥运会开幕式要表达的意境。张艺谋导演告诉人们，激情、浪漫、梦幻这些词是对这台开幕式最好的描述。

使用了一种中国人、外国人都能看得懂的方式讲述了一个特别美丽的中国故事，这是北京奥运会开幕式得以成功的最关键因素之一。当场地那幅巨大长卷在厚重的古琴声中神奇出现，神奇打开的一刻，全场人为之震撼。这幅 147 米长、27 米宽的巨大 LED 屏幕，是展现中国五千年历史的长卷，开幕式的演出从此开始。太古遗音、四大发明、汉字和戏曲、丝绸之路，中国灿烂的文化神奇地展示。这样的展示写意、浪漫，同时又很具体，四大发明等符号穿插其间，让人能够直观地领略中国文明的精华。

在展现中国文明的博大精深的同时，表现方式上又不能自说自话，“别人完全没有感觉也不行”。所以要让外国人懂，即便是不能全部看懂，“让人家看热闹，也要感受到美，感受梦幻、浪漫和激情”。换位思考，中国观众在观看一台外国的大型文艺表演时，能够感受到“美”，感受到这个国家人民的浪漫气质也就够了。“因为文化的东西是一个潜移默化的，只要他今天晚上(感觉到)中国人能够制造美，中国人很棒，中国人表现了梦幻和浪漫、激情，中国人表现了他们对于奥林匹克精神的赞颂，就可以了”，张艺谋说。

在整场文艺演出过程中，我们可以看到开幕式团队希望用情来打动人，用中国人民的热情和纯朴来欢迎全世界的客人、赞颂奥林匹克的伟大。这样的愿望在下篇《辉煌时代》中体现得淋漓尽致。在整个下篇的演出中，除了“星光鸟巢”之外，我们几乎看不到关于现代中国的任何符号。张艺谋在开幕式结束后的新闻发布会上说，这是因为现在的世界成为一个整体，人们的追求，人们的生活方式，人们对美好事物的追求几乎是相同的。

张艺谋说，在整个开幕式的过程中，需要寻找一种最本质、最直接的方式表达，所谓的本质就是全人类共同的追求。开幕式出现的几千张全世界儿童的笑脸，这种最直接、最简单的方式，能够让人一眼就能看懂我们想要传达的信息，孩子代表未来。

另外一个站在全人类的高度阐述中国人民美好愿景就是那个从头到尾围绕画卷所做的全世界最大的行为艺术，“一点不夸张，只有奥运会可以使 204 个国家的运动员在一起完成一个作品”。张艺谋所说的这幅作品就是从演出一开始就在逐渐形成的那幅“山川图”。这幅图画简单、明了，就是山川、大地和一个太阳和孩子画的笑脸。这个行为，包括绘画的过程和运动员用足迹最终完成这幅画作的过程，都直观地传递了“同一个世界，同一个梦想”主题口号的色彩。

正是这些写意的表达方式和简单明了的演出内容，组成了一台激情、浪漫、梦幻的奥运会开幕式。

资料来源：张岩松，张丽英．实用公共关系（第 3 版）．大连：大连理工大学出版社，2012.

问题：该案例体现了公共关系的何种基本特征？公共关系的基本特征还有哪些？

第二章

公共关系的历史与现状

通过本章的学习，了解公共关系的萌芽，西方现代公共关系的起源和发展，理解公共关系产生的社会原因，认识中国公共关系的兴起与发展历程，为公共关系学的学习打下知识基础。

公关业大格局

兼并和收购一直是传播领域快速做大做强的有效手段之一，阳狮与宏盟的合并，可以说是今年传播行业的一大新闻。爱德曼国际公关公司全球总裁兼首席执行官理查德·爱德曼则认为，这样的合并对于像爱德曼这样的独立公关公司来说是一件好事。他在接受《国际公关》记者采访时曾表示，两大公司在合并之后，其关注重点会放在传统的广告和新媒体业务方面，而且客户服务不会成为他们未来的重点，而客户恰恰是公关公司的优先考虑因素，因此这将有助于公关公司更好地展现自己的独特价值。

作为在中国A股市场IPO(首次公开发行)的“公关第一股”，蓝色光标自2010年上市之初就备受业界关注。在宣布17.8亿元收购西藏博杰不久后，又收购英国公关集团Huntsworth 19.8%的股份，成为其第一大股东。据称，这次蓝标入股Huntsworth大股东，是中国本土公关公司第一例海外重大收购。随着一系列的并购重组，蓝色光标的业绩也一路高歌猛进。蓝色光标首席财务官张向济也曾表示，“未来公司不会放缓并购的步伐，在未来若干年，蓝色光标仍是一家快速成长的公司，我们的目标是成为在世界上具备影响力的营销传播集团”。

中国公关发展研究院秘书长田耕在接受《国际公关》记者采访时也表达了这样的观点：“收购有客户基础的国内公关公司和整合国际公关公司，形成包括公关、营销、品牌、广告、网络在内的整合传播集团，打造全产业链的传播服务，是近年来屡见不鲜的，这是以客户需求为导向的，也是全媒体时代的传播要求。”他同时也希望有一天中国能出现世界著名的跨国公关公司、广告公司和品牌管理公司，也能走出国门，去做外国政府和企业的生意。

蓝色光标的成功确实给中国本土公关公司进军海外市场增添了不少信心，我们相信未来还会有很多大型的收购并购案陆续上演。

中国企业要成功实现海外并购并赢得公平的交易价格，不但要对海外市场有足够的了解和分析，有效地应对各种危机，还要有清晰的形象和品牌定位，让对方更好地了解自己。其实不光是中国企业的海外并购，中国品牌在海外市场获得认可也离不开双向的沟通和了解。

"机会""全球化""社交化""专业化"是爱德曼先生给出的未来行业发展趋势的关键词，在这样的大趋势下，国际公关公司可以继续发挥自己的专业优势，深耕中国市场，把业务做深做精。当然，让中国的公关公司和企业在国际化进程中迎接跨洲际、跨文化、跨语言的多元环境带来的机遇和挑战，是我们更愿意看到的。中国本土的公关公司面临的挑战会越来越多，从大的方面讲，本土的公关公司规模不等，良莠不齐，如何进一步职业化、专业化和规范化，是我们需要努力的方向。

资料来源：闫益佳. 公关业大格局(有删减). 国际公关. 2014.01.09.

公共关系是伴随着人类交往活动的出现而出现的一种客观存在的社会状态。它有着与人类发展史一样久远的历史。但作为一种职业，一门专门职能，尤其作为一门科学，却起源于近现代，只有一百多年的历史。本章将分两节来阐释公共关系的产生与发展。

第一节　公共关系的起源与发展

一、公共关系的起源

(一) 公共关系的萌芽

公共关系的源流可追溯到古代社会。西方的一些公共关系学者认为，公共关系开始于古希腊。早在2300多年前，古希腊的著名学者亚里士多德在其《修辞学》一书中就强调语言修辞在人际交往和宣讲中的重要性，并提出修辞是争取和影响听众思想与行为的艺术。为此，西方的一些公共关系学者认为《修辞学》一书是人类历史上最古老的公共关系经典之作。另外，当时有钱的王公贵族为了树立自己的形象，雇用诗人给他们写赞美诗。这种行为实际上就是一种公关活动，而诗人则可以被看成是古代的公共关系人员。在古罗马，人们还巧妙地把诗歌运用到宣传政府的政策之中。著名诗人维吉尔的《田园诗》，从表面看只是赞美乡村生活，实际上是受政府委托而作，目的是为了减轻城市人口过多给政府带来的压力。而恺撒的《高卢战记》则被有些学者认为是古代一流的公共关系著作。恺撒为了实现个人的政治目的，在被派往高卢去统帅军队期间，把他本人和军队的情况写成报告送往罗马。这些报告通俗易懂，生动活泼，被人们广为传诵，影响很大。因此，当他率部凯旋后，人们拥护他当了皇帝。这一系列的策划和运作，也被认为是古代公共关系活动的典型例证。

我国的一些公共关系学者认为，中国公共关系的萌芽早于古希腊和古罗马。在春秋战国时期，诸子百家争鸣，他们从各自学派的立场出发，提出了许多类似于公共关系思想的论述。例如，孔子主张"己所不欲，勿施于人"，表达了一种为他人着想的原则，并认为"人无信不立"，"人而无信，不知其可也"，这与公共关系中讲求诚信的原则也是一致的。

孟子提出"仁信不如仁声之入人心也,善政不如善友之得民也",强调了舆论传播的重要性。墨子主张"兼爱""非攻"、与人为善的交往原则。除了这些思想认识外,还有大量的类似于公共关系的实践活动。例如,战国时期苏秦、张仪的游说活动;秦末刘邦攻入咸阳后与百姓的"约法三章";汉代的张骞出使西域;明代的郑和七下西洋等,都是古代公共关系活动的例证。

综上所述,无论中外,都有许多类似现代公共关系的认识和活动。但是,我们绝不能把这些认识和活动与现代意义的公共关系等同起来,它只是公共关系萌芽的体现。

(二) 西方现代公共关系的起源

公共关系作为一个全新的概念,作为一种新兴的思想,它始于19世纪;它作为一种新型的职业和一门专门的职能始于20世纪初。

1807年,美国出版的《韦氏新出版大学词典》中首次出现了"公共关系"一词。从此时算起,公共关系已有两百多年的历史。1860年,美国实业界中出现了新闻代理人。这些新闻代理人为实业撰写和散发新闻稿件,以吸引报纸和公众的注意。1882年,美国律师多尔曼·伊顿在耶鲁大学法学院发表了题为《公共关系与法律职业的责任》的演讲。这样一来,多尔曼·伊顿为"公共关系"概念在现代意义上的运用开创了先例。当时,商品经济的发展,不断推动公共关系的发展。1889年乔治·威斯汀豪斯雇用了一名叫海恩里奇的人为他发明的交流电做宣传,以取代直流电。此事按美国公共关系权威学者卡特利普的说法是成为企业从事现代公共关系的首例。

西方现代公共关系的源流,一般被认为是19世纪中叶风行于美国的"报刊宣传活动"。在美国报业史上,曾由美国《纽约太阳报》领头掀起了一场"便士报运动"。一份报纸,只需要一个便士(一美分)即可买到,由于价格低廉,更多的人买得起,因而,报纸的发行量猛增。许多组织看中了这一传播面较广的媒体,纷纷花钱雇用报刊宣传员,新闻代理人在报刊上发表文章,宣传本组织的形象,以此来争取社会公众的注意,扩大自己的影响。

当时,有个马戏团的老板菲尔斯·巴纳姆是这一时期最有代表性的报刊宣传员。巴纳姆为了达到赚钱的目的,无中生有地制造一些奇闻来吸引公众。他曾制造了这样一个"神话":说当时他的马戏团里住着一个名叫海斯的黑人女奴,这个海斯已经160岁了。在一百多年前,她曾养育过美国第一任总统乔治·华盛顿。这一消息一经发出,立即引起轰动。人们抱着好奇心纷纷到马戏团一探究竟,结果马戏团票房收入猛增,由此赚了一大笔钱。巴纳姆还就势以不同的笔名向报刊寄去"读者来信",人为地引起一场争论。有的信说巴纳姆的故事是个骗局;有的信夸赞巴纳姆发现了海斯是一大功劳。而结果是,海斯死后的尸体解剖表明,年龄仅80岁左右。事情暴露之后,巴纳姆竟表示"深感震惊"并说明本人也受骗了。作为这场骗局的策划者巴纳姆是最大的获利者,当时,他每周获得1 500美元的收入,而公众却成了这场骗局被愚弄的对象。巴纳姆所恪守的信条是:"凡宣传皆是好事",只要实现自身利益,他可以手段翻新,怪招迭出地进行宣传,不论别人是恨他还是爱他都无所谓。这种不顾公众利益、不顾事实、不负责任、不择手段、不讲道德地追求宣传效果的做法,使当时的报刊宣传活动成为一种很不光彩的活动。虽然巴纳姆时期的报刊宣传活动同公共关系实务相差甚远,但作为一个滥用现代传播手段的典型,却对以后公共关系实务的产生起了反面的影响，为以后公共关系奉行实事求是、诚实公正和维护公众利益的原则和精神提供了借鉴。

19 世纪末，美国已进入垄断资本主义时期，大财团不仅掌握经济命脉，而且还控制了政府。他们采取欺骗，甚至暴力手段巧取豪夺，与广大民众产生了极为深刻的矛盾，也引起正直人士的愤慨和谴责。于是美国新闻界又掀起了一场声势浩大的“揭丑运动”。一些具有远见卓识的企业家开始意识到能否得到社会公众的支持是一个企业生存的关键。他们纷纷向新闻界请教，希望新闻界帮助他们树立企业的良好形象，与公众建立良好的关系。在这种情况下，一个叫艾维·李的新闻记者在 1903 年建立了第一个公共关系事务所，成为美国第一个向顾客提供公共关系服务并收取费用的从业机构。这个公关事务所的成立，是现代公共关系诞生的重要标志。

艾维·李是美国佐治亚州一个牧师的儿子，早年先后就读于普林斯顿大学与哈佛大学。他曾担任过《纽约日报》《纽约时报》及《纽约世界报》的记者或编辑。1906 年，他向报界发表了阐述其活动宗旨的《原则宣言》。他指出：“这不是一个秘密的新闻机构，我们所做的一切都是公开的，我们的责任，是代表企业单位及公众组织，就公众关心并与公众利益相关的问题，向新闻界和公众提供迅速而真实的消息。”他在《原则宣言》中还郑重提出了“凡是有益于公众的事务必有益于企业和组织”的信条。他认为，企业与员工和社会关系的紧张和摩擦，主要是由于企业主管人员采取保守秘密的做法，妨碍了意见和消息的充分沟通，所以，他主张：“公众必须被告知”，应该向公众“说真话”。只有将事实真相告诉公众、企业或组织，才能获得信誉。艾维·李的“凡是有益于公众的事务必有益于企业和组织”“公众必须被告知”、向公众“说真话”的认识和主张，我们今天可能认为这不算什么，但在当时，却是耸人听闻的说法。艾维·李不仅用他的智慧去影响大公司的经营者，而且在公关实务中更能体现他的信条和思想。例如，在同一年，他成功地处理了宾夕法尼亚州的铁路事故。在处理这一事故的公关实务中，他采取了一系列正确决策和科学的求实行动，例如，公开事实真相、及时检查事故原因、制定预防措施、宣布赔偿决定、治疗安排受伤者等。他的决策和行动驱散了笼罩在大公司与其公众关系上的神秘和冷漠的气氛。铁路公司的老板惊奇地发现，公开的报道不仅没有给这家公司带来不利，而且使该公司获得了前所未有的最佳形象。此后，艾维·李在向洛克菲勒财团提供咨询时又获得了巨大成功。久而久之，他在公众和报界中树立了自己的良好信誉。

在艾维·李的推动下，工商界纷纷改变了他们以往对待公众的态度。企业家们开始意识到，与公众关系的好坏，直接影响到企业的兴衰，于是纷纷采用开明的经营态度，开始注重对员工和社会作不掩盖事实真相的宣传，使他们的经营管理走出“象牙塔”，进入“玻璃屋”。

第一个开办公共关系事务所的艾维·李被后人称为开创公共关系行业的先驱；他为改善企业的公共关系和人事管理而付出的持久努力，被后人称为现代公共关系的里程碑；他将公共利益与诚实的精神在公关活动中的有效结合的原则、方法和其他技巧为现代公共关系的原理和实务奠定了基础。艾维·李被后来的学术界誉为“现代公共关系之父”。

二、 西方现代公共关系的发展

艾维·李的公共关系事业开创成功的背后还有一定的局限性，如凭经验、忽视理论；凭直觉、忽视调查；有艺术、少科学等。但他的公共关系事业的开创和发展却推动了公共关系学科的发展，促使公共关系的理论开始形成。美国福特公司公共关系部经理爱德华·伯尼斯为公共关系理论的形成作出了重要的贡献。

伯尼斯原是奥地利人，1891年生于维也纳。在他刚满周岁时，父母移居美国。他一生致力于将社科理论应用于公共关系研究。1923年，他出版了《舆论之凝结》（又译为《舆论明鉴》）一书。这是全世界第一本关于公共关系的理论著作。在这本书中，他第一次提出了公共关系咨询的概念，进一步提出了公共关系的原则、实务方法和职业道德，并提出了从计划到反馈，最后再重新评估的八大公共关系活动的基本程序。同年，伯尼斯又第一次以教授身份登上纽约大学的讲台，主讲了公共关系课程。1952年，他又完成了《公共关系学》教科书的写作，这标志着公共关系已开始成为一门独立的学科。伯尼斯关于公共关系思想的一个重要组成部分是“投公众所好”。他认为，应该首先了解公众喜欢什么，对组织有什么期待或要求，在确定公众的价值观和态度的基础上，再进行组织的宣传工作。这种有的放矢的、投公众所好的公共关系工作也才有巨大的威力。伯尼斯通过对公共关系理论和方法的研究创立了公共关系理论体系，终于使公共关系走向了正规化、科学化的阶段。

第二次世界大战以后，随着市场经济的高度发展，社会分工和专业化的推进，人们越来越认识到公共关系的重要性。自从1924年，美国《芝加哥论坛报》发表社论，评论公共关系已成为一项专门职业、一种管理艺术和一门科学，号召企业主管及社会各界重视公共关系以来，“公共关系”这一概念不仅广为流行，而且得到了空前的发展和成熟。

1927年，“希尔——诺顿”公司于美国克利夫兰开张，现今为世界最大的公共关系公司之一。1930年，卡尔·博雅（曾任美国公众咨询委员会副主席）与人合办公共关系公司——博雅公司，现发展为世界上最大的跨国公共关系公司。

1935年，美国公立学校公共关系协会成立。1939年，由著名的公共关系学者雷克斯·哈罗博士主持成立了美国公共关系理事会。这期间，《公共关系季刊》出版，《公共关系新闻》出版，《公共关系学》杂志出版。由于市场的扩大和大众传播媒介的发展，公共关系活动在美国发展很快。1947年，美国波士顿大学开办公共关系学院，颁发公共关系硕士和博士学位。1948年，美国公共关系学会在美国公共关系理事会和全国公共关系理事协会合并的基础上成立于纽约，由哈罗博士任第一任主席。后来，该学会与美国公共关系协会和人类服务国家传播理事会合并，成为全国最大的，也是世界最大的职业公共关系组织。目前，美国的公共关系从业人员约20万人。各种类型的公共关系公司在2 000家以上。85%以上的企业设有正规的公共关系部门，每年的公共关系费用多达几十亿美元。连美国联邦政府也雇用了12万人处理公共关系业务，每年经费支出达10亿美元。日本一位金融界巨子曾指出：“公共关系的学问发源于美国，回顾当初的美国，所谓公共关系还只是企业家手中的小玩具。后来才发展成为企业家所必须采取的政策及至变成企业家的重要哲学了。”

在美国的影响下，英国、法国、联邦德国、意大利等西欧国家，以及加拿大、日本、墨西哥、秘鲁以至整个拉丁美洲，都开始开展多方面的公关工作。1955 年，国际公共关系联合会在伦敦正式成立。第一批会员包括美、欧、非、亚几大洲的二十几个国家。1958 年，国际公共关系协会第一届世界大会在比利时首都布鲁塞尔举行。1959 年，欧洲公共关系联盟成立于比利时。同年，日本公共关系研究所在东京主持召开大规模的亚非拉公共关系大会。法国公共关系协会在奥尔良主持召开欧美公共关系会议。墨西哥公共关系协会在墨西哥城主持召开泛美公共关系大会，美国和大多数拉美国家出席。公共关系在第二次世界大战后走向国际舞台，是战后国际社会生活中的新鲜事物。美国公关专家罗伯特·巴伯曾写道："国际公共关系就像十几岁的小孩一样，突然以活泼的脚步前进。"

就世界范围讲，20 世纪 50 年代以后，公共关系的实践和理论的研究都进入了一个全新的现代发展时期。从业人员开始与从事研究和教育的专家结合起来，从而诞生了很多的公共关系著作，又出现了一些新的公共关系理论。

下面介绍一下这些新的公关著作、公关理论及其代表人物。

美国著名公关专家斯科特·卡特利普和阿伦·森特在 1952 年出版的《有效的公共关系》一书中，第一次明确提出了双向交流的公共关系原则，从而创造了公共关系"双向对称"模式。

斯科特·卡特利普在《有效的公共关系》一书中阐述的"双向对称"模式的含义是：为了组织公众的共同利益，一方面要把组织的想法和信息向公众进行传播和解释，另一方面又要把公众的想法和信息向组织进行传播和解释，使组织和公众在双向沟通和传播活动中形成和谐关系。"双向对称"公共关系模式的提出，是现代公共关系成熟的重要标志。

美国现代公共关系史上的先驱，"美国公共关系协会"教育部的创始人瓦尔特·塞弗特在教学和科研中还发明了职业公共关系程序的四个步骤：即研究（计划）、行动（做）、传播（说）、评价（证明）。这为公共关系活动的规范化指明了正确途径。

这一时期还出现了一名被世人瞩目的公共关系教育家，他就是英国公共关系协会顾问，英国公共关系学院教授弗兰克·杰夫金斯。他早年主攻经济学，曾在伦托基尔公司从事公共关系工作，主要处理科技公共关系。1968 年后，他自己在英国开办了公共关系学校，讲授公关广告、市场等方面课程，是一位出色的公共关系教育家。他先后到过比利时、埃及、肯尼亚、马来西亚、尼日利亚、加纳、荷兰、印度尼西亚、新加坡、南非、瑞士、赞比亚、津巴布韦等 18 个国家讲学，对发展中国家的公共关系状况有较为全面的了解。他是第一位获得英国传播学、广告学和市场学教育基金会公共关系学证书的人。他曾被许多大学授予荣誉学位。由于他所从事的出色的"公共关系教育，尤其是为海外公共关系教育服务，"被英国公共关系协会接纳为会员和理事，负责公共关系教育实践方面的工作。

现代公共关系是随着社会民主、市场经济和大众传播事业的发展而发展的。它起源于美国，又迅速在世界各发达国家和地区发展。当今世界，公共关系正全方位、多层次、高境界地发展。与此同时，高级公关人员已成为方兴未艾的时髦职业。公关称号，被称为"四大职位"之一（这四大职位是：人才、技术、资金、公关）。公共关系事业已成为一个国家或民族民主政治、商品经济和大众传播事业发展水平的一个客观标志。

三、 公共关系产生的社会原因

公共关系产生于20世纪初的资本主义国家绝不是偶然的，而是有着深刻的社会、经济、政治、技术等方面的原因。

(一) 公共关系的产生是资本主义市场经济发展的结果

在资本主义社会以前，由于社会生产力低下，自给自足的自然经济占据主要地位，人们的经济生活被限定在一个狭小的范围里，他们无须发生更多的交换关系，也不必维持和发展各种经济联系。但是，随着资本主义时代的到来，社会生产力水平有了很大的提高，市场经济逐渐取代了自然经济，社会化大生产取代了一家一户的小生产。过去那种家庭、地方、民族的自给自足的闭关自守的状态被越来越宽泛的相互往来和各方的相互信赖所代替。

随着市场经济的不断发展，市场竞争愈演愈烈。社会上的组织和企业，要想生存和发展，就必须占有、巩固和发展市场。一个生产企业仅仅靠扩大再生产是不够的，还要在提高商品质量和服务水平上下功夫；一个商业企业仅仅靠一般经营是不够的，还需要改变经营方式、提高服务水平，加快流通速度，提高工作效率。尤其重要的是，需在组织和公众之间建立一种和谐的关系。

19世纪末到20世纪初，资本主义经济得到迅速发展，美国从一个半农业工业国，迅速转变为工农业高度发展的国家。随着资本主义市场经济的迅速发展和城市化进程的加快，竞争日益成为企业兴衰的关键因素。竞争迫使企业竞相重视协调企业对内对外的关系，竞相满足消费者或顾客的需求，以求赢得广大公众的支持。由此，公共关系便产生了。

(二) 公共关系的产生是资本主义一系列矛盾发展的结果

1929年到1933年资本主义世界的经济大危机，使美国的许多企业遭到沉重打击，工厂倒闭、工人失业，科技进步带来的劳动生产率的提高，均大大地加重了对工人的剥削程度，使得资本主义国家经济危机和政治危机交相作用，劳资关系紧张、工人罢工频繁。经济危机使资本家认识到：要想从谷底挣脱出来，要想在萧条中寻找出路，就必须妥善处理企业与环境之间的矛盾，通过公众和舆论的支持避免倒闭的厄运。日益激化的劳资矛盾及阶级矛盾，迫使资产阶级力求协调劳资关系，缓和相互间的矛盾和冲突，而公共关系正适应了这一要求。

(三) 公共关系的产生是资本主义政治制度发展的结果

就像在一个封闭的农业社会中无须公共关系一样，在一个封建专制统治的社会中也无须公共关系。在资本主义制度下，虽然资产阶级和无产阶级的利益是根本对立的，但资产阶级除了运用强制的压迫手段来维护和巩固自己的统治之外，也要千方百计争取舆论和民意作为维护自己利益的一种手段。无可非议，西方的资产阶级民主政治毕竟要比封建专制制度进步得多。资本主义民主政治所确立的普选制度，使得在政治竞选中如何争取选民支持成为一个重要的课题。政府官员与广大公众保持良好的公共关系状态，政府通过各种媒介和渠道了解民情民意，成为维持资本主义国家机器正常运转的必不可少的条件。因此，公共关系便有了用武之地。

(四) 公共关系的产生是传播技术发展和大众传播手段完善带来的结果

19 世纪西方资本主义国家科学技术的发展促进了传播技术和传播手段的发展，传播手段的发展又反过来促进了人和人之间、社会组织之间在瞬息万变的社会环境中提高反应能力和调整能力。

1800 年，第一台完全用铁制造的印刷机诞生了。1814 年，英国《泰晤士报》首次在伦敦用高速印刷机印刷。1906 年，美国官方无线电台首次播音。广播和报纸的发展，使得社会舆论的传播带有很大的冲击力量。在这一时期，美国的资本主义从自由竞争走向了垄断，金融资本、垄断寡头的出现使社会财富日益集中在少数大财团手里。他们不顾及公众利益，为了获得更多的剩余价值，肆无忌惮地搜刮民脂民膏，引起了社会公众的极大愤怒。一些新闻记者，利用大众传播媒介提供的舞台，把焦点对准企业缺陷，严厉谴责大财团们不顾及公众利益的卑劣行径，一些资本家和工场主的丑恶嘴脸和贪婪本性被揭露无遗，他们的阴谋和狡诈行为被出其不意地公布于众。这种状况迫使垄断集团及企业主本能地去求助宣传工作者和律师的帮助，以使自己的行动和目标获得社会及公众舆论的支持和赞赏。由此，推动了美国公共关系实业界的形成和发展。

(五) 公共关系的产生也是社会科学理论研究发展的结果

早期的公共关系教育，一般都只是局限在为从业服务提供职业培训和职业指导的范围。随着 20 世纪初现代管理理论的兴起，公共关系的理论探讨也开始有了新发展，尤其是人际关系的研究、传播学的研究和行为科学的产生，对丰富和完善公共关系学理论主体起到了最为直接的作用。

综上所述，公共关系的产生、公共关系学的产生，从政治上看是民主政治取代专制政治的结果；从经济上看，是从农业社会向工商社会，从自然经济向现代市场经济转变的结果；从技术条件方面看，是各种大众传播手段的完善和发展的结果，也是社会科学理论研究、实验和理论创造的结果。

第二节 当代中国公关的兴起与发展

当代中国的公共关系起步比较晚。它是在国际公共关系热风靡全球的 20 世纪 80 年代初开始出现在中国的地平线上的。它的出现是借助改革开放的条件而引入的。而后，随着改革开放的深入和社会主义市场经济的发展，它作为一种现代管理职能与策略，现代交往观念与方式，迅速被人们所认识和接受，并得到了广泛的传播和蓬勃的发展。

一、拿来主义时期(20 世纪 80 年代初—1986 年)

现代公共关系真正进入我国可以说是姗姗来迟，而且，起初大都只是作为舶来品引进，没有形成自己的公共关系思想和操作规范，且模仿和搬抄国外的理论和操作规则占主流，有些甚至是挂羊头卖狗肉，所以，充其量只能算是拿来主义时期。突出表现在以下几个方面：

(一) 公关部挂牌公关从业人员出现

早在20世纪60年代的中国台湾与中国香港，由于其政治经济土壤的特殊性，较早地接受了公共关系思想的洗礼。在1963年，主要是一些跨国公司在中国台湾的分公司，纷纷把母公司的体制和管理方式引进中国台湾和中国香港，企业中的公共关系部迅速壮大。随之公关理论和实务迅速流行开来。中国台湾《世界日报社》社长成舍我先生创办的世界新闻学校率先引入了公关课程。在中国香港1963年出现了第一家专业的公共关系公司，叫韦特公共关系公司。1975年中国台湾的魏景蒙先生创办了第一家中国人自办的公共关系专业公司"联合国际公司"。20世纪60～70年代中国香港、中国台湾两地区的公共关系已进入职业化阶段。

正当中国台湾与中国香港地区公共关系事业红火之时，中国大陆的政治及经济形势也正在悄然地发生变化。尤其是1978年的十一届三中全会彻底打开了中国这扇封闭已久的大门。这扇巨门一旦打开，就再也不可能关上，随之公关也趁此良机欣然入户。20世纪80年代初，中国大陆出现的公共关系与中国台湾、中国香港地区是极其相似的。主要是在沿海改革开放最早的深圳特区一些外商独资或中外合资企业中率先出现的。这些公司或大或小，在运作过程中均参照了其海外母公司经营管理的模式，设立了公共关系部，招聘、培养了一大批公关从业人员，开始了早期的公共关系业务。紧接着在广州、汕头、佛山、北京等地的中外合资企业公共关系部也开始陆续出现，特别集中在宾馆、饭店等行业，公共关系部的作用尤其出色。例如，广州的白天鹅宾馆、中国大酒店、北京长城饭店可以说是20世纪80年代早期中国公关的典范。它们参照合资企业国际规范化的管理，导入了公共关系的管理职能，并设立了相应的公共关系机构，演绎了一个个精彩的中国特色的公共关系经典案例。像广州的中国大酒店首任公关部经理美籍华人田士玲小姐和第二任公关经理常玉萍小姐的公关业绩，在1989年拍摄播出的电视连续剧《公关小姐》中得到了生动再现。这成为国人心目中公关的神话，既有效地传播与普及了公共关系的观念和知识，也展现了早期的中国公关历史。

1984年4月28日，北京长城饭店在其美籍公关部经理的策划下，成功上演了一出精美绝伦的大型公共关系活动。美国总统访华的答谢宴会从人民大会堂的宴会厅搬到了刚开业的北京长城饭店。来自全世界各地的500余名记者把里根连同长城饭店一起"推销"到了世界的每一个角落，此案例可以称得上中国早期公关最精彩的一幕。

在中外合资企业、独资企业纷纷挂牌公关部，演绎一幕幕神话之时，我们一些具有超前意识的国有企业的企业家也不甘落后，急起直追。特别值得一提的是，1984年，作为国有大型企业，广州白云山制药厂率先挂出了国内第一块国有企业公共关系部的招牌，并注资120万元，开展公共关系活动。实际上在1983年，广州白云山制药厂已拨出年产值的1%作为"信誉投资"。这是一个敢为人先的大手笔，在世界范围内，卓越公共关系管理的"信誉投资"也就是8%的概念。随后，白云山制药厂一发不可收，举办了广州"白云杯"城市国际足球邀请赛，广州歌舞团也被纳入白云麾下。白云山制药厂的声名也随着足球和歌舞团的南征北战而声名鹊起。1984 年 12 月 26 日《经济日报》刊载了题为《如虎添翼》的长篇通讯，报道了白云山制药厂的公共关系工作，并编发了“认真研究社会主义公共关系”的社论。接着《文汇报》《北京日报》《世界经济导报》《广州日报》等 35 家报纸杂志先后载文报道或评论公共关系，阐述评析了公共关系在中国兴起、发展的必然性和必要性。这就如“催产素”使公关这怀胎十月的婴儿呱呱坠地，于是国有企业纷纷仿效，匆匆上马，一时之间，大江南北公关部如雨后春笋般蓬勃生长。接着，中国早期的公关从业人员在这些或洋或中的公关部里开始出现，一个崭新的职业群体已经浮出水面。

(二) 国际著名公关公司抢先登陆中国市场

随着我国改革开放向纵深发展，我国的经济发展吸引了全世界关注的目光。美国之音曾报道“中国是一块肥沃的公关市场”，这对世界上的大型公关公司无疑是一个振奋人心的消息。国际公关界摩拳擦掌冲入中国市场，首家进驻的是世界上最早诞生(1927 年)也是当今世界第二大公关公司的希尔—诺顿公关公司。1984 年率先在首都北京设立了办事处。该公司亚洲地区经理 T. F. 桑德斯认为，在中国首都没有公共关系机构是不可想象的。1985 年 8 月，世界上最大的公共关系公司博雅(成立于 1930 年，掌门人曾任美国公众咨询委员会副主席)也向中国投来了关注的目光，中国新华社下属的中国新闻发展公司与博雅公司合作，两家联手成立了中国第一家公共关系公司——中国环球公共关系公司。值得一提的还有在 1985 年出现在中国市场上的另一家合资公关公司——中法公关公司。实际上截至 20 世纪 90 年代初，在中国内地有影响且有一定规模的外资(含合资)公关公司基本上就只有这两三家，然而它们带来的新思路、新的国际操作规范都极大地促进了我们本土公关公司的出现和成长。

二、自主发展时期(1986—1993 年)

到 20 世纪 80 年代中期，公关事业在我国已蔚然成风、遍地开花。众多迹象表明，公关作为拿来的事业经过本土的消化吸收已有了良好的发展势头和热闹的氛围。这有效地促进了公关事业的职业化，公关研究的学科化。从中我们可梳理出以下几种表现：

(一) 行业协会纷纷建立，职业网络出现

1986 年 1 月，我国内地第一个公共关系民间团体——广东地区公共关系俱乐部成立，这是中国第一个公共关系机构。同年 6 月第一家由官方组织的公关机构——上海市公关协会成立。1987 年 6 月 22 日，中国公共关系协会在北京成立，安岗任协会主席，这标志着公共关系在中国得到了正式确认和接受，公共关系事业的发展进入了一个崭新的时期。紧接着，深圳、北京、浙江、天津、南京、武汉、陕西、四川等地先后成立了省市一级的公共关系协会、学会、研究会和俱乐部等社团组织。1991 年 4 月 26 日，中国国际公关协会在北京成立，前任美国大使柴泽民任会长。据中国国际公关协会 1999 年第一期《通讯》发布的公关调查，当时全国共有 100 多家公关协会或学会，浙江和江苏两省拥有的数量最多，各有公关协会或学会 8 家，其次为河北和河南两省，各有公关协会、学会 6 家。全国共有全国性的协会 2 家，省级公关协会 28 家，地市级 70 家。江西省、海南省、西藏自治区当

时尚无公关协会或学会。这些学会在20世纪80年代中期积极发展会员，进行公共关系基本知识的培训与传播，对于推进公关事业的普及，促进公关职业的规范化，完善公关学科化作出了卓越贡献。

（二）公关出版物丰硕，学术成果推广快

我国公关事业的发展与20世纪80年代中期公关学术成果的翻译、出版、推介有直接关系，同时也与公共关系报的陆续推出有关。我国第一部公共关系学专著，是中国社科院新闻研究所公关课题组编著的《公共关系学概论》（塑造形象的艺术），1986年11月由科学普及出版社出版，这是我国最早的一部系统地论述公共关系理论和实践的专著。1993年8月我国最大的一部公关巨著，550万字的《中国公共关系大辞典》问世。吴学谦、邵华泽为之作序。正如邵华泽在序言中所言，"可以预料《中国公共关系大辞典》将对推动我国公共关系事业的发展发挥重大的作用，从而对我国的改革开放和经济建设，对建设有中国特色的社会主义事业产生积极的影响"。在这段时期，大量的公共关系译著、专著、教材、辞典面世。在传媒方面，最早问世的一份公共关系专业报纸是由浙江省公共关系协会主办的《公共关系报》，1988年1月31日在杭州创刊。1989年1月25日陕西省公共关系协会和中国公共关系专业委员会联合主办的《公共关系》杂志在西安面世。同年，《公共关系导报》在青岛创刊。1993年《公关世界》在石家庄创刊。据《中国公共关系大辞典》显示，到1992年，专业性的公关报已发展到29种之多。专业性的公关传播媒介的发展，极大地推动了公关的普及和公关向纵深的发展。

（三）公关培训活跃，教育层次多样化

自20世纪80年代中期开始，公共关系的培训异常活跃，这一阶段公共关系的教育培训开始初具规模，规范化、系统化的正规职业教育和学历教育逐步形成。

可以说，1985年1月深圳市总工会举办的公关培训班是我国有史以来的第一家。同年4月，北京师范大学开设公共关系讲座；6月北京大学研究生院举办公共关系讲座；1985年下半年中山大学与广州青年经济协会、广州财贸管理干部学院联合举办了三期公共关系讲习班；1985年9月深圳大学首先设立了公共关系专业，开设公共关系的必修与选修课程，从此，公关开始步入高等学府的讲坛。1987年，国家教委正式把公共关系列入行政管理、工业经济、企业管理、旅游经济、市场营销、广告学、新闻学等专业的必修课。全国大约有300多所大学开设了公共关系课程，复旦大学、中山大学、兰州大学、杭州大学等均是较早引入公共关系这门学科的大学。1994年经国家教委批准中山大学创办了我国第一个公共关系本科专业，同时在行政管理专业的硕士点招收公共关系研究方向的硕士研究生，这不仅填补了我国公关专业本科和硕士研究生学历教育的空白，从而也形成了我国高校从研究生、本科、专科、成人教育到函授培训班等多层次、多形式的公共关系教学与培养的体系。从而使我国公共关系的学科化建设迈上一个新的台阶。我国公共关系教育事业已开始逐步走向正规化和系统化的高层次学历教育阶段。

（四）公共关系科学研究和实践运作空前繁荣

20世纪80年代中后期，随着我国公共关系教育和实践的迅速发展，一大批有识之士

结合中国的政治、经济和文化的特点来探索中国公共关系的一些重大理论问题。尤其是在两大国家级协会的推动下，每年都召开公共关系理论与实践问题的研讨会。1986年3月在广州和北京分别召开了“公共关系与现代化”、“公共关系和新闻工作”的研讨会。1987年7月，在杭州召开了由复旦大学、中山大学、兰州大学和杭州大学发起的全国高校公共关系理论研讨会。1988年5月在北京召开了由中国环球公共关系公司和博雅公共关系公司联合主办的首届国际公共关系专业研讨会。1989年12月在深圳召开了第一届全国高校公共关系教学研讨会。公共关系的研讨会加强了学界的成果交流与传播，对公共关系理论的深化和完善，公共关系的国际化、专业化、职业化发展起到了促进作用。

我国公共关系的实践空前繁荣可以从中国公共关系协会主办的“中国最佳公共关系案例大赛”得以证明。始于1993年，每两年举行一届的中国最佳公共关系案例大赛，每一届的获奖案例均汇集成册，由复旦大学出版社出版，对公共关系实务进行研究，总结和探讨。举办一年一度的公共关系案例的评优活动，这已是国际公关行业的惯例。我国举办这种评优活动不仅表明了我国公共关系的实践的繁荣，而且总结了我国公关实践的成功经验，也有效地促进了公关从业人员不断提高项目策划能力和实际操作水平。这对推动我国公关事业的职业化、规范化的健康发展，对促进我国公关与国际公关的交流，促进我国公关早日纳入国际轨道，加入世界公关的大家庭，都将有深远的影响。

(五) 国内外公关市场开始交流，国际公关职业市场正在开辟

中国国际公关协会1991年成立以来，本着“让世界了解中国、让中国走向世界”的宗旨，致力于加强中国公关界与国际公关界的联系和交流。该协会每两年一届的中国国际公共关系交流大会，均取得了巨大的成就。尤其在接受世界各国商业性公关业务的咨询、委托方面，渠道更为畅通，从而为国内公关界认识和了解国际公关市场，为国内企业提供国际公关服务，培养和输送国际公关人才创造了特定的氛围和环境，也为国际社会了解中国公关业的市场发展的潜力提供了机会。中国国际公关协会多次邀请世界著名的一些公关专家来华授业解惑，前国际公关协会主席，英国公关权威萨姆·布莱克教授，美国的公关专家格鲁尼格教授等均应邀来华讲学。尤其萨姆·布莱克教授访华后，先后两次在英国《公共关系》季刊撰文，盛赞中国公关业发展之快，并称中国有10万人从事公关，50万人学习公关。确实，这一时期是中国公关传进千家万户的时期，这是改革开放的成果，正如李瑞环同志所说“中国公关事业发展是中国改革开放的必然趋势”。

三、进入成熟发展时期(1993年至今)

1993年11月中国共产党十四届中央委员会第三次会议通过了《中共中央关于建立社会主义市场经济体制若干问题的决定》，我国社会主义市场经济的步伐全面启动，这给我国公关业带来了勃勃生机，我国公关业进入了全面的整合时期，公关业作为一种智力产业，经过了市场经济优胜劣汰后，开始步入更加职业化和专业化阶段，公关业开始进入成熟发展时期。具体表现在以下几个方面：

(一) 公关职能部门渗透到各行各业

公共关系事业经过近十年的发展，开始步入稳步发展时期，从一开始仅限在服务行业拓展到各种形式的企业和经济实体，并已扩展到各种社会组织和行业，如社会团体、科研机构、银行、学校和党政部门。这些组织成立了具有公共关系功能的机构，或在某些已有的机构中扩充了公关职能，人们越来越重视运用公共关系手段来保障和促进自身的发展。公共关系作为一种管理职能被引入各行各业的管理领域，一种形象管理即无形资产管理的理念已广为人知。人们开始重视运用公共关系的手段来加强对组织的公众关系和公众舆论的管理。于是，各行各业出现了各种各样的公共关系的职能部门，这些部门尽管名称各异，然而它们的功能大同小异，都不同程度地发挥着公共关系的职能。

(二) 职业公关公司开始成熟发展

专门化的公关公司经过十几年的发展，开始步入了自我整顿、自我提升时期。20 世纪 80 年代中期到 90 年代初，名目繁多的公关公司曾风起云涌，其中大多是缺乏实力的空头公司。据媒体报道，全国注册的公关公司有 2 000 家之多，但由于自身人才的匮乏，公关市场的不成熟，运作规则的不规范，许多注册公司在 20 世纪 90 年代上半期纷纷关门倒闭或转业另谋出路，而生存下来的一些中资公关公司渐渐开始向专业化、市场化、职业化方向发展，在公关市场上确立了自己的地位。环球公关公司是其中很典型的一家。全国 80%以上的专业公关公司仍集中在北京、上海、广州(深圳)，其市场份额约占全国的 70%以上。

中资公关公司专业程度逐步提高，服务对象既有外国客户，又有国内客户，大多局限在外国客户。国际公关公司仍以品牌管理见长，而本地公司更推崇整合营销传播，为客户提供包括广告、会议、培训、宣传品制作等在内的综合服务。很多公关公司通过几年的发展，服务开始系统化、立体化，往往代理客户整体形象的定位、策划、传播实施，在公关、广告、CI、营销等领域全面开花。

(三) 外资公关公司纷纷抢滩中国市场

自 1984 年、1985 年美国的伟达、博雅挺进我国市场后，有相当一段时间外资公关公司在我国的市场开拓基本维持在 2～3 家。到了 1992 年、1993 年，由于我国公关市场有所发展，生机初显，一大批外资公关公司又纷纷进入，像美国爱德曼、奥美、福莱、罗德、凯旋先驱、英国宣伟等。这些公关公司纷纷与中资公司建立联营关系，或在一些发达地区设立办事机构和业务点。它们很多是出于自身战略发展的需求进驻中国市场，因为开放的中国是它们发展全球业务网络的良好市场，同时发展中的中国不仅可以维系原有跨国客户还可以争取到新的外资国际客户，并且又可以带出未来的中资客户。这些外资公关公司为拓展中国市场，积极导入公关新观念，着力于公关专业宣传，如有意识地通过举办公关研讨会、研修班、新闻发布会等形式，对媒体、企业、政府和社会公众进行公关专业知识的传播和教育，让业内人士了解了“认知管理”“危机和问题管理”“财经传播”“高科技传播”等一些公关的新观念，同时外资公关公司通过自身的实践，引进了公关最先进的国际职业操作规范和标准，特别是一些先进技术手段的广泛运用，向中国的客户展现了极高的专业服务水准，让人们看到了公关灿烂的未来。尤其是一些著名的公关公司代理一些著名跨国公司在中国市场运作的成功案例，让业内人士和中国客户备受鼓舞。这极大地推进了中国公关市场的发展，并对中国公关市场的专业化、职业化、国际化起到了积极的影响和作用。国际公关公司无论是年营业额还是员工人数均保持稳定发展，平均年增长率约达到15％；奥美、凯旋先驱、宣伟、安可等公司发展速度较快。国际公关公司继续巩固北京、上海、广州（深圳）三地办事机构并加快业务开发，且加强了全国网络建设。

(四) 公关教育立体化任重道远

公关教育经过十几年的发展，目前基本形成立体多维的学历和非学历交叉并存的局面。从低级到高级，公关教育的具体种类有：(1)业余培训，包括各协会、学会、学校、组织的各类中短期的培训班及专题全员公关培训讲座。(2)函授教育，指某些学校开设的面向成人在职的一种业余学习，具有大中专文凭。(3)普通全日制教育，由一些大学开办的学制为2～3年的全日制普通大专班。通过学习，学生能成为较为专业的公关人才，这是现今流通于市场的最大的一批公关主力军。(4)大学全日制本科教育，这是目前培养公关专业正规军的最有效的途径。学生通过四年的规范化学习，能比较快地适应社会，成为社会上各大专业公关公司和公共关系部的高级公关人才。(5)公共关系专业方向的硕士研究生的培养。这在复旦、中山大学的一些传播学、行政管理等硕士点中有公关专业方向，这为我国培养高层次公关人才指明了方向。但需要说明的是，当前公关教育仍以知识教育为主，培养的学生还不能真正满足专业公关公司在公关技能方面的要求。高素质公关人才的严重缺乏也制约了我国公关业的迅速发展，必须培养一支训练有素、有敬业精神和职业道德的公关从业人员队伍和管理队伍。因而，公共关系教育任重而道远。

特别值得一提的是，在社会各界的推动下，公关事业的实体结构已遍及全国。从业人员已达10万人以上，但从业人员的职业身份一直未得到正式确认，国家劳动和社会保障部为适应上述形势发展的需要，于1997年11月15日成立了中国公共关系职业审定委员会。该委员会先后在北京、上海、广州等地举行了职业论证研讨会、座谈会，并取得了重要成果。一是为公关职业定下了“公关员”的职业名称，并正式列入了《中国职业大典》，这标志着国家已正式承认公共关系这一职业。二是制定了公关人员的国家职业标准和考核规范。三是正式编撰出版了权威性的培训教材——《公关员职业培训和鉴定教材》。四是于2000年12月3日，在全国范围内举行第一次公关员职业资格上岗全国统考。这标志着我国的公共关系开始真正走上职业化和行业化的道路。这不仅完善了公关职业的成熟发展，并极大地推进了我国公关业纳入国际化运作轨道，同时必将为我国经济真正融入全球一体化经济发挥巨大作用。

本章小结

本章分两节对公共关系产生发展的历史进行了论述。第一节公共关系的起源与发展，首先介绍了公共关系的起源，包括公共关系的萌芽、西方现代公共关系的起源，而后介绍了西方现代公共关系的发展，最后阐释了公共关系产生的社会原因；第二节当代中国公关的兴起与发展，先后介绍了拿来主义时期、自主发展时期、进入成熟发展时期几个阶段的中国公共关系的兴起与发展。通过本章的学习，可以认识公共关系产生发展的历史，为后续学习奠定历史知识的基础。

自 测 题

思考训练题

1. 西方现代公共关系起源于哪个国家？

2. 评价以下艾维·李的“凡是有益于公众的事务必有益于企业和组织”“公众必须被告知”向公众“说真话”的认识和主张。

3. 谁被后来的学术界誉为“现代公共关系之父”？

4. 是谁使西方现代公共关系走向了正规化、科学化的阶段？

5. “双向对称”公共关系模式是谁提出的？

6. 简答西方现代公共关系产生的社会原因。

7. 当代中国公关的兴起与发展经历了哪几个时期？

云南马帮入京“进贡”普洱茶

马帮是云南一种古老的运输方式。云南马帮在1839年驮茶进京后中止，至今已有166年。在交通运输工具高度发达的今天，一队古老原始的马帮浩浩荡荡走进城市，进入现代人的视野。马铃叮当，马蹄声声，独特的少数民族服饰，其吸引力之大是可想而知的。

历史上，云南大叶种茶在马帮外运途中，沐风栉雨，自然发酵成为了功效独特的普洱茶。普洱茶成为皇室贡茶后，也是通过马帮运送中自然发酵而最后成形。“我们组织这次马帮驮茶进京活动，就是想再现当年的一段历史，让世人认识到真正的、原生态的、自然发酵的普洱茶。”云南省茶叶协会会长邹家驹这样说。

2005年5月1日，40多位赶马人、100多匹骡马组成的马帮从云南的普洱县启程赴京，至10月抵京。赶马人年长者53岁，年少者19岁，来自云南省的11个民族。马帮驮载着5吨多普洱茶，穿越6个省市，行程4 000多公里，成为一种独特的文化形态，冲击着人们的视线。马帮的成功进京，拉近了普洱茶与主流消费市场的距离。邹家驹甚至乐观地预测，北方历来是绿茶和花茶的天下，由于云南马帮千里进京，云南普洱茶在北方市场进行了一次成功的渗透，北京将掀起一股云南普洱茶的热潮。

资料来源：佚名.公共关系案例集.人人网.http://page.renren.com/600

问题：“云南马帮驮茶进京”活动所体现的我国公共关系萌芽期的公关形式在当代中国公共关系发展中的再现所掀起的热潮给我们哪些启示？

第三章

公共关系主体——社会组织

学习要点及目标

通过本章的学习，认识广义的公共关系管理主体——社会组织的含义、特征、类型，社会组织目标与公共关系目标；了解狭义的公共关系主体——公关管理机构及其人员中的公共关系机构、公共关系部、公共关系公司、公共关系协会，公共关系人员中的公共关系人员的基本素质即基本技能、公共关系人员的类型等。

美国大通银行企业传播部的组织结构

美国大通银行是一家跨国金融机构，目前共有员工 3 万多人，全球分支机构有 2 000 多家。该银行的企业传播部(即公共关系部)有从业人员 200 多人，由一位高级副总裁担任该部主管。银行传播部下设若干组，直接负责各自领域中的公共关系问题。大通银行企业传播部的组织结构是大型企业公共关系部门的典型形态。

从这个案例我们看到：首先，由副总裁兼任企业传播部主管，具有强烈的象征意义。这种典型的高层领导直属型的公共关系组织结构，既体现了企业对公共关系工作的重视，又为公共关系部顺利执行自己的职能提供了强有力的背景支持。这实际上反映了现代企业对组织形象的高度重视。其次，类似于事业部制的组织结构，分工明确，层次分明，减少了传播过程中的信息损失，是公共关系工作效益与效率提高的组织保证。最后，我们可以看到，公共关系部下属各个小组大体可以分成两类：一类是根据工作对象与企业的关系划分的，另一类是以工作对象所在地区为标准划分的。这样的分工使公共关系工作在面对不同的公众时，其工作专业性更强，工作节奏把握更准确、更科学，如加勒比海组居然与欧洲、远东并列，可以证明加勒比海地区的业务对企业的重大意义。

资料来源：豆丁网. http://www.docin.com/p-105227770.html

如前所述，公共关系作为一种关系，它的构成有四大基本要素，即主体——社会组织、客体——公众、中介——传播、目标——塑造形象。公共关系的第一构成要素是公共关系主体。广义上的公共关系主体是指社会组织，狭义上是指组织中的公关机构和公关人员。该主体在公共关系活动中发挥主导作用。本章将分两小节，分别阐释公共关系主体的相关问题。

第一节 广义的公共关系主体

公共关系活动的发动机是公共关系主体。因公共关系主体的性质不同，需求不同，公共关系活动的基本模式也不尽相同。理解公共关系主体的含义与类型，对于提高公共关系管理活动的策划水平具有重要的意义。公共关系主体分为广义的公共关系主体和狭义的公共关系主体。广义的公共关系主体是指社会组织，狭义的公共关系主体是指社会组织中的公关管理机构及其人员。本节先阐释广义的公共关系主体，即社会组织。

一、社会组织的含义

社会组织就是两人或者两人以上为履行一定的社会职能，完成特定的社会目标而组建起来的，具有健全的组织活动和权力责任制度，经过分工与合作，所构成的一个独立单位的社会群体。

对此可做如下理解。

(一) 社会组织必须具有明确的目标

目标是组建社会组织的前提。任何社会组织的诞生都有特定的目标。例如，企业的目标就是实现投资利益的最大化，学校的目标就是为社会培养合格人才。有了共同的目标，才能使不同的人发生关系并整合为社会组织。共同目标是社会组织的宗旨，它对社会组织的全部活动起着指导和制约的作用。

从宏观上讲，根据美国知名学者帕森斯的理解，社会组织的目标导向分为四种：(1)以经济生产为目标导向，通过向社会提供物质产品和服务获得利益，扩大社会组织的经济生产能力，如企业、公司、银行等；(2)以政治为目标导向，目的是谋求权力分配，实现某种政治意图，如人大、政协等；(3)以协调社会冲突为目标导向，维持社会秩序，如政府机构；(4)以社会维持为目标导向，为社会培养符合特定文化要求的接班人，维持社会的持续发展，如学校。无论出于何种目标，社会组织都应该有明确的目标。

(二) 社会组织必须建立分工与协作机制

组建社会组织需要把大家的力量整合起来，共同完成个人无法完成的使命。如果某项活动依靠个人就能够完成，是无须组建社会组织的。为此，社会组织需要建立科学的分工与协作机制。分工是借助专业化提高劳动生产率和其他各种资源的使用效率。协作是借助集体力量提高组织的效益，使组织的力量得以放大。应该说，社会组织是建立在部门分工或职能分工基础上的整合组织。

(三) 社会组织必须建立权力与责任制度

权力和责任是社会组织实现目标的基本保障。社会组织的正常运行离不开科学的权力和责任制度。其中，社会组织所建立的权力必须有一套完善的领导体系，包括为实现有效的领导活动而设置的各种领导管理机构和领导管理体制。赋予有关部门特定的权力是为了有关员工在合理的范围内围绕目标能够自主地配置各种资源。明确有关部门的责任，是为了引导员工的权力行为服务于社会组织总体目标的实现，防止滥用权力进而破坏社会组织的正常运行。

(四) 社会组织必须具有健全的组织活动

没有健全的组织活动，社会组织仅仅是一个“外壳”而已，不可能产生实质作用。社会组织的组织活动是为了实现职能目标，围绕社会组织的运行而形成的，主要包括以下几个方面：

(1) 设计组织的机构，包括根据组织结构理论设立进行专业化管理的职能部门，根据适度管理幅度确定管理层次。

(2) 适度分权和授权，明确职务责任。

(3) 进行人力资源开发与管理。

(4) 开展组织文化建设。

(5) 推动组织变革，强化社会组织整体的创新能力。

二、社会组织的特征

由于不同的社会组织在目标任务、结构类型等方面的差异，各个社会组织都具有各自的特殊特征，但作为一个符合要求的标准社会组织，又必然具有一些共同的基本特征。这些共同特征主要有：

(一) 目标性特征

社会组织是人们为了达到特定目标而建立的系统，明确的目标是社会组织的显著特征之一。组织目标指的是组织争取达到的一种未来状态。目标是组织的灵魂，正因为有了组织目标，才决定了组织及其成员所应承担的工作任务及其所选择的实现任务的途径。目标是组织最基本的构成要素，达成目标是组织最基本的功能，所以组织的首要特征是目标性特征。

(二) 形象性特征

组织形象是公众对一个社会组织的整体看法和总体评价，是社会组织的特征与表现在公众心目中的反映。树立良好的形象是社会组织追求的目标之一，也是一个社会组织得以存在和发展的必要条件。在市场经济逐步发展，竞争机制逐步健全的现代社会，社会组织的形象问题尤其重要。

(三) 环境适应性特征

社会组织与社会环境有着不可分割的关系，社会组织总是处在一定的社会环境之中。社会组织作为一个开放的系统，始终处于同外界环境的相互作用之中，不断地与外界环境进行物质、信息和能量的交换。组织环境是指组织以外的一切影响组织活动的因素。环境的适应性是指组织在外界环境因素的影响下，积极调整自身结构或功能来维持生存和发展的能力。社会环境影响组织目标的制定，制约着社会组织的结构和活动方式。

三、社会组织的类型

从不同的角度进行分类，社会组织的类型是不相同的。

1. 从性质上划分，社会组织分为政治组织、经济组织、军事组织、文化组织、群众组织。

(1) 政治组织。政治组织是指人们在政治领域中的组合形式。其包括政党和各种国家政权组织。

(2) 经济组织。经济组织是指人们在经济关系的基础上建立并以经济活动为内容的社会组织，如工业企业、交通运输企业、商业企业、银行、保险公司等。

(3) 军事组织。军事组织是指为维护国家领土完整和人民生命财产安全及打击外敌入侵，而依据类别或功能，将武装力量组织起来，使其成为一个阶层化结构分明、可灵活运用、利于作战的团队。或者一个组织带有军事性质，拥有武装力量，并以此力量实现其目标。如陆军、海军、空军、武警部队等。

(4) 文化组织。文化组织是指以满足人们的各种文化需求为目标，以文化活动为基本内容的社会组织。如学校、科研机构、艺术团体等。

(5) 群众组织。群众组织是指综合了不同类型的社会关系和社会功能而形成的社会性组织。如工会、街道居委会、村民委员会和其他各社会团体等。

2. 从形式上划分，社会组织分为正式组织和非正式组织。

(1) 正式组织。这种组织比较严密，组织成员之间关系比较固定，组织活动有比较严格的规定和要求。如国家机关、企业、学校等。

(2) 非正式组织。这种组织机构比较松散，组织成员之间的关系比较自由，组织活动缺乏严格的规定和要求，如同乡会、学术团体以及正式组织内部的非正式小团体等。

3. 从获益上划分，社会组织分为公益性组织、服务性组织、营利性组织和互益性组织。

(1) 公益性组织。这种组织是为社会各界公众服务的组织，如军队、警察机关、政府。这类社会组织的公共关系活动应该立足于塑造勤政、廉洁为民的良好形象。

(2) 服务性组织。这种组织是为社会大众服务，让大众获益的组织，如福利机构、学校、医院等。这类社会组织的公共关系活动应该立足于精通业务、热情周到的服务形象。

(3) 营利性组织。这种组织是通过提供物质产品、精神产品或者服务项目，谋求盈利的组织，一般指企业组织，如生产性企业、酒店、广告公司、公共关系公司等。这类社会组织的公共关系活动应该侧重塑造质优价廉、诚实守信、反应敏感、富有宽容精神的商业形象，以便获得持续的发展。

(4) 互益性组织。这种组织是保障成员利益与权益的组织，如互助团体、政党组织、宗教组织等。这类社会组织的公共关系活动应该立足于塑造遵纪守法、关注社会的形象。

四、社会组织目标与公共关系管理目标

(一) 社会组织目标

1. 社会组织目标的含义

社会组织目标是指一个社会组织在一定的时间空间活动范围内努力争取达到的预期的一种未来状态。社会组织目标是一个社会组织存在和发展的基础，它为组织的发展指出了方向，是判断组织活动合法性的依据，起着团结和激励组织成员努力奋斗的作用，是衡量组织效果与效率的准则。

2. 社会组织目标的分类

社会组织目标的类型从不同角度有不同划分。

(1) 从组织目标的形式上可划分为总目标、分目标和个人目标。

① 总目标。一个组织的目标，它不仅体现了组织自身的利益，还必须体现社会利益和个人利益。

② 分目标。组织内各职能部门的目标或组织在一定阶段的目标。

③ 个人目标。组织成员的个人利益要求，任何组织都要以总目标统帅分目标，分目标、个人目标要服从总目标，即部分服从整体，小局服从大局。同时还要兼顾分目标和个人目标，它是实现总目标的具体目标。

(2) 从组织目标的时间上划分可分为长期目标、中期目标和短期目标。

① 长期目标。组织在一个相当长的时间内，如 10 年、20 年甚至更长时间内所要完成的战略任务和要采取的重大措施。

② 中期目标。组织的 5 年或 3 年目标，它较具体地反映和体现了组织的长期目标。

③ 短期目标。组织年度目标，它是中期目标的具体化，是组织目标的具体行动计划。长期目标能给组织提供一个战略范围，鼓励组织成员为实现这一目标而努力，但它必须通过中期目标和短期目标作出具体安排，才能得以实现。只有把长期目标、中期目标和短期目标结合起来，并重点抓好中期目标，合理安排短期目标，才能有效地达到组织的长期目标。

(二) 公共关系管理目标

社会组织目标往往需要通过公共关系管理来实现，而公共关系管理，又必须制定公共关系管理目标。为此还必须阐释一下公共关系管理目标的问题。

1. 公共关系管理目标的含义

公共关系管理目标是指组织通过策划和实施公关传播活动所追求和渴望达到的一种状态或目的，是公共关系全部活动的核心和公关管理工作努力的方向。整个公关实务工作的过程就可以理解为制定公关目标和实现目标的过程。

公共关系管理总是为达到一定的目标的。任何公共关系管理工作和活动最终都是为实现塑造形象这一基本目标的，它包括组织的精神形象、领导者形象、员工形象、产品形象等。这些形象将成为组织追求与公众及社会关系稳定、平衡、和谐、同步发展的重要资产。

当然，实现公共关系塑造形象这一最终目标，离不开具体的阶段性目标；这一总目标又离不开分目标。

2. 公共关系管理目标的分类

公共关系管理目标可以根据以下不同的标准进行分类。

(1) 按公共关系管理目标的时间跨度，可分为长期目标、中期目标和短期目标。

① 长期目标。长期目标是指与组织公关总体发展规划，组织的长远利益相一致的目标，是关于组织发展的战略目标。它的时间跨度通常在5年以上，对组织的发展起长远的指导作用，是一个方向性的公关奋斗目标。

② 中期目标。这是将组织公共关系长期目标所提出的基本任务进行分析所形成的目标，时间跨度一般为2～5年。组织依据中期目标指导和开展其公关工作。

③ 短期目标。短期目标是指年度目标，是指组织公关活动在一年内的工作计划和要达到的标准。它是根据组织的年度发展计划和奋斗目标而制定的。短期目标将组织公关工作总目标的有关任务落实到公关活动计划上，对组织在一年中的各项具体公关活动起着指导作用。

(2) 按公共关系管理目标实现的顺序，可分为传播信息目标、联络感情目标和改变态度目标。

① 传播信息目标。这是指组织向公众开展传播宣传活动，让公众知晓有关组织的真实情况，是公共关系最基本的目标，是公关策划首先要考虑的问题。连接公共关系主体与客体的中介就是传播，因此大量的公关工作将要围绕这一目标而开展。在进行公关策划时，对传播信息的手段、方式、场所、人力、财力、物力因素都要加以周密思考，妥善安排，才能保证这一目标的实现。

② 联络感情目标。这是组织的感情投资工作，交际型公关活动模式特别适合于这一目标。它是组织依靠某种行为去争取公众对组织的好感和信任，既是一项具有长期性的任务，也可以在较短的时期内见到成效。在进行公关策划时，首先要考虑到它的方式、方法，要区别于一般人际关系，避免出现不正当的"拉关系""走后门"现象。如果事前策划不当，消耗了大量的人力、财力、物力，很可能无所作为；反之，按照科学的方法和正当的途径则可以产生事半功倍的效果。

③ 改变态度目标。无论现代公共关系理论有了什么新发展，组织通过引导、沟通，改变公众对组织的某种观念和态度，始终是公共关系的主要目标。

(3) 按公共关系管理目标的性质，可分为战略性公关目标和战术性公关目标。

① 战略性公关目标。这是与组织的根本利益，整体形象相关的重大、长远的公关全局目标。它的实现能为组织的发展创造和谐的内外环境，建立良好的社会形象。

② 战术性公关目标。这是为实现组织的战略性公关目标而制定的较为短期和局部的目标，具有较强的可操作性。由于各组织的情况不同，同一组织在不同的时期，其工作重点也不相同，所以组织公共关系的战术目标也各不相同。

3. 公共关系管理目标的确立原则

任何组织在确立公共关系管理目标时，要使确立的目标科学、可行，而又不至于偏离方向，就必须遵守一定的原则。

（1）协调统一的原则。公共关系管理目标必须符合组织整体发展的要求，与组织的其他活动目标协调统一。任何组织都是由很多要素构成的具有明确目标的有机系统，组织成员必须通过合理分工和密切协作才能实现组织的整体目标。公关管理目标作为组织总目标下的一个子目标，必须服从和服务于总目标。公关管理人员在制定目标时，要考虑到组织的整体社会形象和社会公众的整体利益。也就是说，公关管理目标的制定必须符合组织整体发展目标的要求，必须能起到从认识社会效益和组织长远利益的角度，促进组织的整体发展的作用。同时公关目标还必须和其他活动目标协调统一，并为其他目标的实现创造有利条件和环境，以确保组织整体目标的顺利实现。

（2）明确具体的原则。首先，其目标应具有明确性。目标的明确性是指目标的含义必须十分清楚、单一，可直接操作，有明确的内容与要求，不能有歧义，不使人产生多种理解。

其次，其目标应是结果式的。结果是相对于过程而言的。就是说目标应该是可予以明确评估的结果，否则将不具备约束力。例如，组织提出某次公关活动的目标是"提高知名度"，那么这一目标就是过程式的，对活动的结果不具约束力。如果将目标改为"将本组织的知名度提高20%"，则是结果式的，具有明确的约束力。

再次，其目标应是可以确定执行者责任范围的。为了使制定出来的目标能够落实，每个部门、每个执行者都必须有明确的责任范围，以防止相互推诿、扯皮、不愿承担责任的事情发生。

最后，应明确实现目标的约束条件。为了确保目标在执行过程中不会因为执行者的主观意愿而出现严重的偏差，在进行策划时要明确一些必要的约束条件，使执行者的行为受到合理的限制，不能任意行事，以保证目标的顺利实现。

第二节　狭义的公共关系主体

狭义的公共关系主体是公共关系机构与公共关系人员，具体就是执行公共关系管理职能的部门和工作人员。

一、公共关系机构

公共关系机构主要有三种，即公共关系部、公共关系公司和公共关系协会。

（一）公共关系部

公共关系部是社会组织内部设置的专门策划、组织公共关系活动的具有传播性、沟通性的职能部门。

1. 公共关系部的模式

按公共关系部的结构类型和组织方式，公共关系部的模式有以下几种类型。

（1）职能型。这种按照公共关系职能分类所建立起来的公共关系部，称为职能型公共关系部。这种机构的特点是各职能部门都配有通晓专门业务的人员，运用专门知识处理公共关系活动中所遇到的各类问题，为领导的决策提供咨询，从而适应复杂的环境和大型组织管理的需要。

(2) 过程型。这种类型的公共关系部是按照公共关系工作的过程分类所建立起来的。其特点是，各职能部门的工作内容专业性强，工作范围集中，易于积累经验，提高公关活动的效果。但这种类型的公关部设置整体性较差，如协调配合不好，容易造成相互扯皮、相互推诿，从而影响公关工作的绩效。

(3) 公众型。这种类型的公共关系部是以不同公众为对象，而分别设立以相应的工作对象作为机构。其优点是能熟悉自己的工作对象，了解公众的需要和反映，便于有针对性地开展公关活动。

2. 公共关系部的职责

公共关系部门的职责和权力，因其所在企业的性质不同会有所差异，但作为公共关系部门担负的基本的职责是相同的。

(1) 顾问和咨询。就企业中有关公共关系的政策和行动提出建设性的意见，为领导层和生产部门提供公共关系方面的服务。

(2) 编辑与写作。针对不同的公众和不同的目的，编写各种内部或外部发行的刊物。

(3) 新闻与宣传。组织有新闻价值的专门活动，举行各种新闻发布会，通过各种媒介宣传企业的产品和服务。

(4) 调研与预测。通过各种手段，例如，报纸剪辑、市场调查、民意测验、未来趋势预测等，作出科学的公共关系建议和计划。

(5) 组织与协调。如组织接待参观、专题讨论、座谈会及各种赞助活动等，还要协调各部门的工作，统筹兼顾，为企业创造最佳的社会关系环境。

3. 公共关系部的优势

与公共关系公司比较起来，单位内部的公共关系部有以下几点优势：

(1) 对单位情况比较熟悉。如领导班子情况、职工情况、关系单位等。因此在开展公共关系工作时一般能抓住本企业的重要问题。由于对单位情况比较了解，可以及时提供业务咨询和建议，特别是在突发性事件出现时，单位的公共关系部可以及时提出对策，这是公共关系公司所不及的。

(2) 比较省钱。组织的公共关系部作为单位的一个组成部分，在开展公共关系工作时，显然要比公共关系公司节省经费多了。

(3) 能使工作保持连续性和稳定性。由于公共关系部是单位的一个组成部分，所以，能够保证公共关系工作的连续性和稳定性。

(二) 公共关系公司

公共关系公司又称公共关系顾问公司。它是由具有一定专业特长的专家组成，专门为各种社会组织提供公共关系咨询或受理委托为客户开展公共关系活动的有偿性的社会服务机构。

1. 公共关系公司的基本特征

公共关系公司自身性质决定了它具有以下特点：

(1) 社会性。公共关系公司是一个职业化的机构，而且是一个社会经济实体。它要求有明确的组织目标，严密的组织机构，受过专业训练的专业人才，有共同遵守的规章制度，有周密的发展计划。

(2) 服务性。公共关系公司是服务性行业，它通过从业人员掌握的广泛信息、丰富的知识和经验，以现代的技术手段，为客户提供市场、形象、信誉等多功能的服务。

(3) 营利性。公共关系公司作为商业性机构，按照一定的标准，提供有偿服务，通过经营、服务活动，取得利润。

2. 公共关系公司的职能

公共关系公司的基本职能就是帮助委托人建立与社会公众之间的双向信息交流，为委托人树立良好的声誉和形象提供各种服务。

3. 公共关系公司的工作内容

(1) 确立目标进行调查研究。公共关系公司要和委托人一起，根据组织的经营状况确定近期和长期的公共关系目标。然后，通过市场调查研究、民意测验等多种方法检查委托人为实现这些目标所依靠的社会因素中有什么失策之处，并找出补救的办法。

(2) 实施公关计划。根据调查研究的结果，有针对性地和委托人一起制订出切实可行的公共关系计划，并协助委托人实施这些计划。

(3) 培训公关人员。即为各企业和其他组织培训公共关系人员。

(4) 开展委托单位公关工作。即协助委托人开展内部公共关系的全部工作。

4. 公共关系公司的优势

不论是哪一类经营方式的公共关系公司都有着一般单位的公共关系部难以竞争的优势。

(1) 信息广泛灵通。公共关系公司是一种信息公司，它的第一项任务就是收集和提供信息。人们检验专业公共关系公司质量的一个标准就是看它信息掌握的多少，因为所有的咨询工作都是在对信息分析的基础上进行的。占有大量的、范围广泛的信息，灵活运用信息是公共关系公司的一大优势。

(2) 分析问题主观色彩少。就公共关系公司解答企业的咨询或给企业当顾问而言，它较少带主观色彩，看问题较客观公正。因为公共关系公司或顾问毕竟是企业的局外人，一般不会纠缠于企业年深日久的积弊之中。

(3) 经验丰富，判断准确。不论是综合的咨询公司，还是单项的咨询公司，均以公共关系工作为职业，在公共关系公司有各个方面的专家。因此，在应付复杂局面，解决难题方面，其经验要比单位的公共关系部门丰富得多。

公共关系公司还有许多优势，例如，社会联系广泛、机动性强、建议容易受到人们重视、职业水准比较高等。

5. 公共关系公司的类型

公共关系公司的类型，依据不同方式可作不同的划分，从公共关系业务内容划分主要有以下几种：

(1) 专项业务服务公司。这类公司是专门为用户提供某种公共关系技术服务的。它们以各种专业人才、技术和设备为客户提供单项的公关业务服务。如为客户专门设计广告，或专门制作音像资料，专门为客户做形象调查。

(2) 专门业务服务公司。这类公司是为特定行业提供公关服务的。例如,专门为工商企业服务,维护企业合法地位和良好形象的公共关系公司;专门为工商业提供金融方面的服务,保护企业正当权益的金融方面的服务等。

(3) 综合服务咨询公司。这类公司是以各种公关专家和公关技术专家为主体,保证和适应多行业、多职能、全过程的外部公关需要为目标的。例如,美国博雅国际公关公司,其服务项目是收集信息、广告设计、制作电视新闻和咨询、与政界新闻界代理人建立联系等,其提供的服务是多方面的、综合性的。

6. 公共关系公司的机构设置

公共关系公司,其内部结构一般主要分为以下四个部分:

(1) 行政部门。该部门包括公司的总经理、副总经理和一定数量的业务经理人员。企业经理人员的主要工作是具体组织、制定和实施为委托客户服务的公共关系项目。

(2) 审计部门。这个部门一般由业务经理人员、业务人员负责人和高级公共关系专家组成。它的任务是在公司承办的各项业务开始时或实施过程中,审查项目的可行性、效益高低和监督实施情况,并负责统筹安排人力、财力,及时为各个项目提供指导和咨询,避免事故,保证质量。

(3) 专业部门。各类公共关系公司都根据公司的业务范围和专业特色设置专门的业务部门。每个专业部门可在同一时间内为许多委托客户提供公共关系服务。一般公共关系公司的专业部门的设置包括这些机构:财政关系部、形象服务部、调研预测部、公共事务部、政府关系部、产品宣传部、项目研究部、美工影像部、顾客服务部、外事联络部、教育培训部等。

(4) 其他部门。一些公关公司由于特殊的需要,还可能设置其他机构,如一些大型国际公关公司就设有地区部门和国际部门,以提供地区性和国际性服务。

7. 公共关系公司的工作准则

公共关系咨询公司所从事的工作,一方面涉及委托单位或个人的形象和名誉,另一方面要对社会公众负责。因此,公共关系咨询公司的工作,除了要遵守国家法律和行政法规,遵守职业道德和社会公德之外,还应遵循以下准则:

(1) 必须保护委托客户单位及个人的利益。在受聘为委托单位或个人处理公共关系事务时,要尽力保护他们的利益,力求通过公关工作,使客户的利益与公众的利益相一致,只有这样,公共关系工作才能顺利展开。

(2) 不干涉委托单位或个人的内部事务,更不能试图控制他人。由于公共关系咨询公司的业务特点,使它们在一定程度上必须了解和掌握委托单位或个人的内部情况。但公关公司不得干涉客户单位的内务,否则将引起委托单位的反感,从而影响公关咨询公司的声誉。

(3) 不得以任何借口泄露委托单位或个人的秘密。在为委托单位或个人办理公共关系事务的过程中,公关咨询公司对有可能了解到的有关委托单位或个人的一些秘密,无论是合作过程中还是在双方合作结束以后,公关咨询公司不得以任何借口或形式予以泄露。

(4) 不随意浪费委托单位或个人的开支。公共关系咨询公司应合理收费,并尽量为委托单位或个人节约开支,绝不随意浪费开支,更不允许接受合理收费之外的报酬,以维护公司的声誉。

(三) 公共关系协会

公共关系协会是从事公共关系研究与实践的工作机构，是社会上一种松散型的非营利的公共关系组织。参加这一组织的团体会员，也可以有个人会员。公共关系协会名目繁多，诸如学会、研究会、俱乐部、联谊会等，但就其性质、任务和活动而言，却大同小异，所以我们这里统称协会。

二、公共关系人员

公共关系人员是从事公共关系职业的专业人员，是公共关系活动的策划者、组织者和执行者，俗称公关先生、公关小姐。

由于公共关系职业的特点，公共关系人员必须具备相应的素质和技能。

(一) 公共关系人员的基本素质

1. 科学的观念意识

公共关系是一门新兴的职业，公共关系人员必须要以科学的观念意识去从事这一职业。这就要求公关人员应树立科学的信息意识、形象意识、公众意识、双赢意识、传播意识、协调意识、服务意识、创新意识、情感意识、文化意识等。具有了这些观念意识，才能在公共关系工作中高度重视收集与开发信息、自觉维护和发展形象、尊重公众人格与需求、追求组织与公众之间的互利互惠、重视传播宣传，注重协调各种关系网络，主动提供各种服务，不断推动公共关系事业的发展。

2. 高尚的思想品德

公共关系人员的形象是组织形象的代表，其良好形象的重要体现就是具有高尚的思想品德。

思想品德是在一定的社会条件下形成的，它是社会现象的反映。社会主义条件下，社会组织的公共关系人员在思想品德方面的基本要求是需遵守公关人员的职业准则和体现一定的政治思想风貌。

(1) 需遵守公关人员的职业准则。各国公共关系职业道德准则的具体条文虽然不尽相同，但可归纳为以下三个方面。

① 遵纪守法，不违背社会道德和不损害他人正当权益。任何一个国家的公共关系人员，或者在任何一国进行公共关系活动的人员，必须遵守该国基本的法律、法规和社会公认的道德规范，这是公共关系人员最基本的职业准则。在公共关系实践中，某一组织的利益与社会整体利益有可能发生冲突，公共关系人员在这种情况下必须牺牲组织的利益，不能采取不正当的手段和方式，不能违法乱纪损害社会整体利益或其他组织的利益。

② 忠于职守，自觉维护组织信誉。公共关系人员是代表某一组织进行公共关系工作的，应忠于职守，避免使用含糊或可能引起误解的语言；对当前和以往的客户或雇主都始终忠诚如一；在任何场合均应在行动中表现出对所服务的机构和公众双方的正当权益的尊重，以赢得有关方面的信赖；不能借用公共关系的名义从事任何有损所属组织或公共

关系信誉的活动。

③ 公正诚实,不传播虚假信息。公共关系人员在进行公共关系活动中,不能传播没有确凿依据的信息,或者为了个体利益故意传播虚假的或使人误解的信息。做到这一点既是公共关系人员对公众权益的尊重,也是从根本上长久维护组织良好信誉的保证。

(2) 需体现一定的政治思想风貌:

① 坚定的社会主义方向,坚定地执行党和国家的路线、方针、政策。

② 要有全局观念,能正确处理国家、集体、员工三者之间的利益关系。

③ 要有较强的事业心、责任感,具有开拓精神,勇于创新,不断开创公关工作的新局面。

④ 谦虚谨慎,公道正派,团结他人,热爱公关事业。

⑤ 要克己奉公,不谋私利,自觉抵制不正之风和错误思想的腐蚀与影响。

⑥ 严格遵守职业道德,实事求是,以诚待人,讲求信用。

3. 良好的气质性格

公共关系人员应具备的良好气质性格主要包括:豁达、开朗、热情、冷静、理智、诚挚、自尊、谦和、耐心、机智、幽默、自信、有毅力、具有同情心和自制力等。

4. 广博的知识

对于公共关系人员所具备的知识方面的要求是除专业知识要精通之外,还应广博地猎取与工作相关的多学科的知识。例如,经营管理学、市场学、广告学、经济学、法律学、社会学、社会心理学、传播学、新闻学、逻辑学、外语、文学、写作、编辑、演讲、摄影、美术等方面的知识。作为一名公共关系人员在公共关系活动中,应能巧妙地运用各种知识,以此赢得公众的信服。

5. 丰富的社会经验

公关人员还必须具有丰富的社会经验,特别是应具备人际交往、沟通协调、新闻传播、经营管理、策划设计、市场营销、广告宣传,以及应付突发事件、处理棘手问题的经验。

6. 熟练的业务能力

公共关系人员在处理日常的公关事务和进行专门的公关活动中,需要把自己的知识、经验运用到具体的工作中去,这就转化成了公关人员的业务能力。公关人员熟练的业务能力具体表现为各种技能,如信息处理能力、组织协调能力、社会交往能力、宣传表达能力、自控应变能力等。

7. 规范的仪表仪态

仪表仪态是公关工作中的重要因素,是社会礼仪中的基本要素。公关人员应该仪表端正、衣冠整洁、举止大方、精神饱满,表现出生机勃勃的精神面貌。

(二) 公共关系人员的基本技能

1. 信息处理能力

在传播手段快速发展的当今社会,公关人员应该运用现代科学技术所提供的各种传播工具,及时准确地向公众传递组织信息和从公众那里采集各类信息,并将其筛选整理、加工、储存和传输,以便为组织决策者提供有效的依据。

2. 组织协调能力

公共关系大量的日常工作和各种专题活动均需要公关人员去组织和协调，这就需要其具有较强的组织协调能力。它包括分析判断能力、分析问题能力、决策能力、指挥能力、控制能力、协调人际冲突能力、随机应变能力等。

3. 社会交往能力

公共关系人员作为社会组织的外交家应该善于建立亲密的人际关系。因其所接触的人很复杂、很广泛，他们的国籍、籍贯、性别、地域、年龄、宗教、职业、思想、阶级、生活背景、知识程度等都各不相同，所以，公关人员有必要了解不同国家和地区的风俗习惯，懂得各种社交礼仪和礼节。

4. 宣传表达能力

公共关系人员的宣传表达能力大体分为写作能力、谈话能力和演讲能力等。从写作能力看，公共关系人员应该具有基本的写作常识和熟练的文字技巧。这样才能在一些日常公关事务中应付自如，才能在专题性公关活动中宣传得体。从谈话能力和演讲能力看，作为公共关系人员起码的要求是必须能讲话，即在人际交往中善于和各类公众交谈，在大庭广众之下善于向公众们作生动的演讲。因此，公共关系人员必须善于把握交谈和演讲的艺术，尽最大可能使其谈话和演讲的感染力能打动公众。

5. 自控应变能力

公共关系人员在公关工作中经常会遇到起伏跌落的变化和意想不到的尴尬场面，甚至会遇到突如其来的危机事件。这就需要公共关系人员能适时地调整自己的情绪和思绪，以较强的自我控制能力和应变能力，比较适宜适度、沉着冷静、机智果断地坦然处之，以适应场合和稳定局面。

6. 探索创新能力

公共关系很大一部分工作需要体现出预见性和新奇性，这就需要公共关系人员具有探索创新能力。在公共关系工作中，一个公关方案的制定，一项大型活动的组织和平时日常公关工作的进行，均体现出公共关系策划者和组织者的探索创新能力。所以，公共关系人员应注意强化自己的创新能力，保持和增强自己的好奇心和想象力，敢于标新立异和"超越常规"，努力开拓通向成功的新途径。

7. 专业技术能力

公共关系已日益发展为一种成熟的社会职业，因此，公共关系人员应具有许多专门的技术能力。如编辑、绘图、设计、印刷、摄影、美工、广告、市场调查、民意调查等知识和技能。

(三) 公共关系人员的类型

一般来说，任何公关活动，都离不开这几类基本人员：

1. 编辑、拟稿人员

这类人员的任务是采写新闻稿，为有关领导及决策层撰写发言稿、演讲词，为公司或组织写各种总结、调查、报告等。

2. 调查分析人员

任何公关活动成功的基础都在于：准确的调查分析、准确把握公众的态度。公关调查分析人员须担此重任。

3. 公关活动的策划人员

精心的策划是公关成功的内在要素。荷兰飞利浦公司在 1988 年奥运会前夕策划进行的“奥运问答送巨奖”活动充分体现了这一点。其运用了恰当的时机，恰当的传播形式，掌握了公众心理，大大提高了飞利浦公司的产品和形象在中国公众中的知名度和美誉度。它说明出色的公关活动均出于富有公关意识和创造力的绝妙设想。可见，公关策划人员极为重要。

4. 公关活动的组织人员

公关活动事无巨细，这就要求公关人员具有一定的组织能力，以便成功地筹备、组织、管理公共关系活动。

5. 公关活动中的专业技术人员

公共关系机构中需要大量既懂公关理论，又懂公关技术的专业人员，如摄影师、印刷设计师、美术师、编辑、法律顾问、心理咨询专家等。

本章小结

本章分两节进行论述。第一节广义的公共关系主体，先后阐释了公共关系主体——社会组织的概念、特征、职能、任务、种类；现代组织目标、公共关系目标对组织目标实现的作用。第二节狭义的公共关系主体，首先介绍了公共关系主体中公共关系机构中的三种机构，即公共关系部、公共关系公司、公共关系协会。其中介绍了公共关系部的模式、职责、优势；公共关系公司的特点、职能、工作内容、优势、类型、机构设置、工作准则；公共关系协会的性质，体现形式等。最后介绍了公共关系主体中的公共关系人员的基本素质，即科学的观念意识、高尚的思想品德、广博的知识、丰富的社会经验、熟练的业务能力、规范的仪表仪态等素质；公共关系人员的基本技能，即基本信息处理、组织协调、社会交往、宣传表达、自控应变、探索创新、专业技术等技能和公共关系人员的类型。学习本章能了解各公关机构的性质、功能和公关人员应具备的基本条件，以使将来个人及其所在单位的成员能在公共关系的社会大环境中体现出较高的公共关系素养，更好地开展公共关系管理活动。

自　测　题

关键名词

社会组织

思考训练题

1. 谈谈公共关系管理目标对社会组织目标实现的作用。

2. 简述公共关系部的结构类型。

3. 公共关系公司有哪些特征？

4. 公共关系公司有哪些类型？

5. 略论公共关系公司的工作准则。

6. 公共关系人员应具备哪些技能？

7. 公共关系人员可划分为哪些类型？

公共关系中的“双主体”“多主体”现象

当我们把视野转化为视线，聚焦到一个个具体的案例上的时候，我们会发现，有时候“公共关系主体”很难准确定位到某一个具体的组织，存在“双主体”“多主体”甚至“主客体互换”的复杂现象。

试以厦门市PX项目落地遇阻的公共事件为例。厦门市PX(化学品“对二甲苯”的简称)项目，号称厦门有史以来最大的工业项目。该项目总投资108亿元，投产后每年可以为厦门市创造800亿元的工业产值。2004年该项目通过了国务院立项，2006年开工，计划2008年投产。但是，这一项目却遭到了抵制，105位全国政协委员联合签名“两会”提案——提议PX项目迁址。该提案在“两会”上公布，随后厦门市市民也走上街头以“大散步”形式集体抵制PX项目在厦门“安家”。最终，福建省政府对PX项目召开专项会议，拍板决定迁址漳州。

近年来，浙江宁波、云南昆明、四川成都都发生了类似的PX项目落地遇阻的事件。我们无从认定PX项目最初落地在某地是哪一方更主动。假定是当地政府，那么当地政府就是公共关系主体，而项目投资方是公共关系的客体之一，反之也是一样。但当事件进入当地市民“被动出击”的阶段，公共关系的主体已经发生了转换，地方政府和项目投资方已经不分你我地联合为一个“利益共同体”。这也就是说，最初的“一个主体”已经转换为“两个主体”。但这仍然是“两个主体”而不是“一个主体”，因为这是两个截然不同的组织。这种现象，我认为可以称为公共关系中的“双主体”现象。

再来看一个更为复杂的案例。2013年3月，国家发改委发出通知，将一次性发泡塑料餐具从《产业结构调整指导目录(2011年本)》淘汰产品目录中删除，新目录将于当年5月起生效。随后，《每日经济新闻》报道《发泡餐具历经14年解禁背后：450万公关协议曝光》。报道称，一份《专项法律服务协议书》近日在网上曝光。这份签订于2012年1月的协议，甲方是10家广东企业，乙方是君泽君律所。协议约定：在协议签订的5天内，甲方(企业联合体)向乙方(律所)支付前期服务费50万元，主要用于“乙方办理本协议所涉及的相关公关、应酬、接待、差旅、员工薪酬等方面业务”；当甲方或其所在行业获得政府相关部门以书面方式确认在行业政策解禁的过渡期间的临时性、有条件许可……或者国家发改委正式将发泡餐具从《产业结构调整指导目录》的淘汰类目录中删除，甲方应支付乙方律师费400万元。

以传统的公关眼光来看，该案例中的公共关系主体是生产一次性发泡塑料餐具的“企业联合体”，而律所只是为其提供服务的中介公司。然而这个“企业联合体”包括了10家广东企业，其中每一个都是独立法人单位。那么，如果我们换一种说法，把这个“企业联合体”称为“多主体构成的企业联合体”是否也同样成立？如果这个说法能够成立，那么，公共关系中存在“多主体”现象的判断也就能够成立。

30年前，像“双主体”“多主体”这样的现象至少在国内很难找到案例。时代发展了，情况复杂了，对公共关系的研究也应该与时俱进。

资料来源：节选自：张云.公共关系中的“双主体”“多主体”现象解析.国际公关.2014.

问题：根据公共关系主体的概念，谈谈对本案例的理解。

第四章

公共关系客体——公众

学习要点及目标

通过本章的学习，了解公众的含义和特征、网络系统、分类及其意义，了解公共关系的内部关系和外部关系，以便更好地有针对性地，科学化、人性化地做好公共关系工作。

35 次紧急电话

一位名叫基泰丝的美国记者，来到日本东京的奥达克余百货公司。她买了一台“索尼”牌唱机，准备作为见面礼，送给住在东京的婆家。售货员彬彬有礼，特地为她挑选了一台未启封的机器。

回到住所，基泰丝开机试用时，却发现该机没有装内件，因而根本无法使用。她不由得火冒三丈，准备第二天一早就去“奥达克余”交涉，并迅速写好了一篇新闻稿，题目是《笑脸背后的真面目》。

第二天一早，基泰丝在动身之前，忽然收到“奥达克余”打来的道歉电话。50 分钟以后，一辆汽车赶到她的住处，从车上跳下“奥达克余”的副经理和提着大皮箱的职员。两人一进客厅便俯首鞠躬，表示特来请罪。除了送来一台新的合格的唱机外，又加送蛋糕一盒、毛巾一套和著名唱片一张。接着，副经理又打开记事簿，宣读了一份备忘录。上面记载着公司通宵达旦地纠正这一失误的全部经过。原来，当天下午 4 点 30 分清点商品时，售货员发现错将一个空心货样卖给了顾客。她立即报告公司警卫迅速寻找，但为时已晚。此事非同小可，经理接到报告后，马上召集有关人员商议。当时只有两条线索可循，即顾客的名字和她留下的一张“美国快递公司”的名片。据此，奥达克余公司连夜开始了一连串无异于大海捞针的行动：打了 32 次紧急电话，向东京各大宾馆查询，没有结果。再打电话问纽约“美国快递公司”总部，深夜接到回电，得知顾客在美国父母的电话号码。接着又打电话去美国，得知顾客在东京婆家的电话号码。终于弄清了这位顾客在东京期间的住址和电话，这期间的紧急电话，合计 35 次！

这一切使基泰丝深受感动。她立即重写了新闻稿，题目叫作《35 次紧急电话》。

资料来源：顾正亚.“35 次紧急电话”的启示.中国质量.1996 年 04 期.

组织、公众、传播是构成公共关系的三个基本要素。其中，公众是公共关系的主体——社会组织向其传播的客体，即公众是社会组织的公共关系工作所针对的对象。掌握公共关系的对象——公众的特征、网络系统、分类、心理等规律性问题，是开展公共关系活动的一个重要前提。公共关系只有充分发挥公众的能动作用，才能取得良好的效果。本章将对公共关系的对象——公众的以上有关问题分两节进行阐释。

第一节　公众的特征与分类

一、公众的含义和特征

(一) 公众的含义

如前所述，公共关系首先在西方国家兴起，公共关系的英文名词是 Public Relations。英文里，Public 这个词既可作形容词解释为“公共”，又可作名词解释为“公众”，有泛指公众、民众的含义。在《现代汉语词典》中，“公众”的含义是：“社会大多数的人。”这是我国传统理解中“公众”的概念。但是，公共关系学中所讨论的“公众”概念却不同于广泛意义上的公众、民众或社会上大多数的人，而是指对一个组织的生存和发展具有直接或间接的利益关系和影响的所有个人与群体。

这个定义向我们点明了以下几点：(1)组织的公众必须是与组织有利益或影响等关系的，不论这些关系是直接的还是间接的；(2)公众可以是若干独立的个人；(3)公众可以是若干由人所组成的社会团体(即本组织以外的其他组织)。

(二) 公众的特征

公共关系公众一般具有下列特征：

1. 同质性特征

公共关系公众的形成一般是因为公众成员遇到了同一问题，有其同样的利害冲突，涉及共同的利益，产生相似的对问题的处理意见。例如，某个城市的政府征地办公室根据建设的需要，设定征用某一片土地。这片土地上的单位和住户因而面临着一个共同的搬迁和价值补偿问题。由于这一共同问题，使这片将被征用的土地上的单位和住户成了该市政府征地工作的特定公众。他们的共同性和相似性构成了公众的同质性特征。

2. 限定性特征

公共关系公众是有一定范围的，每一个组织都有它自己的特定公众。不同的组织有不同的公众。这些各不相同的公众是由组织和公众的特定关系所决定的。例如，商业部门主要作用于流通和消费领域。因而，顾客、用户、消费者、商品生产供应单位、金融单位、竞争对手、商业管理机构等，是它们的特定公众。再如，医院从事医疗卫生事业，其特定的公众是病员，以及药品、医疗器械供应厂商和医疗卫生管理机构等。由于组织各自有自己特定的公众，所以，组织的公共关系公众既有共性，又有个性。其限定性是公众的又一个特征。针对自己的公众开展公共关系活动，是搞好公共关系工作的关键之一。

3. 双向性特征

公众与一定组织发生的利益关系是双向的，两者总是处于双向互动状态之中，不断寻找或谋求实现新的平衡。它们互相影响,又互相依赖,互相矛盾,又互相统一。例如,组织可以通过公共关系活动从公众那里获益,公众也可以通过公共关系活动从组织那里获益。所以公众与组织还具有双向性特征。这一特征要求我们在公共关系工作中必须始终坚持互利互惠的原则。

4. 多重性特征

从组织的角度看,它有较为具体的多种类型的公众,这些公众尽管有其同质性,但他们之间无论在观念上,还是在利益上都不可避免地存在一定的客观差异;从公众角度看,它在不同的情况下属于不同范畴的公众。例如,就个人而言,在商店,他是这家商店顾客公众的一员;在影剧院,他是这家影剧院的观众公众一员;在火车上,他是铁路客运乘客公众一员。所以说,公众具有多重性特征。

5. 可变性特征

组织与公众之间经常是处于一种动态组合之中的。某一组织特定的公众是由组织的运行和作为所决定的,当组织解决了一些公众所面临的共同问题,这些公众与该组织的联系便会消失,便不是该组织的现在公众了。就像我们前面提到的某个城市的政府征地办公室,一旦解决了征地阶段的单位和住户的搬迁和价值补偿问题,那么,这些征地的单位和住户就不再是该市政府征地办公室的现在公众了。从另一方面看,随着组织目标的变更和工作环境的改变,又经常会联系一些新的公众。所以,公众具有可变性特征。可变性特征要求我们公共关系工作决不能一劳永逸,而必须不断进取和创新。

二、公众网络系统

如前面所言,每个组织都有自己广泛的、特定的公众,而从系统的角度观察,每个组织的特定公众相互之间是直接或间接地联系在一起的,是一个由各种规模和类型的公众所组成的集合体,是一个复杂的公众网络系统。

美国公共关系研究专家格罗尼格和亨特认为,在一个组织与环境的交往平面上,一般存在着四类不同的公众系统:支撑性公众系统、功能性公众系统、横向同业公众系统、扩散性公众系统(亦称为非组织型公众系统)。我们在上述公共关系系统中再给增加一个系统,即中介性公众系统。现分述如下:

(一) 支撑性公众系统

支撑性公众系统是一个能使组织得以合法生存、顺利运行的公众系统。如果这一公众系统内的公共关系不能协调,组织的生命就有消亡的危险。支撑性公众系统中的公众就其企业组织而言,包括国家立法机关、政府管理部门、股份公司的董事会和股票持有人、社区领导人。这些公众涉及一个组织机构存在的法律依据、资金来源、地区环境、管理决策等。

(二) 功能性公众系统

功能性公众系统是使一个组织的功能得以发挥的公众系统。这个系统的公众就其企业组织而言,包括该组织机构的内部员工,组织生产所需原材料的供应商、能源供应商,以及使用该组织机构的产品或服务的消费者或顾客。

(三) 横向同业公众系统

横向同业公众系统是指与组织做同类服务，面临同类问题，具有同类价值观的其他组织，其中最常见的就是各行各业成立的各种协会或联合会组织。在改革开放，发展社会主义市场经济的今天，开展横向联系已越来越受到重视，那种“同行是冤家”的旧观念应该抛弃。作为组织的公关部门，不应忽视了对横向同业系统的公众的公关工作。

(四) 扩散性公众系统

扩散性公众系统又称为非组织型公众系统，它是把那些在某种时空条件下不属于某个正式组织或社会群体的公众都归入这一系统。例如，内部员工的家属、社区居民、突发事件中当事人的家属等。

(五) 中介性公众系统

中介性公众系统亦称为特殊性公众系统，是指传播者(即组织)与受传者(即公众)之间的传播媒介的集合体。它具体指报社、杂志社、电台、电视台、网站等大众传播媒介和出版部门的记者、编辑人员。中介性系统的公众是组织和公众的“喉舌和耳目”，组织的公关部门与其的协调和联系切不可忽视，应达到经常性、持久性。

以上所述的各种公众网络系统对于组织管理与组织发展都具有各自的功能性作用。熟悉、联系、掌握和调动各公众网络系统，对组织会起到如下作用和影响：一是通过各系统，能使组织迅速地收集和汇总出各种信息，灵敏地制订或调整公关计划；二是通过各系统的沟通联系渠道、使组织能及时地策动对这个系统的公关攻势，使组织能有效合理地树立良好的社会形象；三是通过各系统的纽带作用，能使组织立足社会，提高参与社会和市场竞争的能力。

三、公众的分类

前面所述公众范围和公众网络系统，对组织面临的公众已按单位和系统给以笼统的介绍。然而，随着组织公关计划的实施，在特定的时空里，各类公众与组织的联系及与组织的关系程度和对组织的重要程度可能有很大的差异。为了更好地开展公关工作，组织必须准确地把握公关工作各个阶段的公众。所以，需要对组织的公众进行具体的分类。

公众的分类可根据不同的标准和需要来进行。

(一) 首要公众、次要公众和边缘公众

这是根据对组织的重要程度来划分公众的，也是公共关系工作人员在划分公众类别时第一步就应当采用的方法。

首要公众是指决定组织的某一计划能否实施，某一目标能否实现的重要公众。例如，某市政府决定在交通拥挤的市区内建一座立交桥。要实施这一计划和实现这一目标，需

以下各方人员和单位相互合作，如桥梁设计师、建桥工程师、承建单位、物资供应和财政部门、动迁人员和动迁户等。这些公众都决定着立交桥能否建成和能否高质量地及早建成。这些公众便是该市这一政府组织实施建桥计划和实现建桥目标的首要公众。

次要公众是指对组织的某一计划能否实施和某一目标能否实现，虽有一定影响，但从根本上说还起不到决定性作用的公众。如新闻单位在建立交桥这一计划实施过程中对建桥工程的报道、评论，虽可以对建桥工程起到促进作用，甚至是重大的改进作用，但这类公众对立交桥的建设起不到决定性的作用。

边缘公众是指对组织某一计划能否实施，某一目标能否实现起间接的影响作用的公众。如参加建桥工程人员的家属便属于边缘公众。他们对参建人员工作的支持或拖累，都会对建桥目标的实现起到间接的影响作用。

(二) 被追求公众，受欢迎公众和须回避公众

这是按组织对公众的态度标准划分的。

被追求公众是组织为实施某一计划，实现某一目标而努力争取接触，并想方设法与之建立联系的公众。如某贫困地区的经济开发区继续引进国内外的资金技术，这时，国内外的投资者、技术转让团体便属于被追求公众。

受欢迎公众是指组织在实施某一计划的过程中，主动接近、支持组织，而组织对他们也十分重视和欢迎。如某贫困地区的经济开发区开始建设，许多市区内外的经济或技术实力较强的单位或个人主动要求建设，而经济开发区这一组织又很欢迎他们前来参加建设。这些单位或个人便属于受欢迎公众。

须回避公众是指对组织某一计划的实施，某一目标的实现没有益处，甚至造成危害的单位和个人，组织对其应采取回避态度。如在经济开发区建设中，一些不太具备参建条件的单位和个人积极要求参建，而开发区不准备接纳，便对其采取回避态度，这些公众就属于须回避公众。

(三) 顺意公众、逆意公众和中立公众

这是按照公众对组织的态度来划分的。

顺意公众是指对组织的政策和行动持同意、支持或合作态度的公众。

逆意公众是指对组织的政策和行动持否定和反对态度的公众。

中立公众是指对组织的政策和行动持中立态度或尚未表态，态度还不明确的公众。

一个组织所拥有的顺意公众数量或比例越大，表明该组织的公共关系状态越理想。一个组织所面临的逆意公众数量越大，则表明其公共关系状态越差。扩大顺意公众，转变逆意公众，争取中立公众是公关工作的重要目标。这其中，转变逆意公众是公关工作的难点，争取中立公众是公关工作的重点。

(四) 非公众、潜在公众、知晓公众和行动公众

这是根据公众对组织的影响标准来划分的。

非公众。从社会学的角度讲，公众始终存在，而从公共关系的角度讲，却存在非公众。

非公众是指在一定的时空条件下，既不受组织行为的影响，又不对组织产生任何后果的团体或个人。

潜在公众。所谓潜在是指在尚未显现，但将来会显现，或很可能显现；还很可能现在虽未显现，但已经隐含存在。潜在公众是指组织对他们已经产生影响，但其本身还未意识到此影响的团体或个人。

知晓公众。这是由潜在公众发展而来的。知晓公众是指组织对他们已经产生影响的一段时间以后，他们才意识到这种影响的团体或个人。

行动公众。这是由知晓公众发展而来的。行动公众是指对组织的影响开始作出反应，准备或已经对组织采取行动的公众。

从以上释义可以看出，从潜在公众到行动公众是一个连续的发展过程。例如，一家药店出售了一批假药。这样，购买和服用这批假药的顾客或患者就面临着一个共同的问题：药物无疗效，延误病情或致死人命。这些顾客或患者当时并未意识到这一问题的存在和危险性。这些顾客或患者就构成了这个药店的潜在公众。未购买或未服用这批假药的其他顾客或患者就属于非公众。过了一段时间，出现了这批假药延误病情或致死人命的现象，并经新闻媒介的曝光使其他购药或用药者也了解其真相。这时的购药和服药者就变成知晓公众了。这些购药或用药者可能有的要求索赔，有的投诉，这就又由知晓公众发展成为行动公众了。

(五) 过去公众、现在公众和未来公众

这是按照公众一般的发展顺序为标准来划分的。

一个组织随着组织目标的改变、工作的进展，或随着公众的需求的变化，其公众总是处在不断变动之中。

过去公众是指以前已经与组织发生过交往的团体或个人。

现在公众是指现在正与组织发生交往的团体或个人。现在公众对某一特定组织机构可能延续的时间很长、也可能很短，公众规模可能较大、也可能较小。

未来公众是指组织准备和将要与其交往的团体或个人。

在公关工作中对待过去公众要避免“人走茶凉”，对待现在公众更须真诚热情，也须着眼于长远，妥善处理好与未来公众的关系。

(六) 有组织公众和非组织公众

这是按照公众的组织状况标准来划分的。

有组织公众是指某一组织公共关系对象的其他组织。其又分为管理性公众，如上级主管部门或政府机构；环境性公众，如协作部门、新闻单位等；社区性公众，如附近的居民、消费者、企业、机关团体等。

非组织公众是指组织公共关系对象中的分散于社会的个人。其又分为流散性公众，如流动商贩、旅游者、探亲访友者、外地出差者等；临时性公众，如运动会、旅游节、展销会或其他活动召集来的公众；稳定性公众，如较固定的用户和消费者等。

(七) 集中影响的公众和扩散影响的公众

这是按组织的公关任务标准来划分的。

集中影响的公众是指需要集中力量加以影响的公众。因为这类公众对本组织的意见、态度和行动十分重要,而他们此时对本组织的了解又十分缺乏或持怀疑态度,这就必须通过公共关系工作对这些公众进行集中影响。

扩散影响的公众是指组织广泛扩展和加深影响的目标和个人。这些公众一是指那些对组织来讲是比较重要或不十分重要的团体或个人。如果不对这些公众进行公关工作,就不能创造一种良好的氛围,不能获得广泛的理解和支持。

(八) 内部公众和外部公众

这是按组织的环境标准来划分的。

内部公众是指与组织有着归属关系的组织内的成员。内部公众主要是指内部员工。如一家工厂的工人、管理者、技术人员、股东、董事等都是其内部公众。

外部公众是指组织外部与组织存在关系的团体或个人。具体包括媒体、社区、消费者、竞争对手等。外部公众构成了组织的外部社会环境,对于组织的生存和发展起着重要的作用。所以一般的组织都将对外部公众的研究、分析和工作作为公关工作的重点。

四、公众分类的意义

(1) 进行公众分类,能使组织明确公共关系的客观状态,有利于公共关系工作的顺利进行。

对公众进行分类,有助于组织明确公共关系的客观状态。例如,组织的顺意公众有哪些?逆意公众有多少?为什么逆意?中立公众有何动向?知晓公众将怎样?行动公众欲达到什么目的?未来公众在哪里?……明确公共关系的这些客观状态,是做好公共关系工作的基本前提。只有依靠不同层次、不同类型的公众的主客观状态,有针对性地制定和实施不同的措施和手段,才有利于公关工作的准确进行。

(2) 进行公众分类,能使组织明确不同公众的态度和需要,有利于公共关系工作的及时进行。

任何组织与公众之间都是在需求与满足中形成相关的联系的。对公众进行分类,能够使组织明确不同公众的意愿和需要。例如,各类公众对组织行为是感兴趣、认可、同情、支持?还是冷漠、抱有偏见或敌意?再如,内、外部公众的特点和需要有哪些?现在公众和受欢迎公众的意愿是什么?边缘公众的愿望是什么?……只有根据随时掌握的这些不同类型和不同层次的公众所体现出的意愿和需要,才能使公关计划顺利地进行。

(3) 进行公众分类,能使组织明确公众间的差异和公共关系工作的重点,有利于公共关系工作的有效进行。

公共关系工作总是有轻重缓急和主次之分的,只有明确公众间的差异和公众对公关目标实现的重要程度,才能确定公关工作的重点。例如,首要公众是哪些?次要公众有多少?哪些人是公众领袖?哪些是集中影响的公众?……对这些弄清楚了,公共关系工作的重点也就明确了,进而,首先去解决好重要和关键性的问题。否则,“眉毛胡子一把抓”就很可能体现不出公共关系的有效性。通过公众分类区分出重要公众,就能减少公关人员精力上和时间上的浪费,使公共关系高效率和高效益地进行。

第二节 公共关系的内部关系和外部关系

“内求团结、外求发展”是组织公众关系协调的目标。要达到这个目标,社会组织需具体地处理好两方面关系,即处理好组织的内部关系和外部关系。在这一节里,我们以企业组织为例,分别具体介绍这两种关系。

一、公共关系的内部关系

(一) 员工关系

员工关系是指组织的管理部门与内部员工之间的关系。

1. 员工关系的重要性

不少人一提到公共关系就想到迎来送往等处理外部事务的工作。其实,公共关系首先要协调好组织内部的员工关系。因为,员工是组织的生力军,是组织形象的直接塑造者,是组织最好的宣传员。员工们积极主动的、创造性的工作是组织兴旺发达的基本保证。处理好员工关系,就能使组织内部团结一致,形成凝聚力,共同为组织发展多作贡献。

2. 员工的需要

要处理好员工关系,调动其工作积极性,首先需弄清员工的需要。美国心理学家马斯洛 1943 年提出的人的“需要层次论”对处理员工关系有着重要的参考价值。马斯洛的需要层次从低到高依次划分为五个层次:(1)生理需要(生存需要);(2)安全需要;(3)社交需要;(4)尊重需要;(5)自我实现的需要。我国的很多学者习惯于将以上内容归纳为物质需要和精神需要两个方面。这些需要也都是组织内部员工的需要。这就需要组织能时刻关注员工的物质需求和精神需求。

3. 员工关系的工作内容

(1) 关注和满足员工的物质利益需要。员工的物质利益包括:工资待遇、奖金待遇、福利待遇、工作条件和环境等。这些物质利益的满足和不断改善,是组织良好公共关系状态的基础。所以,组织的管理部门应根据实际情况,尽可能地给员工以满足。关注和满足员工的物质需要,通过日常的公关工作,具体地体现为以下几点:一是在劳动所得上做到多劳多得、扩大工资差距、拉开奖金档次、使每个人的工作成果与物质利益密切相关;二是改善员工的福利待遇,对职工的生、老、病、死、婚、丧、嫁、娶、衣、食、住、行等方面都多多地给予关照;三是不断地改善工作条件、劳动环境和劳动保护等,尽可能地满足员工的物质安全需要。

(2) 关注和满足员工的精神需要。关注员工的物质利益的同时,不要忽视其精神需要。员工的精神需要包括对智力、信念、道德、审美、自尊、成就的需求等。它是在员工的物质利益需要基础上发展起来的,是属于更高层次的需求。应该认识到,满足员工精神方面的需要，是调动员工积极性的重要方面。所以，组织的管理部门必须重视满足员工的精神需要，发挥精神激励的作用。

关注和满足员工的精神需要，通过日常的公关工作，具体做到以下几点：一是尊重员工在组织中的地位，提高员工的责任感。如努力做到尊重员工的民主权利，加强民主监督，进行民主决策等。二是合理开发和利用人才，增加员工的自信心。三是加强组织的凝聚力、增强员工的自豪感。如通过制定统一的徽章、制服、价值规范、工作信息，以维系、动员、激励组织的全体员工，增强其向心力和自豪感；通过组织其多参与一些社会活动，提高组织在社会上的知名度，来增强员工的自豪感；通过举办各种庆典活动、文体活动，以鼓舞士气，增强员工的自豪感。

羊城药厂为员工“树碑立传”

广州羊城药厂1991年建立起一座碑廊。碑廊内耸立着5块2米多高的大理石碑。那上面篆刻的，不是什么英雄人物的业绩或高级领导人的题词，而是本厂195位普通员工的名字。原来，他们都是立功受奖的人员，厂里为他们“树碑立传”了。

羊城药厂曾有一段时间境况不佳。为了扭转这种状况，该厂领导号召全厂员工振奋精神，积极献计出力，打好翻身仗。上述195位普通员工努力工作，为药厂的振兴作出了突出的贡献，立下汗马功劳。1990年，羊城药厂举行评奖活动，这195位普通员工分别荣获金羊奖、银羊奖和铜羊奖。

羊城药厂领导认为，广大员工是企业的主人。这195位有功人员虽不是什么英雄，但是他们发挥了主人翁精神，对药厂的翻身兴旺作出了突出的贡献，因此，他们的名字应该载入本厂史册，永世不忘。于是，就为这195位普通员工树立起了记功碑。

这些记功碑树立起来后，在羊城药厂引起很大反响。碑上有名者感到自豪，受到鼓舞。他们决心为药厂的发展作出更大的贡献。而碑上无名者也感到学有榜样，干有方向，纷纷表示自己也要干出成绩来，争取自己的名字也被刻上记功碑。因为他们看到，那5块记功碑中的最后一块是空白的，它将留给后来人。一位小伙子说，他相信，通过努力，终有一天也会使自己的名字被刻在碑上。

资料来源：新浪网. http://blog.sina.com.cn/s/blog_4ac4dc2f0100097e.html

(二) 股东关系

股东关系也属于组织的内部关系。股东关系是指组织与投资者的关系。股东主要包括：个别投资者、股票持有者、证券分析人员、信托人、银行家、经济顾问、投资公司、投资俱乐部等。股东关系多存在于营利性的经济组织，如商店、宾馆等。基金会的关系也可归于此类。

1. 股东关系的重要性

(1) 稳定的股东关系能促进组织的发展。股东是组织的财政支持者，他们为组织的发展提供了额外的经济基础。如果作为企业的组织经营状况不佳，这就会给企业的经营带来困难。所以,需要保持和维护与股东的良好关系,使稳定的股东关系为组织发展起到促进作用。

(2) 稳定的股东关系能促进组织改善管理。组织的利益往往与许多股东的利益息息相关。在股东大会及董事会上股东可以代表各自的利益参与决策。这样,便能促进组织经营的改善;另外,股东们与社会有广泛的接触,他们向组织提供各种有价值的信息,也能促进企业经营管理的改善。

2. 组织如何同股东搞好协调

(1) 摆正股东的地位。由于股东与组织在利益上休戚相关,所以股东对组织一般都有较强的主人翁意识,因此,组织应摆正股东的地位。尊重各方股东,应像对待员工一样地对待他们。组织在做重大决策前应向他们征求意见,让其参与对组织各项重大经营决策方案及重大人事变动方案的审议。组织的有关会议应请有关的股东列席。在各种联谊活动和文体活动中,应邀请相关股东一起参加,使他们能像本组织的员工一样积极活跃地参加活动。

(2) 注意与股东进行沟通。组织应该就一些情况经常地与股东进行沟通。对于组织内部领导人的变更、组织机构的调整、新的工作内容增加、新产品开发和组织的利润、财务状况、股利分配、盈利等情况,组织都应采取适当方式及时向股东传达。

(3) 保证股东的经济权益。组织在求发展时应考虑广大股东的愿望,使股东得到实惠。如果暂时不能给出令人满意的股息和红利,应该事先向股东解释清楚,求得谅解。组织如果能给出,也应事先及时说明给多少,什么时间给及领取的办法等,应尽量给股东提供方便。

股东的圣诞礼物

美国通用食品公司每逢圣诞节便准备一套本公司的罐头样品,分送给每一位股东。股东们为此感到非常自豪,他们不仅极力向别人夸耀和推荐公司的产品,而且在圣诞节之前便准备好一份详细名单由公司按名单把公司生产的罐头作为圣诞礼物寄给他们的亲友们。因此,每到圣诞节前,通用食品公司都要额外收到一大批订单。股东们既享受到折扣优待,公司方面也赚到了一大笔钱。

资料来源:曾琳智.新编公关案例教程.上海:复旦大学出版社,2006.

二、公共关系的外部关系

(一) 媒介关系

媒介在此是指新闻传播媒介,其中包括报刊、广播、电视、网络等。媒介关系就是指组织与这些新闻传播媒介组织及其员工之间的关系。

相对于组织来说,新闻部门及其工作者是一种特殊的公众,他们具有双重的身份:一方面,它们是介于组织和公众之间的传播者;另一方面,它们是组织努力争取的重要公众。一个组织离开了新闻媒介，就很难与公众协调好关系。因为组织和公众两者之间的很多信息需要新闻媒介去传递、沟通。而且，新闻媒介是有力的舆论工具，具有强大的社会号召力。它所影响和引导的社会舆论，会给组织带来显著的效果。

例如，1990年，英国一则关于鸡蛋中可能含有沙门氏杆菌，吃鸡蛋可能会损害健康的报道，在英国引起轩然大波。英国公众对鸡蛋的需求锐减，养鸡业主和鸡蛋商大受其害，有的几乎破产。养鸡业主和鸡蛋商被迫诉诸法律，要求澄清事实和赔偿。英国政府出面调停，风波方才平息。这一案例足以显示媒介舆论的力量。从此例可见，组织得到坏的社会舆论，可以名声扫地；但反之，组织如果得到好的社会舆论，又会锦上添花。新闻媒介反映社会舆论且代表着民意，会对组织的声誉、形象有重要的影响。因此，任何组织和个人都不可轻视新闻媒介的重要性，都必须首先与新闻单位及其工作人员这些重要的公众搞好关系。

重视媒介关系需要做到以下几点：(1)保持与这一公众的长时间"热线联系"；(2)要向新闻部门反映真实信息，做到好事不夸大，坏事不隐瞒；(3)重视媒介部门的信息反馈；(4)支持新闻组织的工作。

(二) 社区关系

社区是指人们共同活动的一定区域，如村落、城镇、区、街道等。社区关系是指一个组织与相邻的单位、机关、社团或居民等的相互关系。

组织与社区之间存在着千丝万缕的联系。例如，组织可为社区提供就业机会，而社区又可为组织提供所需的人力资源。再如，一个社区的学校、医院、商店、宾馆、酒店、通信、煤气、水电、金融、交通、公安等单位和机关都可为组织的生存和发展提供有形和无形的支援。社区的建设依靠组织，组织的发展得益于社区。可以说社区是一个组织生存和发展的重要外部环境，搞好社区关系对每一个组织的发展至关重要。

搞好社区关系应注意以下几方面问题：(1)多采取睦邻政策；(2)要经常地搜集社区内公众对组织形象的反映、意见和要求，及时地改进本组织的工作；(3)积极主动地参加社区内的活动；(4)赞助社区内的公益事业；(5)邀请社会各界人士参与本组织的有关活动。

投资社区建设，培养良好环境

俗话说远亲不如近邻，组织能否"永续经营"，社区工作很重要。1992年，IBM台湾子公司荣获公关基金会评选的年度"最佳社区关系奖"，其得到的评语是：长期而具体地策划社会公益活动，受益阶层广泛，系组织落实本土化之典范。

它们的社区关系工作主要有：(1)先进的社区建设理念——取之于社会用之于社会。公司成立专门的公共服务部，每年编制公益预算，专项从事公益活动。强调社区公益活动的前瞻性与典型性。IBM有计划地选择并组织策划了一些能引起公众共鸣，且广受社区公众关心的主题活动，并予以长期坚持。(2)社区公益活动的多维化。如IBM通过与当地社团合作成立“软体工程研究班”，帮助培养中、高级人才；与台湾大学合作引进生产自动化技术；将台湾学子送到IBM本部受训；举办大学院校企业个案研讨比赛等。这些都显示IBM为社区技术与人才培养无私奉献之心和成为社区环境的积极守护者。1990年8月，IBM与其他三家组织一起认养敦化路和八德路口的敦北地下道，并于1991年10月获台北市养工处的认养绩效最优单位称号等。这些又显示IBM对慈善事业的热心倡导与积极投入。IBM连续三年举办救助弃婴慈善音乐会；连续五年独家赞助由台北市当局主办的“台北市音乐季”；提供台湾专科，大学及研究院资讯科学相关科系的绩优学生奖学金；赞助社区居民的慈善游园会、慈善义卖晚会、“残障青年科技之旅”等活动。正是这些科学、有序的社区公益活动，使IBM台湾子公司(docsou. com)在台湾公众心目中树立起了良好的正面形象，赢得了公众的喜爱与支持。

资料来源：《公共关系学》案例. 豆搜网. http://www. docsou. com/doc/110032-28. html

(三) 顾客关系

顾客的本意是“光顾之客”，光顾之客不一定都有购买商品或接受服务的行为。但现在所说顾客，均是指商品的购买者、消费者或服务对象。顾客关系就是指企业组织与商品购买者、消费者之间的关系。

顾客是企业组织工作的生存基础，没有顾客就没有企业。因此，满足顾客的需要，建立良好的顾客关系是企业组织生存和发展的前提。顾客的基本需要一般是：(1)需要商品物美价廉；(2)需要优质服务。企业组织必须尽可能地去满足顾客的这些需要，才能同时实现自己的利益和发展目标。为满足顾客需要和实现本组织目标，就需在处理顾客关系过程中坚持“顾客至上”的原则。

(四) 竞争对手关系

竞争可以促进经济的繁荣，与竞争对手的关系也是一个很重要的问题。需要正视的是，与竞争对手竞争，目的是取长补短，共同前进，为此，需要努力做到以下几点：(1)注意与对手进行合法性竞争；(2)注意与对手进行合理性竞争；(3)在竞争中重视友谊。

“H ”牌压力锅、“M ”牌压力锅是市场上销路较好的两大品牌。在竞争中，“H ”牌压力锅派人买了3个“M ”牌压力锅并引爆之，在社会上造成“M ”牌压力锅质量不过关的舆论，结果使“M ”牌压力锅厂损失巨大，客户纷纷退货，产品大量滞销。

问：1. “H”牌压力锅厂的行为是否正当？为什么？

2. “M”牌压力锅厂应采取何种应对措施？

答：1. “H”牌压力锅厂的行为不当。“H”牌压力锅厂采用不正当手段，对“M”牌压力锅厂的产品做了引人误解的虚假宣传，损害了“M”牌压力厂的利益，这属于不正当竞争行为。

2. “M”牌压力锅厂面对的危机是由于外来的故意行为造成的。危机的根本点就是公众对“M”牌的产品质量不再信任，“M”牌压力锅厂在公众心目中的形象受到了损害。

因此,"M"牌压力锅厂的应对措施,除了采取适当的手段保护自己的利益,反抗那些侵害自己利益的行为外,还应通过公关手段,提高自身的形象,让自己的产品重新得到公众的信任。事件发生后,公共关系人员应迅速同有关职能部门,及时调查分析,迅速了解事件全貌,判明危机事件的性质与来源,认真听取公众意见,选用恰当的方式、方法,恢复、发展企业的形象。针对不同公众确立相应的对策,制定消除事件影响的公共关系方案,及时采取措施消除危机。针对这一事件,"M"牌压力锅厂应果断采取措施,有效制止事态扩大。(1)应对事件进行全面调查,掌握"H"牌压力锅厂不当行为的资料,用法律手段维护自己的利益和声誉。同时,迅速利用各种传播媒介等有效手段及时向公众说明事实真相。(2)成立处理问题的专门机构,制定处理公共关系危机的基本方针、对策。(3)通过新闻发布会的形式,毫无保留地公开事件的真相,公开表明自己的态度和处理原则。(4)利用各种媒体,对产品质量进行深入宣传,并采取有效手段,恢复产品在公众心目中的地位。(5)发表反不正当竞争宣言,争取公众的同情和理解,呼吁社会打击这种不正当竞争行为。(6)通过媒体,追踪报道对"H"牌压力锅厂的处理过程,让公众彻底明白事件的真相,恢复企业在公众中的形象。

资料来源:好搜问答. http://wenda.haosou.com/q/1362737344067380

本章小结

本章分两节进行论述。第一节公众的特征与分类,首先阐释了公众的含义和特征,即同质性特征、限定性特征、双向性特征、多重性特征和可变性特征,而后介绍了公众网络系统,即支撑性公众系统、功能性公众系统、横向同业公众系统、扩散性公众系统和中介性公众系统,接下来进行了公众的分类,最后论述了公众分类的意义;第二节公共关系的内部关系和外部关系,首先介绍了公共关系的内部关系,即员工关系和股东关系,而后介绍了公共关系的外部关系,即媒介关系、社区关系、顾客关系和竞争对手关系。通过本章的学习,能对公共关系客体,即公关对象——公众有更清晰的认识,以便更好地、有针对性地,科学化、人性化地做好公共关系工作。

自测题

关键名词

首要公众 被追求公众 中立公众 潜在公众 未来公众 非组织公众 扩散影响的公众

思考训练题

1. 公共关系公众一般具有哪些特征?
2. 简答公众的网络系统。
3. 谈谈公众分类具有什么重要意义。
4. 谈谈员工关系的工作内容。
5. 你认为组织应如何同股东搞好协调?

6. 公共关系的外部关系包括哪些关系?

企业应重视搞好内部员工关系

日前在报上读到一篇"工人读书可获加薪"的报道:宝钢集团一钢公司出台《关于鼓励员工学习文化技术和钻研业务的若干规定》,规定中指出:职工通过非全日制普通学校学习并取得证书,岗位专业对口的,根据学历高低,每月将获得100元至500元不等的岗位津贴。据报道,该公司此规定出台后,原来企业的教育经费大大突破,公司已决定将这笔开支列入工资总成本,并成为企业的一项长效措施。宝钢公司的领导表示:资金再紧张,职工的教育经费一定要确保。

无独有偶。另据报道,从2001年6月底开始,江苏阳光集团100多个销售员全部学习MBA(工商硕士)课程,由复旦大学教授开课。同时,集团举办的文化升级培训、机电一体化培训全面展开,计算机软件设计班也在筹办之中。"三年之内,操作工要达到大专以上水平,管理人员要达到本科以上水平",这是阳光集团的近期培训目标。

资料来源:新浪网. http://blog.sina.com.cn/s/blog_616a88060100tvlh.html

问题:通过阅读这则案例,结合"关注和满足员工的精神需要"的员工关系工作内容,谈谈你的认识和收获。

第五章

公共关系中介——传播

通过本章的学习，深刻把握公共关系传播的含义和构成要素，明确公共关系传播的意义和原则，了解公共关系传播的类型，认识大众传播媒介的类型、选择和社会功能，掌握公共关系传播的技巧艺术，为本课程的学习打下传播的理论和实操的基础。

引导案例

“小成本大传播：快闪”

快闪，是近年在国际流行的一种嬉皮行为，可视为一种短暂的行为艺术。简单地说就是：许多利用网络联系的人，通过短信或 BBS 约定一个指定的地点，在明确指定的时间同时做一个指定的动作，然后赶快走人。成功的“快闪”活动能最大化吸引眼球，并起到较好的传播效果。

盛世中国接手某楼盘公关宣传工作以后，根据该楼盘的市场定位及目标客户特征，策划了一次“快闪”的活动方案，迅速引起了关注，提升知名度，甚至成为一段时间内的热门话题。

2013 年 4 月，在北京地铁人流集中的 5 号线，突然走来几个青春靓丽的印有某楼盘 LOGO 的红色 T 恤的女孩，突然停下来，定格静止。或呈牵手状，或呈看书状……正当周围的人诧异之时，周围又聚集了更多着红色 T 恤的男女，皆呈定格状态，整个地铁站顿时成为一片红色的海洋，1 分钟后，随着一声哨响，定格人群集体鼓掌，穿上外套淹没在人群中，一切恢复平静。

本次“快闪”活动结束后，迅速成为网上热议话题，并造成轰动效应，开发商借势推出了其全新组团，并进行了后续的新闻报道和举办活动，将公众的眼球从“快闪”本身转移到楼盘上，起到较好的传播效果。

策略分析

在房地产行业，虽不乏“快闪”活动，但其实“快闪”多以舞蹈表演、模特走秀为主，内容形式普遍缺乏创意，参与人群均是临时演员，感觉更像是一场闹市演出。一般情况下，“快闪”活动为吸引眼球，常走入“恶俗”“雷人”的误区。而恰当的创意表现，并符合项目特质，才是成功“快闪”的关键。

盛世中国认为，“快闪”只是一个传播载体，无论多大规模的快闪活动，其现场受众面依然有限。因此，本次活动的线上传播意义要远大于“快闪”本身，尤其是微博、微信、论坛、视频网站等媒体的应用。在本案中，网络传播和从事件营销转移到楼盘自身的传播引导是活动的关键所在。

盛世中国认为，“快闪来袭”作为一次费用不高的传播案例，再一次印证了活动创意是公关活动策划的灵魂，恰当的创意表现能起到事半功倍的效果。

资料来源：盛世网. http://www.shengshicb.com/bencandy.php? fid=4&id=228

传播是公共关系的第三个要素。组织与公众之间的相互作用是通过传播媒介沟通的。传播是连接组织这一公共关系主体与公共关系客体——公众的桥梁和纽带。公共关系活动成败与否，关键在于其中介——传播。传播是公共关系重要的工作内容。本章将分三节介绍传播的含义、模式、要素、意义、类型，大众传播媒介中的新闻传播媒介和宣传性传播媒介及其选择和功能，公共关系传播的技巧和艺术。

第一节　公共关系传播的含义、原则和类型

一、传播的含义和构成要素

(一) 传播的含义

传播一词源于拉丁文 Comunicazione，意即“与他人建立共同意识。”英文牛津大辞典对传播的解释是：“借助语言、文字形象来传送或交换观念和知识。”大英百科全书对其的解释是：“若干或者一群人相互交换信息的行为。”美国传播权威威尔伯·施拉姆对传播的界定是：“传播乃是对一系列传递消息的记号所含取向的分享。”……关于传播的定义还有很多，虽然各家的定义各异，角度、深度和广度各有不同，但却有一个共同点，即认为，传播是信息的传递和交换过程，是人与人之间信息的传递和分享。

在此，我们通俗简略地给传播下一个定义，即传播是指人与人之间的信息交流与分享。

(二) 传播的模式

总的来说，传播可分为两大类：

1. 传统的线性传播模式（也称“五个 W”模式）

传统的线性传播模式是指将传播过程确定为以传播者为起点，经过媒介，以受传者为终点的单线、直线运动。传统的线性传播模式是政治学家哈罗德·拉斯韦尔在 1932 年提出来的。1948 年，他吸收了史密斯的观点对这个模式又作出了补充，这就形成了典型的线性传播模式，即著名的“五个 W”模式：Who（“谁”）；Says What（“说了什么”）；In Which Channel（“通过什么渠道”）；To Whom（“对谁说的”）；With What Effect（“产生了什么效果”）。

2. 新型控制论传播模式

新型控制论传播模式的核心是在传播过程中建立“反馈系统，”即不仅要求传播者把

信息单向传递给受传者，而且要把受传者的反应通过种种途径接收回来。

新型的控制论传播模式是美国著名传播学家威尔伯·施拉姆提出的。这一模式引进了反馈机制，将反馈过程与传受双方的互动过程联系起来，使传播成为一种互动循环往复的过程，弥补了拉斯韦尔的缺陷，为公共关系的运作提供了科学的手段与机制。传播的互动循环往复过程如下：

传者信息源→内容信息→媒介渠道→对象接受者→效果与反馈→传者信息源

(三) 传播的构成要素

根据以上的传播过程，可知传播有如下要素：

1. 传播主体

它也称为发讯者、传播者。通俗地来说，是指信息是由谁来制作、发出和控制的。如报社、广播电台、电视台、杂志社及其内部的编辑、记者或其他实施传播的组织或个人。

2. 传播内容

它也称为信息，是指传播什么样的信息。传播内容反映传播者的意图和受传者同信息间的相互关系。

传播学者格哈特·威贝据此将传播信息分为三类：

(1) 指导性和教育性信息。威贝认为，指导性的内容只有在面对面的"教"与"学"的情况下，才能发挥最大的功能。因此，《圣经》不能取代牧师，图书馆不能取代教室。

(2) 维持性信息。这种信息不需要受传者用求知的态度来理解，而只需要复习或引申已有的知识和经验。

(3) 复原性和刺激性信息。威贝将一切具有轻松、刺激、兴奋性的内容都列入本项。因此，它包括娱乐节目、体育竞赛以及戏剧、舞蹈、歌曲等。他认为，人类是社会化的动物。人类在社会化过程中必须压抑不为社会所接受的行为，以便符合社会的道德和行为准则。这样就会在心理上造成紧张的状态。为了宣泄抑郁情绪，每个人都喜欢看或阅读刺激性的传播内容。

3. 传播媒介

这是指传播信息的载体与工具。媒介包括人体媒介、实物媒介和符号媒介。符号媒介又可分为有声语言媒介、无声语言媒介、有声非语言媒介、无声非语言媒介。后面将具体介绍的大众传播媒介亦属于一种符号媒介，在现代传播中占主导地位。

4. 传播客体

它也称为传播对象、受传者或受众。这是指传播内容的接受者。具体包括观众、听众、读者等个人、组织和群体。传播学者经研究发现，传播客体利用信息主要满足六种需要：(1)消遣；(2)填充时间；(3)社交需要；(4)心理需要；(5)寻求情报；(6)利用信息寻求解决问题的办法。

据此，受传者对所传信息一般具有四种选择性因素：①选择性注意；②选择性接受；③选择性理解；④选择性记忆。传播主体要想取得良好的传播效果，就必须认真研究受传者的不同需要和具体差异，想方设法减少选择性因素。

5. 传播效果

这是指传播者对受传者的影响及受传者对传播信息刺激的反应程度。

6. 传播反馈

这是指传播客体对传播主体所发信息的反应，即指经过传播后，将客体对传播的反应，反馈给传播主体。传播反馈是传播的一个重要要素。有无反馈要素是检验传播是否是“双向模式”的最重要标准。能否达到传播的“双向沟通”，关键也在于有没有健全的反馈系统和全面、准确、及时的信息反馈。

二、公共关系传播的意义

(一) 传播是人类生存发展的必要条件

在人类社会中，如果没有人与人之间的信息交流传播，人也就无法生活。人出生时的第一声啼哭，便告知他人——又一新的生命诞生了。这一新生儿从第一声啼哭的信息传播开始，他便在人生的旅途中，不断进行着各种信息传播。信息传播是人类生存发展的必要条件，如果人完全排除与外界的信息交往，从婴儿起就与世隔绝，人将不成其为人，印度丛林中几次发现的“狼孩”就是例证。

(二) 传播是平衡社会矛盾的有效良方

世界上的一切事物都包含着对立统一的两个方面，都是矛盾的统一体。社会矛盾的对立统一也是一种客观存在。在日常生活和工作中，人与人之间尽管矛盾重重，但人们总是通过传播行为来表达自己的意愿、见解、思想，以引起对方的认同、理解、支持和合作，达到双方矛盾的统一。无数事实证明，传播是社会矛盾平衡的有效良方。

例如，广东大亚湾核电站是与香港中华电力公司合作的一项重点建设项目。经过5年的论证研究，国务院正式批准了建站合同。根据当时情况预计，72个月后第一台机组即可并网发电。在这期间，拖一天将要损失100多万美元，抢一天就会赚回100多万美元。

由于苏联切尔诺贝利核电站发生事故。香港“地球之友”反核组织要求停建大亚湾核电站。香港政府的议员也辩论、斗争。香港还发动100万人的签名运动，要求停建大亚湾核电站。如果停了，损失很大，如果不停，怎样解决这场风波？怎样达到社会矛盾的缓和与平衡？有关部门后来决定采取全面的公关传播，以消除香港公众对修建大亚湾核电站的误解和担心。他们策划了以下传播活动：一是核电站开放，分期分批接待港澳各界人士参观，不论持何态度，一律热情接待，座谈讨论，有问必答。二是编发和平利用核能的宣传资料共五集，7万多册；编发大亚湾核电站的情况介绍7万多册。三是协助有关部门与香港科技学会在港举办和平利用核能、核技术展览，共6天，接待了8万多人。四是派人与香港电台方面进行座谈，通过电台广为宣传，争取港澳人士的理解与支持。五是经常与核电站附近的地方政府和群众座谈、讨论，求得他们的理解。此外，国家还安排政府领导人发表讲话，同时在中央级报刊上郑重公布核电站5年论证的情况和国家领导人视察电站时强调贯彻“安全第一”“质量第一”方针的情况。通过以上一系列公关传播，使一场反对修建大亚湾核电站的轩然大波终于平息了，使一场较激烈的社会矛盾缓和平衡下来。

(三) 传播是组织融入社会机体的联系机制

整个社会是一个有机体,任何组织及其公众均是这个有机体的一部分。组织只有不游离于这一机体,才有生命力。公共关系工作从被动的角度说,它的重要目的就是避免这种游离。公共关系以处理组织与社会机体的其他组织与个人的有机联系,即处理与公众的有机联系为中心内容。而一个组织与公众的联系,既取决于组织行为,又取决于组织与公众的沟通。传播沟通一方面可以使公众更加了解组织,承认、接受和理解组织的行为,使公众对组织形象有一个公正的评价,并促使公众产生与组织建立良好关系的意向;另一方面传播沟通还可以使组织更加了解公众,了解公众对组织的要求和期望,从而使组织能更好地满足公众的需要。可以说,传播是组织融入社会机体的联系机制。

(四) 传播是组织建立和维持良好形象的有效手段

当我们把公共关系作为一个整体、一个系统来考察时,就会发现传播和公众、组织一样,都只是公共关系这个大系统的一个要素,传播只是使组织和公众之间建立和维持良好形象的一种手段,传播媒介则是实现这种手段的工具。只有这两者有机结合、共同作用,才能产生整体大于部分之和的协同效应,才能使组织的公共关系活动得以顺利开展,使组织得以在公众面前建立和维持良好的公共关系形象。

三、公共关系传播的原则

(一) 目的明确原则

公关传播是带有明确目的性的传播。这一点在著名的弗兰克·杰夫金斯的公共关系定义中也表述得很清楚:"公共关系是一组织为了达到与公众之间相互理解的特定目标,而有计划地采用对内、对外传播方面的总和。"

公关传播的总目标是树立、改善组织形象,形成有利的舆论环境,获得各界的支持。因此在很大程度上,公关传播是一种宣传,其最终目的是要人们改变某种意见或态度,通过传播事实和观点,引导、影响人们思想认识的过程。

在总目标指导下,每一次公关传播的具体活动也要有具体的目的,如果目的不明确,随便组织传播活动,有时是花了钱没效果,有时反而会造成负效果。所以目的明确是公关传播工作首要的原则。

这种目的明确的传播在很多情况下,要求目标公众也要明确,这是传播目的中的重要内容。每组织一次传播活动,接受者是谁,他们的情况如何、有何兴趣,公关人员必须心中有数,有针对性地组织活动。即使公关工作借助大众传播媒介进行传播,接受对象不太确定,但公关人员仍应有明确的传播目标,以期引起目标对象的注意、关心。公关传播一定要避免盲目性、随意性。

(二) 双向沟通原则

双向沟通原则是指传播双方互相传递、互相理解。这一原则具体包括以下内容:一是沟通必须由两个人以上进行；二是沟通双方互为角色，任何一方都可传递信息，也可反馈信息；三是沟通双方相互理解并有所交流。从表面上看，双向沟通原则并不太难理解，在生活中也不易被人忽视。但是在传播中则不尽然，有许多案例都说明双向沟通原则在公关过程中被忽略了，因此高度重视传播过程中的一些特殊的双向性原则是十分必要的。

(三) 有效沟通原则

有效沟通原则是指通过沟通活动取得预期的效果。

任何一种沟通都可能存在有效、无效两种后果。公共关系传播追求的是有效沟通，即通过沟通使公众理解、喜爱、支持组织。公众是复杂的群体，他们对组织的了解、态度差别很大，所以对于沟通活动，从设计时起就要充分考虑它对于接受者可能产生的效果，要尽量争取使接受者中多数出现对组织从无知到知晓、从漠然到喜爱、从偏见到认同、从敌对到合作的转变。

(四) 信赖性原则

沟通应该从彼此信任的气氛中开始。这种气氛应该由作为沟通者的组织创造，被沟通者应该相信沟通者传递的信息，并相信沟通者在解决他们共同关心的问题上有足够的能力。

(五) 持续性原则

沟通是一个没有终点的过程，要达到渗透的目的必须对信息进行重复，但又必须在重复中不断补充新的内容，这一过程应该持续地坚持下去。

四、传播的类型

(一) 个体自身传播

个体自身传播的传播主体和接受传播的客体是同一个人。人的这种主我同客我之间的信息交流活动就称为个体自身传播。

(二) 人际传播

人际传播是指个体与个体之间直接的信息沟通与交流。

首先，人际传播是指面对面的传播。这种传播是指在同一时空里，双方面对面地进行交流。这种面对面的传播又包括语言传播(对话)和非语言传播(手势、表情或其他非语言行为)。非语言传播也称为体态语言传播。在面对面的传播中，对话和体态语言经常是交替使用，补充配合的。

其次，人际传播是指非面对面的传播。这种传播是指受传双方不在同一时间，或不在同一空间，而通过某种媒介来进行的个人间的交流。例如，通过信函、电报、电话、电传等媒介进行的交流。

人际传播的一个重要特点是传播对象比较确定，传播的针对性、灵活性强，双方能及时获得反馈，能较快地取得传播效果。

(三) 组织传播

组织传播是指组织系统内部按一定程序和网络所进行的信息沟通与交流。

作为一个组织,其内部成员之间,组织与群体之间经常要进行一些有组织、有领导的具有一定规模和程序的信息传播活动,以此来稳定组织成员的情绪,应付外部环境的影响,维持和促进组织的发展。

组织传播有纵向和横向的传播网络,也有正式和非正式的传播网络,还有轴心化和非轴心化的传播网络。这种传播速度快、普及率高,各类组织经常采用。组织内部的各种会议均属此种传播。

(四) 公众传播

公众传播是指传播的主体向相对集中的公众进行的宣传活动。如演讲、演出、报告等均属公众传播。

公众传播比较偏向于单向的传播,它的反馈没有人际传播那样丰富、灵敏,而常常是笼统和有限的,有些时候还趋向极端,演变成群众的感染性情绪。

(五) 大众传播

大众传播是指由职业传播者利用传播媒介对广大的无法预知的大众进行信息传播的活动。

大众传播的传播者和组织者一般是团体,受传者则是千差万别而又复杂的人群。大众传播媒介一般为报纸、杂志、书籍、广播、电视、互联网和各种文字印刷品、音像制品等。大众传播的过程是由职业性传播者,通过以上所列的某种媒介,将传播者欲传的信息大量复制后,传播给受传者。由于大众传播手段高度技术化,因而它具有传播速度快,覆盖面大,影响广泛的优势。同时,由于大众是分散的,所以,大众传播又存在着反馈缓慢和有限的弱势。

第二节 大众传播媒介

如前所述,大众传播是指由职业传播者利用传播媒介对广大的无法预知的公众(或大众)进行信息传播的活动。这其中的职业传播者利用的传播媒介即是大众传播媒介。根据大众传播媒介职业化、专业化程度,我们可把大众传播媒介具体划分为新闻性传播媒介和宣传性传播媒介两类。其中新闻性传播媒介职业性、专业性较强,影响面较广,在传播中具有重要的作用。本节将对其作重点的介绍。

一、大众传播媒介的类型

(一) 新闻性传播媒介

新闻性传播媒介是以传播新闻信息为主要特征的传播媒介。新闻传播媒介主要包括报纸、杂志、广播、电视、网络等。

1．报纸

报纸是以国内外社会的经济、政治、文化等新闻为主要内容的散页的定期出版物。它是一种印刷信息载体，是大众传播的基本媒介之一。在电子媒介迅速发展的今天，它的地位和权威性在社会及大众的心目中仍然是举足轻重的，它在新闻媒介中始终是占据首位的。报纸具有信息量大、新闻性强、选择自由、便于储存、价格便宜等优点。

2．杂志

杂志是以国内外社会的经济、政治、文化、艺术等为主要内容的装订本定期出版物。杂志和报纸有许多共同点，但其有一些独到之处：例如，种类繁多、内容丰富、感染力强、时效性长等。

3．广播

广播是通过无线电将信息传播给公众的一种新闻媒介。广播射程远，与人造地球卫星结合，其电波几乎可以覆盖全球。从世界角度看，广播的普及程度和涉及范围已远远超过报纸和杂志。广播具有传播迅速、公众广泛、费用低廉等优点。

4．电视

电视是用电子技术将文字、声音和活动图像传送给公众的一种新闻传播媒介。它是一种最受欢迎的、最实用的、优良的、先进的新闻传播媒介。电视传播拥有博采众长、生动形象、喜闻乐见、迅速及时、艺术性强等许多优点。

5．网络

网络，即互联网，是由千万台电脑通过调制解调器和电话线，ISDN 专线、DDN 专线、ADSL 专线、有电视专线等连接组织的全球信息网络。相对于电视、广播，互联网在传播信息方面具有传播速度更快、时效性更强、信息容量更大、有效覆盖面更广、形象更加生动、费用更低廉、互动性更强，灵活性、逼真性、持续时间长和易统计等优点。

(二) 宣传性传播媒介

宣传性传播媒介是组织出于自身利益的需要，为了扩大自我影响和塑造组织形象而自行采取的公共关系宣传手段和活动方式。它不同于新闻传播媒介是各新闻单位利用其新闻载体进行的传播。

宣传性传播媒介有如下几种：

1．各类文字印刷品

组织用于公共关系宣传的各类文字印刷品，包括：年报、单位介绍、内部通讯、新产品介绍、行业信息、部门动态、工作小结、参考资料等。这些印刷品传播方式有一个共同点，即向广大公众赠送和分发。各类文字印刷品有如下优点：一是成本低、可因陋就简地制作；二是自主权大，内容可自由选择；三是针对性强，传播效果明显；四是内容实际，形式正规，能给人以信任感。

2．图片资料

图片资料是照片和各类图表资料的总称。在以上文字印刷品不易表达或表达不清楚无法予以证实的情况下，可用图片资料配合。它的使用，可以向公众提供具体、真实的形象资料，提高宣传可信度。图片资料可分为以下几种：

(1) 历史性图片资料。如记录某企业创业历史的珍贵图片和照片资料。

(2) 记录性图片资料。它是反映某组织或企业在一定时期内，如产品质量翻身仗、产品更新换代等重大事件的全过程的照片和图片及文字说明。

(3) 总结性图片资料。它是真实形象地反映一个组织在一定时期(如一年)中所取得的显著成绩、所做的主要工作，所取得的主要经验的图片报道及照片资料。

(4) 新闻性图片资料。它是及时、准确、真实地反映组织和企业最近发生的重大事件的图片资料。

(5) 介绍性图片资料。它是指详尽介绍和说明本组织的机构设置、厂房或设备情况的图片资料。利用图片资料作为公共关系宣传媒介必须注意以下几点：一是图片必须与内容密切相关；二是文字对图片的说明要精练，能反映出展示它的分量；三是要注意装饰性图片和资料性图片的不同用途。

3. 录音、录像

录音、录像都是用电子技术手段将声音、画面记录下来，再向有限公众传播的一种宣传性媒介。录音、录像主要有以下用途：

(1) 可用于会议记录和准确地传达会议精神。

(2) 可用于公众意见的收集与分析整理。

(3) 可用于重大事件的采访。

(4) 可用于交换、转录和赠送资料。

(5) 可用于培训教学。

录音、录像有如下优点：一是录音、录像作为情报和历史资料有较大的保存和交换价值；二是生动、真实，常常使公众感到亲切，有较强的吸引力。

二、选择大众传播媒介的注意事项

大众传播媒介是公共关系最重要的实施媒介。在公共关系工作中，为了有效地利用不同的大众传播媒介，需要注意以下几点：

(一) 注意分析传播对象

在前一章里，我们已对公共关系的对象——公众的有关问题作了阐释和分析，从中，我们已了解到，每个组织都拥有大量的不同网络系统的、各种类型的公众。要想使将要采用的媒介能够比较有效，就应首先认真分析本组织的公众属于哪个网络系统，属于什么类别，他们的个人素质、生活文化需求，他们平时喜欢和习惯于接受哪种大众传播媒介的宣传，对信息的可能接受程度等，而后再根据这些分析，有针对性地选择较合适的大众传播媒介，分别对其传播。这样，才有可能达到事半功倍的效果。

(二) 注意分析传播内容

在这里，所谓传播的内容是指利用大众传播媒介所发布的信息及其发布的形式。了解、分析传播对象——公众的有关情况后，即可大致预知对哪些公众采用传播媒介，也基本上预知了公众对传播内容的可能反应。这就需要具体做到：(1)确定好传播内容的性质；(2)分析出大众传播媒介对传播内容的适应情况。只有根据所传播的内容的性质，来选择传播媒介，做到内容与表达形式的和谐统一，才能达到传播的预期效果。

(三) 注意落实传播经费

良好的公共关系活动应以最小的人力、物力、财力和时间的投入取得较好的公关效果和效益。据此，选择和利用大众传播媒介，应注意节省经费开支、在经费允许的范围内选择适宜的传播媒介，努力达到以较小的经济投入，取得最佳的公关效果。

(四) 注意把握传播速度

“时间就是金钱，效率就是生命”，这种理念在公共关系工作的开展中更应提倡。因公关如同“攻关”，须争分夺秒。因此，公关人员在选用大众传播媒介时，应考虑到“广播电台的快捷性，电视的逼真性，报纸的广泛性，杂志的系统性、网络的及时性”等特点，根据公关计划对时间的要求，去把握传播的速度。应努力做到在保证传播质量的前提下，尽量加快传播的速度和频率，以及时、准确地达到预期的目标。

三、大众传播的社会功能

大众传播研究的先驱哈罗德·拉斯韦尔认为，大众传播有三个社会功能：监视环境、协调反应和传衍经验。大众传播是环境的瞭望者、政策的塑造者、知识的传授者。以后的传播学者们把大众传播媒介的功能发展为五种，即守望人功能、决策功能、教师功能、娱乐功能和商业功能。

(一) 守望人功能

守望人功能中的守望人是比喻大众传播媒介如同原始部落中的守望人，守候在家园附近，随时报告危难与机会。而大众传播的守望人功能，是指大众传播媒介起着向广大公众通报消息、报道情况的作用。

现代社会生活中的公众要不断适应迅速而又极其复杂的环境变化，以便获得组织和环境之间的调适，更好地适应现代社会的变化。他们把大众传播媒介作为自己的守望人。尤其广播、电视、网络优越的速报性和同时性，其守望功能更为明显。

(二) 决策功能

决策是社会组织日常工作中的重要行为。现代社会生活环境异常复杂，如果只凭主观想象做决策，往往会得到一个失败的后果。而大众传播媒介的传播，拓宽了社会组织决策者的视野。社会组织决策者通过对其的阅读、聆听、观视，可以汇集起大量的信息，对自己的决策起到重要的参考作用。另外，大众传播媒介对于重要社会问题和热点问题发表有关带有倾向性的意见，往往能唤起公众对其的注意，对正确引导和劝服公众起着不可低估的作用。

(三) 教师功能

大众传播的教师功能主要表现在把已经建立起来的文化传统，如知识、经验、品格、技能等传衍给社会新的一代人，提高社会大众的教育水平。在现代人的知识结构中，有相当一部分知识不是来自于老师或他们的父母，而是来自于各种传播媒介。当今，大众传播的教师功能更为显著，如显性的教育：法纪宣传、电大课程、精神文明建设；隐性的教育：文化艺术、音乐、剧目等。

(四) 娱乐功能

大众传播媒介是传播者通过传播媒介用语言和非语言形象来传播戏剧、舞蹈、音乐、文学、体育、游戏等艺术，起到使个人和集体娱乐和享受的作用，并培养社会成员对文化和艺术的鉴赏能力。在人类社会高度发展和进步的今天，人们用于娱乐的时间几乎和用于工作的时间一样多。人们为了松弛高节奏工作所造成的紧张的心理状态，为了宣泄抑郁的情绪，为了寻找艺术的启迪和灵感，需要思想性、艺术性和趣味性较强的大众传播媒介所给予的娱乐和享受。这样，传播的娱乐功能也就日趋增强了，而且娱乐功能和教育功能是难以分开的，那种寓教于乐的方式更受大众的欢迎。

(五) 商业功能

大众传播的商业功能体现在大众传播媒介不但报道反映各种商业活动，而且登载大量商业广告，对经济发展和市场营销起到了积极的引导和促进作用。在我国市场经济的发展中，大众传播的商业功能已经愈来愈受到重视。近些年，许多人主张用广告来调解经济生活，他们认为，在经济出现衰退时，加强广告，而当经济极度繁荣时，则紧缩广告，就能使广告起到调节器的商业功能。

第三节 公共关系传播的技巧艺术

有效地开展公共关系传播，需要掌握一套行之有效的传播技巧艺术。

一、巧妙利用“名人效应”

在选择人际传播方式进行公关信息传播时，与政界要员、影视明星、体育明星等“名人”结合起来，能起到比较好的传播效果。公关活动与名人结合在一起，通过名人引起公众的注意、兴趣与好感，从而达到对组织形象、组织产品的认可，这就是名人效应。

“滑头威利餐馆”

美国总统威廉·杰斐逊·克林顿一上任，立即就被精明的美国商人给利用了。有家饭店的老板千方百计搞到了克林顿最爱吃的菜单，调查到了克林顿年轻时的绰号叫“滑头威利”……他立即想出了许多点子。首先，他把餐馆改名叫“滑头威利餐馆”，并推出一套克林顿最喜欢吃的菜：宫爆肉丁、火烧猪头、红烧猪皮等，并广为宣传：这是总统最爱吃的菜。总统吃的菜是什么滋味？许多人都有趋同名人的心理，想去尝尝。于是人们怀着极大的兴趣走进这家饭店。饭店老板还在厅内放了一座克林顿与夫人、女儿一同吃饭的雕塑，栩栩如生。人们走进来，还以为是总统本人在里面吃饭呢。许多人都被吸引到这儿来吃饭，并挨着照相，留个与“总统”全家共餐的纪念。精明的商人为何获得成功？就是因为他利用了“名人效应”。

资料来源：姚凤云. 创造学理论与实践. 北京：清华大学出版社，2006.

二、善于“制造新闻”

“制造新闻”是指社会组织为吸引新闻媒介报道并扩散自身所想传播出去的信息而专门策划的活动。“制造新闻”是一种积极主动的传播方式。社会组织应善于“制造新闻”，抓住一切可以利用的契机“制造”新闻，以激起新闻媒介的采访、报道的兴趣，从而达到宣传本组织，塑造组织良好形象的好效果。

调动新闻媒体“制造新闻”

1985年，广州佳丽日用化工厂开发出一种消灭蟑螂的新药——“神笔”。为了打开销路，该厂曾做了不少促销广告，但效果都不理想。为了有效地提高产品的形象，打开产品的销路，该厂的公共关系人员便在记者、编辑面前成功地制造了一件新闻事件。某天，该厂公共关系人员带着“神笔”来到《羊城晚报》社，在征得记者、编辑的同意后，他们在编辑部做了一次消灭蟑螂的试验，从而使记者、编辑大开眼界。几天后，《羊城晚报》头版出现一篇新闻特写，标题是“死给你看”。文章见报后，立即引起轰动，“神笔”的销路大增，并跨进了香港市场，第二年，“神笔”在香港的销售额竟达到了170万港元。

这就是一起典型的新闻策划事件。这件事的背后蕴含着两条公共关系原理：一是公共关系的目的是为了提高产品的形象或组织的形象；二是有效地调动新闻媒体，公关运作才能达到预期目的。

资料来源：豆瓣网. http://www.docin.com/p-923557484.html

在媒介上刊播新闻是进行大众传播的有效方式，借助媒介来为组织宣传，可信度和有效性高，容易被人接受。什么样的事件才能成为新闻？组织在选择时主要看事件的新闻价值。新闻价值是指该事实本身所具有的重要性、新鲜性、接近性、及时性和趣味性。重要性是指事件后果重大，或当事人身份重要，发生事实的时间、地点重要，以及对社会影响巨大等。新鲜性是指社会上、自然界中各种前所未有的、奇异的新事物。接近性是指与公众的生活、思想接近，可以是地域空间接近，也可以是心理接近。例如，公众往往对周围发生的突发事件比国外或省外的更关注。及时性是指时间上的接近性，越及时获悉某一事变，其重要性、影响力越突出，新闻报道讲求时事追踪。趣味性是指事件本身具有某种使人动情、愉悦的因素。公关人员应具备相当的新闻素养、新闻敏感，善于发现有价值的事实并及时报道。

三、新颖别致，出其不意

心理学研究表明，人们认识事物有三道心理关卡，即注意、理解、记忆。在这里，注意是第一位的。一条信息，如果引不起人们的注意，无论多么实用，也无法发挥作用。在传播学上也有类似的研究成果。有一套 AIDA 方法，即 Awareness（获知消息）、Interest（发生兴趣）、Desire（有了需要）、Action（采取行动）。

在这里，首要的还是获知信息。有人做过统计，在所有没有被人们采用的信息中，有90%是由于没有被需要它的人获知。这也说明，如何设法被人获知，如何引起人们的注意是公共关系人员在传播信息时需要首先予以考虑的问题。那么，什么样的信息才能够引起人们的注意，才能够为人们所获知呢？除了新颖别致，出其不意之外，没有其他的办法。

我们每天在街上会看到许多人，许多车，但只有那些衣着特别，外形奇异的人和车能吸引我们的注意，其他的则可能视而不见；我们打开电视机，每天都能看到大量的商业广告，但我们常常一心盼着广告快些结束，但新颖别致，出其不意的广告则能吸引我们的注意。

四、客观超脱，不带劝说色彩

美国一家古玩商店在圣诞节前做了一个试验，从老主顾中任意抽出 100 名，将其分成 A、B 两组，分别给他们打电话祝贺圣诞节。在给 A 组的电话中只讲：值此圣诞节将临的时候，我店对您过去曾给予的关怀表示感谢，祝您圣诞节快乐！在给 B 组的电话中除了同样讲了给 A 组的那些话之外，又讲道，另外再告诉您一个好消息：圣诞节前，我店将要举办一次商品优惠展销。欢迎您再次光临！打完电话以后，商店对 A、B 两组顾客重来商店的情况作了记录，结果发现，接到 A 组电话的顾客，不少人又都到过这家商店；而接到 B 组电话的顾客则很少有人重返这家商店。经过研究，人们了解到，A 组顾客接到电话后，对古玩商店很感激，圣诞节买礼品便又回到老主顾那里；而 B 组顾客接到电话后则多以为商店在做推销工作，于是便少有反应。这个试验告诉了我们传播中的一条重要方法，即不带劝说色彩，只靠某种提示或暗示，让受传者自己作出抉择。

平时，我们对说客总抱有一种戒备的心理。我们会自觉或不自觉地排斥来自外界的种种劝说，以捍卫我们已有的种种决定。而客观超脱，不带劝说色彩的“劝说辞”则比较容易为人们所接受。我国古典小说《水浒传》景阳冈下有个酒店。酒店门前挑着一块大广告牌——“三碗不过冈”五个字没有一个“酒”字，不带任何劝说性语言。它只是客观超脱地介绍：三碗下肚，便过不得景阳冈了。但这种介绍并没有砸掉酒店的门面，酒店的生意做得更兴隆了。此中道理颇值得公关人员认真思量。

五、答案交公众选择

上级分配我们执行的任务，中途遇到困难往往就想停下来。而自己想出来的主意即使困难再多，也会想方设法去克服。为什么？因为前者是被动的，后者是主动的。在主动的状态下，人的积极性、创造性会得到充分的发挥。这些日常工作中的道理对公共关系的传播也有启迪。公共关系人员一般不是组织的最高决策人员，公共关系人员的意见和主张往往要经过决策者“拍板”，执行者同意后才能付诸实施。因而，如何提出建议就成为公共关系人员必须思考的课题。而前面讲到的日常工作中的常识则有助于我们找到正确的答案。

在传播工作中，如果能够拿出两个或两个以上的答案交受传者选择，那么受传者就会有一种参与决策的自豪感，他们的积极性、主动性就会得到发挥。日本的一些优秀企业就很重视这一点，他们将生产任务交作业小组讨论，自己为自己制定生产指标。结果发现，这些指标一般都比公司下达的指数要高，而指标的完成率却几乎达到100%。

六、说公众的心里话

公共关系传播能否有效，核心问题不是公共关系人员如何说，而是公众如何听。只有懂得公众如何听，“投其所好”，传播才能有效。

我们平时赞成某人的意见，总喜欢说：他的话说到我的心里去了。别人的话说到我们的心里，我们表示赞成。同样，要让别人赞成我们的话，也必须设法把话说到别人心里去。

公关人员应使传播尽可能地符合受传者的身份。对哲学家应该把话讲得抽象些；和农夫们在一起就要把话说成渠里的水那样清楚明白；和医生谈话，不可讲“死生由命”之类的话，而应多讲一些疾病对人体的危害和救死扶伤，解除病人痛苦的医务工作的重要性等话；在病人面前应多讲疾病不可怕，锻炼身体，磨炼意志，注意饮食可以战胜疾病等话。这样根据不同的公众而“投其所好”，传播才能有好效果。

七、巧妙重复，不惮其烦

记忆是人们认识事物的最后一道关卡。因为一则信息，人们只有铭记在心，才能变为行动。看在眼中，忘于心外，对人的行为不会有什么影响。

一则信息让公众铭记肺腑是件很不容易的事。一篇文章刚读过印象极深，搁置时间久了，印象越来越模糊。组织形象也是这样，公共关系人员开展传播工作的一个基本假设条件是：公众是健忘的。为了战胜健忘，在公众心里牢固地树立起组织形象，我们在传播工作中就须对同一则信息进行不惮其烦地重复。美国的可口可乐公司、日本的丰田公司等一批经营出色的企业都是靠几十年坚持不懈地传播才树立并维持住企业的良好形象。

始终如一的重复是一种重复方法；万变不离其宗是又一种重复方法。而且有时后一种重复方法更有效。特别是在面对面，在小范围的传播中，更应在重复中带有变化，以变化的形式重复传播相同的内容。

八、及时反馈，适时调整

要想使传播达到预期的效果，避免发生误解，非常重要的方法就是及时反馈。如果我们把传播看成是航行在大海中的船舶的话，那么，反馈就是这条航线上的灯塔。传播的航船就是靠反馈的灯塔才得以不断地矫正航向，向着预期的目标航行。

传播方式不同，反馈的方式也不同。在口说耳听的无媒介传播中，反馈比较容易，只要注意多听就行了。《圣经》中有一句话：“勤于听，慎于说”，这是面对面交谈中及时反馈的最有效的手段。如果传播者与受传者之间加入了传媒，反馈则比较困难些。这时，社会调查、民意测验是常用的方法。

向外传播与及时反馈是整个传播过程的两个环节。传播之后需要反馈，反馈到的信息又矫正了下一个传播过程的内容。整个传播过程就是这样由外传到反馈，再到外传的连续不断的过程。

总之，公共关系传播既是一门科学，也是一门艺术，要求公关人员在传播活动中尊重客观规律，按公关总目标有步骤地进行；在传播交流信息活动中，使双方受益，这是公共关系人员的一种创造性劳动。

本章小结

本章分三节进行论述。第一节公共关系传播的含义、原则和类型，首先阐释了传播的含义、模式和构成要素，而后论述了公共关系传播的意义，接下来阐释了公共关系传播的原则，最后介绍了传播的类型；第二节大众传播媒介，首先介绍了大众传播媒介的类型，即新闻性传播媒介和宣传性传播媒介，而后提示了大众传播媒介的选择应注意的问题，最后论述了大众传播的社会功能；第三节阐释了公共关系传播的技巧艺术，先后介绍了几种公共关系传播的技巧艺术。通过本章的学习，能对公共关系中介，即公关传播有更清晰的认识，以便更好地运用公关传播手段、按传播要求，发挥传播技巧和艺术，更好地做好公共关系工作。

自测题

关键名词

传播　人际传播　组织传播　公众传播　大众传播

思考训练题

1. 简答传播的构成要素。
2. 公共关系传播具有什么意义？
3. 公共关系传播应遵循什么原则？
4. 简答传播的类型。
5. 新闻性传播媒介包括哪些媒介？
6. 宣传性传播媒介包括哪些媒介？
7. 谈谈大众传播的社会功能。
8. 公共关系传播的技巧艺术有哪些？

碧浪冲击吉尼斯

1999年国庆节前夕，一件高40.6米，宽30.8米，重达930千克的大衬衣，在北京的东二环路附近一家大楼上悬挂起来，该衬衣约有12层楼高。这件衬衣在此悬挂了半个月，吸引了大量路人的目光。这是爱德曼国际公关公司为美国宝洁公司策划的一次重要的媒介事件。宝洁公司的碧浪洗衣粉是其麾下著名的品牌，如何让中国公众接受它呢？为此，爱德曼公关公司绞尽脑汁，想出了这样一个用大衬衣冲击吉尼斯世界纪录的活动。这件大衬衣的布料，足可以缝制 2 350 件普通衬衣，衬衣上还印制有“全新碧浪漂渍洗衣粉”的字样，其中红色的“碧浪”两字高 5.9 米，宽 9.8 米，非常醒目。更妙的是，这件大衬衣在悬挂了 15 天以后，经风吹雨淋和空气污染变得非常肮脏，在大衬衣的揭幕仪式上，还有一些嘉宾用更难洗净的墨汁泼在衬衣上。7 月 23 日，宝洁公司用全新的碧浪洗衣粉，洗净了这件衬衣，使新推出的碧浪洗衣粉一举成名。爱德曼公关公司策划的这次媒介事件，其意义并不仅仅在于破吉尼斯世界纪录，更主要的是要使中国的消费者认识碧浪洗衣粉。他们先用大衬衣冲击吉尼斯世界纪录吸引公众的视线，引起新闻媒介的广泛报道；然后再通过洗净如此肮脏的衬衣，强化碧浪洗衣粉的功效，在市场上产生强大的冲击力。

资料来源：《公共关系学》案例. 豆搜网. http://www.docsou.com/doc/110032-28.html

问题：该案例采用了何种公关传播的技巧艺术？谈谈这种公关传播的技巧艺术的优势。

第六章

公共关系目标——塑造形象

学习要点及目标

通过本章的学习,了解组织形象的含义、特征和类型,深刻认识塑造组织形象的意义、原则和内容,为本课程的深入学习打下知识基础。

东方大酒店的“超级服务”

新加坡东方大酒店利用“顾客至上、以人为本”的组织形象,为顾客在力所能及的范围内提供“超级服务”。一次,4位来东方大酒店咖啡厅的客人,因人多嘈杂,随口说了声“吵死了,听不清”。这话让一位服务员听到了,她马上为他们联系了免费客房供他们讨论问题。对此,4位客人十分惊讶、感动。两天后,4位客人给酒店送来了感谢信:“感谢贵大酒店前天提供的服务,我们受宠若惊,并体会到什么是世界上最好的服务。我们4人是贵酒店的常客,从此,我们除了永远成为您的忠实的顾客外,我们所属的公司以及海外来宾,亦将永远为您广为宣传。”

案例分析:良好的组织形象可以赢得社会舆论,铺垫潜在市场。社会各界的了解、信任、好感和合作,有利于改善组织的生存发展环境,便于组织的对外扩张。

资料来源:小榄永年的博客.新浪网.http://blog.sina.com.cn/u/2849712534

公共关系的第四大要素是公共关系目标,其目标就是塑造社会组织的良好形象。本章分两节将对其进行论述。

第一节　组织形象的特征和类型

一、组织形象的含义和特征

(一) 组织形象的含义

组织形象是指社会公众对一个组织内在的精神特质和外在事物的认识和评价。简单而形象地说,就是该组织在公众脑海中的印象。这种印象不仅来自有形的,看得见摸得着的外在事物,也出自于长期为公众所感知和记忆的组织行为以及所表现的精神特质。因此，组织形象是一个完整的有机特征系列，分为内在精神和外在事物两大方面。

例如，一个企业的形象，所体现的内在精神是企业的宗旨、经营方针、政策，以及服务精神等。所体现的外在事物是企业名称、商标、广告、徽标、代表色、建筑式样和门面装饰、包装等，甚至还包括一些细小方面，如名片、签封、制服、产品或服务项目说明书等。总之，企业的形象，最终是由大大小小的方面相互辉映，逐步积累而成的。

(二) 组织形象的特征

1. 可塑性特征

如上所述，组织形象是公众对一个组织内在的精神特质和外在事物的认识和评价。这就是说组织形象不是自我感知的结果，而是由组织之外的其他组织和个体即公众一致评价而形成的。公众是组织形象的裁判者。组织形象的好与坏都要依赖社会、公众来评价。

然而，组织对自身形象状态，并不是完全被动的。组织形象虽然是由公众判定的，却是由组织内在素质行为产生的，其形象的内在精神和行为是可以能动性改变的，是可以影响公众的再评判的。所以，组织形象是具有可塑性的。

作为组织形象的塑造者社会组织，作为组织形象的设计者公共关系机构及其人员首先应精心策划，为自己设计好、塑造好令公众乐于接受的良好形象；其次在组织形象不佳时，也应及时找出组织形象与公众评价的差距，分析原因，进行整改，以尽快地提升形象。

2. 全面性特征

组织形象不是单一的，而是全面的，它具有全面性特征。这是因为组织是由多层面的要素结合而形成的，最终以一种综合的形象展示出来。其中，社会组织的综合形象是由领导者(管理者)形象、员工形象、产品(商品)形象、资本形象、服务形象等各方面，由内隐、行为、标识等各层面构成。

社会组织形象的全面性特征提示组织在塑造形象过程中，应当围绕各方面和层面的要素去精心构思、全面设计，而不是只顾及某一方面、某一层面、某一要素；否则，就会出现形象偏差，公众就会对其形成残缺乃至不良的总体印象和评价。

3. 层次性特征

组织形象的层次性特征是包含在组织形象全面性特征之内的一部分。组织形象的层次有：

(1) 核心层次。这是指内隐形象，即内在素质层次，它是组织形象的精神层次，决定着组织形象的方向、目标。它是组织形象的最高层次，是后面其他两个层次的魂或根。

(2) 行为表现层次。这是指组织行为和员工行为，它是组织形象向躯体的动作层。它位于组织形象的中间层，直接体现组织的内在素质、形象精神，是公众认识与评价的主体部分。

(3) 包装层次。这是指各种标识系统。它是组织形象的外包装或服饰层。它属于组织形象的最低层次。但处于包装层次的标识系统却能诉诸于公众视觉感知，强化公众对组织的有形形象鲜明而醒目的感知。

组织形象的层次性特征要求社会组织在塑造形象的过程中要注重每一层次的塑造。因为公众对组织形象的认识和评价，主要是通过组织行为和员工行为的外在表现而走向对组织内隐的精神形象的审视。

二、组织形象的类型

(一) 按组织理想与实际形象划分的类型

按组织理想与实际形象的划分，组织形象可分为组织的理想形象、真实形象、有效形象、特殊形象和整体形象等。

1. 组织的理想形象

理想形象是指一个组织自身(亦包括外部公众)对组织想象和期望的形象。理想形象与组织的“自我期望值”有密切关系，一般来说，自我期望值的大小往往与组织的领导及成员的自信心、追求的目标、社会价值观等“软环境”和组织的物质设备、经济实力、市场等“硬环境”大小优劣成正比。自我期望值越高，组织发展的内驱力也就越大，组织付出的劳动与艰辛也就越多。当然，若自我期望值严重脱离现实，组织所遭受的损失和挫折也就越大。反之，组织各方面的付出也就越小。

2. 组织的真实形象

组织的真实形象是公众及社会舆论对组织的持有的真切而确实的印象和评价。组织的历史、创始人、现任领导、员工素质、机构制度、组织文化、管理水平、经济实力、经营水平等均是影响组织真实形象的要素。真实形象是组织的知名度和美誉度的准确写照。

3. 组织的有效形象

有效形象是指组织在其主要公众心目中的实际社会形象。有效形象是组织实际社会形象的核心形象。公众利益与组织利益统一是有效形象确定的指导思想，对任何一方利益的偏废都不会是有效的。

有效形象是组织公关人员权衡区别的结果。若组织对自己的公众不分主次，不分轻重缓急，面面俱到，那么，组织只能享有一个“平均形象”，这样就容易失掉自己的目标公众，也不会取得卓越的工作成效。由此可见，“有效形象”实际是“整体形象”中的一个“特殊形象”。

4. 组织的特殊形象

特殊形象有两层含义：一是指特殊公众对组织的看法评价；二是指一般公众对组织特殊方面或要素的看法或评价。每个组织都有某些特殊的公众，这些特殊的公众与组织有着一些特殊的联系和要求，有些特殊公众对组织的发展关系极大，是不可忽视的公众因素，一定要认真处理好与他们的关系。

5. 组织的整体形象

组织的整体形象是公众及社会各个层面对组织的一般看法，是通过组织形象各要素形成的组织的整体印象。组织要想获得良好的生存与发展，也必须使社会各方对组织有一个整体的良好印象。

(二) 按构成组织整体形象的要素划分的类型

组织的整体形象的建立是受众多具体要素影响的。以企业为例，组织的整体形象可分为实力形象、文化形象、人才形象和品牌形象等。

1. 实力形象

它是企业形象存在的物质性基础。富有强大的经济实力，便使形象的其他因素具有了附属的落脚点。实力形象主要包括企业固定资产、总资产、流动资金、产品销售与生产规模、员工人数、装备先进性等。

2. 文化形象

它是组织形象的精髓所在。它以组织的价值观念为基础，以组织系统和物质系统为依托，以组织员工的群体意识和行为为表现，形成具有特色的生产经营管理的思想作风和风格。文化现象主要包括组织使命、组织精神、组织价值观和组织目标。

3. 人才形象

它是组织现有人才状况对组织形象的影响。一个人才济济、阵容整齐的组织，会使组织的形象倍增光彩。人才形象主要包括人才阵容、科技水平、管理水平等。

4. 品牌形象

它是组织的产品质量和服务、组织的标志等给公众的总体印象。品牌形象是组织形象的生命线。如果在其他要素上存在缺陷，一般仅会影响形象的一个方面，而品牌形象的低劣则会使组织形象毁坏殆尽，从而直接威胁到组织的生存。

第二节　塑造组织形象的意义、原则和内容

一、塑造组织形象追求的目标

(一) 提高认知度

认知度是一个社会组织被社会公众所认识、知晓的程度。它包含被认识的深度和被知晓的广度两个方面。例如，一个企业的名称、法人代表、历史沿革、行业归属、主要产品、产品商标、产品特征、经营状况等诸多具体信息在多大范围内被公众所知晓，在多深的程度上被公众所认识，合起来则为这个企业的认知度。

(二) 提高美誉度

美誉度是指一个社会组织获得公众赞美、称誉的程度，是公众给予组织美丑、好坏评价的舆论倾向性指标，是一种对组织的道德价值评判。由于不同的社会组织其道德价值的体现有所不同，其美誉度的确定也就应分解为不同的内容。如生产性企业美誉度的内容可分解为产品评价、服务评价、贡献评价、文化评价等；政府机关美誉度的内容可分解为政绩评价、服务评价、民主建设评价、廉政建设评价等。

(三) 提高和谐度

和谐度是一个社会组织在发展运行过程中，获得目标公众态度认可、情感亲和、言语宣传、行为合作的程度。和谐度与美誉度一样，也属于对组织道德价值评判的范畴。在客观世界，关系无所不在，而关系的最佳境界就是和谐。和平共处、和谐发展，是处理各种社会关系的最基本准则。可以说，公共关系学就是为求取组织与其公众关系的和谐应运而生的。

中国康复中心救治唐胜利

1997年11月下旬，四川煤矿工人的女儿唐胜利去成都劳务市场寻找工作，被四川眉山县天涯夜总会老板以招收餐厅服务员名义，诱骗做“三陪”接客，唐胜利宁死不从，跳楼致腰椎爆裂性骨折，脊髓严重损伤，腰以下完全瘫痪。

“唐胜利事件”通过新闻媒体的报道，尤其是1997年12月27日《中国妇女报》在头版头条以《“唐胜利事件”惊蓉城》的特别报道，在全国引起巨大轰动。中国康复中心得知唐胜利遭遇后，为她宁折不弯的精神所感动，认为唐胜利在绝境中，用自己的鲜血和生命向不法分子的丑恶行径坚决抗争，代表了中国女性自尊自爱的精神和不向邪恶势力低头的高贵品质，在她最困难的时候，应该伸出热情的双手去帮助她。于是，康复中心迅速作出决定：正式邀请唐胜利到北京，破例免费为其进行康复治疗。在唐胜利康复治疗的日子里，康复中心调动了最先进的康复手段、最精良的医疗护理班子、最现代化的康复设施、最好的医疗康复环境，对她提供了全方位的医疗康复服务。4个月后，唐胜利取得了显著的康复效果，终于离开了久卧的病榻，脚踏实地地站了起来，并能用拐杖步行，在很大程度上恢复了生活自理能力。唐胜利来京后，康复中心附属北京博爱医院不但免去了她的医药费、治疗费、护理费、床位费、检查费等全部费用，而且，为解决其营养、生活费用和其家人在京的开销，医疗、护理、科研、教学、行政、后勤各部门职工自发地向其捐款10 000多元。出院前夕，康复中心又向唐胜利赠送了一台价值8 000多元的毛衣编织机，使她康复之后能够自食其力。再次表达了康复中心全体职工对唐胜利宁折不弯精神的赞佩、支持和对她的一片深情厚谊。5月15日上午8点40分，唐胜利乘坐7次特快列车返回四川，中国康复研究中心的领导和医护人员代表以及被邀请的数十家新闻媒体的记者前往北京西客站送行、采访。这一事件极大地提高了康复中心的社会形象(即知名度与美誉度)，也为我们留下了一个生动的公关案例。

资料来源：图宝贝文档收索网. http://www.tubaobei.com/show-5c2dd409-0-bf57d9a9.html

二、塑造组织形象的意义

(一) 良好的组织形象是组织发展的无形资产

有人说过，如果可口可乐遍及世界各地的工厂都在一夜之间被大火烧光，那么，第二天的头条新闻将是：各国银行巨头争先恐后向它贷款。因为，可口可乐通过公共关系在公众中建立了良好的信誉和形象——世界“第一饮料”。这是最重要的无形资产，大火是烧不掉的。

而另外一些事实也说明了组织形象这一无形资产的珍贵性。例如，美国俄亥俄州一家未在保险公司投保的陶器工厂，能够在被大火烧光之后两个月内全面恢复生产，正是它具有良好的公共关系形象的缘故。这家工厂平时非常重视同外部公众的关系，特别是同社区内各类公众的关系非常好，这种和谐友好的关系在关键时刻显示出了巨大作用。就在失火的第二天清晨，镇上的许多人和工厂的职工一起不约而同地聚集到废墟上，清除残砾破瓦。为了挽救这家工厂，大家贡献出了财力、人力，短短两个月的时间内，奇迹般地在废墟上重建起一座面积为两万多平方米的新工厂。

万宝路的商标权为330亿美元，是世界上烟草行业无形资产价值最高的，世界排名第二；柯达商标权为120亿美元，是世界摄影材料、器材行业无形资产价值最高的，位居总排名第三。无形资产具有如此之大的魅力是因为它代表组织在公众心目中的良好形象，组织形象的好坏决定了无形资产价值的高低。无形资产主要是靠组织形象来作为表现形式的。组织形象的认知度越高，美誉度越好，和谐度越佳，定位越准，无形资产的价值就越大，增值率就越高。日本丰田汽车公司就是依靠其组织形象的不断完善来维系、保护它的无形资产的。一般的汽车公司厂家维修中心都是顾客把汽车开到汽车维修中心进行维修，而丰田汽车维修中心接到电话后，会派人开辆好车到用户家中，开走需要维修的汽车，留下一辆好车供给日常使用。汽车修好后，维修中心会在汽车中加满汽油再开回用户家中，开走上次留下的汽车。这种处处为用户着想的服务思想，为丰田汽车公司树立了良好的组织形象。这种深入用户心目中的组织形象使丰田汽车公司的无形资产倍增。因此，一个组织要不断地发展、维系自己的无形资产，就必须充分重视组织形象。

《美国》周刊的一篇文章写道：“在一个富足的社会里，人们已不太斤斤计较价格，产品的相似之处又多于不同之处。因此，商标和公司形象变得比产品和价格更重要。”这句话可谓西方发达国家的真实写照，但是，无论是在西方还是在东方，树立企业在公众中的良好形象都具有重要的意义，应该被企业家们所重视。

据统计，20世纪90年代以后企业形象广告支出平均年增长率为22.4%，比商品广告支出的年增长率高出了9个百分点，这说明越来越多的商家已经认识到企业形象的神奇作用，进而通过企业形象的设计和传播获得高投入高回报的效果。

(二) 良好的组织形象能促使企业在商战中取胜

在现代社会，一个组织良好的社会形象不仅能吸引投资者，争取到各种资金，还能吸引更多的顾客，得到可靠的、优质的原料供应，获得销售系统的优势，还可以成为所在社区的中坚分子，受到居民的爱戴和拥护。由此可见，组织的良好形象能使组织具有越来越强的优势。这样的组织便会在商战中连连取胜。

例如，号称世界快餐饮食店霸主的美国“麦克唐纳”公司就是一个以良好的企业形象在商战中不断取胜的典范。“麦克唐纳”公司创立之初，只是一个连桌椅都没有的汉堡包专卖店，它的经营方式完全是让顾客买了就走的外卖方式，在赢得了顾客的信誉以后，他们大胆提出了以连锁店经营饮食业的新构想，并以唐老鸭为张贴画，备受美国儿童欢迎。“麦克唐纳”公司对它管理下的连锁店的经营状况和食品质量要求非常严格，它规定只有从“麦克唐纳”所办的“汉堡包大学”毕业的人才能取得经销特许权。该公司对质量、服务、清洁、价格都有严格的标准，供应的面包，做汉堡包用的牛肉，甚至餐纸，都要经过严格挑选，达不到规定标准的商店，不许以“麦克唐纳”分店的名义经营，逐渐塑造出了良好的企业形象。“麦克唐纳”认为，儿童对它们具有非常重要的意义，就经常把各种娱乐信息传达给儿童，提供玩具等赠品，创办“麦克唐纳”游乐场吸引儿童顾客。同时在全球范围内塑造“麦克唐纳叔叔”的形象，久而久之，“麦克唐纳叔叔”在儿童心目中成了仅次于圣诞老人的良师益友，这些儿童长大后，当然就成了“麦克唐纳”的顾客。“麦克唐纳”以其良好的形象，在商战中连连获胜，以至誉满全球。此时，“麦克唐纳”公司毫不懈怠，仍要求设在全球36个国家的8 000家连锁店实行统一标准保持信誉，发展公司的整体形象和特色。正是由于“麦克唐纳”在公共关系中注意树立形象，建立声誉，所以它的快餐征战全球，经久不衰。

(三) 良好的企业形象有助于增强企业的凝聚力

企业形象所倡导的企业理念和企业价值观是企业的灵魂，是企业经营的最高准则和员工共同的精神信仰与行动指南，它培育着企业员工的团队精神，它在企业内部管理中的作用已广受重视；良好的企业形象能够激发员工的自豪感、荣誉感，使他们热爱企业，献身企业，自觉地把自身的言行和企业的形象联系起来，把自身的命运和企业的命运联系起来，从而产生强烈的使命感和责任感；良好的企业形象使员工感到这里的工作环境为他提供了用武之地，这里的用人制度能使自己的聪明才智得以发挥。企业形象好了，职工心情舒畅，加之配套系统（统一的工作服、办公用品等）的相辅相成，能够创造出一种朝气蓬勃的气氛，使他们的工作热情日趋高涨，工作效率不断提高。

(四) 良好的企业形象为企业创造名牌产品提供了有利的条件

由于市场需求不断地向高档化、名牌化发展，消费者越来越重视名牌产品。人们追求名牌产品不仅仅是为了追求其使用价值，更主要的是着眼于其满足人们文化品位、精神上的需求。名牌是企业良好形象的缩影，是产品质优的证明、身份的标志，是企业的无形财富，它标志着企业为提高产品质量，降低成本，增加花色，开拓市场，开展宣传等所付出的一切努力，象征着消费者和社会公众对该企业的信任和厚爱。在市场竞争日益激烈的今天，我们企业面对的不仅仅是产品质量和价格的竞争，而且包括企业的科技开发能力、市场营销能力、服务顾客能力、整合传播能力和社会影响能力等在内的综合实力的竞争，这些能力上升到一定高度便成就了品牌的决胜力。企业形象是产品成为名牌产品的基础，名牌之争的背后实际上是企业整体形象之争，因此要创立名牌产品必须先树立良好的企业形象。

三、组织形象塑造的原则

(一) 整体性原则

一个组织或企业的经营活动是全方位的，它同外界的交往也是全方位的，因此组织的公共关系活动必须是全方位的，塑造形象、建立信誉的工作应由全体员工上下一致共同努力来完成。塑造组织形象需坚持整体性原则，一是要在公关中树立整体性观点，不能顾此失彼；二是要统一制定公关政策，不得各行其是；三是要努力协调各部门的公关活动。

(二) 竞争性原则

组织塑造形象的过程，实际上是一个竞争过程，随时比较本组织的整体形象，不断学习和吸收新的和有效的发展自己的经验和方法，力争在组织形象上赶超竞争对手，这就是塑造组织形象应坚持的竞争性原则。

(三) 形象性原则

为了塑造组织形象、建立组织信誉，公共关系要善于塑造出易于传播，便于记忆的形象，这是组织公共关系工作的形象性原则。要贯彻这一原则，首先要重视象征性标记，如组织名称、商标等；其次要突出组织特色，使公众对其留下深刻的印象；最后要多开展专题活动，因专题活动往往是能构成塑造组织形象与信誉的重大战略。

(四) 长期性原则

塑造形象、建立信誉是一项战略目标，是公共关系工作的长期任务，不是一朝一夕所能实现和完成的，而必须经过长期不懈的努力。所以塑造组织形象必须坚持长期性原则。

例如，在珍视、注重塑造组织形象的以上几个原则方面，北京市 1986 年评选出的 32 个誉满国内外的“京华老字号”可谓典范了。这些“京华老字号”开业的历史有几十年，上百年的，在行业上有工业、商业和服务业，它们在首都几乎是妇孺皆知。它们在长期的商场竞争中树立企业的整体形象各有千秋，但有一个共同的特点，即保持良好的公共关系状态，在保持信誉上不遗余力。双合盛五星啤酒厂是我国于 1915 年兴建的第一家啤酒厂，以选料精、生产工艺水平高、酒液清澈、醇香爽口而著称。周总理生前曾指定五星特制啤酒为国宴用酒，近年来五星啤酒再次进入欧、美各国市场。盛锡福帽厂开业于 1935 年，已有五十多年的历史，特点是前店后厂，自产自销，反映市场信息快，品种多，选料精，美丽大方，坚固实用，久负盛名。特别是该厂定制、定做、来料加工服务，赢得了顾客的信誉。鸿宾楼饭庄于 1955 年由天津迁京，专营清真菜肴，清真风味菜一应俱全，近年来餐厅服务实行全面质量管理，更为顾客称道。乐家老铺同仁堂药店是三百多年的老字号。历经沧桑长期不衰的秘诀就是保持信誉，该店直至今天还是按传统的秘方，用真材实料炮制名药，宁缺毋滥，且在服务态度上真正做到了待客如宾，当好顾客的参谋。其他的老字号如王麻子剪刀店、全聚德烤鸭店、月盛斋牛羊肉店、信远斋蜜果店、瑞蚨祥绸布店都有百年以上的历史。这些老字号之所以十分珍视自己的招牌，都是为了不断地保持信誉，实质上是保持良好的公共关系状态，树立企业的整体形象。同时说明创业艰难，守业不易，建立和保持企业的信誉是长期坚持不懈努力才能奏效的。

四、组织形象塑造的内容

(一) 组织精神形象的塑造

人应该有点精神。否则，其理想、愿望难以实现，事业难以成功。而作为一个组织也应该有它特有的精神，否则，就难以在激烈的市场竞争中取胜。组织形象的内在精神特质对组织职工的行为有极大的激励作用，它能鼓励平凡的职工作出不平凡的业绩，鼓舞职工齐心协力为企业的发展而奋斗，所以，塑造组织形象，内在精神的塑造很重要，应引起组织的重视。

例如，大连化学工业公司在塑造企业形象过程中，为了使职工有一个统一信念，组织员工开展了一场轰轰烈烈的大讨论，把几十年来“大化人”形成的共同精神、信念、风格、心理从潜在的自然状态发掘升华到自觉状态，总结出“艰苦创业、全力奉献、奋发进取”12 个大字，并写在企业的旗帜上，它鼓励着公司职工作出了惊人的成绩，成为全国闻名的企业。

“贵在人和”本是中国的传统文化，而它却被日本的日立制作所和美国狄俄蒙织维制品公司树为其企业精神。美国狄俄蒙织维制品公司是一家仅有 300 余名员工的小厂，专门生产鸡蛋包装盒。在激烈的市场竞争中，稍一不慎就会遭灭顶之灾。公司向员工算了一笔细账，使大家认识到，如果不齐心努力，公司随时都可能垮台，而自己也要沦为失业者。于是，员工成立了“百人俱乐部”，实行自我管理。百人俱乐部代表全体员工行使职权，协调劳资关系，记录每个员工的表现，并对出勤率高，安全生产，有建树的员工颁发奖金、奖品。由于齐心协力，发扬“贵在人和”的精神，百人俱乐部成立一年，生产率提高 34%，人际冲突减少 75%，还减少了事故，共为公司节约开支 160 万美元，平均每个员工一年节省 5 万多美元。

(二) 领导者形象的塑造

组织领导者是组织的带头人，他们经常以一个组织的重要代表的身份出现在社会公众面前，他们内在的思想水平、文化素质和外在的言行举止所构成的形象对内外公众有很大的影响，所以，现代领导者应自觉塑造自己的良好形象。首先，领导者应具有较高的政治思想水平、现代的价值观念、开拓进取的精神和良好的心理素质。其次，应有广博的知识，特别是管理理论知识。再次，应有一定的认识判断能力、指挥控制能力、决策管理能力、综合问题的处理能力和社交能力等。最后，应有豪放雄健、潇洒自如、稳健持重、文雅端庄的风度。

(三) 员工形象的塑造

若有人踏进某单位的大门，其成员上至领导人下至普通员工无一不春风满面，整洁潇洒，那人们一定会感到十分快意，对这个单位的好感便会油然而生。如果所见到的人蓬头垢面、蛮横无理，那种不满的心境便可想而知了。由此可见，员工形象是组织形象的重要构成部分，塑造组织形象绝不可忽视员工形象的塑造。塑造员工形象应该从员工的精神风貌、业务素质、技术能力、文化水平、道德修养、服务态度、价值观念等诸方面展开。这样能使其为组织形象增添光彩。

一位服务员的急中生智

1995年2月5日晚上，有四位客人在杭州×××大酒家用餐。当他们在品尝该店的菜包子时，发现一个包子内有一根细小的鸡毛。于是，他们要求在一旁服务的餐厅服务员韩先生给予解释。这位服务员经仔细观察后，诚恳地说："对不起，是我们没有把包子做好，我马上给你们调换。"然而，这四位客人对此回答并不满意，提出请餐厅的领班来做进一步的解释。由于此时餐厅领班正忙得不可开交，这位服务员便对客人说："其实这只菜包里的东西并不是鸡毛，而是一片黄菜叶，不信，我吃给你们看。"话音刚落，他已一口吞下了这只包子。

目睹了这一幕的四位客人仍执意要见餐厅的领班。韩先生没辙了，只得怀着忐忑的心情，把餐厅领班从繁忙中拉过来。四位客人对领班说："我们走南闯北十几年，在外吃饭是常事。其间，也时常会遇上菜肴、点心质量不好的事。但是，像今天这位服务员的处理方式，倒还是第一次遇见。尽管这种方法并不很妥当，但是你们店有这么好素质的服务员，我们相信你们店一定会成为一流的酒家。"

第二天，这四位客人又一次光临该店，并指定要韩先生为之服务。

事后，有人问韩先生："你怎么会想到把鸡毛吞到肚中？"这位腼腆的服务员红着脸说："当时，我实在也想不出其他更好的办法。吞下鸡毛，为的是维护企业声誉。"

资料来源：张岩松，张丽英. 实用公共关系. 大连：大连理工大学出版社，2012.

(四) 组织服务形象的塑造

社会组织的服务形象体现为服务水平，也称为服务质量，一般包括服务态度、服务技能、服务及时性等所体现的服务效果。社会组织的优质服务会使公众体会到组织的整体优秀性，因而成为社会组织重要的内在形象。

传统经营的核心观念就是赚钱、盈利。虽然组织有时也采取一些手段取悦顾客，但多是一种暂时性和应付性的措施。现代社会的经营思想已有了重大变化，已转变为"以人为本"的经营理念，所以，社会组织就更是以人为中心、以服务为主导了。可以认为，现代组织服务质量的好坏，已直接关系到组织的形象优劣，关系到组织的生存与否、发展与否。为此，社会组织必须努力塑造好组织的服务形象。

社会组织服务形象的塑造首先应注重实在服务，给公众以实惠和方便；其次应注重服务技巧，针对公众的需求心理，以新颖的服务方式来吸引公众，强化服务性公关活动的效果。最后应注重持之以恒，不搞一阵风。因为塑造组织形象不是一朝一夕能完成的任务，特别是企业组织的主要业务就是服务，一定要树立较强的服务理念，只要在经营，就要注重服务。

海尔的真诚服务 我难以忘怀

当我买回海尔洗衣机的时候，我感到了海尔服务的细致。虽然是在网上购买的洗衣机，但是送货和安装不仅没有一点瑕疵并且很神速。

海尔师傅在我们约好的时间里按时来到我家。安装位置的清理工作本来是我自己应该做的，但也被他们抢着细心地清扫干净了。在完成清扫工作后，他们又开始了细致的安装环境检查，在检查到墙壁的插线板没有电时，他们又拆下插板，进行了仔细的维修。在确认没有任何故障和隐患后，才开始了洗衣机的试运行。看到洗衣机正常工作，海尔师傅在准备离开的时候问道："请问你还有什么需要我们帮助的吗？"我想起家里的电饭煲由于电线太短，做饭的时候很麻烦，一直都想找人帮忙接一段电线，但是都没有机会找到合适的人。我赶紧说道："我家的电饭煲在做饭的时候很不方便，需要接一段电线，不知道你们可以帮我吗？"海尔师傅说道："小问题一个，马上给你弄好。"不一会儿，海尔师傅就弄好了电线，我赶紧给海尔师傅递上香烟，他们却说："工作期间我们不抽烟的，谢谢了！""真不好意思，让你们受累了。"我愧疚地说道。海尔师傅却说道："能为你排忧解难是我们的本职工作。"

如此的海尔，如此的真诚，让我难以忘怀。

资料来源：企业家日报.2013.9.22.

(五) 经营的商品形象的塑造

企业组织的商品形象包括内在质量和外在事物。它也是组织形象的重要展示方面。它的设计、外形、功能、质量、色彩和包装等也会影响人们对组织的看法。所以，企业组织应该多经营那些优质、美观、适用的商品，以加强人们对组织美好的印象。

(六) 组织符号形象的塑造

对于一个组织来说，其外显符号是很多的。这些符号也直接关系到组织的形象。组织的外显符号有：组织名称、商标、广告、徽标、代表色、建筑风格和门面装饰、包装、制服、笺封等。

从商品商标看，要使公众建立起商标与商品之间的联想，使公众凭借商标从同类商品中识别他们所喜爱、所信赖的商品，往往需要反复调查公众的意向和审美情趣，并长年累月运用各种宣传手段才能达到。一旦形成了商标信誉，其价值就不可估量了。特别是为了顺应商品信誉向企业信誉的发展，公共关系需更加重视应用象征企业整体形象的标记，因为这是与企业信誉密切联系在一起的。

对这些外显的符号需要精心的设计和制作，否则，不仅会丧失塑造组织形象的良好时机，而且还会破坏组织的良好形象。

麦当劳的标志——黄金双拱门“M”

麦当劳取“M”作为其标志，颜色采用金黄色，它像两扇打开的黄金双拱门，象征着欢乐与美味，象征着麦当劳的“Q、S、C & V”(品质、服务、清洁和价值)，像磁石一般不断把顾客吸引进这座欢乐之门。

作为麦当劳标志之一的麦当劳叔叔，象征着祥和友善，象征着麦当劳永远是大家的朋友，是社区的一分子，它时刻都准备着为儿童和社区的发展贡献一分力量。麦当劳叔叔儿童慈善基金会在1984年成立，这个儿童基金会至今已向世界各地帮助有关儿童的非营利机构捐出了500多万美元。北京麦当劳公司在王府井餐厅开业之际，就向北京儿童福利院、北京特奥委会各捐款10 000美元。北京儿童医院举行白血病康复庆祝会，麦当劳及时拿出产品赞助。宣武区1992年10月份举办全区中小学运动会，麦当劳及时提供赞助。1992年12月圣诞节前夕，麦当劳将3 000份麦当劳精美台历及3 000套麦当劳圣诞卡卖出的收入全部捐给了北京儿童福利院。麦当劳长安餐厅一开业就设立了麦当劳奖学金，赞助白云路小学的学生。

除了这些出资赞助的公益活动外，到公园参加美化，到地铁去搞卫生，在店外大街上擦栏杆，拾废物来维护社区环境卫生则是麦当劳餐厅经常性的公益活动。这些活动不仅受到市民的赞赏，同时加强了员工的社会责任感及参与意识。

企业形象的好坏不仅影响企业的生意，甚至影响企业的生存。1991年美国洛杉矶曾因种族歧视而发生打砸抢烧等动乱，许多商店、餐厅被烧毁、哄抢，可是没有一家麦当劳餐厅受到破坏，麦当劳长期的公益活动及慈善事业又一次得到社会的回报。(摘自甘波、孙黎编著《CI策划——企业形象新境界》)

资料来源：道客巴巴网. http://www.doc88.com/p-0486186448693.html

本章小结

本章分两节进行论述。第一节组织形象的特征和类型，首先阐释了组织形象的含义和特征，而后介绍了组织形象的类型；第二节塑造组织形象的意义、原则和内容，首先阐释了塑造组织形象追求的目标，而后论述了塑造组织形象的意义并指出了组织形象塑造的原则，最后介绍了组织形象塑造的内容。通过本章的学习，能对公共关系目标——塑造形象有更明确的认识，以使公共关系工作能朝着公共关系目标——塑造良好的组织形象作出努力，以更好地提高组织的认知度、美誉度和和谐度。

自测题

关键名词

组织形象　认知度　美誉度　和谐度

思考训练题

1. 组织形象具有什么特征？
2. 谈谈组织形象的类型划分。
3. 塑造组织形象追求什么样的目标？
4. 塑造组织形象具有什么重要意义？
5. 组织形象塑造应遵循哪些原则？
6. 组织形象塑造包括哪些内容？

坚持始终如一的服务

美国凯皮特公司(北美机械制造公司)在它的广告里说："凡是买了我们产品的顾客，不管在世界上哪个地方，若需更换零配件，我们保证在48小时内送到，如果耽误，我们就将产品白送给你们。"他们说到做到，有时候为了一个价值只有几十美元的零件，甚至不惜动用直升飞机，费用高达数千美元。正是由于卓著的经营信誉，该公司能经营50余年并日渐兴盛。

资料来源：《公共关系学》案例. 豆搜网. http://www.docsou.com/doc/110032-28.html

问题：凯皮特公司是怎样塑造组织服务形象的？对此你有何感受？

第七章

公共关系的职能

通过本章学习，了解公共关系的各种职能，以便更好地在公共关系工作中履行好采集信息、参谋咨询、传播沟通、教育引导、协调关系等职能。

开盘造势：直升机看楼

2014年的一天，盛世中国文化传播机构为京郊某楼盘策划举办的“直升机看楼”活动，在项目开盘当天起到极大的轰动效应。参与本次活动的嘉宾可乘坐价值2亿多元的直升机空中俯瞰项目，期间设置的空中剪彩，直升机盘旋在活动场地上空，代表该楼盘LOGO标志纷纷从空中落下，极大地震撼了现场来宾。

与本次活动主题相对应，盛世中国文化传播机构还邀请数十名国外奢侈品会员作为特邀嘉宾，到场参与体验了这场开盘盛事：奖牌模特秀、秀出发展商的辉煌历史；外国乐队演唱、巴西热舞助兴、精心准备的各国美食奉送，以及10万元大奖回馈新老业主等，吸引了数以千计的客流。众多亮点闪现，为该楼盘注入了更多国际气质，同时更加突出了国际化高档社区的氛围。

资料来源：盛世网. http://www.shengshicb.com/bencandy.php? fid=4&id=228

案例分析：发展商举行各种活动是否成功的一点是看活动是否有“人气”，特别是在开盘的造势期，直接影响到楼盘的销售推广。通过举办“直升机看楼”的新颖活动，吸引了近千客户到场，可谓开创开盘创新之举。

可见，通过这种大型的传播沟通活动，一方面营造“人气”建立企业品牌的口碑宣传效应；另一方面尽可能吸引有效的客户群。但这种宣传推广活动必须要投入大的成本，要取得良好的效益，必须以具备品牌实力，打造优秀的品质楼盘为前提。

职能是指人、事物和机构应有的作用或功能。而公共关系的职能则是指作用于公共关系这一客体的一种主体性操作功能。这种功能在现代组织管理中发挥着独特的作用。它虽然不能代替和包办组织的全部管理功能，但组织的其他管理也不能代替公共关系在组织管理中的地位和作用。公共关系的职能主要表现在采集信息、参谋咨询、传播沟通、教育引导、协调关系等几个方面。本章将分五节来逐一阐释。

第一节　采集信息

一、信息的含义

信息是事物的运动状态以及关于事物运动状态的表述。具体而言，信息是指事物通过物质载体所发生的消息、情报、数据、信号。它常以数据、图表、凭证、指令、时间、地点、印刷品、音像制品等形式表现出来。

信息具有以下特征：

(1) 可分享性，即指全社会都可共同享用：提供者可享用、接受者也可享用。

(2) 可扩散性，即指信息可在短时间内在较大范围内扩散开来。

(3) 可压缩性，即指经过加工整理，使其更浓缩、精练。

(4) 可扩充性，即指随着时间的延长，认识的加深，新事物的出现，理论的发展，使其不断丰富扩充。

(5) 可替代性，即指它的利用可代替其他资源。

二、信息对现代组织的意义

人类社会到现在为止，已经历五次信息革命。第一次信息革命是语言革命，即人类用自然语言交换信息，以此满足人类生存的需要。第二次是文字革命。有了文字，使有声语言信息交换过渡到无声信息交换，为信息的代际传递和经验积累创造了条件。纸张的出现，被称为信息储存和传播技术的一次质的飞跃，使信息产品开始书本化、社会化。第三次是印刷革命。印刷技术的出现，标志着信息生产由手工业转入机械化、工业化的新时代，使信息的加工与传递速度和广度又发生了一次质的飞跃。第四次是电信革命。这次革命是指用电波通信代替了文字通信，把信息传播推向世界。这就加快了信息的传递速度，使近百年的信息量等于亿万年人类信息量的总和。第五次是电脑革命。电脑的诞生、电脑的广泛应用、电脑的智能化，使得人类在处理信息的活动中第一次在世界上得到了脑外装置。它不但提高了人类交流信息和储存信息的水平，而且使人类和信息处理工作实现机械化。信息技术的迅速变革，以及信息产业的发展，使人类社会进入了“信息时代”或“信息社会”。所谓“信息时代”，其特征是，起决定作用的不是资本，而是信息知识，进而有了“信息即财富”的提法。另有人进一步提出了“知识就是金钱，信息就是资源”的口号。

事实正是如此，在现代经济中，信息成为不可缺少的战略性和功能性资源。重要的信息可以使组织走出困境，注重信息可以使濒临倒闭的企业起死回生。

例如，某地一家生产卫生纸的小厂，由于销路不畅濒临倒闭。一天，工作人员看到一则关于我国新生儿年出生达 2 000 多万人的报道，遂想到这是一个巨大的市场。联想到自己工厂的产品和当今年轻父母的怕麻烦(洗尿布)，舍得花钱的心理，想到如果把生产卫生纸改为生产一次性使用的纸尿布，一定会有广阔的销路。经领导研究决定转产，当年扭亏为盈，不但使工厂起死回生，还成了有名的“尿布大王”。由此可见，现代社会组织(不仅仅是企业组织)的生存发展离不开信息。信息已成为组织机体运动存续的血液。

公共关系部门是组织内外信息交流的总站，而采集信息又是公共关系工作的基础，所以，采集信息可视为公共关系的第一职能。

现在，世界范围内正经历着新的技术革命，这场革命是以信息为中心而展开的。因此，许多发达国家均将信息当作社会和经济发展的主要支柱和先锋产业。以往，信息系统在我国是一个极薄弱的环节，但国家已充分认识到它的作用，从近几年开始，已尽可能地开发和利用新的信息技术，并取得了可喜的成果。这为组织的公关部门履行采集信息这一基本职能提供了越来越优越的条件。组织和公共关系工作人员对此应充分利用，不断地提高采集信息的速度、数量和质量。

三、信息的分类

从不同角度划分，可将信息分为以下几种类型。

(一) 口头信息和书面信息

这是根据信息的传递方式划分的类型。

1. 口头信息

这是指人们在交谈时所交流的信息。这是一种直接、迅速进行传播的信息。在口头信息的传递中，参与交谈的双方都可得到对方的反应，有助于相互理解和解除纷争，促进协作。但这种口头信息有时会失真，而且获取它需要花费时间。

2. 书面信息

这是指记录在各种物质载体上的信息。这种信息的优点是能保持信息内容的符号不变，便于贮存，以备不时之需。但这种信息的保存比口头信息费工费时。

(二) 固定信息和流动信息

这是根据信息的内容性质划分的类型。

1. 固定信息

这是指在一定时间内稳定不变的信息，如人事档案、科技档案、指标、定额等。

2. 流动信息

这是指随时间推移不断变化的信息，如生产进度、作业统计、计划完成情况等。

(三) 内部信息和外部信息

这是根据信息采集的范围划分的类型。

1. 内部信息

这是指一个组织自身活动过程中的信息，如企业组织经营方面的信息，即生产量、销量、利润、成本、人员构成，设备能力等。

2. 外部信息

这是指来源于组织外部的信息，即所处社会环境中的信息，如国内外市场行情、竞争对手情况、金融市场行情、国家的方针政策、各种税收法规、国际贸易法则等。

(四) 以物质为载体的信息和以能量为载体的信息

这是根据信息载体的形式划分的类型。

1. 以物质为载体的信息

这是指用文字、符号、图表、密码等传递的信息。

2. 以能量为载体的信息

这是指通过无线电波、声波传递的信息。

四、公共关系注重的三类信息

组织需要采集的信息极其广泛，作为公共关系部门来说，主要是采集与本组织的形象和声誉有关的信息。其具体体现为产品形象的信息、服务的信息、组织整体形象的信息。

(一) 产品形象的信息

产品形象的信息是指企业产品在消费者公众全体或大多数人中的印象和评价情况。产品的形象是从产品的各个方面体现出来的，它包括产品的质量、品种、花色、规格、款式、价格等。产品的形象对企业的发展和生存是举足轻重的。因为，产品的形象会形成一种社会舆论，不管对产品好的还是差的社会舆论，都容易为消费者公众所接受和传播。所以，许多成功的企业首先注意的是消费者公众对于本企业产品的反应，并千方百计地搜集这方面的信息。

例如，日本制鞋商家八郎十分注意捕捉商场里的信息，并积极与商家联手合作。有一次，商家反馈运动员抱怨鞋子打滑，得到信息后，他立即组织力量攻关，将传统的平底鞋改为鱿鱼吸盘状的凹底鞋，重新投放市场后十分抢手。谁善于捕捉信息，谁善于利用信息，谁就更能够获得成功。有了千百万顾客的参与，集中了千百万人的智慧，企业一定能开发出更多更新更优更廉更受顾客喜爱的产品。又如，茶花运动鞋厂是一个制鞋历史不到6年的村办企业。这个厂的经营者十分重视市场信息，厂长一年至少带领设计人员到外贸口岸走访4次，去天津、郑州、连云港商场的产品专柜前站10天柜台，亲眼看、亲耳听、亲口问，主动捕捉信息，使得产品的花色、品种绚丽多姿，其中雪地鞋20多种，布胶鞋50多种，适应了国内外不同层次顾客的多种需求。具有民间绘画图案特点的彩色帮面布胶鞋，就是有心人陈厂长1991年5月在上海虹桥机场候机时，从一位来华旅游者脚上得到的“信息”。开发生产后，销量达10万双。目前“茶花”家族中先后有8名成员被评为“省优”“市优”。

(二) 服务的信息

服务的信息是指社会公众对生产性的组织产品销售的服务、经销性组织的服务和服务性组织的服务情况的印象和评价的情况。

生产性组织和经销性组织的服务一般包括现场的服务、提供产品(商品)的零配件和备用件服务、“三包服务”(包退、包换、包修)、建立维修服务网等。服务性组织的服务体现在整个经营管理中。

在公共关系活动中，捕捉服务信息使组织不断发展的事例国内外都不胜枚举。例如，江苏南通西郊平潮镇，有一家平潮饭店，原先只有一栋三层楼，几十个房间，200 多张双层铁架床，十分简陋。后来，新起了一栋五层楼和一栋会议搂，修建了水榭庭园，高档套间内安装了闭路电视，饮食部每天接待 1 000 人次用餐。几十年来，平潮饭店的年利润持续增长，从来没有滑坡。平潮饭店的发展，其奥妙就在于经常搜集服务信息，不断改进服务，使服务措施不断完善。一次，7 个养鸡专业户深夜才到，他们照样笑脸相迎，小鸡群需要透气、有光，他们破例准许房间通宵不关灯、不关门。知识分子来住店，喜欢住单间，有时单人房间不够，饭店就把双人间让一人住，但不多收费。对想办家庭酒席的顾客，饮食部派厨师，带着炊具、餐具和配好的菜，上门精心烹调，绝不收小费和礼物。双职工家庭的小学生吃早餐有困难。他们就为孩子们包早餐，学生们早 6 点来店，就可吃上热乎乎的馒头、稀饭加小菜。两位来自广东的僧人，先后走了 7 个省，只在平潮饭店吃上了真正的斋饭。正是在这种极为热情周到的服务中，"平潮"人创造了誉满各地的业绩。

(三) 组织整体形象的信息

组织整体形象的信息是指社会公众与组织内部公众对组织整体的印象和评价的情况。组织整体形象除包含企业的产品形象、服务形象之外，还包括以下一些内容：

第一，公众对本组织机构的评价。如组织机构是否健全；设置是否合理；人员是否精简；运转是否灵活；组合是否优化；上下左右是否协调；办事效能是否练达等。

第二，公众对本组织管理水平的评价。就一个企业来说主要是收集公众对于经营决策的评价；对于生产管理的评价；对于销售管理的评价；对于人事管理的评价等。

第三，公众对组织人员质量的评价。首先是对决策层的领导人员的评价，包括战略眼光，决策能力，交往能力，应变能力，革新精神，文化素质，政治素质等。然后是对各种人员的素质、能力以及文化水平的评价。

第四，公众对组织履行社会职责的评价。其一是公众对组织参加社区活动(如社区文体活动)的评价；其二是公众对组织资助公益事业(如出资修桥修路)的评价；其三是对组织助残助弱献爱心方面的评价。此外，公共关系人员还应该搜集政府决策信息、方法信息、新闻媒介信息、市场信息、消费者信息、竞争对手信息等。

五、信息采集的渠道

组织的公关人员可以通过不同渠道，不同方式去获得所需的信息。

(一) 企业内部信息渠道

公共关系人员能够从企业内部收集到职工的各种反映和意见书，各职能部门的报告，企业的年度工作报告、企业历年销售记录、财会记录、生产报表、成本核算资料、广告费用开支、开展公关活动报告等。

(二) 企业外部信息渠道

即从社会中收集有关信息。它又分为直接信息渠道和间接信息渠道。

(1) 直接信息，即公共关系人员亲临现场直接获取的信息。这种信息可以用现场观察和与社会公众交谈，或当面提问的方式来搜集。

(2) 间接信息，即通过各种传播媒介获得的信息。它通常包括：政府各部门的工作报告、统计资料；高等院校与科研机关的调查报告(如市场调查、消费者调查、读者调查、人口调查等)和预测报告(如市场预测、供应预测、人口预测、经济与社会发展预测等)，各类报纸、杂志、文献上的论文、科技报告；专利说明书；标准化资料和产品样本以及广播、电视方面的信息等。

采集信息一般经过以下三个阶段：

一是获取信息阶段——搜集、记录、汇总、整理。

二是处理信息阶段——筛选、分类、辨析、加工、评价、综合、提炼。

三是贮存信息阶段——将各种信息资料整理为档案或输入电子计算机。

第二节　参谋咨询

公共关系的参谋咨询职能是公共关系人员在采集信息的基础上为决策者提供有利于组织发展的公共关系方面的建议、意见或方案。

一、参谋咨询的意义和作用

价值200万美元的七个字

1950年6月25日，朝鲜内战爆发。7月2日美军介入战争，9月15日，美军在仁川登陆成功，继而美军北上兵犯鸭绿江。在美国当局为军事上的胜利得意之时，一些头脑冷静的政府官员和战略思想家都担心中国政府会出兵朝鲜。在政府外，一些了解、研究中国问题的学者也对这一关乎美国战略胜败的问题展开了研究。

成立于1948年的智囊机构兰德公司在朝鲜战争刚开始，就投入大量人力和资金对该问题进行研究。兰德的专家们通过对朝鲜战争的综合分析，结合对中国民族性和中国内政、外交形势的研究，最后写出了一份重要的研究预测报告，该报告可用七个字概括：“中国将进入朝鲜。”起初，兰德这一报告向五角大楼的开价是200万美元。但最高决策层和军界的高级官员认为中国部队绝不会进入朝鲜和以美国为首的“联合国军”作战。在他们看来，中国刚经历了八年抗日战争和三年内战，无论从人力和财力上看都不具备出兵朝鲜的可能。此外，国防部认为兰德的研究报告要价太高，于是没有理睬。10月25日，中国军队果真进入朝鲜参战，美国国防部看到兰德的预测变成现实，追悔莫及，朝野也一片哗然。1953年朝鲜战争结束后，五角大楼为了全面检讨在朝鲜战争中的决策失误，终究以200万美元的价钱买回了那份早已过时的报告。当然，比之代价更昂贵的是成千上万名美军官兵命丧朝鲜半岛，而兰德公司却由此名闻遐迩。

像兰德这样的社会咨询研究机构在国外被称为“思想库”。现代意义上的思想库以公共关系研究及影响决策为其首要发展目标，以政府部门、各类社会集团组织或企业等机构为主要服务对象，工作特点是对涉及政治、经济、外交、军事、科技、社会等各个领域、各个层面的决策和开发进行调查研究、出谋划策、提供各类咨询及建设性的参考意见或政策报告，其研究的最终目的是为了解决各种现实问题。

资料来源：精品课程——公共关系. http://gggx.lszjy.com/Article/jakj/bzja/201111/233.html

(一) 参谋咨询是现代管理的客观要求

目前，我们正处于一个环境变化日益迅速的时代，现实要求人们将思考问题的眼光由过去和现在转向未来。美国著名的管理学家赫伯特·西蒙在《管理决策新科学》一书中提出了一个著名的论点——“管理就是决策”。现代管理是一项极复杂的科学和艺术。由于现代组织活动的规模较大，社会联系较广，运用的科学技术涉及面宽，以及信息量膨胀，单凭领导者个人的决断来进行管理已经不太可能，靠个别谋士出谋划策也无法适应现代组织经营管理的需要，因此需要各方面的专业人员来为组织领导的决策提供情况咨询和决策建议。公共关系工作的性质不同于组织的其他部门，受组织具体业务和利润指标的影响较小，比其他部门更关注公众利益。因此，在领导决策时提供公众需要、心理和舆论方面的信息，提出自己的见解和意见，敦促领导从公众利益角度予以考虑，就成为其职能之一。此外，公共关系部门由于工作需要，广泛接触内外公众。在接触公众，包括竞争对手、投诉者的过程中掌握和积累了大量信息、清楚组织存在的差距和问题，了解员工的愿望和要求，为了帮助领导全面掌握情况，充分发挥掌握信息的作用，应该主动为领导提供咨询和建议。

(二) 参谋咨询能对决策起到重要的辅助作用

参谋咨询以答疑、建议等形式为决策者、领导机构提供意见、建议和备选方案。参谋咨询的作用如果发挥得好，决策成功的系数就大。

例如，1985 年 9 月，墨西哥发生了一次强烈地震，虽然震灾面积不大，但几分钟后，人们从广播电视和报纸上看到的、听到的，都是倒塌的建筑、抢救场面及人员伤亡的信息。一夜之间，强烈的地震使游客数量下降了 50%。那些原计划来旅游的人，也纷纷退票、退房。一时之间，使本来以旅游业为国家重要收入的墨西哥，不仅遭受了自然灾害的损失，旅游业也濒临绝境。如何使国家经济支柱——旅游业重振旗鼓呢？他们求助于国际著名的公共关系咨询公司——伟达公司。该公司为墨西哥旅游局制订了一项公共关系计划并立即实施：一方面，调动大众传播媒介，用卫星向全世界转播现场采访，向旅游、航空界和游客们发布消息；另一方面，开展人际传播活动，组织了一个由新闻界、旅游界人士组成的调查团，深入墨西哥灾区，了解真实情况，并在各地举办灾情介绍会。这样，通过大众传播和人际传播相结合，使大部分公众了解到：墨西哥发生地震的范围很小，对旅游区域没有影响。结果，曾因地震而受到严重影响的墨西哥旅游业，到当年 12 月时，外国游客的数量已基本上恢复到了震前的水平。

又如，美国有一家工厂聘请公关专家调查本公司职工的思想情况，专家在报告中警告说：从职工的思想情况看，隐伏着严重的不稳定因素，有可能在一个月内爆发罢工。专家为此提出了具体的疏导、协调方案。当时，这家工厂的生产完全正常，士气似乎也很饱满。总经理被这种表面的平静迷惑住了，置公关专家的忠告于脑后，对民意、舆情不闻不问。结果不出一个月，工潮真的爆发了。总经理再想到专家的建议，已丧失了时机。

假如我是广州市市长

广州市委、市政府先后举办过直接为市长作参谋的“假如我是广州市市长”征文活动(后定名为“市长参谋活动”)，为政府职能部门出谋献策的“房改方案千家谈”“菜篮子工程千家谈”等“千家谈系列活动”，讨论广州市风和广州人精神的“羊城新风传万家”和“羊城居委新形象”等大型公众活动等，运用报纸、杂志、广播、电视等媒介，动员了成千上万的市民参政议政，各抒己见，都收到了良好的社会效果，提高了政府对市民的凝聚力。

资料来源：搜狗网. http://wenwen.sogou.com/z/q173882768.htm

二、公共关系参谋咨询的内容

(一) 组织知名度和美誉度的咨询

知名度是指社会公众对一个组织或企业知道了解的程度。美誉度是指社会公众对一个组织或企业信任和赞许的程度。对于一般企业来说，都希望有较高的知名度和美誉度去获得社会的信任、理解和支持，为企业的发展奠定基础。然而由于企业和公众各自的立场、观点和利益的不同，企业在公众心目中的形象与企业期望的形象，或自身心目中的形象往往是不一致的。同时，一个企业的形象在不同公众中的反映和评价也是存在差异的。而且由于企业自身的变化和社会公众评价标准的变化，企业形象也会随着时间的变化而变化，因此，作为一个公共关系人员需要在广泛收集信息的基础上对组织在公众心目中的形象、地位作出客观评估，作出定性的结论和定量的说明，找出组织的自我期望形象和实际社会形象之间的差距。对这种差距的具体表现，以及属于哪个部门，哪个环节的问题都应有分析介绍，并在完整掌握组织内部的基本资料的基础上，向领导层提供改善、提高组织形象方面的咨询建议。

(二) 社会公众心理咨询

如前所言，公众是公共关系的客体，即公共关系的对象。了解社会公众是公关人员有效开展工作的前提。所谓了解社会公众，主要是了解社会公众对本企业组织行为的态度和意向，以及产生这些意向的心理活动。如果掌握了社会公众的心理状态，社会公众的行为也就不难预测了。

在我国市场经济发展的今天，消费者公众往往“持币待购、货比三家”。了解、研究消费者在购买活动中的不同心理需要更显得非常重要。近年来，国外管理学界、公共关系学界一致承认，购买的心理活动模式是：确定有待满足的需要—选择各种购买方案—评价和试验各个方案—作出购买决策—购买后的行为。从中我们可以知道，消费者在决策的每个阶段都具有复杂而微妙的心理活动。这些活动是消费者客观现实的动态反映。公共关系人员分析这些心理活动，就能清晰地探明消费者购买心理的行进轨迹，为企业的产品设计、销售过程提供咨询，促进购买的实现，协助企业的产品扩大销量和占领市场。另外，不同的人，由于习俗、教育、年龄、性别、地位、经济状态、素质、生理等不同，其消费特征也不同。公共关系人员对各种类型、层次的消费者分别进行分析咨询，能够帮助决策者针对不同的消费者制定出销售的策略。

(三) 企业经营决策的咨询

企业的经营决策是在形势、经营要素与经营环境分析的基础上，对企业总体发展和总经营活动的目标、方针和策略作出的正确选择。经营决策是一个从思维到作出决定的过程。整个过程包括：探测经营环境、设计方案、抉择最优方案、执行与反馈。公共关系人员的经营决策咨询则体现在经营决策过程的探测经营环境阶段和执行与反馈阶段。

在探测经营环境阶段，公共关系人员利用自己监测环境、采集信息的有利地位，可以适时选择、整理出组织所需的信息，提供给决策层。一旦决策人当机立断、抓住机遇、果断决策，企业的经济效益就会明显提高。例如，广西南宁市亨得利钟表眼镜商店，在 1985 年初，派商店采购员杜智参加广州供货会，该采购员在会议期间广泛收集市场信息，其中有一条是山东济宁有库存积压手表，他将此信息通过长途电话反馈回商店，商店当场“拍板”，立即派人前往采购，抢先购进了 7 200 块表，购回后该表非常畅销。

第三节 传播沟通

组织与公众之间的相互作用是通过传播的媒介沟通的。可见，通过传播以达到内外信息的沟通，是公共关系活动的一个重要职能。公共关系工作实际上就是一个传播和沟通的过程。公共关系活动采集信息的职能，是双向信息沟通中的一个“单向”。发挥采集信息的职能，还不足以形成良好的公共关系状态，不足以建立与公众的良好关系，不足以树立组织的良好形象，必须要既把外部公众的信息向组织内部输入，又把组织信息向外部传播，形成组织与公众之间的双向传播和沟通，才能形成组织与公众之间的了解、信任、支持和合作的良好状态。

一、传播沟通的特征

(一) 传播与沟通两者的互为性

传播与沟通是通过两者相互配合、互为作用而建立起双向影响的社会关系的。传播的目的在于加强沟通，沟通的实现依赖于传播，传播中有沟通，沟通中有传播。两者是互为作用地去发挥公共关系的职能的。

(二) 传播与沟通内容的多样性

传播与沟通既交流情报信息，又交流思想观念、意志品质、价值导向、情感情怀，包含许多内容。

(三) 传播与沟通的主客体的双重性

传播与沟通的主客体的一方既是主体，又是客体。它既可以做为主体，有目的有计划地发送信息，同时，又可作为客体能动地有选择地接受信息。

二、传播沟通的作用

(1) 组织通过传播沟通采集各种信息，如市场、竞争、技术、金融、房地产、政策、劳动力以及国际政治、经济、军事等信息，从中寻找出可供利用的机会和应该避免的威胁。同时，组织也要通过传播沟通把自身的信息，如经营、产品、服务等信息传给广大社会公众，以促进公众对组织的了解、信任和支持，进而改善组织的经营环境，树立组织的良好形象。

(2) 传播沟通是消除组织与公众之间产生的误解，解决所发生的矛盾冲突，摆脱公共关系危机的有效手段。例如，1988 年 7 月 20 日，南京发生了令人震惊的电冰箱爆炸事件。当晚城西一幢住宅楼突然响起了一声震耳欲聋的爆炸声，一台 140 立升的沙松电冰箱瞬间开了花，强大的爆炸气流产生了难以想象的冲击力，使拇指粗的冰箱钢门锁被扭弯，箱门飞出了 2 米，砸到对面墙上，冰箱的后坐力使后面的墙上留下了几个窟窿，所幸的是，一家 4 口没有被伤着。7 月 22 日，南京《扬子晚报》根据用户投诉，派记者采访并于当天刊出了《一台沙松冰箱爆炸》的消息和现场照片，这一可怕的消息顿时在南京几十万用户中掀起轩然大波，一些人打电话向报社询问原因，另一些用户也诚惶诚恐，连忙把冰箱从卧室搬出以求自保，无数购买“沙松”冰箱的用户把冰箱视为炸弹。这一消息在社会上不胫而走，引起新闻界的极大关注，一时，沙松冰箱厂驻南京办事处门庭若市。《南京广播电台》《新华日报》《扬子晚报》《中国消费者报》《南京记者社》的记者都去了。他们急于了解爆炸原因，并想进一步了解更多的事实真相。为了尽快地解决这一形象危机，湖北省沙市冰箱厂立即派了一名副工程师与律师和日本技术人员一起赶赴南京进行实地调查，抵达南京之后，邀请新闻记者和有关部门一起到用户家中查看，发现爆炸过的冰箱已被收拾得干干净净，显然用户没有保护爆炸现场。当技术人员把残破的冰箱接通电源时，压缩机仍能正常工作，蒸发器也明显制冷，表明冰箱制冷性能良好，但门却被炸飞了，他们据此分析爆炸原因不在冰箱本身，而是在于冰箱里存放了易爆物品，经过与用户核实，弄清冰箱爆炸原因是用户在冰箱内存放易爆的丁烷气筒所引起的，弄清事实真相之后，沙市冰箱厂立即举行了新闻发布会，大力开展公共关系活动，说明事实真相，消除社会的误解，很快地扭转了公众的印象。

(3) 组织需要用传播沟通手段联络内外公众的感情，以创造和谐的社会关系环境。2001 年 7 月 14 日，吴先生在工行保定新华路支行裕华西路储蓄所取款 200 元。当时储蓄员在给了吴先生 200 元后，又不慎做了一次同数目的存款业务，吴先生也未及时发现。两天后，该支行发现了这笔业务的差错，随即做了平账，先将这 200 元取出，再做了吴先生的取款业务。由于吴先生的开户行在省会，按照规定，必须扣除 10% 的手续费，经过平账，吴先生先后被扣除了两次手续费。这样，本应只交一次手续费的吴先生就被多扣除了 2 元钱。几天后，吴先生在省会再次到银行取款时在存折上发现了这个变动，心生不解，就打电话到工行95588电子银行反映情况。几天后，保定新华路支行和工行95588电子银行先后做了反馈，并且在8月1日赶到石家庄向他登门道歉。这条新闻在事件发生后的第三天即8月3日，就在《燕赵都市报》进行了报道。通过这个事件的传播，工行的热情服务，严格要求自己的美誉形象就得到了社会的认定。

深入心灵的花——百消丹母亲节免费送鲜花活动

1. 项目背景

作为一个专门致力于女性健康事业的公司，长甲集团发展的每一步都离不开广大女性的支持。为了回报华夏女性的厚爱，长甲集团多年来，组织了很多有益女性的社会活动：免费B超、"关注女人"征文等。另外，长甲集团百消丹认为，母亲的身上，集中体现了华夏女性的善良、坚韧和牺牲精神。因此，母亲节来临之际，长甲集团百消丹更希望能通过这样的活动，唤起社会和更多人对母亲更多的敬爱和关注。

2. 项目实施

在5月12日母亲节，长甲集团百消丹举办的免费送鲜花、送祝福活动，为杭州市1 000余位母亲送上了一份特别的节日祝福。"打个电话，我们就会把您最想和妈妈说的话与一盆鲜花，在母亲节送到您的母亲手中。"长甲集团百消丹组织的这一别出心裁的活动，得到广大市民的赞誉和踊跃参加。短短的3天时间，打电话参与活动者超过1 000人："妈妈，您是儿子永远的港湾，不论走多远，最后都要回到您的怀抱"；"妈妈，真的感谢您，您是女儿永远的最爱"；"妈妈，我爱您到永远"……

当儿女们饱含深情的话语，随着一盆盆、一束束鲜花，一起送到一位位母亲的手中时；当看到一位位母亲捧着鲜花，脸上绽放出比鲜花还灿烂的笑容时，浓浓的母亲节氛围也在杭州洋溢开来。一时间，长甲集团百消丹举办的母亲节活动成为市民关注的热点。

3. 活动效果

许多参加了这次活动的市民表示，非常感谢此次活动的举办者——长甲集团百消丹。因为这次活动，给了他们一个向母亲表达爱意的绝好机会。一位女士评论说："送鲜花、送祝福，本身并不稀奇，最重要的是它提醒了我们对母亲的关怀。虽然因时间关系没能参加这次活动，但受这件事启发，我在母亲节给妈妈送了一束鲜花。因此也想对活动的组织者表示谢意。"一些市民表示，希望有更多的企业搞这类既能宣传企业，又是消费者喜闻乐见的公益活动。

企业母亲节送花，说到底就是做广告。但与其他广告形式相比，百消丹送鲜花、送祝福的亮点在于：企业在宣传自己形象的同时，很好地考虑到了消费者的接受程度，提醒人们关心母亲、珍惜亲情。的确，现代社会由于工作、生活的忙碌，很容易忽视亲情的沟通。百消丹送鲜花、送祝福活动恰恰勾起了人们亲情沟通的冲动。百消丹的这一活动加强了与消费者的沟通，引起了消费者的广泛共鸣，可谓独辟蹊径，值得借鉴。

资料来源：张岩松，张丽英. 实用公共关系. 大连：大连理工大学出版社，2012.

三、传播沟通的层次

公共关系的传播沟通主要在四个层次上进行：

第一个层次是纯粹的信息交流。这是指公共关系人员向组织领导人报告有关公众的最新信息或者向公众报告有关组织领导及其决策的最新情况。

第二个层次是情感传播。这是现代公共关系活动中一项极其重要的内容。一个组织如果重视与职工的情感交流，就能像磁石一样把人们吸引在自己的周围，为实现组织的目标而奋斗。同样，一个组织如果重视与外部公众的情感交流，也能与他们建立牢固而深厚的联系，提高自己的美誉度。

第三个层次是态度层次。公共关系人员进行的传播活动是围绕公众对本组织友好的态度和改变对本组织不良的态度展开的。例如，美国总统竞选就伴随大量的、以改变选民态度为目的的劝说活动，里根当选和连任美国总统便是他的公共关系策略的胜利。

第四个层次是行为层次。这是最高的层次，也是传播的最终目的，如企业传播产品、服务优良的信息、传播情感，其目的就在于引起公众对其产品的消费行为。

四、不同时期的传播沟通特点

在组织发展的不同阶段，传播与沟通有其不同的特点。下面以企业组织为例，谈谈组织不同时期的传播沟通特点。

(一) 组织初创时期的传播沟通

在这一时期，组织刚进入社会，与社会公众各方面尚没有广泛的联系，产品和服务质量还没被人认可，组织机体刚刚运转，内部正初步协调，组织在社会上缺少知名度，尚未树立信誉形象。这一阶段传播沟通的重点是争取社会公众对组织有一个良好的最初印象。为此，这一阶段的传播沟通，应大造声势，先声夺人，一鸣惊人。

在组织初创时期进行公共关系的传播沟通，要注意“新、特、优”的特点，才能成功地推动传播沟通的进行，达到预期的目的。例如，20 世纪 70 年代中期，美国第一妇女银行在纽约开始营业，当时纽约市内银行竞争已白热化，有人认为这家银行此时此地开业不是上策。可是，经过半年营业的第一妇女银行就达到了初期的目标，有了 6 400 个账户，平均每日存款 990 万美元。这家银行的成功开创，主要是“新、特、优”的公共关系活动发挥了作用。美国银行界对妇女贷款有偏见，认为借钱给女人风险较大，一般不给予借贷。第一妇女银行则向社会宣传它们是为女客户服务的银行，而且银行是由女性控制与管理的，董事中还有著名的女权运动者在内，从心理上吸引了许多担心会被其他银行拒绝的女客户。女经理麦惠妮的办公室和银行大厅只隔一道玻璃，一反银行经理高高在上的作风，使客户能看到她，感到能够接近她。加上坚持营业的信誉，迅速得到了妇女界的大力支持，甚至纽约东区上层社会的主妇也都纷纷惠顾。有的大银行家为了表示支持女权运动，还在该银行中存入大量的款项。第一妇女银行在一个小小的标记上都不忘记客户对企业的印象，例如，客户的行号名称卡上，印着一个蒙娜丽莎像的标记，似乎使人看到了第一妇女银行“永恒的微笑”。

(二) 企业顺利发展时期的传播沟通

这一时期,企业经营管理水平的提高,促进了企业的发展,生产经营活动能顺利进行,企业的计划利润都能实现,企业的产品信誉、组织信誉也逐渐形成。此时,企业公关工作的传播沟通首先应致力于保持和维护企业产品信誉和组织信誉,并继续扩大企业的影响。例如,上海爱舒羊毛衫厂是一家生产高级时装羊毛衫的专业工厂。这家羊毛衫厂采用现代先进技术和流行款式,糅入独具东方特色的绣花工艺,使该厂生产的“爱舒牌高级时装羊毛衫”具有色彩典雅、花形别致、款式新颖、手感柔软的显著特点。产品曾荣获 1989 年上海市“三优产品”称号,并在华联商厦销售评比中荣获第一名和 1990 上海市妇女用品“百佳奖”。在已有荣誉的基础上,该厂决定以进一步的传播沟通的公共关系策略求发展,提高厂家及产品的知名度,造成一定范围内的“爱舒热”。1989 年 10 月 20 日,该厂在《文汇报》《解放日报》《新民晚报》、上海电视二台分别载登和播映了上海人民广播电台、上海爱舒羊毛衫厂郑重向社会征集“爱舒牌高级时装羊毛衫广告用语”的消息。要求广告用语的设计体现爱舒羊毛衫厂的企业形象和爱舒牌时装羊毛衫的特色,且要短小易记、亲切朴实,这一消息刊出以后,在短短半个月的时间内,该厂就收到了读者、听众来信 4 万余封,征集到广告语 10 万余条。经专家和有关新闻单位广告专业人员评审,评出获奖名单。获得一等奖的广告词是“心心知我新,爱舒暖人心”。在最佳广告用语选出之后,上海爱舒羊毛衫厂以厂长名义在大众传播媒介中表示了对关心、支持爱舒牌时装羊毛衫广告征集活动的广大公众的谢意。这次活动,有力地扩大了该厂的影响和声誉。

(三) 企业在推出新产品和新服务项目时的传播沟通

这一时期企业的某项产品或某项服务刚刚引进市场,消费者对其还不熟悉,未被人们广泛的认知。此时,企业的公共关系传播沟通重点应宣传产品或服务的特点、特色。例如,20 世纪 70 年代末,在日本索尼公司制造的便携式放音机即将推出时,正值日本与其他工业国家盛行散步这一健身运动。索尼公司的公关人员捕捉了这一信息,立即将对便携式放音机的宣传与散步这一日益流行的社会时尚结合起来。他们策划了如下公关活动:(1)首先在东京最热闹的代代木公园举行记者招待会,强调便携式放音机是专门为适应散步等户外活动的需要而设计的;(2)公司雇用了许多模特,让他们戴着这种“步行者”放音机在闹市往来穿梭,吸引公众;(3)将放音机赠给记者、运动员及文艺影视界人士。经过这些精心的策划,索尼公司的“步行者”便携式放音机很快赢得了公众,尤其是青年人,纷纷仿效那些模特,戴着放音机外出的生活方式很快在社会上流行开来。

(四) 企业逆境时期的传播沟通

逆境是任何组织不愿接受的现实,有时又是意想不到、无法避免的现实。当面临逆境时,公共关系人员应在尊重事实的前提下,沉着、冷静地去加强传播沟通,以争取公众的理解,或促使公众消除误会,帮助企业摆脱危机。例如,1982 年美国著名的药品和医疗器械生产商约翰逊公司面临过一场严峻的考验。当时,在芝加哥地区,有数起因服用该公司拳头产品——超强泰伦诺尔胶囊(一种扑热息痛药)而引起死亡的事件。随后,美国其他地区的一些病人也出现对该药品的一些不良反应。一时，议论纷起，人们对这种药品产生了恐惧心理，公司形象受到严重损害。获悉这一情况后，公司迅速作出反应，一小时之内就抽样化验了一批产品，结果并未发现产品中有危害性命的氰化物。接着公司又派出专家到芝加哥建立实验室，化验有关药物。最后查明，中毒事件是有人故意放毒所致。为此，公司通过新闻媒介迅速向社会公众澄清事故真相，消除了公众的误解，并明确表态："本公司是坦诚的，愧疚的和富有同情心的，决心解决事件并保护公众。"另外，还悬赏 10 万美元追查凶犯线索。不仅如此，公司还及时采取有效措施，维护公众的利益，控制事态发展，挽回公司的声誉和形象：回收全部超强泰伦诺尔胶囊，价值 1 亿美元；电告全国的医生、医院和销售商防止意外事故再次发生；取消全国的广告宣传以减少人们对这一药品的注意。公司还赶印 200 万份材料寄给内科医生、牙医、护士、药剂师，告诉他们该公司的工厂不是施毒的本源，要求他们协助安慰病人和顾客，服用片剂、水剂或口香糖型的泰伦诺尔。经过以上种种努力，使顾客产生了安全感，公众逐渐恢复了对泰伦诺尔及约翰逊公司的信任。

第四节　教育引导

公共关系的教育引导职能是指组织领导者和公共关系人员对组织内部员工进行公关意识、公关素质、公关能力方面的教育引导，以提高组织全员的公关水平。

一、通过教育引导培养起员工的大公关的主人翁意识

一个组织建立良好的社会形象不是单靠少数公共关系人员的工作就能够做到，它需要全体员工都懂得公共关系工作的重要性，树立全员的大公关的主人翁意识。企业公关形象是由全体员工体现的，是企业成员形象的集中反映。因此，搞好企业的公共关系，提高组织信誉是全体职工的职责。

通过各种形式的教育引导，再配合相应的措施，员工的大公关意识就会体现在每个人的日常工作事务中，产生不同凡响的效果。

例如，振华公司是上海最大的中外合资出租汽车公司。该公司要求全体职工牢固树立公关意识，每辆车都是活广告，每位司机都是公关员，人人要以优质服务取信于乘客，塑造企业最佳形象。该公司精心策划了一个个公关活动，以调动职工的全员公关意识：一是"退一、奖三、罚十"司机不按规定收费，乘客投诉到公司，退还全部车费，给予三倍奖金，处以当事人十倍罚款。二是遇到危急病人，停车送医院抢救不收费。三是乘客不满意可以拒付车费。这一系列措施实行以来，1 000 多名司机的公关意识进一步加强，服务态度、服务语言、服务艺术都跨上了新台阶。

二、通过教育引导培养起员工的组织文化内涵形象

组织的文化内涵或者企业文化，是以组织整体价值观为核心的规范总和，它反映组织内部的工作关系和特有的价值观。简单地讲，就是组织精神，实际上是组织员工的品质、胸怀和追求的凝聚，是组织发展永不枯竭的动力，是树立组织形象和增强竞争力的核心要

素，是提高员工素质和组织形象的重要法宝。甚至有人说过，企业最高阶段的竞争，就是文化的竞争。特别是在中国这样一个文化积淀深厚的国度，社会和公众更看重组织的文化内涵。通过媒介传播让社会和公众了解组织的文化内涵，也让组织内部的员工形成自己的文化内涵，对于组织的形象推广具有十分重要的意义。

组织形成并成功地传播一种文化理念，使这种文化理念让社会公众了解并被其感动，其作用有时比投资巨额的物质装备都更具力量。

例如，无锡小天鹅公司生产洗衣机，是在同业中十分具有影响力的公司，其全自动洗衣机的市场占有率达到了40%，经济效益也十分显著，但他们却创造并推行了一种称作"末日管理"的理念，让人觉得耳目一新。其"新"就新在"末日"上。"末日"本来是中国人习俗中的忌语，但他们偏偏在职工中以极大的力度推行"末日管理"。他们认为，市场经济的核心是竞争，市场有竞争但无"末日"，而企业有"末日"，产品也有"末日"，"末日管理"是指企业经营者和所有员工面对市场竞争，都要充满危机感，既不能把宏观经济的不景气作为自身经营不善的理由，也不能陶醉于曾经的"卓越"里。小天鹅今天的成功并不意味着明天的成功，企业发展最好的时候往往潜伏着危机。这个理念传播出去，立即让公众对小天鹅刮目相看。这种"居安思危"的文化理念，具有深刻的哲学思想。

又如，日本的松下电器公司和丰田汽车公司在这方面的教育引导均体现出了一定的高水准。松下公司特别注重向自己的员工灌输对企业的忠诚之心，处心积虑地培养员工的忠诚信念，激发他们对企业的自豪感和归属感。公司所有的工作人员每隔一个月至少要在他所属的团体中进行10分钟演讲，阐述公司的精神和员工的关系。每天早上8点钟，全公司人员一起背诵松下公司的价值规范、高唱公司的歌曲，此时此刻，松下公司全体员工已融为一体，给外部公众留下一个良好的松下企业文化形象的印象。丰田汽车公司也请人写了一首歌曲，这首歌曲对于"丰田人"来说犹如国歌一样，每天工间休息时全体员工都要走出车间放声高歌，其目的是增强丰田公司的凝聚力，将丰田人齐心协力的精神展示给外部公众。

三、通过教育引导培养起员工公共关系的素养和技能

组织领导者和公关人员仅仅培养员工的大公关意识是不够的，还应通过教育培训来培养员工的公关素养和技能。这方面的培养是通过以下教育引导来实现的。

(一) 加强组织内部普及性公共关系知识的传播和教育

这方面的内容偏重于公共关系概念、思想、目的、原则、职能、构成要素以及公共关系的重大意义和作用等。其形式可利用内部报刊、快报、墙报、广播等教育引导。

(二) 进行组织内部有针对性的公共关系理论和技能的培训

这方面的内容可针对欲进行培训的某类人员的重点要求有所侧重地予以选定。如企业组织的销售部门、供应部门、对外协作部门、厂部办公室、服务部门、情报部门、售后服务部门以及服务性企业的接待员、客房服务员、营业员等，这些人员的公共关系素养和技能的培训内容应各有侧重。其形式可采用举办学习班、讲习会、研讨会、报告会等。美国创

建的“卡内基训练”是管理人员、公关人员培训的一种十分有效的形式。“卡内基训练”与一般的企业管理的课程不同之处就是主要教人如何在公司里“做事”。“卡内基训练”的课程很少长篇大论，每个学员都要参与讨论、扮演角色、作简短演说，回家或回办公室后，还要将所学的招数用出来，下次上课时，报告练习实况，交换心得。沟通人际关系是“卡内基训练”最著名的课程，此外还有管理、销售、顾客关系等训练。很多大公司的老板表示，员工接受过“卡内基训练”之后，最大的收益是公司内部变得和谐合作，以往各部门主管因工作性质形成的对立关系，已能渐趋和缓，各部门之间能一致行动，工作事半功倍。

(三) 引导员工参与公共关系活动

引导员工参与公关活动，首先体现在鼓励、引导员工对组织管理决策和公关措施多提意见和建议。例如，日本丰田汽车公司积极鼓励下级员工提合理化建议。总厂及分厂130多处设有绿色的意见箱，并备有提建议的专用纸，每月开箱一至三次。仅1980年便有85万9千条建议，比1979年增加50%，建议采纳率是93%，付出的奖金达9亿日元(约400万～500万美元)。据统计，35年间丰田员工提出的建议总共有442万条，丰田有45 000名从业人员，平均每人提近100条建议。这些建议中，最多的是技术上的建议，有的是杜绝浪费的措施，还有的是来自各种渠道的经济情报。对职工提出的建议，即使不采用，丰田的有关部门也付以500日元作为“精神奖”，给予鼓励。现行最高的“合理化建议”的奖金可高达20万日元。此外，对技术上的重大革新创造，另设褒奖。公司还有专人负责收集、整理合理化建议，研究其可用价值，评级发奖，并尽快采用。再有，体现在参与组织的一些公关活动之中，如各种大型专题活动、联谊活动、展览会、社会调查、产品推销公关宣传等。通过亲自参加这些公关活动，使其充分发挥潜能，在参与中增强责任感，开阔眼界，锻炼能力。

引导员工参与公关活动，还可采取更大的举措。例如，韩国有一家生产卫生纸、卫生棉、化妆纸和婴儿尿片的卫生材料厂。该厂在工厂内开展了“一日厂长”的公关活动。他们每周聘请一个雇员当一天厂长。此后，每逢星期三，就有一位职工被选为厂长。“一日厂长”正式上任，首先听取各车间部门主管的简单报告，全盘了解工厂的状况，然后同厂长一起到各部门、车间巡视，最后回到办公室处理由各部门、车间主管员工送来的公文。“一日厂长”拥有公文批阅权。星期三这天，全厂的公文首先需要经过“一日厂长”签名批示后，再呈报厂长，厂长必须尊重“一日厂长”的意见，如要更改，也必须与“一日厂长”商量，相互切磋，最后裁决。“一日厂长”对工厂的企业管理有批评意见时，可详细记载在工作日记上，让各车间、各部门员工传阅，各车间部门的主管必须根据批评意见随时改进自己的工作。“一日厂长”制度实施后不到一年，全厂面貌有了很大改变。担任过“一日厂长”的职工有40多人，占全体职工总数的1/10左右，他们由于担任过“厂长”，因此能够体谅厂长的苦衷，企业的凝聚力加强，以往厂长强调“互助合作”，“节约成本”均被当成耳边风，如今职工心悦诚服地接受，并身体力行付诸实践。劳资关系的改善使产品质量和生产速度得到可靠保证，工厂全年节约200万美元，厂方将这笔钱作为奖金发给全厂职工，职工们皆大欢喜，同时发挥出更大的积极性，为工厂创造更多的效益。该厂因此被韩国劳动部授予“杰出劳资关系示范工厂”称号。

第五节 协调关系

所谓协调就是"协"与"调"的统一。"协"即协商,是指遇事不能自己一方说了算,要双方或多方协商讨论一番,寻求一致的利益;调,即调和,是指坚持互惠互利的原则,各自均取得一定的利益。

协调关系分为狭义协调和广义协调。狭义协调主要是指组织内部的协调,如组织内部上下级之间的协调,组织内部的同一层次中的各部门、各单位之间的关系协调。广义协调不仅包括组织内部的协调,而且包括组织对外的协调,即组织与外部环境的协调,如组织与政府、社区、消费者等的协调活动。我们这里所说的协调关系是指广义的协调关系。

协调关系是重要的公共关系职能。前几节所阐释的其他几个公共关系职能都是为了更好地协调关系。塑造形象的公关目标,也主要是在协调关系中达到的。

一、协调关系的意义

(一) 协调关系是达到"人和"的重要手段

孟子曰:"天时不如地利,地利不如人和。"这一古训中的"人和"是极其重要的,历来受到人们的重视。在此,我们可以通俗地将其解释为组织内部的团结和外部的合作。而这样的"人和"局面多是靠协调关系来形成的。

现代组织内部机构庞大,人员众多,关系多重。现代社会中各组织既高度分化,又高度融通;既相互影响,又相互依存。在组织内外,各种摩擦、纠纷会不可避免地存在和发生。在这种内外环境中,协调关系这一职能会起到非常重要的作用。公共关系人员通过对内部的上下左右的协调,通过对外部各类公众的协调,会促使组织内部团结,外部合作的"人和"局面的形成。所以说,协调关系是达到"人和"的重要手段。

(二) 协调关系是提高组织竞争力的重要动力

一个组织或企业要想生存、发展,必须具有较强的竞争力。而现在,不少企业设备一流、技术先进,却生产效率低下,在市场上缺乏竞争力,究其原因不在技术上,而是由于企业内部关系不协调、工作扯皮、互相推诿、缺乏合作,外部没有建立起良好的供应关系、顾客关系、媒介关系,缺乏社会各方面的真诚合作和支持。一句话,该组织的内部和外部关系的协调欠缺。由此可见,协调关系的职能极其重要。如果企业协调关系的公关职能发挥得好,即使所处的客观环境条件差一些,组织也会富有竞争力。

例如,大连化学工业公司多年来通过各种形式来协调组织内部的关系。每逢春节,如果遇到外出人员未归,领导就亲自登门给他们的家属拜年,还为其家属接通长途电话,和远在异地的亲人说上几句悄悄话。这家公司有倒班职工 3 000 多人,为了表彰他们对公司的辛勤奉献,公司特意召开大会,向倒班 30 年的老职工颁发荣誉证书,并宣布给予 10 项优惠待遇。1985 年,一场台风冲垮了辽宁的盐场,大化"断炊"了。如果大化停产了,全国不知有多少家企业将面临无米之炊的困境。危难之际,为了避免"饥荒",在家家户户过团圆年的时候,大化人还在全国各盐场顶风冒雪奔波。老采购员杨令仁在山东龙口采盐,往回发盐时,运输部门已准备休假,这位年过花甲的老人含着眼泪作揖恳求,感动得人家把8天休假改成了1天。青年采购员李清阳到内蒙古采盐,紧张的工作和高原生活使他胆囊炎复发,白天他忍着疼痛奔波在盐场和车站之间,夜晚疼得他弯腰蜷缩在空无一人的旅店里。在春节前后,他一人催发了100多车原盐。几十万吨原盐,含着采购人员的辛劳运到码头、车站。为了将原盐及时运到厂里,数九严寒,汽车队的司机每天12小时奋战,在很短的时间里,他们的运输里程加起来可绕地球121圈。有了盐便有了碱,到年底,大化纯碱产量奇迹般地超过了历史最高水平。由此可见,协调关系是提高组织竞争力的重要动力。

二、公共关系协调的原则

公共关系协调的原则,是指企业搞好公共关系的协调应当遵循的指导思想。公共关系协调的主要原则如下。

(一) 自觉原则

公共关系是企业与生俱来的一种社会关系。因此,公共关系协调,首先要提高企业对公共关系协调必要性的认识。如果一个企业的公共关系不存在了,那么这个企业也就不存在了。这就是公共关系主体与客体的对立统一。公共关系协调对于任何企业都是须臾不可离的。任何企业都不存在不进行公共关系协调的问题,而只存在被动和自觉的区分。只有充分认识公共关系协调的必要性,才能增强企业开展公共关系协调的自觉性、主动性和创造性,从而不断提高公共关系协调工作的水平。

(二) 公众第一原则

这一原则要求企业首先要正确地认识公众的地位,摆正企业与公众的位置。如前所述,任何企业的生存和发展都离不开公众的支持与合作,这是公共关系最基本的原理。一个企业如果失去了公众,也就失去了自身存在的价值和可能。因此,在处理和协调企业与公众的关系时,公众是第一位的,企业是第二位的。企业对于各类公众,不但应当平等相待,而且必须充分尊重,要待公众如衣食父母,千方百计满足公众的需求,尽心竭力维护公众权益。只有这样,才能真正赢得公众的信任、支持与合作,创造和形成有利于企业发展的良好的公共关系环境。

在协调企业与其公众的关系时,首先要转变企业自身的立场和目标,要调整企业的方针和政策,使企业适应公众。树立"公众第一"的原则,就是要转变和端正企业的思想观念和行为方式,反对和摒弃目光短浅、急功近利的思想倾向,克服和杜绝见利忘义、唯利是图的短期行为,才能保证公共关系协调目标的实现。

"公众第一"绝不是否定企业的利益追求。因为企业与其公众之间存在着利益的关系。公共关系正是通过赢得公众的支持与合作,来更好地实现企业的利益。只有公众利益,不要企业利益,公共关系也就失去了意义。所以,从这个意义上说,公共关系是"协调利益、实现互惠"的学问和艺术。

(三) 传播沟通原则

在公共关系协调中,应注意运用传播沟通原则。要善于通过传播沟通,使企业与相关公众交流信息、增进了解、推动合作、密切关系。从企业内部来看,只有建立起纵向和横向的通畅的信息传播沟通,才能达到思想上的理解、认识上的共识、情感上的交融、行动上的协调,才能使各种隔阂与误解得以消除。由此,便可以形成一个强大的引力场,企业内部公众就会被吸引到同心协力实现企业目标的轨道上来。

三、协调内部关系

组织的目标任务在获得社会公众的支持之前,首先要获得内部成员的配合与支持。否则,组织的一切"高超"的决策将会落空,组织也将无法以一个整体面对外部公众。因此,协调内部关系是组织公关协调的首要工作。每一个员工都是组织的细胞,他们对组织的认同和依附是组织得以生存的基础。领导者和公共关系人员通过协调来获得其认同和支持,便会增强组织的凝聚力。为此,需要做好以下内部关系协调工作:

(一) 协调好内部的上下级关系

组织内部的上下级关系包括上级部门与下级部门的关系,领导者与普通员工的关系。协调好这些上下级关系,是组织生存发展的基础。因为,一个上下级意志不统一或内耗严重的组织不仅会破坏组织心理氛围,影响职工的士气,而且不可能使组织充满活力,树立良好的形象。所以,公关人员必须通过协调来起到承上启下,以下启上的沟通与连接上下级的纽带作用。公关人员一方面要向领导层或上级反映普通员工或下级提出的意见和要求,反映员工的疾苦和思想状况;另一方面又要向全体员工传播本组织的经营方针、政策和领导者的意图,提高组织的透明度。协调好上下级关系,既能使领导者或上级充分了解职工或下级的思想情况,认识到自己工作的不足,作出切实可行的补救措施,增加职工的信任感和企业组织的凝聚力;又可使员工或下级体谅领导或上级的思想,换位思考,消除误会,齐心协力搞好组织的各项工作。

(二) 协调好内部的各部门的关系

企业组织内部的各职能部门,如计划部门、生产部门、销售部门、供应部门、财务部门、技术部门等,都是为实现企业组织总体经营目标而相对独立工作的基层组织,各个部门有各自工作的特殊性和部门的工作目标。各个部门需相互配合,相互支持,才能使组织成为一个结构稳定、进化有序、运转灵活、功能最优的有机整体。但是,由于各自的工作对象、内容等不同,局部的利益不同,以及信息沟通不及时等缘故,各部门间往往会产生矛盾,公共关系部门应主动配合领导层做好协调工作,营造团结和谐的气氛,创造密切合作的局面。

(三) 协调好内部的公务关系

在日常公关工作中,经常会遇到一些会议、接待活动和外事活动等需邀请单位有关领导参加的情况。对于哪些领导需要参加，参加哪些活动，或因某种原因不能参加的，公关人员一定要心中有数，并做好各方面的协调工作和解释工作。协调内部的公共关系时需要注意的是：(1)建立一定的制度。该参加的活动，不要推辞；不该参加的活动，也不要非去不可。(2)灵活掌握。有些活动虽不属本级领导出席，但可按具体情况，与有关领导商量是否出席。(3)勤于沟通。遇到问题时，要主动与主管领导沟通，不要自作主张。如果已确定的事情又遇到了新情况，就需要再次沟通，再次协调，以防误事。

(四) 协调好内部职工的关系

企业中良好的职工关系应建立在为完成企业目标而共同努力的基础上。只有这样，才能把性格各异、情趣不同的众多职工团结为一个战斗的整体。要做到这一点，首要的是培养职工"人人是企业的主人，人人都是企业家"的观念，树立以企业为家的自豪感。有位日本的经理说过这样一句话：一群人在一起工作，其效果并不像数学公式一加一等于二那样简单。两人协力的结果，可能三倍，甚至五倍于一个人的力量。相反，如果不互相协作，效果可能等于零。由此可见，企业职工的团结、合作精神具有非常重要的意义。职工关系的作用，就在于把企业每一名成员纳入企业整体，在团结、协作的气氛中激发每个人的潜在能力。

四、协调外部关系

协调组织外部关系是公关协调关系职能中最重要的一点。因为组织或企业常见的公共关系的冲突多发生于外部。对这些冲突和纠纷如不及时、妥善地处理，就会危害社会，损害公众的利益，损害组织的声誉和形象。因此，公关人员必须帮助领导层做好协调工作，妥善地解决这些矛盾。为了实现协调外部关系的目的，需着重注意建立某些制度，使协调的路线尽可能的畅通。

(一) 建立信访制度

建立信访制度要求公关人员重视社会公众的来信来访。公关人员一定要热情、负责地从事信访、来访的处理工作，用实际行动来体现对公众利益负责任的现代企业组织的价值观。公关人员需及时了解公众的要求，有助于领导层适时调整经营方针与目标，使其适应社会公众的变化要求，从而从根本上减少和避免矛盾的产生。

(二) 建立自查制度

企业组织对自身行为应有自我检查、自我监督、自我纠正的能力。通过自查工作，企业组织可以自觉地发现违章、违纪、违背政策法令或损害消费者权益的行为并及时加以纠正，消除公共关系危机的"隐患"，防止与外部公众的矛盾与冲突的发生。

(三) 建立调研制度

公共关系人员通过调查研究，搜集新闻媒介的反馈，了解社情民意。如了解本组织及其产品的知名度和美誉度，然后进行分析、比较、总结，找出问题所在，找出组织行为和公众利益的不一致之处，从而明确今后的努力方向。

(四) 建立预测制度

公共关系的预测是指对可能发生的公共关系纠纷进行预测。建立预测制度具有防范的功能。公共关系专职人员应有强烈的防范意识，应及早分析、预测组织与外部公众之间有可能出现的分歧、意见或矛盾，及时将其向决策者汇报，使其尽快采取防范措施。公共关系人员应采用一些必要手段避免组织与外部公众的冲突的发生，把公共关系纠纷消灭在萌芽状态之中。

本章小结

本章分五节进行论述。第一节采集信息，首先阐释了信息的含义，而后论述了信息对现代组织的意义，接下来介绍了信息的分类，又强调了公共关系管理注重的三类信息，最后指出了信息采集的渠道；第二节参谋咨询，首先论述了公共关系参谋咨询的意义和作用，而后具体介绍了公共关系参谋咨询的内容，即组织知名度和美誉度的咨询、社会公众心理咨询、经营决策的咨询等内容；第三节传播沟通，首先阐释了传播沟通的特征，而后论述了传播沟通的作用，最后介绍了传播沟通的层次；第四节教育引导，先后阐释了加强组织内部普及性公共关系知识的传播和教育、进行组织内部有针对性的公共关系理论和技能的培训和引导员工参与公共关系管理活动等内容；第五节协调关系，首先论述了协调关系的意义，接下来先后介绍了如何协调内部关系和外部关系等内容。通过本章的学习，能对公共关系职能有清楚的了解，以便在公共关系工作中更好地履行公共关系职能。

自 测 题

关键名词

信息　参谋咨询职能　教育引导职能　协调

思考训练题

1. 公共关系有哪些职能？
2. 联系实际谈谈信息对现代组织的意义。
3. 公共关系应注重哪几类信息？
4. 信息采集通过哪些渠道？
5. 结合实际谈谈公共关系参谋咨询职能的意义。
6. 公共关系参谋咨询职能包括哪些内容？
7. 谈谈公共关系传播沟通职能的作用。
8. 谈谈组织不同时期应怎样进行传播沟通。
9. 公共关系教育引导职能包括哪些内容？
10. 协调内部关系需做哪些工作？
11. 需建立哪些制度来保证外部关系的协调？

商场联合拒销“长虹”,“长虹”发挥公关职能化险为夷

1998年2月,春节的喜庆气氛还没消失,四川长虹彩电却在济南商场栽了跟斗——被七家商场联合“拒售”。这意味着长虹将在济南失去市场。在家电竞争日益激烈的今天,企业还有什么比失去市场更大的风险?再者,今天有济南“拒售”,明天再有别家效仿又该如何?为什么“拒售”?据商家一方理由是“售后服务”不好;而长虹方面说每天有四辆流动服务车在市内流动维修,而济南消费者协会也证实没有关于长虹的投诉。这究竟是怎么一回事?一时间公众议论纷纷,多家媒体也作了追踪报道。据报道,长虹老总在事发后立即率领一班人马前往济南与七大商家进行斡旋,双方均表示“有话好好说”,争取及早平息风波,圆满解决争端。

本案例非常可取的是,作为公关主体的长虹积极发挥了公共关系传播沟通、协调关系等职能,主动地去化解矛盾、平息风波。事发后,长虹老总亲自率领工作班子,及时飞抵济南,与七大商场进行公关协调,双方各抒己见、坦诚协商,通过信息与感情的沟通,求得矛盾的化解。正确引导了公众舆论,防止了公众因误导而诱发的不利于长虹的倾向。

资料来源:任焕琴.公共关系管理实务.北京:中国计量出版社,2009.(有删减)

问题:谈谈公关主体长虹履行公共关系传播沟通、协调关系等职能的必要性。

第八章

公共关系的基本原则

通过本章学习，了解公共关系的基本原则，以便更好地在公共关系工作中遵循公共关系的信誉至上原则、真实客观原则、一视同仁原则、求同存异原则、互惠互利原则、遵守法纪原则，进而更好地进行公共关系工作。

电瓶屡次充爆，获赔新电瓶及充电器

2014年6月4日，一位消费者到焉耆县工商局投诉，称其在县某电动车专卖店购买了某品牌电动车，自购买后电瓶先后充爆两次，消费者近日在修理店进行维修时被告知电动车电瓶为48伏但充电器的输出却为64伏，因而造成电瓶屡次充爆。消费者找到商家，商家只同意更换充电器，消费者认为不合理，遂投诉至工商局。

经执法人员调查了解，经营者承认自己存在过错，销售时认为64伏充电器给48伏电动车电瓶充电没有问题，所以未按要求给消费者提供匹配的充电器和电瓶，也没有明确告知消费者有关情况。

工作人员专门咨询了该品牌电动车公司，得到的答复是该品牌电动车充电器与电瓶的额定电压必须匹配。经工作人员的调解最终双方协商达成一致，由经营者免费给消费者一套新的48伏电瓶及充电器，价值1 000元，消费者对此调解结果表示非常满意。消费者公众依据公关活动中遵守法纪的原则，以法律为武器，维护了自己的利益。

资料来源：天山网. http://news.ts.cn/content/2015-03/11/content_11091803.htm

任何活动和工作都应遵循一定的原则。所谓原则，即指应遵守的标准或法则。而作为公共关系这一极为复杂的活动或工作，更应遵循有关的原则，才能使其规范化地进行。公共关系原则是根据对公共关系活动的客观规律的认识引申而来的，是人们规定的公共关系活动中的行动准则，它带有一定的指令性和法定性，是要求所有参与公共关系活动的人员共同遵循的行为规范。本章将分三节，分别介绍公共关系活动和工作应遵循的信誉至上、真实客观、一视同仁、求同存异、互惠互利和遵守法纪这六个原则。

第一节　信誉至上原则和真实客观原则

一、信誉至上原则

大盛魁的故事

清朝中期，我国北方最有名的商号是“大盛魁”，它是由王相卿、张杰、史大学三位晋商创立的。大盛魁的发展与壮大，与大盛魁坚持“信誉为重”的经商理念有密切关系。

大盛魁的发展中有这样一则故事。清朝末期，大盛魁在香港与一个英商做了一笔生意，后因种种原因，大盛魁曾一度破产，欠英商300银圆。大盛魁的掌柜在去世前把这事告诉了儿子，嘱咐儿子在有钱时一定要还上这笔钱。儿子一辈子没有发迹，临死前又将这事托付给自己的儿子。后来，孙子发迹了，重新光大了大盛魁。孙子到英国，打听英商消息，英商已死，将3万英镑还与英商之孙。这事被英国媒体报道。在国内，大盛魁在公众中的美誉度更高，生意也更红火了。

资料来源：旅游公共关系案例．博泰典藏网．http://btdcw.com/btd-835a8e06f12d2af90242e6a8-2.html

信誉至上即指“信誉第一，顾客至上”。组织公共关系工作应遵循的首要原则就是信誉至上原则。信誉是人的第二生命，而对于组织来说，信誉可谓它的第一生命了。古今中外的政治家都知道取信于民的道理，我国曾流传着：“以信为本”“店无信不昌，人无信不立”的经典话语。讲信誉是中华民族的传统美德。在当今社会，任何组织的生存和发展很大程度上也取决于取信于人。因为，组织只有得到公众的充分信任，它的决策计划才能顺利地推行下去，它才能发展壮大起来；组织越是取信于人，越能显示其良好的信誉和实力，越能拥有更多的公众。如果组织不讲信誉，不仅会失掉很多的公众，还可能从根本上失去自己的立足之地。

信誉至上原则主要体现在：从企业组织来看，其良好的信誉多体现在优质的产品和优质的服务上，所以应依靠产品质量维护企业信誉。例如，黑龙江优秀农民企业家孙乃奇，创办了一个绥滨县啤酒厂，该厂生产的“北国啤酒”在东北有良好的口碑，他严抓质量关，有人违反操作规程，来向他求情，要求给点面子，别到大会上检讨，孙乃奇说：“质量是企业的生命，你连企业的命都不要了，我还能照顾你的面子?”一次，一个当班工人不小心把糖化的温度升高20℃致使酒浆质量出了问题，不过，如加点别的料，还可以出酒，只是味道差一点。针对这一事故孙乃奇命令“放酒!”，让十吨浅黄色未酿好的啤酒浆哗哗地放进了松花江。被召集到江边看放酒的全厂班级以上干部为之震动。放完酒，孙乃奇宣布处罚决定：直接责任者赔偿这起事故造成经济损失的20%。他厉声地说：“我孙乃奇是让你们花钱买一个观念，执行工艺必须严格，质量丝毫不能差!”须知绥滨啤酒创牌之初，在市场上无人问津，人们抱着“这酒，能喝么?”的疑问，将它冷落。孙乃奇是靠抓质量打出了天下，赢得了消费者。由于质量稳定，绥滨啤酒终于有了良好的声誉，先后获农牧渔业部优质产品奖和哈尔滨国际啤酒博览会全能杯奖等多种荣誉，走俏北国，广受消费者欢迎。

靠优质服务来树立企业和组织的信誉已越来越受到重视。人们已认识到，生产围着市场转，产品跟着市场变，服务是关键。为此，邯郸包装机械厂主要抓了三项服务。首先是上门服务。该厂经常组织销售人员走访用户，征求意见。对暂时还未开发的地区，要主动上门了解情况，宣传介绍产品，与用户培养感情，为发展市场打好基础。几年来，他们先后走访用户百余次，收到了预期的效果。其次是跟踪服务。该厂采用询问、调查表、座谈会等方法及时了解用户，建立用户档案。对用户提出的问题，随时进行走访。对老用户、重点用户实行一些优惠政策，保质、保量按时供应。再次是一条龙优质服务。坚持做好售前、售中、售后服务。

以上所述的绥滨县啤酒厂和邯郸包装机械厂分别以优良的产品质量和良好的服务质量赢得公众信誉的实例体现了公共关系所遵循的信誉至上的原则。从中我们可以更深刻地认识和预见到遵循信誉至上的公关原则，不仅使这两个企业组织有稳固的市场地位，还会使他们不断向前发展。类似这样的实例很多。事实足以说明，信誉至上应是组织的公共关系首先遵循的原则。

二、真实客观原则

公共关系的真实客观原则是指公共关系工作要实事求是、客观公正、全面地传递信息、反映情况。真实客观原则也是组织公关工作应遵循的重要原则。现代公共关系之父艾维·李在他的《原则宣言》中指出："我们的责任是代表企业单位及公众组织就公众关心并与公众利益相关的问题向公众提供迅速而真实的消息。"他还提出"公众必须被告知"，应该对公众"讲真话"的主张。这些，均是公共关系真实客观原则的最初表述。它表明，真实客观是公共关系活动的基本出发点。在公共关系中，一般是先有了不平衡、不协调的事实，然后才有变不平衡为平衡，不协调为协调的公共关系，即先有事实、后有公共关系。而要想做好变不平衡为平衡、变不协调为协调的公共关系工作，需首先遵循真实客观原则，即尊重客观事实，做到客观、真实、全面和公正地去处理问题。所谓真实，就是要求面对事实，不夸大，也不缩小；所谓客观，就是还原事物的本来面貌，不以猜想和想象代替事实，反对主观主义；所谓全面，就是向人们提供关于事实的整幅图画，而不是一个侧面。真实而不全面，只是个别事实（现象）的真实，而不是整个事物（事件）的真实；所谓公正，就是对事实采取公众所接受的立场，不袒护，不推诿。只有面对事实，展示事物的本来全貌，采取公正的立场，才能使公共关系工作的开展取得良好效果。

例如，在事故发生后的公关活动中，真实客观的原则体现得更为明显。因为事故发生以后，所涉人员由于情绪的不稳定性，易出现主观臆想，有悖客观的精神状态，此时如不把握好真实客观的尺度，便不能使问题得到公正的解决。假如在交通事故发生以后，投保的汽车被撞坏，投保户凭个人意志虚报汽车价值，要求承保人赔偿，这样，承保人不会同意；而承保人有意压低汽车价值，投保者也不会同意。双方如以客观事实为依据，就有了客观、易认可的标准，从而有利于各自接受对方的建议，使问题得到"客观、真实、全面和公正"的处理。

真实客观原则，是公关活动中各方应遵循的原则。但发起公关的一方，更应首先遵循这一原则。例如，美国的麦德造纸公司在这一方面做的比较出色。麦德造纸公司在建造造纸厂的过程中，由于技术问题曾出现过一些比较严重的事件，对社区公众造成了较大威胁，导致公众和舆论界的指责和批评。但在处理这些事件时，麦德公司的公关人员没有采取虚报、假报行为，而是公开事实，把面临的问题以及解决问题的方案都公诸于众，并设立电话，专门回答公众的各种询问。他们还邀请一名坚决反对建厂的大学生参与共同审议改善技术的方案。由于这些公关工作遵循了真实客观的原则，所以赢得了公众的理解和信任，使该公司有了重兴造纸业的新契机。

第二节　一视同仁原则和求同存异原则

一、一视同仁原则

据传，苏东坡一次游莫干山累了，到寺院休息，寺院住持见来了个衣着简朴的陌生人，就冷淡地说："坐！"并对道童喊"茶！"。坐定交谈，住持发现对方出口玑玉，才华横溢，就请客人到厢房叙谈，客气地说："请坐！"还叫道童："敬茶！"住持进而打听，知来者是赫赫有名的苏东坡，忙作揖打躬引苏东坡进客厅，连声说："请上坐！"又令道童"敬香茶！"苏东坡临走，住持请他题对联，苏东坡毫不推辞，顷刻书就。对联的上联是"坐，请坐，请上座"，下联是"茶，敬茶，敬香茶"。寺院的住持根据香客的衣着言谈对其身份的三个阶段的分析而表示了三次不同态度，得到了苏东坡隐含讽刺意味诗句的回敬。住持对待香客的不一视同仁的态度是当代关公人员不可效仿的。

一视同仁，原指圣人对百姓一样看待，同施仁爱，后多表示对人同等看待，不加区别，相同对待。人类社会具有不同的阶层，众多的群体，互异的个体。一个组织也拥有其不同的公众网络系统和各个公关阶段的各类公众。组织内部和组织外部公众的背景，如身份、地位、素质、实力等虽各不相同，但他们的地位是平等的，对其应遵循一视同仁的原则，不应区别对待。

公关工作遵循一视同仁原则，应体现在以下两方面：

一是体现在对待组织内部成员应一视同仁。这样，便能协调好内部公众关系，让员工把组织看成是一个大家庭，把自己看成是这个家庭的一名成员，树立员工对组织的责任感和增强对组织的热爱。组织的领导者应对内部公众一视同仁，因为，任何特权和分配不公，都不利于和谐关系的建立。领导者只有尊重、信任员工，与其平等相处，才能获得他们的拥护。例如，美国的一些公司为了表明对职工的尊重，都采用了相应的措施。比如一家企业领导人提出取消高级经理的专用停车场、专用洗手间等。他们认为企业高级经理的特权，会使员工工作情绪消沉，影响工作效率。在美国，包括一些著名的大公司经理、董事长，有的已年近古稀，还亲自到工厂，同工人交谈，跪在地上同工人一起摆弄机器。一位经理说，他的经营原则是：凡是我能做的，大家也有权去做。一视同仁、平易近人，领导者真诚地对待下属，是创造组织良好内部环境的重要因素。

二是体现在对待外部公众方面，公关人员所需面对的更大范围的公众是社会公众（外部公众)。如果组织能够一视同仁地为社会公众提供服务,维护社会公众的权利,组织就会受到社会公众的欢迎和信赖,组织也才能拥有越来越多的公众的支持,才能促进组织的发展。如果在与社会公众的交往中,组织不注意一视同仁地对待公众,就会使受到歧视和怠慢等不公正礼遇的公众内心感到压抑,甚至充满怨气,进而离组织而去。例如,当年步鑫生曾致力改革的海盐衬衫总厂每年 11 月 6 日举行厂庆。1984 年,该厂把秋季样货会与厂庆订于一天召开。20 多个来自各省市、自治区订货的客商云集海盐,步鑫生却只在那些社会名流中周旋,只照应着一批大大小小的领导干部,而那些来谈生意的客户找不到吃饭和睡觉的地方,气呼呼地回去了。有人说,步鑫生的垮台就是从那次厂庆开始的。

由此可见,对外部公众坚持一视同仁的原则,对一个组织及其经营者是多么重要。所以,组织经营者及公关人员在与外部公众的交往中,切不可将其分为三六九等,以势取人地加以对待,应该遵循一视同仁的原则。这样,组织才会受到社会各类公众的欢迎和信赖。

二、求同存异原则

求同存异的意思是指找出共同点,保留不同意见,不因个别分歧而影响主要方面的求得一致。有时"求同存异"也说成"求大同,存小异",即寻求共同之处,保留有差别的地方。"求同存异"是周恩来处理复杂关系、解决复杂矛盾一以贯之的思想方法和行为模式,是周恩来辩证思维方式的实践范例。

求同存异原则也是公共关系工作应遵循的重要原则。组织公共关系的工作目标和出发点确定以后,需要有正确的态度去开展公关工作。所谓正确态度,就是多向公众寻找共同点,与之求大同存小异。一个组织总是面对众多的其他组织。组织与其他组织之间,其他各个组织之间均存在着一定的差异,如性质、目标、规模、行为准则、活动方式差异等,而公共关系工作所坚持的求同存异原则,能使组织避开与其他组织客观存在的某些差异,着眼于双方的共同利益和需求,与之建立起正常的公共关系。例如,美国西方石油公司董事长兼总经理哈默博士 22 岁就成了百万富翁。1921 年,他听说苏联实行新经济政策,因当时苏联急需粮食,而美国又正值粮食大丰收,所以打算去苏联做笔粮食买卖。哈默抵达莫斯科的第二天早晨就被召到列宁的办公室。粮食问题谈完以后,列宁希望哈默在苏联投资经营企业,但哈默心存疑虑。列宁说,新经济政策要求重新开发我们的经济潜能。我们希望建立一种给外国人以工商业承租权的制度来加速我们的经济发展。列宁又说,美国和苏联可以互相取长补短,苏联是个落后国家,资源丰富而未经开发。美国可以在这儿发掘原材料和销售机器的市场,以后还可以在这里推销工业产品。总之,苏联需要美国的技术和方法,以及美国的工程技术人员。列宁在谈话中承认了两个不同社会制度的国家在当时存在的经济发展的悬殊差异,也指出了两个国家可以"取长补短",共同发展。以"取长补短"来与经济发达国家求共同发展是新生的苏维埃政权恢复战后经济的重要举措。它体现了国际间交往的"求同存异"的精神和原则。在列宁一番政策性的交谈之后,哈默理解了苏维埃政权吸引外资办企业的精神和原则。没过多久,他就成了第一个在苏联经营租让企业的美国人。

在企业组织的商务交往中，双方在议定某种商品价格时起初往往差异很大，但只要意识到买卖成交后所实现的共同利益，其差异就在其次了。从供方来说，价格虽然可能低于自己原定的理想价格，但商品销售出去，加速了资金周转，最后收回的资金中，除了弥补损失外，还可能获得一定的利润；对于买方来说，购买价虽然可能高于自己原定的理想的买价，但购进的原料或商品也会有利于自己的生产或消费。在商务公关中遵循求同存异原则，少考虑各自细枝末节的盈亏，注重共同提高各自的经济和社会效益是很有必要的。从另一方面看，组织与公众，在交往中，随时都可能与对方发生一些纠纷，因而，公共关系的主要工作就是适当地解决这些纠纷。在解决纠纷的过程中，遵循求同存异的公关原则，方能使矛盾的双方或各方寻求共同之处，尽量达成一致。

第三节　互惠互利原则和遵守法纪原则

一、互惠互利原则

公共关系的互惠互利原则是指组织与公众在考虑双方或多方的共同利益和需求的基础上，彼此从交往中都能得到实惠。

公共关系与一般的人际关系，特别是中国传统的人际关系不同，它不是以血缘、地域为基础的，而是以一定的利益关系为基础的。组织的公众是对该组织的目标和发展具有一定利益关系或具有影响和制约力的组织或个人，各组织或个人间，均以利益为纽带而结成公共关系。例如，产业部门向商业部门提供产品，如果产品的价格和商业部门的零售价一样，商业部门便无利可图。那么，商业部门一般不会与这个产业部门发生经济联系，不会形成类似的公共关系。因此，公共关系工作应该遵循互惠互利的原则。

坚持互惠互利原则应注意做到以下几点：

首先应注意做到在关注自身利益的同时注重公众利益。这就是说，组织的公共关系不仅要考虑自身的目标和利益，也要照顾到公众的意愿和需求，为公众着想，对公众负责。例如，黑龙江省讷河县乳品厂是一家年产 1 200 吨牛奶的企业，但是，某段时期，由于养牛专业户认为牛奶收购价格偏低，不愿意养奶牛了。鲜奶的供应量减少，乳品厂的生产受到了影响。厂家分析了这种情况，主动返利于农、让利于农，与农民互惠互利，保证企业有稳定的奶源基地。他们提高了牛奶的收购价格，从而刺激了农民养牛卖奶的积极性。厂家在讷河县的奶站由原来的 5 个发展到 58 个。收购鲜奶量也大大增加。这使企业走上了与农民利益同步提高的良性循环道路。

再如，在 20 世纪 30 年代经济大危机之前，美国的企业家们关心的只是如何赚取利润，对公众的利益漠不关心。有的企业家甚至喊出“去他的公众”的口号，表示对公众的蔑视。在经济危机爆发后，大部分企业都受到了严重的打击，只有少数企业得以幸存。虽然这些企业在资金、利润等方面并不具有优势，但在处理公共关系时，它们更注重公众利益，为公众着想与公众互惠互利。因而在经济危机期间受到公众的支持，渡过了难关。

这一事实使美国的企业家们开始认识到，企业的公共关系活动必须坚持互惠互利的原则，绝不能只顾自己赚取利润，而忘却或不顾公众利益。被称为世界“拉链大王”的吉田忠雄曾说过,“我一贯主张企业必须赚钱,多多益善,但利润不可独吞”。在经营过程中,他始终提倡和推行“利润三分法”:1/3 质量好的产品以低廉的价格交给消费者,1/3 交给产品的经销商和代理人,1/3 用在公司。吉田忠雄采取的与消费者和合作伙伴互惠互利的作法是值得企业界借鉴的。

坚持互惠互利原则,其次应注意的是,在与公众的交往中着眼于长远打算。组织与公众的良好合作关系不是一朝一夕可以建立起来的,即使建立起来了,也还需要不断加以维护、调整和发展。因此,建立与公众的良好关系需要长期不懈的努力,“宜未雨而绸缪,毋临渴而掘井”,应着眼于长远打算,加强相互联系。例如,同记商场是哈尔滨一家大型商业企业,某个时期,天津东亚毛纺厂生产的名牌羊毛衫销路不畅,库存大增,处境十分困难。一些商店不但不相助,反而趁火打劫,有的不履行订货合同,有的要求厂家降价出售。同记商场却急厂家之所急,与厂家共渡难关,他们从长远的共同利益考虑,不但没给东亚毛纺厂出难题,反而增加进货量,还提前向厂家交了 10 万多元的预付款。一年后,市场毛线供应紧张,同记商场要进一批毛线,他们来到东亚毛纺厂。虽然不少商店正排队恳求供货,但是,同记商场却得到“优待”。他们可以在工厂仓库里任意挑选,厂家还派车专程把产品送到商场。

如果组织在公关工作中唯利是图,急功近利,其后果将不堪设想。如前几年,太原市食品街上有一家新开的饭店,刚开张就想赚大钱,想方设法克扣饭菜的斤两、配料。他们克扣得越多,顾客就越嫌贵,来的人自然就越少了,饭店也赚不到钱,就越发加倍地从饭菜的价格和重量上克扣,形成一个恶性循环。结果,开张不到一年饭店就倒闭了。

二、遵守法纪原则

公共关系的遵守法纪原则是指公共关系工作必须在法律、法规和组织纪律允许的范围内进行。

在现代社会中,人们的任何社会活动都不能突破国家法律、法规的底线。法律、法规是指导人们行为的基本准则。市场经济条件下的公共关系活动比较复杂,使组织面临着一系列前所未有的各种新关系和公关活动。这些关系和活动中的诸因素是极其复杂的,这就要求公共关系的建立,公关工作的开展,必须遵循遵守法纪的原则。

坚持遵守法纪的公关原则,首先体现在公共关系的建立,公关工作的开展需受法律、法规和纪律的约束。即指在国家宪法、法律、法规、道德规范和有关纪律允许的范围内确定自己的公关对象、内容和方法。如果一个商店经营者明知对方是走私香烟团伙的成员仍与其结为公关对象,作为联系伙伴依赖其进货,这就违反了国家的“烟草专卖法”;如果一个组织公关赞助内容是为“阎罗殿”的建筑捐赠款项,那就触犯了国家严禁搞封建迷信的有关规定;如果一个组织急于得到支撑性公众系统里的政府要员的支持而采取贿赂的方式进行沟通,那该组织便触犯了《刑法》,犯了贿赂罪,同时也违反了廉政纪律。这些违法违纪的公关举措不仅将受到禁止、惩处,而且会严重影响该组织的声誉、形象、前途和在社会公众心目中的地位。因此,一切公关工作者在开展公共关系工作时,都要遵守国家宪法、法律、法规和社会道德规范,使自己的行为正常化、健康化,从根本上和违法违纪现象和社会上的不正之风划清界限。

坚持遵守法纪的公关原则，其次体现在开展公共关系工作的过程中，组织和公关人员可运用法律和法规维护自身的权益。

徐某与某大酒店公共场所管理人责任纠纷案

2013年9月16日中午，徐某在某大酒店宴请亲友为其母亲祝寿。酒宴结束后，徐某到一楼吧台准备结账时不慎滑倒在地受伤。徐某受伤后立即被送至医院住院治疗9天，花费医疗费5 941.76元。治疗结束后，徐某提起诉讼要求某大酒店赔偿损失。某大酒店答辩称，徐某滑倒系自己不小心未尽到注意义务所致，大酒店已尽到必要的安全保障义务，故不应承担赔偿责任。

宾馆、商场、银行、车站、娱乐场所等公共场所的管理人或者群众性活动的组织者，未尽到安全保障义务，造成他人损害的，应当承担侵权责任。某大酒店对地面湿滑的情况未采取积极有效的防范措施，未能完全尽到安全保障义务，应当承担与过错相应的民事赔偿责任。综合全案，某大酒店应承担50%的赔偿责任为宜。法院判决某大酒店赔偿徐某各项损失10 881.88元。

资料来源：中国江苏网. http://jsnews.jschina.com.cn/system/2015/03/14/023970550.shtml

在公共关系活动中经常遇到的法律问题是：民法问题、工业产权问题、商标问题、经济合同问题、涉外法律问题等，对待以上法律问题，每个组织法人和公关人员既有义务遵守，又有权利维护。因为，“没有无义务的权利，也没有无权利的义务”，义务与权利是统一而不可分割的。所以，在公共关系活动和公共关系工作的进行中，既须遵守以上有关法律，又须根据以上有关法律维护自身的权益。这样，才能使公共关系活动和工作依法顺利地进行下去。

本章小结

本章分三节进行论述。第一节论述了信誉至上原则和真实客观原则；第二节论述了一视同仁原则和求同存异原则；第三节论述了互惠互利原则和遵守法纪原则。通过本章的学习，能对公共关系的基本原则有比较清楚的认识，使公共关系工作者能更好地遵循公共关系的基本原则，进而更好地开展公共关系工作。

自测题

关键名词

真实客观原则　互惠互利原则　遵守法纪原则

思考训练题

1. 公共关系工作应遵循哪几项公关原则？

2. 举例谈谈信誉至上公关原则体现在哪些方面？

3. 你认为“百金买名、千金买誉”的重要性何在?

4. 为什么说真实客观是公共关系活动的基本出发点?

5. 为什么要坚持求同存异的公关原则?

6. 坚持互惠互利公关原则应注意哪几点?

7. 遵守法纪的公关原则体现在哪两个方面?谈谈遵守法纪的公关原则的重要性。

“顾客至上”

1978 年 2 月,意大利航空公司一架客机在地中海坠毁,该公司急需一架代替飞机,于是意大利航空公司总裁立即打电话给美国波音公司董事长,提出一个特别要求:能否迅速送来一架波音 727 客机。当时订购这种型号飞机的客户至少得等上两年,两年的时间,客户要蒙受多大的损失!为此,波音公司也深感不安。于是,波音公司立即召开了一个动员会,要求把这架飞机作为一次紧急任务来完成,争取在最短的时间里制造出来。两个月以后,意大利航空公司收到了一架崭新的波音 727 客机,它们为波音公司的最佳服务精神感动不已。

为了回报波音公司,意大利航空公司取消了道格拉斯公司的飞机购买计划,而转向波音公司订购 9 架波音 747 大型客机,价值高达 5.75 亿美元。

资料来源:旅游公共关系案例.博泰典藏网.http://btdcw.com/btd-835a8e06f12d2af90242e6a8-2.html

问题:

1. 通过上述案例,谈谈为什么“信誉第一,顾客至上”是现代企业树立良好形象、赢得顾客的信条?

2. 怎样理解企业与顾客之间的关系?

第二篇

公共关系实务篇

第二篇公共关系实务篇分为八章，即公共关系调查、公共关系策划、公共关系实施、公共关系评估、公共关系活动模式、公共关系专题活动、网络公共关系、危机公关管理、公共关系礼仪等。

第九章

公共关系调查

通过本章的学习，了解公共关系调查研究的内涵和特点，明确公共关系调查研究的意义，熟悉公共关系调查研究的内容，掌握公共关系调查研究的程序和方法，具体了解公共关系调查问卷和调查报告。通过本章学习能系统掌握公共关系调查研究的理论和实操技能。

先搞清楚这些问题

有家宾馆新设了一个公共关系部，此公关部配有豪华的办公室、现代化的通信设备，配有漂亮迷人的公关小姐。然而。公关部的经理却发现无事可做。后来，这个经理请来了一位公共关系顾问，向他请教该做些什么，这位顾问一连问了以下几个问题：

"本地有多少宾馆？总铺位有多少？"

"旅游旺季时，本地的外国游客每月有多少？港澳游客有多少？国内的外地游客有多少？"

"贵宾馆的知名度如何？在过去三年中，花在宣传上的经费共多少？"

"贵宾馆最大的竞争对手是谁？贵宾馆潜在的竞争对手将是谁？"

"去年一年中因服务不周引起房客不满的事件有多少起？服务不周的症结何在？"

对这些极其简单而又极为重要的问题，这位公关经理竟张口结舌，无以对答。于是，那位公关顾问说道："先搞清楚这些问题，然后开始你们的公共关系工作。"

这位公关顾问的回答可谓简明扼要，他实际上给这个公关部的经理上了一堂生动的启蒙课，他的一连串问题说明：如果你想开展公关活动，那你就从调查研究开始吧。

资料来源：蒋楠．公共关系原理实务．北京：中国人民大学出版社，2006.

在公共关系工作中，常常要针对某些特定的问题去开展一些公共关系活动。公共关系工作不仅具有较高的艺术性，而且还有较强的科学性。它使组织的形象管理具有高度的计划性、连贯性、节奏性和规范性。为此，公共关系活动的开展，应该遵循一定的工作程序。公共关系的工作程序也称为公共关系工作的步骤。具体分为调查、策划、实施和评估四个步骤。

本章将具体阐释公共关系工作程序的第一个步骤——公关调查。

第一节　公共关系调查研究概述

调查研究是公共关系程序的起始阶段，即公共关系工作的第一个步骤。其目的是为查明组织面临的问题，进而为策划和实施正确的公共关系方案提供依据。

一、公共关系调查研究的内涵和特点

(一) 公共关系调查研究的内涵

公共关系调查研究是公共关系工作人员运用定量分析和定性分析相结合的方法，对组织的关系状态进行的情报搜集与研究工作。调查研究是公共关系部门和公共关系咨询公司的专业技能之一。它主要是了解和掌握公众心目中的组织形象，了解受组织行为、政策影响的公众的观点、态度和反应，分析组织所处的环境，找出组织面临的问题，或就某一具体公共关系活动条件进行实际考察，为制定公关目标和策划公关方案提供依据。

(二) 公共关系调查研究的特点

1. 统计分析的特点

面对复杂、广泛、兴趣各异的公众，公共关系调查研究需要的是科学地、客观地抽取一部分公众加以调查，用定量分析和定性分析相结合的方法，准确概括公众的意见和态度，揭示在具体环境中，影响公众的认识和态度的某些共同因素。例如，名酒“状元红”产自河南省上蔡，始于明末清初，至今已有300余年的历史，上蔡厂按古方恢复生产。1980年该产品被评为河南省优质产品。1981年，“状元红”再度进入上海，上蔡厂认为，古老名酒，久别重逢，到上海必定能“旗开得胜”，畅销市场。殊不知，“状元红”非但“红”不起来，而且成了滞销货。面对现实，他们与上海特约经销单位“黄浦区研究公司”一起进行市场调查。他们从众多的公众组织中挑出了五家酒店加以调查，用定量分析和定性分析相结合的方法，取得了瓶酒购买者的信息资料，从中概括出消费者公众的态度是上海瓶酒最大的顾客是青年，他们购买瓶酒的目的：一是为了送礼，到恋人家去做客，初次上门总要带几瓶好酒作礼物，孝敬长者；二是为了装饰，结婚时在玻璃柜内放上几瓶外形美观的酒，作为新房的点缀。价格一般以中档最为畅销。经过调查统计分析之后，上蔡厂根据以上消费者需求的特点确定：以青年消费者为目标市场；以“礼篇”“装饰篇”为主要销售产品；以中档价格为定价策略。后来，新“状元红”上市，终于在上海市场“红”了起来。

2. 精心计划与组织的特点

规模较大的公共关系调查研究，要按照一定的规则与步骤进行。日常的公共关系调查，需要围绕一定的专题，长期跟踪分析，累积资料，它属于一种系统的调查研究工作。企业公关工作中的某些项目，如一件新型产品的全面质量分析等专题调查，在短期内便无法获得准确的结果，而需要在较长时间内，通过多次反复调查研究，才能得出结论。

二、公共关系调查研究的意义

(一) 调查研究能为组织决策提供科学的依据

任何决策的制定都是经过发现问题，确定目标，统一准则，设计方案，评价优选，确定方案，试验修正，全面实施等程序的。公关决策的制定也不例外。问题的发现大都靠调查研究。通过调查研究，能准确地搜集社情民意、公众评论和看法、社会环境、社会发展趋势等信息，以及本组织各方面工作存在的薄弱环节、漏洞和不足，从而，为组织领导者进行科学决策提供重要的依据。如在上个案例中所提到的河南上蔡酒厂为使“状元红”在上海市场再度走红所做的有关决策，就是在调查研究的前提下作出的。

(二) 调查研究能及时监测调控公众舆论

公众舆论对一个组织的影响非同小可，积极的公众舆论有利于组织塑造良好形象；消极的舆论、流言有损于组织的形象，甚至会造成组织形象危机。而通过公共关系调查研究监测公众舆论，并据此采取措施，便可以使组织及时扩大积极舆论，缩小消极舆论，及时有力地驳斥流言。例如，上海电梯厂是具有30余年专门制造各类电梯历史的企业，被上海市人民政府誉为上海第一批外商投资的“先进技术企业”，并在国际上获伊斯兰贸易大奖。但1986年7月20日的《文汇报》上却发表了一篇《你敢乘这样的电梯吗?》的文章。该文点名批评了上海电梯厂生产的安装在仙霞宾馆的三部电梯，有时突然上窜，顾客被门顶撞得鲜血直流，有时进得去出不来，五天内有近百人被关在电梯内。这一新闻舆论给上海电梯厂的形象和声誉带来了极其不利的影响。该厂副厂长和副总工程师闻讯后，带领公关人员和工程技术人员立即赶到现场调查情况，对电梯进行会诊。调查事实表明，仙霞电梯事件是安装质量低劣和宾馆消防龙头失灵，电控设备二次浸水造成的。该厂公关人员同新闻媒介联系沟通后，又由《文汇报》发表了几篇表扬该厂的文章，及时地遏止了消极舆论的流传，并使该厂虚心认真、顾客至上的积极的舆论在社会上广为流传。

(三) 调查研究能使工作防患于未然

开展公共关系调查研究，可以及时发现组织与内外公众之间存在的各种潜在的、隐性的问题，进而制定应急方案，应付可能发生的事件。例如，美国雪佛龙公司1983年准备关闭其新泽西的一家分厂，但调查研究发现，分厂的关闭很可能会导致厂内员工的强烈不满，甚至可能引致劳资纠纷，引起社会舆论的关注，会对组织形象造成严重损害。据此，该厂采取了有效的公关措施，防止了关闭分厂的各种矛盾冲突的出现。

(四) 调查研究能有利于良好组织形象的塑造

公共关系的调查研究能提供公众态度方面的信息，使组织能够准确地了解其形象地位，寻找形象差距，将组织形象调整为良好的“有效形象”。例如，上海锦江饭店是一家闻名中外的高级大酒店，接待对象级别高、层次高、规格高。但经调查研究，该酒店了解到，在一般公众心目中，锦江的形象是庄重有余，亲切不足，这对在新形势下扩大业务，提高经济效益不利。公关人员在调查研究的基础上，确定了“全方位公共关系”的方针，树立“锦江属于公众”这一形象。他们提请决策层采取措施，打破森严壁垒，开门迎客，使锦江园内许多过去曾令市民望而却步的地方，成了门庭兴旺的场所。后来，锦江饭店已逐渐发展成为各种组织进行公共关系活动的媒介，甚至成了社会公共关系的枢纽。锦江饭店靠调查研究这一前提使自身形象的塑造日渐完美。

三、公共关系调查研究的内容

组织公共关系调查研究的内容范围是比较广泛的，以企业组织为例归纳起来一般包括以下两方面：

(一) 组织形象调查

对组织形象调查包括两个方面：自我形象测定和实际形象调查。

1. 自我形象测定

任何一个组织都有自我期望的形象标准，自我期望的形象越是完善，则标准越是严格，对组织自觉作出公共关系努力的可能性就越大。对组织的自我期望形象的设计，应通过对组织凝聚力、组织实际状态和基本条件，以及组织的员工对组织形象的分析与评估这三个方面展开调查与分析，通过组织自我期望与实际可能相结合，并在此基础上，确定本组织的自我期望形象。

2. 实际形象调查

实际形象调查是通过了解公众对组织知名度、美誉度的评估和分析，从而了解组织的实际社会形象。由于组织自我期望形象只是反映了组织对树立自身形象的主观要求，带有较强的主观性，这种形象与组织在公众中的实际形象会有差距。要使公众对组织的实际形象与组织所期望的形象一致，就必须通过实际形象调查，从而找出差距，以便有的放矢地制定改善公共关系状况的具体措施。

(二) 组织所处的社会环境调查

1. 政治环境调查

政治环境调查是指对现在和未来一定时期国内外的政治形势、政治制度及方针政策、法规、规章制度等的调查，凡是同组织活动特别是同公共关系有关的政策法规都应纳入调研的内容。例如，经济合同法、环境保护法、劳动法、商标法，等等。

2. 经济环境调查

经济环境调查是指一个国家或地区的经济制度、经济结构、物质资源、经济发展水平、消费结构和消费水平以及未来的发展趋势等状况。经济环境的变化，影响和制约着组织公共关系的开展，只有准确把握国际国内经济形势，才能作出正确的经营决策，保证组织在错综复杂的经济环境中求得生存和发展。

3. 人文环境调查

人文环境调查是指一个国家和地区的人口结构、家庭状况、文化教育水平、生活习俗、社会规范和文化观念等因素的调研。其中最主要的是文化习俗方面,如民族的特点、区域文化的基本特征、目标消费者的宗教信仰及禁忌等。

4. 技术环境调查

技术环境调查主要是调查目标市场的技术水平、技术特征、技术要求、技术标准、技术类型等,这种调查对于企业成功地占领目标市场,迅速打开销路是十分有效的。

5. 公众环境调查

公众环境调查主要指组织内部公众调查和组织外部公众调查两部分。组织内部公众调查已在组织基本情况中说明。下面仅介绍组织外部公众调查。外部公众包括消费者公众、媒介公众、社区公众、竞争对手公众等,主要是了解各类公众的特征、覆盖面、需求、对组织的评价等,以便针对不同公众开展有效的公关活动,协调组织与公众的关系,促进组织发展。

第二节　公共关系调查的程序和方法

一、公共关系调查的程序

为了使整个调查工作有计划、有步骤地进行,保证整个活动的科学性,公共关系调查应包括制定调查方案、搜集调查资料、整理分析资料、撰写调查报告四个步骤。

(一) 制定调查方案

在确定了调查课题以后,调查者必须根据调查的课题制定调查计划。一个完整的调查方案主要包括以下几方面:

1. 确定调查的目的

调查的目的是指调查所要解决的问题。明确调查目的是制定调查方案的关键所在。只有确定了调查目的,才能确定调查的范围、内容和方法,才能有针对性、有目的地进行公关调查,避免盲目行动导致的工作失误。

2. 确定调查对象

调查对象是根据调查目的、任务,来确定调查范围与调查单位。调查单位是构成调查对象中的一个个具体单位,是调查者搜集信息、分析信息的基本单位。在实际调查中,注意选择调查对象的科学性,保证公众的代表性。社会组织的公众范围十分广泛,开展公共关系状态调查时,不可能也没有必要对所有的公众进行调查,只要注意选择公众工作的科学性,按照随机原则,通过抽样技术,就可以取得接近公众总体的资料。

3. 确定调查项目和调查表

调查项目是调查的具体内容,确定调查项目就是要明确向被调查者了解些什么问题,如消费者调查中消费者的性别、民族、文化程度、年龄、收入、动机、态度等。对项目进行科学的分类、排列,构成调查提纲和调查表。

4. 确定调查时间和地点

调查时间的确定应包括两个方面:一是要明确规定调查资料所反映的是调查对象从

何时起到何时止的资料；二是规定调查工作的开始和结束时间。调查地点应与调查单位相统一。

5. 确定调查方式和方法

在调查方案中，应明确采用什么组织方式和方法取得调查资料。搜集资料的方式有普查、重点调查、典型调查、抽样调查等多种方式。具体的调查方法有访谈法、观察法、问卷法和实验法等。调查采取的方式、方法不是固定和统一的，往往取决于调查对象和调研任务。大中型调研要注意多种方式和方法的综合运用。

6. 确定调查工作的组织实施

调查组织计划是指实施整个调查活动过程的具体工作计划，主要是指调查的组织领导、调查机构设置、人员的选拔和培训、调查工作步骤及其善后处理等。

7. 制定调查预算

在进行调查预算安排时，要将可能需要的费用尽可能全面考虑。一般来讲，调查经费预算应包括四个方面：调查方案设计及实施费用、调查资料整理分析费用、调查报告撰写费用以及相关办公费用等。

(二) 搜集调查资料

搜集资料的主要任务是按调查计划的要求与安排，系统地搜集各种资料。

调查资料的搜集可以从两方面进行：一方面是搜集未做任何加工整理的原始资料，也称第一手资料或初级资料；另一方面是搜集他人已调查整理过的资料，也称第二手资料或次级资料。

初级资料搜集的方法包括访问法、观察法、实验法等。次级资料往往是已经公开出版或发表的资料，对这类资料的搜集采取文案调查法。

(三) 整理分析资料

整理分析资料是指运用科学的方法，对调查所得的各种零散的资料进行审查、检验和综合加工，使之系统化和条理化，从而以集中、简明的方式反映调查对象总体情况的工作过程。资料的整理分析，通常包括下列工作。

1. 审查核实

在进行资料汇总前，首先对调查得到的资料进行审核，这是保证调查工作质量的关键。审核的内容主要是对其及时性、完整性和正确性的审核。

2. 分类汇编

资料经过检查核实后，为了便于归档查找和统计方便，还应按照调查的要求进行分类汇编。资料的分类是根据事物内在的特点和调查研究的要求，按某种标志将所研究现象的总体划分为若干组成部分，然后进行分类登录及归档，以备查阅。汇编是按照调查的目的和要求对分类后的数据和资料进行计算、编辑和汇总，使之成为能反映调查对象客观情况的系统、完整、集中、简明的材料，为分析工作打下良好的基础。

3. 分析处理

资料的分析包括定性分析和定量分析。前者是以资料或经验为依据，主要运用演绎、归纳、比较、分类和矛盾分析的方法找出事物本质特征或属性的过程。后者是运用概率论和数理统计的测量、计算及分析技术，对社会现象的数量、特征、数学关系和事物发展过程中的数量变化等方面进行的描述。为了取得比较符合实际的结论，不仅要进行定性分析，而且要进行定量分析，要在定性的基础上尽量根据不同要求把资料量化，在此基础上编制成统计表或统计图，或计算百分比、平均值等，然后运用这些量化资料进行分析，并将分析所得的结论提供给相关的决策部门，作为策划的依据。

(四) 撰写调查报告

撰写调查报告是公关调查的最后程序。作为调查工作的结束，最终要形成一个调查报告。撰写调查报告的目的是对调查活动过程以及对调查数据分析整理的过程及其工作成果进行总结汇报，为制定科学的公共关系计划方案提供依据，为领导者决策提供参考，寻求领导的支持和帮助。

二、公共关系调查的方法

公共关系调查的方法有很多，根据不同的分类方法可以把它们分成不同的类别。在进行公关调查时，应根据调查研究的目的、意义、规模、对象、范围的不同，选择适当的调研方法。

(一) 按获取调查资料的方法分类

根据所要获取调查资料的方法不同，公关调查可以分为第一手资料的调查和第二手资料的调查。

第一手资料的调查方法包括观察法、询问法、实验法；第二手资料的调查方法为文案调查法。

1. 观察法

观察法是指调查者深入现场，通过直接观察、跟踪和记录被调查者的情况来搜集第一手资料的一种调查方法。这种方法具有目的性、计划性和系统性，要求调查者事先作出观察的计划，事后要对所观察到的事实作出实质性的结论。采用这种方法时，调查者既可以直接参加他所观察的活动，以一个参与者的身份来观察，也可以作为一个旁观者置身于他所观察的情景之外进行观察。

2. 询问法

询问法亦称访问法，是调查者通过面谈、电讯或邮寄等方式向被调查者进行调查的一种调查方法。面谈又可分为个别面谈和集体面谈，个别面谈灵活方便，彼此容易沟通，情况了解深入，可多方面搜集资料；集体面谈(即座谈会)能集思广益。电话访问可跨越空间距离障碍，但只适用于有电话的场合。信函调查是将设计好的调查表邮寄给被调查者，由被调查者根据要求填好后寄还的一种调查方法。这种方法以对于居住分散的调查对象最为适用，不仅成本较低，而且可使被调查者有充分的时间考虑作答。

3. 实验法

实验法是在人为控制某种因素的前提下，通过做各种对比实验从而取得资料的方法，其结果较客观、准确、可靠，但往往费时、成本高，而且存在许多实际因素无法人为控制，从而导致实验结果可能出现误差。

4. **文案调查法**

文案调查也叫历史法、文件法。文案调查法是一种搜集、分析、整理现成文献资料的调查研究方法。这是第一手资料不够用或不可能取得第一手资料时，利用第二手资料的方法。运用这种方法对于获取资料较为方便、容易，调查成本低，但所取得的资料可能在时间上、资料的完整性上具有一定的局限性。

(二) 按调查对象的选择方法分类

根据调查对象的选择方法不同，公关调查可分为普查、重点调查、典型调查和抽样调查。

1. **普查**

普查是将调查区域中的每个对象都列为调查对象，无一遗漏地逐个进行调查。这样的调查比较全面，但是工作量大，成本高。普查的特点决定它一般在较小规模的公关调查中运用，较大规模的公关调查一般不采用普查方法。

2. **重点调查**

重点调查是从调查总体中选出少数重点单位进行的调查。所谓重点单位，是指在总体中处于十分重要地位的单位，或者在总体某项标志总量中占较大比重的那些单位。重点调查的调查单位少，能够用较少的人力、物力、财力进行深入调查，从而能够较快地掌握调查对象的基本情况。

3. **典型调查**

典型调查是指在调查总体中有意识地选择若干具有代表性的对象进行调查，达到推算一般的调查方法。典型调查由典型单位的情况可推断调查总体的情况，一般都比较接近实际。因此，典型调查适用于调查总体庞大，调查者对总体情况比较了解，能准确地选择有代表性的公众作为调查对象的情况。

4. **抽样调查**

抽样调查是遵循一定的原则从调查区域中的所有调查对象中抽取一部分样本进行调查，以此推断总体特征的一种调查方法。这种调查方法由于针对性强、调查次数少，因此可以降低调查成本、提高调查效率，是公关调查中经常采用的一种方法。抽样调查可分为随机抽样和非随机抽样两种。随机抽样是在若干个平等的调查对象中随机地选择几个作为调查对象，具体抽样方法包括单纯随机抽样、分层随机抽样和分群随机抽样。非随机抽样是在若干个调查对象中主观地选择几个作为调查对象，具体抽样方式可分为便利抽样、判断抽样和配额抽样三种。

就各种调查方式与调查形式来看，各自都有自己的特点，也有自己的长处和不足。因此，为保证公关调查所搜集资料的可靠性、准确性和科学性，在选择调查方法时，应注意多种调查方法、技术的综合使用，集中各种调查方法的优势，充分而准确地搜集信息资料。

第三节　公共关系调查问卷和调查报告

一、公共关系调查问卷

调查问卷是进行直接调查的重要工具，在采用访问法进行公关调查时，往往需要使用一定的调查表或问卷来搜集资料。调查问卷一般分为自填问卷和访问问卷。自填问卷即由被调查者自己填写的问卷；而访问问卷则是由访问员根据被调查者的口头回答来填写的问卷。自填问卷依据发送的方式又可分为邮寄问卷和发送问卷两种。邮寄问卷通过邮局把问卷表寄到被调查者手中，被调查者填完后，仍通过邮局寄回；发送问卷则由调查员或其他人将问卷送到被调查者手中，被调查者填完后，由调查员逐一收回。也有采用两者相结合方式发送的。

(一) 调查问卷的结构

调查问卷的结构通常包括三部分：前言、主体和结束语。

(1) 前言。前言是对调查目的、意义及有关事项的说明。

(2) 主体。问卷的主体包括调查问题的内容和问题形式。

(3) 结束语。结束语主要是用简短的语言对被调查者的合作表示感谢。

(二) 调查问题的形式

调查问题的提出一般有两种形式。

1. 第一种形式是封闭式问题

这种提出方式往往限制被调查者的回答，即限于已拟定的备选答案。设计较难而回答容易，便于统计分析，且资料较准确；但答案范围狭窄，往往不全面(不能穷尽各种情况)、不具体(如归入“其他”一项的)。封闭式问题的提出有多种形式，其中包括：

(1) 选择题——要求做是非(二项)选择，或列出多项答案，只选一个或选择多个。

(2) 比较题——要求进行一对一地对比。

(3) 顺位题——要求排出先后顺序。

(4) 评判题——要求表示对某个问题的态度或认识程度。

2. 第二种形式是开放式问题

这种提出方式能使被调查者自由回答，不受任何限制。设计容易回答难，答案过于分散，不易归纳，不利于统计分析，且资料不准确，易产生偏差；但可以让被调查者充分发表意见，从而得到足够全面、具体的答案。

开放式问题一般用于探索性问题的调查上，调查者对此类问题不了解，一般在需要搜集原始资料时较多采用，它还常用于正式调查前的小规模调查，这样便于了解情况。

由于开放式问题和封闭式问题都有一些不足之处，因此，在一份问卷中，应该既有开放式问题，又有封闭式问题。

(三) 调查问卷设计的原则

调查问卷的设计质量会直接影响到调查内容,关系到能否得到正确的答案。在设计问卷时,应遵循以下设计原则。

1. 针对性和必要性原则

调查问卷的拟定与设计是为了取得满意的调查成果。因此,应严格按照调查目的设计提问,所有项目都是必需的,无关紧要的问题不应列入。

2. 简明性和准确性原则

问题不应过多、过长、过散,以减轻被调查者的负担和调查统计的工作量;所提问题力求明确,用词准确简洁,清楚具体,含义明晰单一,应避免词意含混、模棱两可的问题。

3. 客观性和可行性原则

提问应避免带有倾向性、暗示性、引导性,保持中立态度,以求真实,以免造成调查的偏差;调查问卷的设计应注意适合被调查者的身份和水平,尽量避免提出一些被调查者难以回答的问题。

4. 系统性和艺术性原则

问卷设计应讲究艺术,问题排列有逻辑性和顺序性,思路清晰连贯,层次分明,由易到难,由简单到复杂,由浅入深,由近及远;提问亲切自然、有礼貌、有趣味,注意被调查者的心理。

案例:兰州市八大商场服务质量及公共关系形象调查问卷

亲爱的顾客:您好!

为了促使兰州市商业系统服务质量的提高,为了您能享受到更好的服务,请您回答下列问题。答题时在您所选定的序号前画"√"。谢谢合作!

兰州大学公关研究中心

××年××月××日

您的基本情况:

1. 您是:A. 本地人　B. 外地人

2. 性别:A. 男　B. 女

3. 年龄:A. 22 岁以下　B. 23～35 岁　C. 36～49 岁　D. 50 岁以上

4. 文化程度:A. 小学　B. 初中　C. 高中　D. 大专以上

5. 家庭月人均收入:A. 200 元以下　B. 200～300 元　C. 300～500 元　D. 500～800 元　E. 800 元以上

商场基本情况：

6. 您认为该商场外观设计及商品橱窗的装饰：

A. 很好　　B. 较好　　C. 一般　　D. 不好

E. 很差

7. 您认为该商场的内部布局：

A. 巧妙美观、井井有条　　B. 没有特色、很一般

C. 乱七八糟

8. 您认为该商场的服务质量：

A. 很好　　B. 较好　　C. 一般　　D. 不好

E. 很不好

9. 您认为该商场售货员的业务水平：

A. 很好　　B. 较好　　C. 一般　　D. 较差

E. 很不好

10. 在大多数情况下，您在该商场购物接待售货员的态度：

A. 热情接待　　B. 较好　　C. 一般　　D. 不好

E. 很不好

11. 您认为该商场的售后服务：

A. 很好　　B. 较好　　C. 一般　　D. 不好

E. 很不好

12. 您认为该商场的设备：

A. 很齐全　　B. 比较齐全　　C. 一般　　D. 不齐全

E. 很不齐全

13. 您每年光顾该商场的次数为：

A. 10 次以下　　B. 10～20 次　　C. 20～30 次　　D. 30～40 次

E. 40 次以上

14. 您每年在该商场购物的总金额大约在：

A. 500 元以内　　B. 500～1 000 元　　C. 1 000～2 000 元　　D. 2 000 元以上

15. 您认为该商场的商品质量：

A. 很好　　B. 较好　　C. 一般　　D. 不好

E. 很不好

16. 您在该商场购得的商品不能令您满意时，一般来说：

A. 都能得到退换　　B. 只有个别的能得到退换

C. 一个都不能退换

17. 在该商场买东西时，如果您的利益受到侵害，您是否想到去找消费者协会？

A. 想到过　　B. 没有想到

C. 认为没有必要　　D. 想找，但不知道到哪儿去找

18. 您认为该商场哪一类活动搞得最好？

A. 优质服务竞赛活动　　B. 优惠展销

C. 有奖销售

19. 您认为该商场急需解决的问题是：

A. 提高服务质量　B. 提高业务水平　C. 改变内部布局

资料来源：中华文本库. http://www.chinadmd.com/file/irxo6awsovauvvivtttuau3p_6.html

二、公共关系调查报告

调查报告是对调查过程的回顾和调查成果的总结，调查报告撰写的好坏影响着调查结果在有关决策中的作用。撰写出一份具有说服力的好调查报告，这是卓有成效地进行公关调查的一个不可忽视的方面。

(一) 调查报告的内容

一般来说，调查报告主要包括以下内容。

(1) 序言。主要介绍研究课题的基本情况。

(2) 摘要。概括地说明调研活动所获得的主要成果。

(3) 引言。介绍进行研究的背景和目的。

(4) 正文。对调研方法、调研过程、调研结果以及所得结论和建议作详细的阐述。

(5) 附录。呈现与正文相关的资料，以备读者参考。

(二) 撰写调查报告的注意事项

调查报告是调查活动的成果的体现，调查的成败以及调查结果的实际意义都表现在调查报告上。因此，撰写调查报告时，要特别认真细致，尤其应注意以下几个问题。

(1) 要考虑读者的观点、阅历，尽量使报告适合于读者阅读。

(2) 尽可能使报告简明扼要，不要拖泥带水。

(3) 使用普通词汇，尽量避免行话、专用术语。

(4) 务必使报告所包括的全部项目都与报告的宗旨有关，删除一切无关资料。

(5) 务必使资料准确无误。

(6) 充分利用统计图、统计表来说明和显示资料。

(7) 务必使报告打印工整匀称、易于阅读。

本章小结

本章分三节进行论述。第一节公共关系调查研究概述，首先阐释了公共关系调查研究的内涵和特点，而后论述了公共关系调查研究的意义，最后阐释了公共关系调查研究的内容；第二节公共关系调查的程序和方法，先后介绍了公共关系调查的程序和方法；第三节公共关系调查问卷和调查报告，首先阐释了公共关系调查问卷的结构、形式和设计原则，而后介绍了公共关系调查报告的内容和注意事项。通过本章的学习，能比较清晰地了解公共关系调查研究的理论和实操知识，以便在实际公关活动中，更好地进行公共关系调查研究程序，促使公关活动取得较好的效果。

自 测 题

关键名词

公共关系调查研究　询问法　抽样调查

思考训练题

1. 公共关系调查研究具有哪些特点？
2. 公共关系调查研究具有哪些意义？
3. 谈谈公共关系调查研究的内容。
4. 简答公共关系的调查程序。
5. 公共关系调查研究按获取调查资料的方法分类，可分为哪些方法？
6. 公共关系调查研究按调查对象的选择方法分类可分为哪些方法？

案例：让女总统满意

马耳他女总统芭芭拉(Barbara)访问上海期间下榻锦江饭店。锦江饭店公共关系部的工作人员接到任务后查阅大量资料，进行了周密的准备。当芭芭拉一走进总统套房时，意外地发现梳妆台上放置了一套“露美”化妆品、烘发吹风机，及制作精美的珠花拖鞋，房间一角还放置了一架昂贵的钢琴。她不由得露出了满意的笑容。临行时女总统亲笔留言：“在上海逗留期间，感谢你们给予我第一流的服务，并祝你们幸福，前途美好。”

资料来源：张岩松，等.实用公共关系.大连：大连理工大学出版社，2012.

问题：

1. 上海锦江饭店公共关系部的工作人员了解马耳他女总统的爱好，采用了哪种调查方法？

2. 这种调查方法的优点是什么？

第十章

公共关系策划

通过本章的学习，理解公共关系策划的含义、作用和原则，明确公共关系策划的要素，熟悉公共关系策划的内容与程序，掌握公共关系策划的方法。通过学习，系统掌握公共关系策划的理论和实操技能。

案例：高莉莉精心策划　中野良子“金沙江”下榻

高莉莉就任上海金沙江大酒店公关部经理时，酒店还缺乏知名度。1995 年秋，她从记者朋友处得知，日本著名的影星中野良子将偕她的新婚丈夫来北京、上海访问。她马上意识到这是酒店开展公共关系活动，提升知名度和美誉度的好机会。于是，她立即采取了措施：争取到了接待客人的机会。然后又直接给正在北京的中野良子打电话，请她来上海时下榻“金沙江”。对方应允后，高莉莉立刻带领宾馆的工作人员进行策划和准备。当中野良子夫妇到达上海金沙江大酒店时，等待他们的是一个洋溢着浓烈的喜庆气氛的“迎亲”场面：在一片热烈的鞭炮声里，中野良子夫妇被 40 多位中外记者及酒店上百名员工簇拥进一个中国传统式的“洞房”——正墙上大红“喜”字熠熠生辉，两旁的对联上写着“富士山头紫燕双飞白头偕老，黄浦江畔鸾凤和鸣永结同心”。在“闹洞房”仪式中，新婚夫妇还品尝了象征“甜甜蜜蜜”“早生贵子”的哈密瓜、桂圆、红枣等，在异国他乡度过了一个难忘的欢乐之夜。

第二天，众多记者纷纷在各自的媒体上报道，结果大家可想而知，该酒店得到了很好的宣传，很快就被公众所知道。

资料来源：新浪网. http://blog. sina. com. cn/s/blog_4a87fd4801000ax1. html(标题本书加)

第一节　公共关系策划的作用和原则

一、公共关系策划的含义

公共关系调查使组织获得了客观的社会形象地位，但从组织的发展来讲，组织应在社会公众中不断完善自身的形象和进一步提高自己的形象地位。这就需要根据公共关系存在的主要问题确定公共关系活动目标，制定公共关系活动方案，寻求解决问题的方法和途径，也就是需要开展公共关系策划工作。

策划一般可以理解为“出谋划策”。而公共关系策划是公共关系人员根据组织形象的现状和目标要求，分析现有条件，谋划并设计公关战略、专题活动和具体公关活动最佳行动方案的过程。

公关策划的目的在于通过科学的策划思想和方法，设计和选择出有效的公关活动方案，从而增强组织公关活动的目的性、计划性、有效性，提高组织开展公关活动的成功率，最终在社会公众中不断提高和完善组织的形象地位。

二、公共关系策划的作用

(一) 公共关系策划可以保证公共关系战略和实务运作的目的性

公共关系战略和实务运作，是为了实现公共关系目标以及为企业发展目标服务的，离开这个目的，公共关系就失去了自身的意义。所以，为了保证公共关系目标以及组织发展目标的顺利实现，组织的总体公共关系战略和具体的实务运作必须经过事先的周密策划。

(二) 公共关系策划可以保证公共关系战略和实务运作的计划性

首先，公共关系战略和各项实务运作所追求的目标应当是一致的，所以，公共关系必须有一个完整的实施计划。只有经过周密的公共关系策划，才能保证整个公共关系的战略计划的统一性和完整性，保证每个具体实务运作都按照总体规划的要求，为实现预定的公共关系战略目标和企业发展目标服务。

其次，公共关系目标的实现需要经过长时期的持续努力，只有经过周密的公共关系策划，才能保证公共关系的各项实务运作瞻前顾后、相互衔接，成为既在具体运作中具有独创性、又在总体战略上具有连续性的有计划、有步骤的公共关系工作。

最后，公共关系的各项实务活动，都必须根据一定的时、空以及主、客观条件拟定切实可行的具体实施计划，这本身也是公共关系策划的重要组成部分。可见只有周密的、精心的公共关系策划才能保证所有工作环节的公共关系实务运作按照预定的战略和目标有计划地顺利实施。

(三) 公共关系策划可以保证公共关系战略和实务运作的有效性

公共关系必须成为有效的公共关系，必须使其在建立良好的组织形象并为组织发展争取最佳的经济效益和社会效益方面发挥显著的作用。这就要求公共关系人员善于根据不断变化的环境，着眼不断变动的公关需求，精心策划自己的公共关系战略和策略。这种策划愈是深谋远虑、独具匠心，公共关系的成功率也就愈高，也就愈能保证公共关系目标和组织发展目标的顺利实现。

三、公共关系策划的原则

(一) 求实原则

实事求是,是公关策划的一条基本原则。公关策划必须建立在对事实的真实把握基础上,以诚恳的态度向公众如实传递信息,并根据实事的变化来不断调整策划的策略和时机等。

(二) 系统原则

公共关系部门是组织整体结构的有机组成部分,其活动应有助于整个组织活动的展开,并体现和符合组织的整体利益,故公关目标的确立应从组织的整体利益出发,与组织的整体目标一致。所以,在公关策划中,应将公关活动作为一个系统工程来认识,按照系统的观点和方法予以谋划统筹。

(三) 创新原则

这是指公关策划必须打破传统、刻意求新、别出心裁,使公关活动生动有趣,从而给公众留下深刻而美好的印象。

(四) 弹性原则

公关活动涉及的不可控因素很多,任何人都难以把握,留有余地才可进退自如。

(五) 伦理道德原则

伦理道德原则的核心内容是:组织公关活动及其策划与从业人员行为的道德要求日趋加强,公关策划必须符合伦理道德。

(六) 心理原则

这是指要运用心理学的一般原理及其在公关中的应用,正确把握公众心理,按公众的心理活动规律,因势利导。

(七) 效益原则

与组织交往的各类公众各有其不同利益,他们对组织的权益要求也有所不同,甚至相互背离。而公关部门是无法同时满足各方面要求的。因此,在确立目标时要抓住重点,优先考虑选择那些收效较大的工作去做,并应以较少的公关费用,去取得最佳的公关效果,达到企业的公关目标。

(八) 长远性原则

公共关系活动主要着眼于组织的发展,因而公共关系的工作目标应能超脱于组织的局部利益和暂时利益之上,应考虑到组织的长远发展,切忌急功近利的短期行为。

第二节　公共关系策划的要素

进行公共关系策划活动，首先要了解构成公关策划的基本要素。一项成功的公共关系策划应包括如下六个要素：公关调查、公关策划目标、策划者、公关策划对象、策划内容和策划效果评估。

一、公关调查

公关调查是成功策划的基础，它为组织树立形象、制定公关战略的决策提供科学依据。制定公关战略需要了解社会政治、经济、文化等环境因素的特点及发展趋势等作为背景参考，需要把握组织自身的实际情况来实事求是地规划公关目标，这一切都需要进行周密的调查研究。对于一个企业或组织来说，进行一次调查需要花费相当大的人力、物力和财力。因此，每一次调查都应尽可能获取更多的信息。一般来说，一次成功的公关策划，前期的公关调查至少应包含五方面的信息：第一，公众心理，即公众的偏好、认知、态度、情绪等基本的心理倾向；第二，主要竞争对手信息，即主要竞争对手的产品信息、销售信息、广告信息和已有的公关策划信息；第三，政策法规，即咨询公司或组织的法律顾问咨询或查阅相关的文献资料，以确保即将进行的策划在政策法规许可的范围之内；第四，公司或组织内部状况分析，主要明确公司或组织内部的资源状况和制度建设是否可以满足将要进行的公关策划活动；第五，公关活动场所调查，即在策划之前要对可能选择的活动场所进行调查，检查其中是否适合开展公众活动、是否存在安全隐患。

二、策划目标

策划目标是成功策划的必要条件。方向不明，公关策划便无法进行，只有确定了具体目标，才能开始策划达到目标的途径、方式、手段等。在具体工作中，目标又呈现出多样性，并分成不同的类别，最具有实践意义的分类是按目标内容分为以下几类。

(一) 传播信息型目标

公关活动的目标是把希望公众知道或公众想知道的信息传递给公众，一旦公众知晓，目标即实现。它是目标体系中最基本的层次，主要是将组织发展的新动态、新成果、新举措告知公众。

(二) 联络感情型目标

这相对于传播信息型来说是更深层次的目标，旨在与公众建立感情、联络感情、发展感情。社会组织与公众建立起感情层次的交往，更容易取得公众的理解、支持与合作。

(三) 改变态度型目标

这是公关活动的主要目标。通过公关活动，把公众对组织的无知、冷漠、偏见乃至敌意，转变为了解、关注、认可、同情、理解、支持等，切实营造有利于组织发展的良好环境。

(四) 引起行为型目标

这旨在让公众接受、产生组织所期望的行为,以配合组织的工作。这是具体公关活动的最高层次,前几个目标最终也是为引起公众作出有利于组织发展的行为做铺垫。

三、策划者

策划者是成功策划的核心。策划者是策划活动的创意者和组织者,对整个公关策划的成败起着决定作用。策划者以整个社会作为自己活动的舞台,公共关系策划人员所需具备的基本素质和基本技能是多方面的。如果一名公共关系策划者不具备全面的素质和能力,很难胜任公关策划工作。

一般来说,一名优秀的策划者必须具备以下条件:第一,高尚的品德。品德是一定社会道德原则和道德规范在个人思想和行为中的体现,公关策划者是代表一个组织与公众打交道的,因此,高尚的品德就显得特别重要。作为一名合格的策划人员应遵守诚实、守信、正直、廉洁、守法的行为准则;第二,宽广的知识面和深厚的人文积淀。公共关系策划者只有具备宽广的知识面和深厚的人文积淀才能在复杂多变的社会面前运筹帷幄、应付自如,宽广的知识面要求策划者掌握广博的知识,这样才能在策划过程中视野开阔、游刃有余。与此同时,策划者还必须具有相当的人文素养,这样作出的公关策划才能含义隽永,意味深远;第三,基本的专业技能。公共关系策划者基本的专业技能,包括组织能力、交际能力、口语能力、写作能力和创新能力。

四、策划对象

策划对象是成功策划的重要保证。公共关系活动不可能面对所有的公众,应该有所选择,这就与公共关系的目标紧密相关。每个组织都有自己特定范围的公众,但不是每一次公关活动都针对组织的所有公众。一个组织在不同时期内会面临不同的公众,因此,进行公共关系策划首先应对组织此时期所面临的公众加以区分和明确,才能使策划出来的公共关系活动有的放矢地进行。另外,公众的类型也很多,必须根据不同公众的特点来开展不同的策划,只有明确具体的受众后才能有针对性地设计活动,从而有效地实现公关活动目标。

五、策划方案

公共关系策划方案是以书面文字形式确定下来的策划者的构思和创意。整个策划的思维过程,最终是以策划方案的形式加以条理化和系统化。所有的灵感和创意,都将在策划方案中被具体细化为可供实施的方法和步骤。一个好的策划方案能够吸引客户或领导。策划方案的灵魂是创意,应该尽可能简洁,减少文字叙述而较多采用图表、照片以及音频、视频等媒体的形式使得方案看起来更加直观、生动。一个完整的策划方案应包括以下部分:

(一) 设计活动主题

一次公关活动往往是由多个项目组成的,所有项目必须突出一个中心主题,并且使所有行动围绕这一主题，形成整体合力，避免各个行动中心不一、作用分散以致互相抵触。

(二) 设计具体活动项目

公关项目一般指单个的具体形式的活动。设计具体活动项目是策划中最本质、最灵活也最富技巧的关键行动，它主要确定 5 个问题：开展什么形式的活动？有多少项目？如何开展？项目之间如何衔接？如何使活动有新意、有特色、与众不同？

(三) 选择行动时机

任何活动都是在一定时空的范围内展开的，时空里的诸多因素都会对活动产生积极或消极影响。公关策划必须考虑时机，以求充分利用一切有利因素，实现最佳效果。时机利用得好，便事半功倍；反之，则会导致失败。选择时机要避开不利时机，捕捉有利时机。

(四) 确定大众传媒

公关宣传离不开大众传媒，选择大众传媒应当考虑公关目标、受众特点、传播内容、媒介特点、自身经济条件等因素，合理利用大众传媒以扩大影响。

六、效果评估

对公关策划效果的评估是成功策划的最后一个环节。一般而言，策划的效果在短期内较难评估，这里所讲的评估是特指公共关系活动结束后，在短期内对公关策划方案的创意、文案的评估与测量。这种测量一般有两种方法：一种是定性的方法，即通过非量化的结果进行评价，如调查公众对公关活动的主观感受；另一种是定量的方法，即通过量化的结果进行估算，如在公关活动完成后统计公众对组织的了解度、好评度等。

第三节　公共关系策划的内容与程序

公共关系策划是一项系统工程，它包含许多层次的内容与步骤。

一、综合分析、寻求理由

公共关系策划人员被称为“开方专家”，如同医生拿到一系列病患者的检查化验报告，医生要想开出一个理想的治疗方案，首先必须对这些资料进行再一次的综合分析，确定问题之所在，然后对症下药一样。公关人员进行公关策划的第一步工作，就是综合分析在公关调查中收集的信息资料，对组织进行诊断，认识问题。

二、确定目标、制定计划

(一) 确定目标

确定目标是公共关系策划中重要的一步，目标一错，便一错百错。所谓公共关系目标，是公共关系策划所追求和渴望达到的结果。目标规定公关活动要做什么，做到什么地步，要取得什么样的效果。公共关系目标是公共关系全部活动的核心，是公共关系策划的依据，是公共关系工作的指南，是评价公共关系效果的标准，是提高公共关系工作效率的保障，也是公关人员努力的方向。

(二) 制定公关计划

一旦确定公关目标，便可制定具体的公关计划。一个完整的公共关系策划方案应包括以下几个方面的内容。

1. 锁定目标系统

公共关系目标不是一个单项的指标，而应有一个目标体系。总目标下有很多分目标、项目目标和操作目标；长期目标要分成短期目标；宏观目标要分解成微观目标；整体形象目标要分解成产品形象目标、职工形象目标、环境形象目标。

2. 确定公众对象

任何一个组织都有其特定的公众对象，确定与组织有关的公众对象是公关策划的首要任务之一。只有确立了公众，才能选定需要的公关人才、公关媒介及公关模式，才能将有限的资金和资源科学地分配使用，减少不必要的浪费，获得最大的效益。

3. 选择公共关系活动模式

公共关系活动模式多种多样，不同的问题、不同的公众对象、不同的组织都有相应的公关活动模式，没有哪一种公关活动模式可以解决所有问题。究竟选择哪一种公关活动模式，要根据公关的目标、任务、公关的对象分布、权利要求，具体确定。常见的公关活动模式有交际型公关活动模式、宣传型公关活动模式、征询型公关活动模式、社会型公关活动模式、服务型公关活动模式、进攻型公关活动模式、防御型公关活动模式、建设型公关活动模式、维系型公关活动模式、矫正型公关活动模式等。

4. 确定公关传播的媒介

媒介的种类很多，有个体传媒、群体传媒和大众传媒之分。大众传媒又可分为电子类传媒和印刷类传媒。各种传媒各有所长，亦各有所短，只有选择恰当的传媒，才能取得良好的效果。

5. 确定时间

即制定一个科学的、详尽的公关计划时间表。公关计划时间表的确定，应和既定的目标系统相配合，按照目标管理的办法，从最终的总目标、项目目标、每一级目标所需的总时间、起止时间都应列表，形成一个系统的时间表。对活动的起始时间，公关人员要独具匠心，抓住最有利的时机，以取得事半功倍的效果。

6. 确定地点

即安排好每一次活动的地点。每次公关活动要用多大的场地，用什么样的场地，都要根据公众对象的人数多少，公关项目的具体内容以及组织的财力预先确定好。

7. 制定公关预算

为了少花钱多办事，在有限的投入内，获取最大的社会效益和经济效益，就要进行科学的公共关系预算。编制公关预算，首先要清楚地知道组织的承受能力，做到量体裁衣，还可以监督经费的开支情况，评价公关活动的成效。公共关系活动的开支构成大体如下：

(1) 行政开支，其中包括劳动力成本，管理费用，以及设施材料费。

(2) 项目支出，即每一个具体的项目所需的费用，如场地费、广告费、赞助费、邀请费以及咨询费、调研费等。

(3) 其他各种意想不到的可能支出，如突发性事件。

三、分析评估、优化方案

经过认真地分析信息情报，公关人员确定了公关目标，制定了公关行动的方案。但这些方案是否切实可行、是否尽善尽美，这就有赖于对方案的分析评估和优化组合。对公关方案评估的标准只有两条：一是看方案是否切实可行；二是看方案能否保证策划目标的实现。如果方案实施成功的可能性大，又能保证策划目标的实现，方案便可认可；否则，方案便要加以修正优化。

方案的优化过程，是提高方案合理性的过程。方案的优化可以从三个方面去考虑：即提高方案的可行性，增强方案的目的性，降低经费开支。常见的方案优化法是综合法，即将决策出的各种方案加以全面评估，分析其优点和缺点，然后将各方案的优点移植到被选上的方案中，使被选上的方案好上加好，达到优化的目的。

四、审定方案、准备实施

公关策划经过分析评估、优化组合，最终形成书面报告，交给组织的领导决策层，以最终审定决断，准备实施。任何公关策划方案都必须经过本组织的审核和批准，使公关目标和组织的总目标一致，以便使组织的公关活动和其他部门的工作相协调，从而得到决策层和全体员工的积极配合与支持。

公关策划报告能否得到决策层的认可，并最终组织实施，取决于三个因素：一是策划方案本身的质量，这是根本；二是策划报告的文字说明水准；三是决策者本身的决断水平。

决策者在进行决断时，一要尊重公关人员的意见，但不要受其左右；二要运用科学的思维方法，对策划方案和背景材料进行系统的科学分析；三要依靠自己的直觉，抛弃一切表象的纠缠，这种直觉在应急决策时尤其重要。策划方案一经审定通过，便可组织实施了。

案例：青岛啤酒开拓广州市场策划方案

1. 行业背景

中国的啤酒业自改革开放以来得到飞速发展，1980 年以前，白酒占国内饮料市场的 50%以上，处于绝对统治地位。其后啤酒产量迅速增长，到 1997 年，在全部饮料中啤酒已经占到 2/3 的份额，并且产量位居世界第二位，达到 1 888.94 万吨。在整个啤酒业迅猛发展的同时，市场竞争也日益白热化。为适应市场，青岛啤酒在全国范围内寻找兼并对象，扩大企业生产规模。同时，大力开拓国内市场，走出传统高档酒的范围，提出“金字塔式"产品结构，从高到低全方位出击，全面迎合大众消费市场的需要。为开拓全国市场，公司首先把目光投向华南这个全国经济最发达的地区。

2. 广州市场分析

广州地处北回归线附近，全年平均气温10℃以上，气候炎热，是啤酒消费的旺区；另外，广州经济发达，人们生活水平高，购买力十分旺盛，消费潜力巨大，是一片富有潜力的市场。再加上广州所处的区域政治、文化、经济中心地位，对于华南四省有强大的辐射作用，战略地位十分重要。当时，广州市场上的主要啤酒品牌有珠江、生力、蓝带、金威。其中，珠江为市场领导者，几乎占据80%的市场份额。

3. 青岛啤酒营销策略

由于在当前四个细分市场中，竞争对手最少的细分市场是价格在4～5元的中档啤酒市场上，在这一市场上只有蓝带一个品牌，从而可以避免一开始就和珠江啤酒打硬仗。

于是，公司决定先以中档啤酒为切入点。通过推出价位在4～5元之间的青岛啤酒，先占领中档市场的一定份额，并建立起分销渠道，然后再向其他三个细分市场推出产品参与竞争。

4. 促销与渠道

青岛"优质"啤酒进入广州初期，公司的主要力量集中在建立渠道上，未开展针对消费者的促销活动。

建立渠道的方式：以高利润吸引经销商，以"直供"方式打开销路，啤酒只通过两极分销，等规模扩大到一定程度后再发展二级批发商，渠道变为三级。具体做法：公司先在广州各行政区内，每区找1～3名有实力的专门从事啤酒饮料批发的专营商。以高利润调动其积极性来经销"青岛"优质啤酒。同时公司自己的销售员也帮助经销商铺市，挨户访问、说服零售商销售青岛啤酒，将青岛啤酒推向市场。为此公司多次策划针对零售商的促销活动。

经过8个月的时间，大部分零售商基本接受了青岛"优质"啤酒，公司便又发展了一批经销商作为二级批发商，将渠道变为三级。

建成"优质"啤酒的分销网络后，公司利用已有的网络进行分销其他三种啤酒。针对不同的目标市场，在这三种酒推出的最初几个月，公司仍然是用"直供"方式，通过公司的推销员铺市，等大部分零售商接受后，再交由二级商分销。这一时期的工作进展顺利，直供期很快结束，只用了3个月时间就转为二级商分销。

青岛啤酒全面进入市场后，公司开始推出电视广告，拉动起青岛啤酒的消费。

资料来源：中国国际啤酒网. http://www.haicent.com/List.asp? ID=875

第四节　公共关系策划的方法

公关策划的方法很多，这里主要介绍两种常用的方法。

一、创造性思维法

策划活动是一项具有高度主观性和能动性的活动。它要求组织的公关人员必须具有一定的创新思维能力，这样才能策划出独特、新颖的活动方案。因此，创造性思维是公关人员必备的基本素质。常见的创造性思维方法有：

(一) 特尔斐法

特尔斐法又称专家意见法。这是指反复征求意见的一种策划方法。它是将主题内容、目标、要求一并寄给策划者，请其独立完成一个方案，限期收回，再由人专门整理后，以不公布姓名的方式将其寄给专家，继续征询意见。经过几轮如此反复，直到意见趋于集中时为止。

使用这种方法要考虑到两个问题：一是要注意专家代表的选取，尽可能保证代表的结构合理，使专家们的意见具有更大的代表性；二是要注意避免“权威者”左右与会专家的意见，尽可能让大家都有充分发表意见的机会，并不受他人意见的干扰。

(二)“头脑风暴法”

头脑风暴法又称脑力激荡法、畅谈会法，是1939年由美国BBDO广告公司经理奥斯本创立的一种集体策划方法。它是通过一种特殊的小型(5～10人)会议，按照一定的规则和程序，在轻松融洽的气氛中，使与会的专家毫无顾忌地提出各种想法，面对面地互相激励，引起联想，导致创造性设想的连锁反应，从而产生众多的创造性设想，但不允许重复别人的意见，可以补充和发展，也不要对别人的意见提出反驳和批评，且想法越多越好，不受限制。

(三) 灵感诱导法

灵感是一种突如其来的创造性思维的成果，其产生往往要靠外部诱因的出现，即当外部的诱因与个人头脑中隐藏的某个知识信息点相结合时，就会产生灵感，而这种灵感往往会带来好的策划“点子”，从而设计出好的方案。因此，策划人员要善于使用灵感诱导法，发现引起灵感的各种外部诱因，进行自我激发，产生新颖的策划灵感。

(四) 逆向思维法

日常生活中，人们总习惯按正常思维去分析和解决问题。其实，这样扼杀了许多创意的产生。为此，这就需要策划人员要与一般人思维方式不同，要善于运用逆向思维方法来思考问题，以找到出奇制胜之道。而这也是策划中常用的一种方法。

案例：在意大利有一个琴德餐馆别出心裁地想出一个由顾客自定价格的经营方式。店主将餐馆经营的菜肴、点心、饮料等分成五、六种一套，每种套餐分别规定五种价格，由顾客自己认付。实际情况如何？据老板介绍，大部分顾客都付一、二等价格的，因为去餐馆就餐的顾客，认为自定价格偏低，有失体面。只有当顾客对餐馆的菜肴感到不合口味，或遇到质量不好，才赌气付三等价钱。老板认为，让顾客自定价钱，一方面可招来顾客；另一方面可以根据顾客付款情况来反馈自己的服务质量，以便改进经营，提高菜肴制作水平。

资料来源：姚凤云. 创造学理论与实践. 北京：清华大学出版社，2006.

(五) 联想思维法

所谓联想思维，就是根据当前感知到的事物、概念或现象，想到与之相关的事物、概念或现象的思维活动。在公关策划中，当我们为某个问题所困扰的时候，也可以受某一事物的启发而想到另一事物。我们通常说的由此及彼、举一反三就是指的这种情形。一个成功的公关策划，总是经过细致的素材加工和形象塑造，利用事物之间的内在联系，用明晰巧妙的象征比拟的表现手法，来激发公众有益的联想。即通过"言传"而达到"意会"的效果，从而丰富公关策划的内容，加强公关活动的深度和广度。因此，在公关策划中，有意识地增强策划唤起公众联想的效果，是一种不可缺少的思维策略。在公关策划中，运用联想提高策划效果的方法很多，可以用公众熟知的形象，来比喻企业产品的形象或特长；可以使用言简意赅、寓意善良的词语，创造深入浅出，耐人寻味的意境，暗示企业的服务将给公众带来的方便；也可以通过画面把企业产品的优劣、改进的情况、使用前后的不同效果等加以对照、比较，使公众对其产生信任感；还可以把公关活动寓于文艺形式，通过艺术加工营造一种情调，诱发公众的丰富想象等。

案例：武汉某主要街道上的一家小副食店，店主为了把从门前经过的客人留住，就在门口放了一把自行车打气筒，并在黑板上写着："免费打气，用完后请放回原处"。于是，每天都有许多上下班从这儿经过的人在此给自行车打气，久而久之就形成了习惯，人越来越多。一把打气筒不够，店主就又加了一把。该店每日的销售额也比过去增加了30%。打气筒和副食店没有任何相关之处，而以用打气筒给行人提供方便从而又"留住"顾客的创意，就是使看似毫不相关的东西有机地相关了，从而达到了提高销售额的目的。在这里，店主在副食店和顾客之间增加一个相关的条件，便起到了很好的营销作用。他运用的就是联想思维法中的相关联想思维法。

资料来源：姚凤云. 创造学与创新管理. 北京：清华大学出版社，2010.

二、制造新闻法

制造新闻既是一种传播技巧艺术，也是公关策划的一种方法。制造新闻法是指社会组织或个人在尊重事实，不损害公众利益的前提下，有目的地策划、组织、举办具有新闻价值的活动，制造新闻热点，争取报道机会，通过新闻媒介向社会传播，以达到吸引公众注意，扩大组织知名度和影响力的目的。

案例：日本一家咖喱粉公司的创举

日本一家生产咖喱粉的公司准备推出一系列以绿色环保为主题的活动，但直接推出，效果肯定不佳。于是，公司请来记者，宣称自己要租用直升机把洁白的富士山用咖喱粉将其染黄。记者听闻大惊，便大篇幅报道此消息。随后媒体关注，读者、观众关注，使得该企业成为社会焦点、热点。一个星期后，该公司又召开记者招待会，宣布放弃原计划，把钱投在绿色环保改造和相关活动上。媒体对此大加赞扬，大篇幅报道。这实际是企业的一次新闻制造。倘若不是企业的这个策略，媒体肯定不会把它当做重要的事情来报道的。现在这样一设计，便形成了轰动效应，收到了奇效。

资料来源：百度文库. http://wenku.baidu.com/view/f811968202d276a200292e20.html

本章小结

本章分四节进行论述。第一节公共关系策划的作用和原则，首先论述了公共关系策划的含义，而后阐释了公共关系策划的作用，最后论述了公共关系策划的原则；第二节公共关系策划的要素，先后介绍了公关调查、策划目标、策划者、策划对象、策划方案、效果评估等公共关系策划的要素；第三节公共关系策划的内容与程序，先后阐释了综合分析、寻求理由，确定目标、制定计划，分析评估、优化方案，审定方案、准备实施等公共关系策划的内容与程序；第四节公共关系策划的方法，首先介绍了创造性思维法，而后介绍了制造新闻法。通过本章的学习，能掌握公共关系策划的理论和实操知识，以便在实际公关活动中，更好地进行公共关系策划程序，促使公关活动取得较好的效果。

自　测　题

关键名词

公共关系策划

思考训练题

1. 谈谈公共关系策划的作用。
2. 公共关系策划应遵循哪些原则？
3. 公共关系策划有哪些要素？
4. 谈谈公共关系策划的内容与程序。
5. 公共关系策划的创造性思维法有哪些？
6. 制造新闻应遵循哪些原则？

巨星“百事”精彩“可乐”

今夏在大型商场，百事可乐摆出强大的阵容，展开公共关系、宣传、广告、促销攻势，赢得了年轻族消费者的青睐。

在现场我们看到促销专柜是一个大型百事可乐易拉罐造型，背景是醒目的百事可乐新形象标志，百事可乐、美年达、七喜三大百事系列产品方阵更是气势非凡，与巨星背景大招贴，POP挂旗、宣传画、促销礼品模型，构成一道亮丽的风景线。促销专柜前人头攒动，参加百事促销活动的消费者络绎不绝，真可谓“风景这边独好”。

今年百事可乐整个营销活动的主题是“百事音乐巨星赏”，其主要目标是成为“新一代的选择”。百事可乐与香港天王郭富城、天后王菲、国际巨星珍妮·杰克逊、瑞奇·马丁签约，成为百事可乐的形象代言人，其主要目标直指时尚年轻一族，欲在新一代中建立一种新的生活观念，根植“百事可乐”全新的精神境界，使“百事可乐”成为“新一代的选择”。而且把时代巨星、时尚音乐、广告策略、促销活动有机地进行整合，统一形象、统一组织、统一传播，形成极具攻击力的百事可乐大营销活动。

“能虏获你的心的品牌就能促成行动，能虏获你的感情的品牌便能得到青睐”“心动不如行动”“每天喝杯×××”，这些带有强迫式的传播方式，声音杂乱，传播组织缺乏统一性，这样，很难取得真正的市场效应，更谈何创新市场巩固市场。

当然，百事可乐今年适逢良机：“可口可乐”的比利时事件的影响，中国可乐还未能站稳脚跟，并及时展开有效的品牌推广，而百事可乐则以时尚色彩、时尚音乐、时尚活动，再次掀起可乐市场风暴，尽展百事巨星风采。

资料来源：张岩松等. 实用公共关系. 大连：大连理工大学出版社，2012.

问题：

1. 通过上面的案例，分析百事可乐此次策划成功的原因。
2. 本案例对你还有哪些启发？

第十一章

公共关系实施

学习要点及目标

通过本章的学习，了解公共关系实施的含义和作用，明确公共关系实施的特点、原则和要求，了解公共关系实施准备的相关问题，了解公共关系实施管理的相关问题。通过学习，系统掌握公共关系实施的理论和实操技能。

引导案例

案例：汉堡包公共关系活动的效应

1971 年，美国的汉堡包通过一项公共关系策划方案的实施，得以远涉重洋，“登陆”日本。这次成功的公共关系的实施，不仅使日本民族两千多年以来吃米、吃鱼的习惯发生了变化，而且使日本民族进餐的方式有了改变。以往日本人习惯于端坐桌旁用筷子吃饭，吃汉堡包却可以用手抓着吃，可以边谈边吃，也可以边走边吃，忙碌时甚至可以边工作边吃。这一进餐方式的变革由于适应了日本民族快节奏的现代生活而为日本人民所接受。由此可见，一项公共关系实施所产生的影响和作用往往不局限于计划本身所制定的目标，还会对整个社会进步产生推动作用。

资料来源：[德]艾尔布，莱特·罗赛切. 品牌背后的故事. 黎晓旭，译. 桂林：广西师范大学出版社，2006.

第一节　公共关系实施的特点和原则

正确地策划具有创意的公共关系方案固然重要，但更重要的是将公共关系方案付诸实施，才可能真正产生效用。公共关系实施是在公共关系方案确定后，将方案所确定的内容变为现实的过程。它是整个公共关系工作的中心环节。

一、公共关系实施的含义和作用

公共关系实施就是在公共关系方案被采纳确立之后，将其设计的工作内容付诸实施的活动过程。

公关实施是将公关策划变为实际行动的过程，主要是对自己计划的检验和修正的过程。公共关系策划是公共关系工作过程的先导，而公共关系实施乃是整个公共关系活动的中心和关键环节。因为,策划是对未来行动的一种预见和设想,只有经过努力,将它转变为现实,才有实际意义,否则,只是一纸空文。因此,公关实施将更为重要。

公共关系实施决定了公共关系策划创意能否实现,以及实现的程度和范围。有效的公共关系实施,不仅能执行策划创意,而且能创造性地修改和弥补策划的不足。这时候的实施活动,表现为实施人员能够选择最有效的实施途径和手段、方法和技巧。失败的公共关系实施,不仅不能试验策划创意,有时候还可能使策划方案中想要解决的问题更加恶化,甚至完全与目标背道而驰。从这个意义上说,实施这个环节不仅决定了策划创意能否实现,而且也决定了策划创意实现的效果。

二、公共关系实施的特点

(一) 实施效应的联动性

一项公共关系策划方案涉及众多的因素和变量,它会对各类公众产生广泛的影响。然而,只有在计划实施后这种影响才能真正地体现出来。公共关系实施所产生的联动影响主要表现在以下两个方面:首先,计划的实施会对众多的目标公众产生深刻的影响。一项公共关系策划方案成功实施后,常常会使该社会组织的异己力量变为自己的合作者和支持者。即使有时不能令目标公众的立场发生彻底的转变,也会使其在观点、态度等方面产生不同程度的变化。至少也可以令目标公众从对社会组织的负态度(敌视、偏见、漠然、无知)向正态度(了解、理解、感兴趣、支持)方向有所转化;其次,公共关系策划方案的实施有时还会对整个社会的文化、习俗产生深刻影响。

(二) 实施过程的动态性

公共关系实施是由一系列连续活动构成的过程,是一个思想和行为需要不断变化、不断调整的过程。这是由于,一方面,一项公共关系策划方案无论制定得多么周密、具体和细致,无法避免与实际情况存在一定的差异;另一方面,随着时间的推移、实施的进展、环境的变化,实施过程中仍会遇到一些新情况和新问题。因此,不断地改变、修正或调整原定的实施方案、程序、方法、策略等则是实施活动中不可避免的正常现象。这种现象的出现说明计划实施正处于顺利状态,并非在实施计划中有随意性。如果不考虑社会环境的发展而引起的条件变迁,却按一个固定的模式去机械地“执行计划”,那就不仅不能实现自己的计划目标,反而会给组织自身招来新的麻烦。讲实施过程的动态性,并不意味着实施人员可以随意以一些无关大局的变化为借口而不按原计划去实施。公共关系实施的动态性与实施人员的主观随意性不可混为一谈。

(三) 实施活动的创造性

由于计划的实施是一个不断变化和需要调整的动态过程,实施者需要依据整个实施方案中的原则和自己所处的环境、面临的条件确定自己的实施策略。例如,准确地选择传播渠道、媒介与方法,合理地选择时机,正确地分配任务,灵活地调整步骤等。公共关系实施的过程绝不是一个简单的照章办事的过程,而是一个由一系列不同层次的实施者发挥主观能动性的过程。实施人员应该充分地发挥自己的积极性、主动性和创造性。从这个意义上说，公共关系实施的过程也是一个对原计划进行艺术的再创造的过程。

案例：转给你看

20世纪80年代初，南京长江机器制造厂开发出一种蝙蝠牌电扇。当时，在我国的电风扇市场上，已有3 000个生产厂家在激烈竞争。蝙蝠牌电扇较之其他名牌产品来说，还是一个“小字辈”。它还没有参加全国性的质量评比活动，消费者对它也很陌生。在这种情况下，如何使蝙蝠牌电扇迅速打开市场，在消费者中建立起自己的形象呢？该厂有关人员经过认真分析与研究，认为如果采取常规的实施手段，如在媒介上大做广告或派推销人员直接去全国各地进行推销，恐怕即使花上很多的宣传费用也很难奏效。于是，他们决定采用出奇制胜的战术，打破常规，别出心裁地租用了南京一家比较大的商场橱窗，让蝙蝠牌电扇在橱窗里昼夜不停地运转，并在橱窗内醒目地写着：“自1981年4月10日起连续不停地运转，请您计算一下，现在已经运转了多少小时。”这种旨在“转给你看”的传播方式，立刻吸引了许多消费者的注意。当他们发现这台电扇确实昼夜不停地运转而没有中断时，对蝙蝠牌的质量也就确信无疑了。很快，蝙蝠牌电扇首先占领了南京市场。随后，南京长江机器制造厂的有关人员对这次宣传活动进行了认真的总结。他们认为，要想使蝙蝠牌电扇在其他城市树立形象，建立信誉，也应采取同样的宣传攻势与手段。于是，他们又在全国其他城市如法炮制，如在广州租用了一家有名的市场的橱窗，在北京的西单百货商场也租用了一个橱窗，让蝙蝠牌电扇夜以继日地转动，以引起消费者的注意。后来，蝙蝠牌电扇果然成为家喻户晓、备受消费者青睐的名牌产品。

资料来源：精品课程.公共关系.http://gggx.lszjy.com/Article/jakj/bzja/201111/232.html

三、公共关系实施的原则

公共关系实施是一个复杂而科学的过程，客观上需要有一套科学的实施原则做指导。公共关系实施原则是公共关系实施的工作准则，是公共关系人员在错综复杂的实施环境中排除各种困难，完成公共关系实施各项工作，实现公共关系目标的成功法则。

(一) 目标导向原则

目标导向原则要求公共关系人员在公共关系实施过程中，要保证不偏离既定的公共关系目标，不断将实施结果与目标要求进行对照，发现差距要及时努力调整。在实施过程中，由于环境的变化，需要对公共关系策划方案作一些调整，但这些调整不能改变原来的目标，否则就要重新制定公共关系策划方案。

(二) 准备充分原则

实施准备是公共关系实施成功的基础和前提条件，在实施公共关系策划方案之前，必须做好各种实施准备。准备越充分，公共关系实施就越顺利，失误就越小。在公共关系实施之前，要用足够的时间做好各种准备工作，确保万无一失。

(三) 控制进度原则

在公共关系实施过程中应根据整个公共关系策划方案和目标的需要，按照一定的程序，掌握工作的进展速度。由于公共关系人员的分工不同，能力差异，环境影响，在公共关系实施时，会出现进度快慢不一致的情况，有时会造成工作的脱节。控制进度，就是要使工作同步协调，防止超前或滞后情况的发生，使各项工作内容按计划协调、平衡地发展，并确保按时完成。实施计划过程中要做好预测和及时发现各种可能影响实施工作进度的因素，针对关键原因采取有效的预防和应急措施。

(四) 整体协调原则

在公共关系实施中，要使工作的各个方面，达到和谐、互补、配合、协调的状态，相互间不产生矛盾，一旦出现矛盾，就要及时协调。这样才能提高工作效率，减少或杜绝人力、物力和财力的浪费，保证公共关系实施的同步与和谐，提高工作效率与效果。

(五) 反馈调整原则

由于公共关系实施的环境和目标公众是复杂多变的，在实施过程中，必须不断地把公共关系实施的结果与策划方案的目标相对照，发现偏差，及时对方案、实施行动和目标作出相应的调整。在计划实施阶段，这种反馈调整始终不断地进行着，直至计划目标的实现。

四、公共关系实施的要求

要使公共关系实施真正达到预期效果，在实施过程中应达到以下几点要求：

(一) 有效地排除实施中的障碍

虽然公共关系策划经过认真论证，但在实施过程中也难免遇到这样那样的障碍，这些障碍有内部的也有外部的，有主观造成的也有客观造成的。正视种种障碍并采取有效的措施予以排除，才能保证计划的有效实施。影响公共关系实施的障碍主要有以下几个方面。

1. 主体障碍

这类障碍主要产生于实施主体自身，包括组织的人员素质、管理水平、计划与论证存在问题与失误等，从而造成公关目标障碍、公关创意障碍、公关预算障碍等。这些障碍将会直接影响到实施的效果和目标的实现。

2. 沟通障碍

公关方案的实施目的在于实现组织和公众之间的双向沟通。但在沟通过程中有不少障碍因素，例如，语言障碍、习俗障碍、观念障碍、心理障碍、组织障碍等。这些障碍都会影响信息传播的真实性，使组织无法顺利实现与对象公众的沟通。

3. 环境障碍

公共关系实施环境障碍来自于实施环境的各种制约因素、对抗因素、干扰因素。这些因素会从正面(促进)和反面(制约)影响着实施工作的开展。

(二) 及时妥善处理实施过程中的突发事件

对公关方案的实施干扰最大的莫过于重大的突发事件。如果组织不能及时妥善地处理,不但使整个方案无法实施,甚至会给组织带来巨大的危机。产生突发事件的原因有多种,但不论何种原因导致的突发事件,最关键的做法是应当保持头脑冷静,防止感情用事,认真剖析原因,正确选择对策,把对组织形象的损害降到最低。

(三) 正确选择方案实施时机

正确选择时机是提高公关方案成功率的必要条件。如果在方案实施过程中,对于时机进行精心选择与安排,整个公关方案将会借助于恰当的时机而收到良好的效果。一般来讲,在实施公关方案时,正确选择时机应注意把握以下几点。

(1) 要避开或者利用重大节日。凡是同重大节日没有任何联系的活动都应避开节日,以免被节日活动冲淡。凡是同重大节日有直接或者间接联系的公关活动则可考虑利用节日烘托气氛,扩大公关活动影响。

(2) 要注意避开或者利用国内外重大事件。凡是需要广为宣传的公关活动都应避开国内外重大事件,以免被重大事件所冲淡。凡是需要为大众所知,又希望减小震动的活动则可选择重大事件发生之时。

(3) 避免在同一天或同一段时间里同时开展两项重大的公共关系活动,以免其活动效果相互抵消。

第二节 公共关系实施准备

一、制定公共关系实施方案

公共关系实施方案又称为公共关系技术文案或公共关系策划的实施文案,其核心是策划与创意的具体操作方法。同样的策略、创意,不同的操作方法可能产生不同的效果。因此,公共关系实施方案也需要进行精心策划与设计。

(一) 实施工作项目与内容

一项公共关系策划的实施,往往要做多方面的工作。我们把“一个方面的工作”叫作一个工作项目,这是一级工作项目。一级工作项目又可以分解为若干个二级工作项目,二级工作项目同样可以分解为若干个三级工作项目……直到不能再分解为止。我们把不能再分解的工作项目称为工作内容。

(二) 实施工作要求与方法

公共关系实施工作要求是指各项公共关系实施工作内容的操作目标、原则和注意事项，它对具体工作方法设计和实际工作过程具有重要的指导作用。因此，在公共关系实施工作内容设计完成后，就要对每项工作内容提出工作要求，根据这一要求设计具体工作方法，即对每一个具体的工作内容提出具体的操作方法。

公共关系实施工作方法的设计要符合以下原则：

(1) 工作方法的设计要具体、仔细，工作量要小，尽量简单，具有较强的可操作性。

(2) 工作方法的形象要好，成本要低。

(3) 完成工作任务和实现策划要求的可靠性要高。

(4) 必要时进行多种方法组合，有利于增加完成工作任务的把握度。

(5) 要为有风险的操作方法设计备用方法，确保万无一失。

(6) 工作方法要符合目标公众心理，符合政策法律和各种风俗习惯、伦理道德。

从理论上讲，完成一项工作任务的具体方法很多，但实践中可以寻找的方法却是有限的。要深入调查分析各种制约因素，针对目标公众心理，寻找和策划出多种工作方法，反复比较论证，从而确定能圆满完成工作内容、达到甚至超过工作目标的相对最佳的工作方法。

(三) 实施工作时间与流程

在完成了公共关系实施工作内容、工作方法的设计后，紧接着要对实施时机、工作进度和各项工作之间的配合关系进行策划和设计。

1. 公共关系实施时机

在现代社会，时间就是金钱，时间就是生命，时间就是效率。不善于利用时机，事后即使投入更大的精力，也无法收到良好的公共关系实施效果。

一项公共关系策划的实施，往往有若干项工作内容，其中与公众发生关系的工作内容的实施开始与结束的时间特别重要，必须准确把握，科学决策。

公共关系实施的最佳时机，有时表现为一时一刻，有时表现为一个较长的时间段，如几日、几周甚至几个月等。这些时机，有的是日常性的，有的是固定的，而有的则具有偶然性。往往较好地把握公共关系实施的最佳时机将会取得事半功倍的效果。

2. 公共关系实施流程

公共关系实施各项工作内容之间存在一种客观的分工和协调关系。只有合理的分工，有机的协调，才能确保各项工作的顺利完成。我们把公共关系实施各项工作内容之间的衔接、协调和配合关系及其有机组合的过程称为公共关系实施流程。它反映了各项工作之间的一种内在联系规律，是公共关系实施作为一项系统工程的体现。

公共关系实施流程中的时间衔接、分工协调和有机组合最好通过流程图来表示，并配以文字说明，对各项工作之间的协作关系、责任关系进行规定，必要时形成一种制度，一定要预防发生彼此责任不清、相互扯皮等情况，否则将严重影响实施工作进度。

(四) 实施工作机构及人员

所谓公共关系实施机构，是专为完成某一项公共关系任务、实施公共关系目标而建立的组织。一般应按照精简、统一、节约、效能的原则来构建公共关系实施机构。以领导中心机构为核心，下设相应的执行、反馈等机构。确保将每一项工作内容落实到具体人员。一项工作内容安排两个以上的人员操作时，要确定一个负责人，并进行相对分工。一个人负责多项工作时，要考虑工作之间的内在的联系，使其运作起来更加高效、方便。

二、公共关系实施的准备工作

公共关系实施是对策划方案进行具体操作与管理，实践操作性比较强，因此在公共关系实施前，需要做好各方面的准备工作，主要有以下几个方面：

(一) 人员培训

对相关工作人员进行培训，使他们不仅明确活动的内容、意义、作用、目的和要求，明确自身的工作与责任范围以及相关的工作纪律、考核标准和奖惩办法，还要掌握活动所需要的知识、方法与技能，在工作能力和心理状态方面都做好准备。

(二) 财物准备

根据方案要求，购置或租赁相关物品和材料，一般包括音响器材、摄影摄像器材、交通工具、场地布置物品、宣传材料等。

(三) 对外联络

注意与新闻传播媒介等外部公众的联络，预先确定、邀请活动所需邀请的嘉宾人员，及时将活动安排和宣传计划告知新闻媒体，并提前联系相关的采访、报道、刊登和播放事宜；提前到相关政府部门办理活动所需要的公务报批手续。

(四) 实施试验

在公共关系实施方案实施之前，有必要的时候需将实施方案在一个典型的、较小的公众范围作一些试探性试验，目的是验证各项工作内容的操作方法，取得实施经验。通过试验，针对实施障碍和实施方案的不足，修改、调整、完善公共关系实施方案。这也是公共关系实施方案的实践性论证和修改的过程。

案例：美国平等生活保险公司的公关活动

美国平等生活保险公司在策划保健教育宣传的公关活动时，严格遵循统一性的策划要求，及时调整策划过程的程序和步骤。最初，保险公司策划在全国范围内发行一种预防共同性疾病的小册子。但是，他们通过国家公共保健局了解到，50%以上的学龄儿童已经进行了流行病的防疫，而社会人口中的中下层社会群体却严重地存在着对疾病预防漠不关心的问题。这群人生活范围狭窄，文化素养较低，很难进行沟通。于是，保险公司决定改变原来的设想，将原先长篇宣传文章改编成文字活泼通俗，并附有详细图解的小册子，为新的目标公众服务。此后，他们先印刷了140份，在一个居民区散发，进行摸底，了解公众的反应。结果，多数公众表示对这一宣传手册没有能力接受。于是，他们又一次请专业通俗文学作家将文字缩减到 3 000～5 000 字，使之更通俗、更浅显易懂，从而符合这些公众的欣赏水平，最终使这次宣传策划获得成功。

由此可见，一项精心策划的公共关系活动方案要经过实施过程的检验，并在实施过程中不断调整，才能取得预期效果。

资料来源：精品课程-公共关系. http://gggx.lszjy.com/Article/jakj/bzja/201111/232.html

第三节　公共关系实施管理

一、公共关系实施的控制原则

公共关系实施管理的重要职能就是对实施过程进行控制。公共关系实施控制是一个复杂、敏感的过程，失控固然是大忌，然而不科学的控制同样会导致严重不良的后果。有效的公共关系实施控制必须坚持以下原则：

(一) 激励原则

所谓激励原则是指控制必须是将压力变为动力，激发被控制者最大的责任心和工作热情，并实现自我控制。这种控制要求形成上下必要的思想交流，加强宣传教育工作，让每一个实施人员深刻理解达到控制标准的重要性，积极主动地完成任务。

(二) 责任原则

该原则要求必须界定公共关系实施各岗位、各人员的责任与权力，防止职责不清。职责不清、分工不明，控制就失去了明确的对象，控制的职能也不可能实现。

(三) 客观公正原则

所谓客观，就是不能仅凭个人的判断、经验而主观地去对照、测度实施情况，要尽可能用客观的事实和数据说话。所谓公正，就是不能凭个人的情感、好恶来评价他人，控制面前人人平等。

(四) 控制点原则

公共关系实施的控制点是指实施中的关键点，这是最容易出现偏差的部位，或者是出了偏差对整体影响较大的部位。所谓控制点原则就是对控制点进行重点控制的原则。面面俱到的泛泛控制，没有重点，后果是控而无效，或者是虽然有效，但控制成本太高。

(五) 及时准确原则

这是指公共关系实施过程中联络渠道畅通，各种信息能够迅速准确的上传下达，坚决杜绝信息失真、传达延误。尤其是在实施过程中发生重大突发性事件，信息传达不及时准确，将造成重大损失。

(六) 弹性原则

弹性原则是指公共关系实施控制必须具有较强的适应性和应变能力。公共关系实施环境复杂多变，许多实施条件本身就富有弹性，因此，控制标准要有合理的余地，在纠正偏差时也不要走“极端”、“绝对化”，只能追求相对满意的结果。在公共关系实施控制中，不存在绝对最优。

二、公共关系实施的管理内容

公共关系实施过程管理是对实施中的各要素及其阶段性实施目标进行管理。在一项具体的公共关系实施中，要分析各种实施要素在实施中的重要性，将最重要的要素进行重点管理。

(一) 人员管理

在人员管理中，一方面要借助相应的规章制度和激励手段去调动人们的工作热情和积极性，监控他们的工作方法、质量；另一方面要通过明确合理的分工安排及合作竞争并行的机制提高工作效率，努力营造团结、和谐、有效的工作氛围。

(二) 沟通管理

沟通是一个包括纵向沟通与横向沟通在内的综合的、多层次的过程。在现代社会，每个人不断地受到各种各样大量信息的冲击与影响。但同时，每个人也以书面的、口头的、动作的形式，向外传递自己的知识、经验、观点等信息，向外界施加影响。这种相互影响，交织在一起的信息潮流，一方面促进了沟通；另一方面对沟通又形成干扰，使沟通出现障碍。

沟通障碍主要有政治障碍、经济障碍、语言障碍、文字障碍、文化习俗障碍、年龄障碍等。因此，在公共关系实施中，一定要认真研究目标公众的生活方式、价值标准、利用大众传播媒介的习惯等，尽量避免主客观的干扰因素，并及时针对障碍产生的原因进行疏通，努力消除不良影响，使信息完整、客观、清晰地传递给接受者。

(三) 进程管理

1. 时机与进度控制

主要处理计划进度和实际进度、时间进度和工作任务进度的关系，流程控制、时间衔接、操作时机的掌握问题，还有影响进度的因素了解与掌握。

2. 资金物品管理

公共关系实施中随时需要经费开支和摄影、音响、通信器材和交通工具等各种物品器材的使用，因此涉及成本控制和物品管理工作。一般来说，应安排专人负责并及时登记在册以便有账可查，既要保证供给公共关系实施的需要，充分发挥财物的功效，又要避免不必要的损坏、遗失和浪费。

3. 突发危机事件控制

在公共关系工作中可能会发生严重阻碍活动实施并影响组织形象的突发事件，公关人员应预先准备危机管理方案，并密切注意实施过程中是否存在各种矛盾和不协调因素，如实施环境有无障碍因素，新闻传媒有无不利报道，工作方法是否存在较大的风险，竞争对手有无对抗行为等，并及时加以化解与调整，以免情况恶化。

本章小结

本章分三节进行论述。第一节公共关系实施的特点和原则，首先论述了公共关系实施的含义和作用，而后阐释了公共关系实施的特点，接下来论述了公共关系实施的原则，最后指出了公共关系实施的要求；第二节公共关系实施准备，首先介绍了如何制定公共关系实施方案，如实施工作项目与内容、实施工作要求与方法、实施工作时间与流程、实施工作机构及人员等，而后介绍了公共关系实施的准备工作，即人员培训、财物准备、对外联络、实施试验等；第三节公共关系实施管理，首先阐释了公共关系实施的控制原则，而后介绍了公共关系实施的管理内容。通过本章的学习，能更好地认识公共关系实施的理论和实操知识，以便更好地进行公共关系实施程序，促使公关活动取得较好的效果。

自 测 题

关键名词

公共关系实施

思考训练题

1. 公共关系实施具有哪些特点？
2. 公共关系实施应遵循哪些原则？
3. 谈谈公共关系实施的要求。
4. 怎样制定公共关系实施方案？
5. 公共关系实施应做好哪些准备工作？
6. 简答公共关系实施的控制原则。
7. 谈谈公共关系实施的管理内容。

案例：事与愿违

某大型商场开业在即，为使企业开业伊始便有较高的知名度，企业策划了一个别出心裁的活动，以期引起当地媒体的关注。开业当天，在商场外搞抛发礼券活动，每张礼券500元，共抛售1 000张。活动当天，先后有数万人参加了争抢礼券活动。受活动影响，商场周围交通被迫中断，结果导致市政当局和部分市民的不满。同时，活动本身秩序失控，导致一些人被挤伤。对此，当地几家媒体对活动所带来的问题进行了报道。尽管活动的开展客观上使企业有了知名度，但知名度带给企业的却是企业不希望看到的结果。

资料来源：张岩松等．实用公共关系．大连：大连理工大学出版社，2012．

问题：

1．公共关系实施中应注意哪些问题？

2．用所掌握的公共关系知识对该商场的开业活动加以评析。

第十二章

公共关系评估

通过本章的学习，明确公共关系评估的含义、目的和意义，认识公共关系效果评估的主体，了解公共关系评估的内容和方法，了解公共关系评估的程序，了解撰写公共关系评估报告的原则与要求、内容、格式和注意事项。通过学习，系统掌握公共关系评估的理论和实操技能。

案例：华润置地圣诞公关活动的分析评估

背景资料

2010 年华润置地将圣诞节作为提升企业品牌形象的契机，为青岛圣诞献上温馨礼赞，斥资百万元邀请千名圣诞老人为青岛打造非常圣诞，12 月 24 日至 26 日岛城将出现“千位圣诞老人，万份圣诞大礼，百万圣诞祝福”的盛大场面。

步骤一：圣诞集结号

圣诞大巡游自 12 月 24 日上午 11 点集结号启动，千位圣诞老人出现在五四广场，为岛城市民带来国际圣诞问候——把最好的献给青岛，并现场赠送数百份圣诞大礼。

步骤二：圣诞大巡游

步骤三：圣诞精彩期待您的参与

立得圣诞——圣诞老人还将使用拍立得相机为市民现场拍下快乐瞬间，市民可与圣诞老人或圣诞道具合影留念，将照片送给大家。

邮箱圣诞——圣诞老人在每个巡游地点派发上千张带邮资的华润明信片供市民们填写对朋友或家人的祝福。市民们可以将填写好的明信片投入“圣诞邮箱”，随后由华润工作人员负责统一寄出。

福袋圣诞——圣诞老人向市民们派发精美的“华润福袋”，里面装有华润为大家精心准备的圣诞礼物，圣诞礼物精美实用。

气球圣诞——圣诞老人在每个巡游地点向市民们派发近万个心形气球，让整个城市都弥漫着华润带来的圣诞气氛。

show 圣诞——在每个巡游地点都有数名圣诞老人进行圣诞表演，如圣诞老人围圈跑、圣诞造型秀等。

2010 年 12 月 24 日至 26 日，青岛香港中路街头出现上千名“圣诞老人”，身着盛装，手握摇铃，笑容亲切，向路过的行人派发各式各样的圣诞礼物，这样大规模的圣诞全民狂欢活动在青岛尚属首例。在活动的三天时间里，每天上午 11 点到下午 5 点，三组圣诞老人都会沿三条路线边游走边狂欢，所到之处无不吸引众多市民驻足围观，大家踊跃领取礼物并以拍立得摄影留念，青岛多家媒体对此事进行正面报道。华润置地此举不仅为青岛增加了节日喜庆气氛，并且创造了青岛圣诞的新玩法，让青岛尝试世界繁华城市的圣诞庆祝方式，让全城同时沉浸在圣诞节欢乐的海洋中。此次活动创造了青岛圣诞庆祝活动规模之最、地产活动投放资金之最、地产庆祝活动持续时间之最等多个新纪录。

资料来源：精品课程-公共关系. http://gggx. lszjy. com/Article/jakj/bzja/201111/233. html

第一节　公共关系评估的意义和主体

一、公共关系评估的含义、目的和意义

公共关系效果评估，就其科学性而言，指的是有关专家或机构依据某种科学的标准和方法，对公共关系的整体策划、准备过程、实施过程以及实施效果进行测量、检查、评估和判断的一种活动。公共关系评估是对整个公共关系活动全过程的评估，也是对公共关系活动的每一阶段、每一项目的考核评价。它可以伴随着公共关系工作的进展，根据要求随时评估。

公共关系效果评估的目的是取得关于公共关系工作过程、工作效益和工作效率的信息，作为决定开展公共关系工作、改进公共关系工作和制定公共关系新计划的依据。

公共关系评估在整个公关计划实施过程中都具有重要作用。评估控制着公关实践每个活动及环节。

当今时代，无论是国内还是国外，无论是传统产业还是高新技术产业，都对作为建立和维护良好声誉的公共关系学科提出了新的更高的要求。美国雷金斯·麦肯纳在为杰弗里·摩尔的《未来飓风——高新技术产品营销策略》一书作序时强调：“市场营销要重新改变策略，要将重点从‘售货’转移到建立‘公共关系’上”，“市场关系的核心是建立和维护与所有建立高新技术市场的成员的公共关系”。在被世界营销与公共关系学者公认的科学的公共关系工作程序中，公共关系效果评估是不可或缺的重要步骤和环节。

现在，公共关系在我国得到了前所未有的发展，取得了空前的地位。尽管如此，就目前国内外的研究情况看，公共关系效果评估在理论和实践两方面都还存在着一些值得深入探讨的问题。对这一领域问题的探讨，具有很强的理论意义和现实意义。

二、公共关系效果评估的主体

所有的公共关系工作都离不开主体的参与。公共关系效果评估的主体就是评估人。

(一) 对评估人的界定

评估人是公共关系评估工作的主体，是指谁来对公共关系工作进行评估。评估人必

须是具备一定资格或条件的人。其包括参与公共关系绩效评估工作的个人和建立起的相应组织。在公共关系效果评估工作中，评估人的确定宜早不宜迟。一般来说，活动实施之前必须确定评估人员。这样，既可以让他们更早地进入角色，又可以使他们尽可能全面地了解公关工作的整体过程，从而得出更客观、全面的评估报告。评估人一般包括：

1. 公共关系活动的主办者

他们是公共关系活动的组织者、策划者或实施人员。他们是从当事人自我的角度总结自己的工作做得怎么样。

2. 公共关系活动中的公众

他们全程参加了需要评估的公共关系活动。他们是从活动参与者的角度评价公共关系活动的组织者、策划者或实施人员的工作效果。他们的评价往往是一种“体验”。

3. 公共关系专家

他们主要来自专业公共关系公司、研究所或高等学校的公共关系专家、教授。他们是专业的公共关系“评估师”。他们往往从公共关系“专业”的角度评价活动本身的绩效，带有更“科学”与“理性”的特点。

(二) 专家在评估小组中的任务

当我们把开展公共关系评估工作的小组看成是一个整体时，评估小组也是一个“评估人”。在公共关系工作实践中，通常的做法是组成专门的评估小组。由该小组来进行公共关系工作绩效评估。在评估小组中，专家通常担任组长或副组长的职务。其主要任务有：

(1) 组织、指挥、监督评估工作。

(2) 培训评估小组全体成员。

(3) 把握用于评估的统一标准和尺度。

(4) 指导、解决评估小组成员在评估工作中遇到的各种问题。

(5) 认定和解释评估报告。

(三) 对评估人的基本要求

1. 客观中立

这是评估人最基本的特点。无论评估人来自哪个单位或领域，都必须保持中立的态度、客观的立场。

2. 认真负责

公共关系绩效评估涉及对过去工作的评价，更涉及评估结论的运用与推广。认真负责是评估人必备的素质。

3. 遵从规范

公共关系评估工作不能有太大的随意性，它需要评估人遵守事先确定的评估原则和规范。

4. 讲究道德

公共关系工作评估人员必须讲究公共关系职业道德。从《国际公共关系道德准则》和《中国公共关系职业道德准则》看，公共关系职业道德的基本内容包括：敬业爱岗，忠于职责；廉洁奉公，遵纪守法；坚持原则，处事公正；求真务实，勤奋高效；顾全大局，严守机密；维护信誉，光大形象；认真钻研，锐意创新。

(四) 评估人资格

目前，公共关系行业还没有明确的公共关系评估工作人员的资格或条件规定。

但在考察部分专业公共关系公司和一些公共关系评估工作的基础上，我们对从事公共关系评估工作人员的条件或资格作如下建议：

(1) 拥有公共关系或相近专业的中高级职称；或学习过系统的公共关系学知识，并获得劳动和社会保障部颁发的公共关系人员中高级职业资格证书。

(2) 了解完整的策划方案与全过程实施细则的公共关系活动的组织者、策划者、实施者。

(3) 作为公共关系活动客体，参与活动全过程或主要与重要环节的公众。

(4) 具有较强的口头和书面表达能力的资深公共关系会员。在不同的国家，资深公共关系会员有明确的年限要求。

(5) 有在公共关系活动主办单位长期担任公共关系主管并积累了相当工作经验的人员。

第二节　公共关系评估的内容和方法

一、公共关系评估的内容

公共关系评估的内容应该包括公共关系活动的方方面面。但在具体操作中，评估的内容可以根据要求有所侧重。一般来讲，其评估的内容有：

(一) 公共关系工作程序评估

公共关系工作程序评估是对公共关系工作的各个步骤、各个环节的工作进行评估、估计或研究，其内容和要点主要有：

1. 调查过程评估

它包括：调查的设计是否合理；调查方法的选择是否得当；调查工作的组织实施是否合理；调查结论分析是否科学等。

2. 计划过程评估

它包括：公共关系计划的目标是否科学；总体计划是否可行、合理；战略构想是否周密、科学；目标公众选择有无遗漏，是否科学；媒介选择及媒介策略是否得当；经费预算是否合理等。

3. 计划实施过程评估

它包括：各项准备工作、沟通协调工作是否落实到位；实施过程安排是否合理、周到、有创新；信息制作的内容是否准确；传播效果是否明显；实施过程的安排是否得当；实施效果是否达到目标要求等。

4. 活动影响效果的评估

活动影响效果的评估具体包括五个方面：(1)了解信息内容的公众数量；(2)改变观点、态度的公众数量；(3)发生期望行为和重复期望行为的公众数量；(4)达到的目标和解决的问题；(5)对社会和文化发展产生的影响。这种影响同其他各种因素共同起作用，并在较长时间里以复杂的、综合的形式表现出来。

(二) 专项公共关系活动评估

专项公共关系活动评估主要包括以下四类：即日常公共关系活动成效评估、专项公共关系活动效果的评估、年度公共关系活动效果评估和长期公共关系活动效果评估。

1. 日常公共关系活动成效评估

日常公共关系活动成效评估包括：组织的全员公共关系运作；领导者内外公共关系活动的开展情况；全体员工的公共关系意识和行为表现；组织的各部门在经营管理各环节上的公共关系投入；公共关系网络；内部公共关系协调状况；日常的组织沟通；人际协调；组织的外部公共关系；知名度、美誉度；公共关系人员的工作情况；公共关系人员与领导工作的配合和沟通等方面。

2. 专项公共关系活动效果的评估

通过公关专项计划开展的公关活动，一般均属重大的公关活动。这样的公关活动效果如何，对企业今后的发展影响甚大，必须予以高度重视。对专项公关活动效果进行评估常常针对下列问题来确定评估内容与评估标准：

(1) 项目的计划是否合适？(2)项目的目标与公关总目标是否一致？项目的目标是否已经实现？(3)项目所要求的沟通交往是否达到了目标公众的范围？(4)在项目活动过程中是否产生了预料之外的影响？其影响方向如何？影响范围有多大？(5)项目所有的支出是否在预算之内？是否超支？原因是什么？(6)通过这项活动，企业的公关形象会发生哪些变化？其知名度与信誉度是否有所提高？(7)项目活动出现了哪些预想不到的问题？哪些工作做得不妥？(8)对于存在的问题和发生的不利于企业的事件，应如何采取措施给予补救并如何预防下次发生同类问题？(9)本次活动对企业总体发展目标起到了什么作用？(10)这次活动为下次同类活动公关目标的设计提供了哪些有价值的资料和可供参考的依据？

3. 年度公共关系活动效果评估

年度公关活动效果评估是指对计划年度内所有公关活动进行总体评估，以总结经验，吸取教训，找出存在的问题，提供下一年度公关计划的依据。对年度公关活动效果进行评估要针对以下问题确定评估内容和评估标准：(1)年度公关计划目标是否实现？(2)年度公关活动开展得是否顺利？(3)年度内出现了哪些重大的公关事件，对此采取的措施是否得当？(4)年度内开展了哪些重大的公关活动，其效果如何？(5)年度内是否有超出公关计划的活动？其效果如何？(6)年度内公关活动有无预料之外的影响？其影响多大？效果如何？(7)年度公关计划预算是否满足了需求？有无超支现象？其原因是什么？效果如何？(8)年度内公关活动有哪些经验、教训？(9)内部公众对企业的各项公关活动有哪些意见和建议？

4. 长期公共关系活动效果评估

它包括某一长期公共关系项目及公共关系长期工作的成效分析，这是一个总结过程，需要将日常工作评估结果、专项活动评估结果、阶段性工作评估结果一并吸收进来，进行系统分析，从而获得一个总的结论。另外，还包括对公共关系活动的经历进行客观评估。同时，应将前几种公共关系活动效果评估的内容要点加以归纳整理和分析研究。但是，要特别注重公共关系战略的得失问题、公共关系变动规律问题、公共关系与经营管理者的关系问题等。

案例：××瓜子公共关系活动效果评估

背景资料

一、活动概述

为了进一步提升××品牌在连云港的品牌知名度和处理不良库存，同时有力打击竞争对手。由江苏分公司申请，于4月17日在连云港开展了“凭1张《苍梧晚报》可兑换××52克香瓜子4袋”的活动。

二、活动准备工作

（一）准备工作

1. 活动参与人员

（1）活动责任人：副总监、省区经理；（2）活动执行人：连云港销售主任及8名临时促销员；（3）活动监控：市场中心。

2. 活动准备事项

（1）安排4个兑换点：家得福超市、保真超市、新一佳、江苏时代；（2）条幅绶带各8条；（3）经销商提供送货车1辆；（4）××52克香瓜子20 000袋；（5）兑换登记表；（6）促销人员招聘培训；（7）活动广告设计。

3. 报纸刊发

报纸的活动宣传广告于4月15日在《苍梧晚报》A4版刊出，报纸的发行量为6万份。

三、活动执行过程

（一）活动执行

1. 人员安排

此次活动安排8名促销人员负责兑换，每个兑换点2人。市场中心人员负责巡检，销售主任负责货物配送和补给。

2. 物品配送

物品的配送原计划于4月16日活动前一天送到卖场，后由于和卖场没有协商好，导致配送时间调整为4月17日8：30前。实际执行中，除江苏时代按要求到位之外，其他的3个兑换点产品均未及时配送到位。

3. 兑换流程

活动的兑换工作依据流程执行，1人负责登记，1人负责兑换。促销人员按要求填写表格。

4. 活动交接

依据活动的开展情况，为了按时完成兑换工作，销售主任负责活动结束后和促销人员核对兑换数量和报纸广告的回收，整个活动结束时间为19：00。

5. 活动核准

4月18日，市场中心负责整个活动执行的核准工作，包括兑换数量上的核对、表格的审核、报纸广告的回收。

（二）活动执行的不足

整个活动的执行过程中在很多细节上出现了各种问题，给活动的顺利开展和活动的效果都产生了不良的影响。首先兑换产品及条幅、绶带、表格没有在活动开展前配送到位，导致活动无法按时开展，使卖场和前来兑换的消费者都产生了一定的不满，造成了一定的负面影响。其次是招聘的促销人员素质、仪容参差不齐，没有经过严格的筛选，导致部分人员在工作期间工作散漫。

四、活动费用情况

（一）预算的各项费用

1. 报纸刊登费：3 300元

2. 52克香瓜子：20 000袋×0.72元/袋=14 400元

3. 登记表：250张×0.2元/张=50元

4. 宣传横幅：4条×20元/条=80元

5. 人员工资：8人×40元/天×1天=320元

6. 绶带：8条×10元/条=80元

合计：18 230元

（二）费用节支

本着节约的原则，为了节约活动费用，条幅和绶带是从济南带过来进行重复利用，兑换的产品也做到不流失一袋，整个活动的费用节支见下表。

费用节支一览表：

费用项目	预算费用(元)	实际费用(元)	节约费用(元)
报纸刊登费	3 300	3 000	300
52克香瓜子	14 400	1 097	13 303
登记表	50	50	0
宣传横幅：	80	80	0
人员工资	320	320	0
绶带	80	80	0
合计	18 230	4 627	13 603

资料来源：精品课程-公共关系. http://gggx.lszjy.com/Article/jakj/bzja/201111/233.html

演练：1. 评估公共关系活动效果。

2. 提出改进建议。

二、公共关系评估的方法

公共关系评估的方法主要有以下五种。

(一) 观察反馈法

观察反馈法是由评估人员直接参与实施过程，进行实地考察，记录各个环节实施的状况和顺序以及进展情况。

(二) 目标管理法

目标管理法是以预先设定的目标作为评估分析的主要依据，根据实施效果和目标对照考核，进行衡量。

(三) 舆论和态度调查法

舆论和态度调查法是在公共关系活动的前后分别进行一次舆论调查，检查公共关系活动对公众的态度、动机、心理、舆论等方面的影响。通过舆论与态度调查，借助“组织形象地位图”，检查组织知名度和美誉度的改善情况；运用“组织形象要素调查表”，检查组织形象要素的具体构成有了哪些进步；通过“形象要素差距图”，检查组织实际形象与期望形象之间的形象差距有多少改善。

(四) 内部及外部评估法

内部及外部评估法是根据组织内部各职能部门的资料和组织外部广大公众的信息反馈来评估。可以通过从不同渠道汇报上来的各种资料，如数据、图表、报告，作为评估的重要依据。

(五) 新闻报道分析法

新闻报道分析法是指根据组织在新闻媒体的见报情况来评估公共关系效果的方法。新闻舆论的敏感度很高，是反映组织形象的一面镜子。根据新闻传播的数量、传播的质量、传播的时间、传播媒介的影响力、新闻资料的使用等方法来进行评估，可获知本组织形象的状态。

上述各种评估方法都有自己的特点，不同组织可根据自身的实际情况具体选择和应用这些方法，也可以综合运用，通过几种方法相互比较、相互引证，得到一个全面的、综合性的评估结论。

第三节　公共关系评估的程序

一、评估准备阶段

(一) 设定评估目标并将目标具体化

不同类型的公共关系活动其设定的评估目标不同。设定评估目标是为了检验公共关系效果，也是检验公共关系工作的参照物。有了参照物才能通过比较来检验公共关系计划与实施结果是否有出入。评估目标的设定需要根据公共关系的实际情况具体设定，不能只注重形式而不注重内容，尤其是设定目标时不能假大空。

设定了评估目标之后，需将评估目标具体化。一般而言，评估目标具体化一般是定量或者定性。如果公共关系评估目标具体为定量的话，这就需要评估人员设置出合理的量化目标；如果公共关系评估目标为定性的话，这就需要评估人员根据公共关系活动的侧重点不同对其各方面的性质作出评判。

(二) 选择适度的评估标准

公共关系评估标准众多，如何选择适度的评估标准是评估准备工作的核心工作之一。在选择评估的标准时一定要结合公共关系的实际情况做到因时制宜、因地制宜。

(三) 取得组织最高管理者的认可并将评估过程纳入公共关系计划之中

评估不是公共关系计划的附属品或计划实施后的事后思考和补救措施，而是整个公共关系计划的重要组成部分。组织管理者尤其是组织最高管理者必须对公共关系评估予以足够的重视，并且对评估的方法、程序等方面予以充分的考虑和周密的筹划，并将评估过程纳入整个公共关系计划中。

(四) 在公共关系部门内部取得对评估的一致意见

公关部门的负责人要认识到，即使是公共关系人员本身也不能一下子就把公关活动没有实物性结果的性质和它的可测量效果联系起来。要给公共人员足够的时间认识评估的作用和现实性，并允许他们通过自己的亲身经历体验加深这一认识。

二、评估实施阶段

(一) 确定收集资料最佳途径

对于公共关系的评估，其资料收集的途径和渠道非常广泛，如何快速有效地选择收集资料的最佳途径是实施阶段需要解决的首要问题。调查并非总是了解公共关系活动影响的最佳途径，有时组织活动记录也能提供这一方面的大量材料。在搜集有关评估资料方面，没有绝对的唯一最佳途径，方法选择取决于评估的目的、提问的方式以及前面已经确定的评估标准。

(二) 根据具体目标和评估标准进行有效评估

公共关系评估的实施必须以具体评估目标和评估标准为指导思想。在具体评估实施过程中，可采用问卷调查、媒体曝光率计算、产品销售率统计、客户来电等多个方面开展工作，确保得到真实有效的评估资料。

三、评估整理分析阶段

(一) 统计汇总各项评估资料

评估工作实施到一定程度后需要对得到的评估资料进行统计汇总。在统计汇总时必须坚持实事求是、客观准确原则，通过去粗取精、去伪存真等方式筛选出有效资料。

(二) 归纳分析评估结果

在整理分析阶段，应参考评估标准对所搜集的各种资料或信息进行分析比较、统计对照，检查既定公共关系目标是否达到，检查预算执行情况与效果，并在评估分析的基础上，提出计划实施中尚存在的没有解决或新发现的问题，并进一步分析产生这些问题的原因。

(三) 提出问题分析原因

通过汇总分析各项评估结果，对于与评估目标不相符的方面需要提出问题，并且对这些问题进行深刻分析，寻找出问题的原因，对相关人员进行警示，避免今后继续出现同样的问题。

四、评估成果报告阶段

(一) 向组织管理者报告评估结果

整理分析之后形成评估报告，向决策部门报告分析结果，以便领导者统筹考虑组织的目标和任务。将评估结果向组织管理者报告，应该成为一项固定的制度，它的作用一方面可以保证组织管理者及时掌握情况，有利于进行全面的协调；另一方面也可以说明公共关系活动在持续地保持与组织目标相一致及其在实现组织目标过程中的重要作用。

(二) 评估结果的使用

对于公关评估结果的运用，主要体现在四个方面。(1)用于调整公共关系工作计划，使计划更趋于科学合理；(2)对策划新的公共关系目标方案有直接的帮助，可以促进新的公共关系计划借鉴成功经验，吸取失败的教训，避开误区，有效地开展工作；(3)用于组织决策的改进。对组织走向市场、为公众所认同与合作方面，有较大的决策参考价值；(4)用于全面改进组织的公共关系工作。

第四节 公共关系评估报告

公共关系评估报告是由公共关系评估人员撰写完毕，提供给组织阅读和保存的一种正式的文本。它是通过文字、图表或其他形式来体现开展公共关系工作的成绩、经验、问题、建议等评估工作的成果形式，是对整个公共关系评估工作的总结报告，具有专业性强、理论性强、经验性强的特点。

一、撰写公共关系评估报告的原则与要求

(一) 撰写公共关系评估报告的基本原则

公共关系评估报告是对已开展过的公共关系工作的书面总结和评价，因此，评估报告

的撰写除了要遵循科学性、真实性、公正性的要求之外，还应遵循以下几项原则。

1. 针对性原则

公共关系评估报告的针对性很强，评估报告面对的人群不同，其评估内容侧重点也不相同。一般来讲，无论受众是哪种对象，评估报告都要紧紧围绕着公共关系方案目标的是否实现、公共关系问题是否解决以及组织形象是否确立来撰写，不可游离于主题之外谈无关紧要的枝节问题。

2. 完整性原则

评估报告应反映以下主要内容：要对评估工作的目的、对象、标准、方法、过程、结果进行全面的概括；正文内容与附件资料要配套一致，附件资料要能有效地说明和补充正文内容；被评估的范围和对象要做到完整无缺，没有遗漏。

3. 及时性原则

公共关系评估报告具有很强的时效性，它贯穿于公共关系活动的整个过程，在每个阶段的评估都要迅速有效，最终在整个公共关系活动结束后及时撰写公共关系评估报告，如果时间相隔太久，公共关系评估报告就失去了评估本身的意义。

4. 客观性原则

公共关系评估报告来自于组织的公共关系实践活动，又要指导组织今后的公共关系实践活动，因此，评估报告的撰写要站在客观的立场上，立足于问题的解决、经验教训的阐发以及今后工作的建议等，否则，评估报告就失去了意义。

5. 独立性原则

在撰写公共关系评估报告的过程中，经常要与组织的领导和员工接触，评估人员要做到客观观察、独立评判，避免受到外界的干预和影响，力戒片面与掩饰。评估报告必须反映评估人的独立结论。

(二) 撰写公共关系评估报告的基本要求

1. 以事实为依据

公关人员在撰写公共关系评估报告时，应本着实事求是的原则，将评估的过程及结果切实反映在评估报告中，切忌弄虚作假，报喜不报忧，欺骗组织领导。另外，在选择活动效果的事实材料时，应尽量用一些公众舆论、权威机构的评价、统计数据等对公关活动来进行论证，让组织领导自己判断公关活动的效果。

2. 以目标为参照

评估报告中应将评估结果与公共关系的目标联系起来，对比其是否成功实现目标，总结成功之处，分析不足的地方。在评报告中还应指出公共关系活动结果对于公共关系目标的实现有怎样的作用，并给组织带来了怎样的近期和远期影响。

3. 以成绩为主体

对于较为成功的公关活动，公关人员在撰写评估报告时应充分肯定成绩，以增强组织领导对公关工作的信心。当然，这并不意味着不总结活动的缺陷与不足。相反，公关人员在报告中应认真总结失败的教训，分析其原因。即使是大家都认为非常成功的公关活动，也要指出一些考虑不周之处，以高标准严格要求自己。

4. 以图表为辅助

无论哪一种评估报告，如果能用一些图表或者图片来辅助体现评估结果，会使评估报告更加生动、形象、直观。例如，对于公共关系评估报告来讲，活动的效果、参与度的高低可以直接用现场图片来表示；如媒体覆盖率、用人成本、产品提升等直接可以用图表来显示。

二、公共关系评估报告的内容

公共关系评估报告因评估的目的不同，评估的项目和对象不同，其具体内容也千差万别。但作为一个完整的评估报告，还是应具备一些特定的构成要素。

(一) 评估的目的及依据

为什么要进行公共关系评估，通过评估解决什么问题，以及评估所依据的标准是什么。

(二) 评估的范围

公共关系活动涉及面比较广，因此在评估方面需要做到有的放矢，必须确定一定的范围，从而达到突出重点、浓缩精华。

(三) 评估的标准和方法

在报告书中，应说明评估的标准或具有可测量的具体化的目标体系以及评估过程所采用的方法。例如，直接观察法、问卷调查法、比较分析法、文献资料法等。

(四) 评估过程

简要说明评估过程是怎样进行的，分哪些阶段。从阅读报告书的过程和采用的方法等方面可以判断评估是否科学、系统、规范、完整等。

(五) 评估对象的基本情况

在公关评估报告书中，必须明确评估对象本身的情况，包括活动或项目名称、开展时间、实施的基本情况与特点。

(六) 内容评估、分析与结论

评估报告中必须明确写出公共关系内容的评估，并且根据评估内容进行分析，从而得出客观公正的结论。

(七) 存在的问题及建议

评估人员根据评估内容归纳分析后，提出公共关系活动中所存在的问题，并提出改善建议。

(八) 附件

附件在一般情况下主要包括附表、附图、图文三部分。

(九) 评估人员名单

一般情况下，公共关系评估工作量大，是由一个团队完成的。通常情况下，评估报告一般包括评估负责人，评估人员的姓名、职业、职务、职称等。有时候为了方便评估人员与阅读者的交流，评估人还需要把通信方式、通信地址、邮政编码等写好。

(十) 评估时间

公共关系活动处于动态中，不同时间评估所得出的结论也有可能不同。因此，评估报告必须写明评估时间或者评估工作开展的阶段，便于阅读者综合评定评估报告。

三、公共关系评估报告格式

撰写评估报告必须遵循评估报告的格式要求，一般来说，评估报告的基本格式包括以下部分。

(一) 标题

标题是评估报告的眼睛，它高度概括了评估报告的内容，是不可缺少的一个组成成分。它要求文字比较严谨，注重正式性和规范性，如《食品公司关于中秋节“月圆好运来”活动的评估报告》。

(二) 导语

导语又称前言、总述或开头。它往往以精练、简短的文字，概括性地介绍公关活动的基本情况和实施背景，评估成员等，为评估报告正文的写作奠定基础。

(三) 正文

正文是评估报告的主体和精华。它由事实材料、统计数据和图表等组成，主要描述活动的具体实施过程、活动取得的效果、出现的失误及其原因、下一步的努力方向等。

(四) 附件

附件一般是将报告里面辅助性的内容以附页的形式体现在报告的后面。如为了强调媒体覆盖率，报告后面可以将公关活动报道的相关媒体的调查数据附在后面。

(五) 后记

评估报告的结尾一般由相对独立的总结性文字来完成，要么对公关活动作出最后的结论，要么对将来的活动进行展望。如某一评估报告的后记这样写道：“总之，这是一次成功的公共关系活动。可以相信，只要我们按照公共关系的客观规律，继续切实有效地运用公关手段，那么，我们一定能内求团结，外求发展，把我们的公关工作开展得更有生机，更有成效。”

四、撰写公共关系评估报告的注意事项

公共关系评估报告与其他报告有所区别，除了必须客观、公正、全面之外，还需要注意以下问题：

(一) 定量与定性相结合

如果仅对公共关系活动做定量分析或者定性分析，而不综合考虑定量与定性相结合，那么这样的报告意义不大。一般来讲，好的评估报告都会采用定量与定性相结合的方式。

(二) 建议与策略具有可操作性

在进行评估时候需对评估内容进行分析，提出具有可操作性的建议和解决策略。

(三) 语言准确、精练

尽量用准确、精练的文字、篇幅来说明问题，提出建议。

(四) 结论客观具体

评估结论要客观，既要看到成果、效益，又要看到缺点和不足。

“华夏银行”老年登山健身活动效果评估报告书

——公共关系评估报告范例

一、引言

1. 2000 年 10 月 6 日(农历九月初九)，由华天形象中心策划的“华夏银行”老年登山健身活动在英雄山成功举办。本活动得到了老人们和社会各界的一致好评，取得了良好的社会效应和宣传效果。

2. 达到了活动的预期目标：即借“九九老人节”，开展老年活动之际，拉近华夏银行与老年人的关系，初步建立华夏银行关爱老年人生活，关注老年事业的企业公益形象。锁定老龄群体，为华夏银行在老人群体当中发展个人金融业务奠定良好的基础。

二、效果评估

1. 从组织策划方面看：定位准确、专业，活动安排周密，有层次。

农历九月初九，是我国传统的重阳节，又是登高节。人们把重阳登高的风俗看作免灾避祸的活动，而且在人们心目中，双九又是生命长久、健康长寿的意思，因此人们又把重阳节称作“老人节”。我们选择在重阳节举办老年登山活动，可谓顺应民意，准确地把握了时机，体现了华夏银行尊老、爱老、敬老的初衷。

整个活动的策划安排专业、周密，而且有层次。

第一，从树立华夏银行的公益形象出发，专为老年人举办活动，扮演"欢乐使者"的角色，丰富老年人的晚年生活。

第二，制造声势引发社会大众和新闻媒体对此次活动的关注，制造了新闻兴奋点，老人们也非常踊跃。活动当天定好 8:00 集合，老人们积极性很高，有的早早就来到现场等候。

第三，活动准备充分。我们早在国庆放假之前就把活动所需的物品准备齐全；活动当天，全体工作人员在早上 6 点就开始布置现场了，做好了充分的准备。

第四，整个活动以调查问卷为凭证，使活动有秩序，一切尽在掌握之中。

第五，邀请了山东省人大常委会、山东省企业管理协会等领导作为嘉宾，邀请了山东卫视《开心假日》节目主持人晓君作为主持人，为整个活动增光添彩。

第六，组织了老年筷子舞、扇子舞、新疆舞、秧歌、老年迪斯科等优美、欢快、丰富多彩的文艺节目，充分展现了老人们的朝气和活力。

2. 从实施方面看：整个活动安全有秩序。

活动过程中没有出现任何意外，我们准备的药箱和医务人员都没有派上用场。整个活动从收问卷、发纪念品、登山、领奖，直到活动结束，秩序井然。老人们老当益壮、兴高采烈，他们的朝气和活力，深深地感染了在场的所有人，禁不住为老人们的精彩表演一次又一次的鼓掌。老人们高兴而来，满意而去。

英雄山风景区经营科李科长说："以前在我们广场举办的活动都乱糟糟的，你们这次活动组织得很好！秩序井然，热闹隆重……"

3. 从宣传方面看：取得了良好的宣传效果，得到社会各界的一致好评。

(1) 老人们一致夸赞华夏银行想得周到，感谢华夏银行为老人们提供了这么好的机会——增进了朋友间的友谊，又认识了许多新朋友。而且通过登山活动锻炼了身体，也更多的了解了华夏银行。

(2) 活动地点——英雄山管理处的领导认为这次活动是他们这里有史以来搞得最成功的一次，而且希望我们经常来举办活动。

(3) 社会效应——引起了各新闻媒体的关注。《齐鲁晚报》头版头条报道了这次活动，"我们还年轻!"正是"华夏银行登山健身活动"的完美写照。《经济导报》《联合日报》也有相关的报道，济南电视台、山东卫视也录制了专题，在《今晚 20 分》作了播出。通过这次活动，通过各大媒体的宣传报道，拉近了华夏银行与老年人的关系，建立了华夏银行关爱老年人生活，关注老年事业的企业公益形象，为华夏银行在老人群体当中发展个人金融业务奠定了良好的基础。

资料来源：中华文本库. http://www.chinadmd.com/file/vacerc6sauzcwarsup36oezp_1.html

本章小结

本章分四节进行论述。第一节公共关系评估的意义和主体，首先阐释了公共关系评估的含义、目的和意义，其次介绍了公共关系效果评估的主体；第二节公共关系评估的内容和方法，首先阐释了公共关系评估的内容，而后介绍了公共关系评估的方法；第三节公共关系评估的程序，先后介绍了评估准备阶段、评估实施阶段、评估整理分析阶段、评估成果报告阶段等公共关系评估程序；第四节公共关系评估报告，首先提出了撰写公共关系评估报告的原则与要求，而后介绍了公共关系评估报告的内容，接下来介绍了公共关系评估报告格式，最后提出了撰写公共关系评估报告的注意事项。通过本章的学习，能对公共关系评估有比较深刻的认识，促使公共关系工作者能更好地按着公共关系评估程序的要求进行公共关系评估工作。

自 测 题

关键名词

公共关系评估

思考训练题

1. 谈谈公共关系评估的目的。
2. 公共关系评估具有哪些意义？
3. 怎样界定评估人？
4. 谈谈对评估人的基本要求。
5. 谈谈公共关系评估的标准。
6. 简答公共关系评估的内容。
7. 公共关系评估有哪些方法？
8. 谈谈公共关系评估的程序。
9. 撰写公共关系评估报告有哪些原则与要求？
10. 谈谈公共关系评估报告的内容。
11. 简答公共关系评估报告格式。

案例：价格欺骗事件之后

2011 年初，经记者曝光，家乐福、沃尔玛等超市存在价格欺诈行为。例如，长春市家乐福新民店销售“七匹狼男士全棉横条时尚内衣”，价签标示原价每套 169 元，促销价每套 50.70 元，经查实原价应为每套 119 元；上海市家乐福南翔店销售弓箭球形茶壶，价签标示每个 36.80 元，实际结算价每个 49.00 元；销售丁香吉祥茶壶，价签标示每套 36.90 元，实际结算价每套 66 元。此后引发了连锁反应，全国多地的家乐福、沃尔玛超市被查出存在价格欺诈行为。

2011 年 1 月 26 日，国家发改委公开通报了多地家乐福、沃尔玛超市存在的价格欺诈行为，并责成相关地方价格主管部门依法予以严肃处理。近日，北京、辽宁、吉林、黑龙江、上海、湖北、湖南、重庆、广西、云南等地价格主管部门根据价格法律法规的相关规定，严格履行法定程序，分别对涉案的 19 家超市门店各处以法定最高额度 50 万元的罚款，罚款总额 950 万元。目前，各项罚款均已由相关地方价格主管部门收缴财政。

家乐福自2011年1月26日起先后发表三份声明，公开回应价格欺诈，认为存在人为失误，公布改善措施。国家发改委曝光家乐福、沃尔玛涉嫌价格欺诈的第二天，沃尔玛曾发表声明就此事向受到影响的顾客致歉，但未出台相关赔偿举措。

沃尔玛（中国）宣称如果再次发现价格误差，将严格执行“5倍差额”的赔偿政策，即按商品收银价格高于标识价格差价的5倍给予赔偿。声明中还再次向受到影响的顾客表示诚挚的歉意。

家乐福、沃尔玛虽然在价格欺骗事件后进行了一些举措，但仍未能挽回其信誉，使其信誉度大幅降低。

资料来源：精品课程-公共关系. http://gggx.lszjy.com/Article/jakj/bzja/201111/233.html

问题：

1. 针对这一事件进行分析，做一份效果评估报告。
2. 对于如何挽回家乐福、沃尔玛声誉，提升其信誉度，提出自己的建议和看法。

第十三章

公共关系活动模式

通过本章的学习，认识交际性、宣传性、服务性、社会性和征询性等不同功能的公共关系模式的活动方式、特点和原则；认清建设性、维系性、防御性、矫正性和进攻性等不同阶段的公共关系模式的活动方式、环境和原则。

案例："93 父亲节'丽珠得乐'献爱心"活动

珠海丽珠得乐制药厂和《黄金时代》杂志联合举办了"93 父亲节'丽珠得乐'献爱心"活动，其目的在于弘扬中华民族的亲情传统，进一步塑造中国"礼仪之邦"和睦家庭的美好形象，提高企业知名度。这项活动包括"一句祝福，一片深情"，每一位儿女只要写信参加这项活动，他们的父亲就会收到一张丽珠得乐制药厂免费赠送的精美的父亲节贺卡。"93 父亲节'丽珠得乐'献爱心"活动，还包括父亲节征文大赛，参加者以《我的父亲》为题，写一篇 2 000 字左右的随笔或散文，描写和歌颂父亲的慈爱和庄重的形象。主办单位将根据这些征文，评选出 10 位"模范父亲"和 10 篇优秀征文，并颁发证书、奖牌和奖金。这些活动，受到了社会各界人士的普遍关注，引起了强烈的社会反响。一封封热情洋溢、温馨感人的信件，像雪片般纷纷寄到了主办单位。每位儿女都在信中倾吐了他们平时或没有机会，或没有勇气向父亲表达的那份真挚的依恋和热爱之情。写信者有的是学生，有的是解放军战士，有的是在外地工作的年轻人。他们都想借这张小小的贺卡带去他们平时无法用言语表达的对父亲的那份深深的敬爱，以报答父亲给他们的爱抚和养育之恩。很多参加者都表示感谢丽珠得乐制药厂给他们创造了一个向父亲倾吐心声的机会。一位年青人还用诗歌的形式表达了他对这项活动的赞誉之情："丽珠一颗孝子心，得乐万家慈父情。"短短几个月的时间，丽珠得乐制药厂就收到了来自全国各地的几十万封感情真挚的来信。这说明"丽珠得乐"献爱心活动产生了良好的公关效应，赢得了众多赞誉。同时，由于这项活动由丽珠得乐制药厂在全国范围内首次推出，因而具有很强的新闻价值。许多新闻单位都报道了这一举动，丽珠得乐制药厂通过这一活动，知名度和美誉度大增，可谓"投桃报李，一本万利"。

资料来源：中华文本库. http://www.chinadmd.com/file/zxvip6szrppso6e63ppwcocp_1.html

公共关系活动是内容丰富、形式多样，艺术性和实践性很强的活动。国内外的公共关系专家经过对各类社会组织公共关系状况的分析研究，归纳出多种类型的公共关系模式。

在此，我们主要从公关活动的不同组成要素入手，将公共关系活动模式分为不同功能性的公共关系活动模式和不同阶段性的公共关系活动模式两种类型进行分节论述。

第一节　不同功能的公共关系模式

公共关系的功能是指公共关系在组织运行中所发挥的实际作用。根据公共关系功能的不同，公共关系活动模式可分为五种：交际性公共关系、宣传性公共关系、服务性公共关系、社会性公共关系、征询性公共关系。

一、交际性公共关系

所谓交际性公共关系是指通过无中间环节的直接人际交往开展的公共关系活动。其目的是通过与公众的直接接触，进行感情上的联络，为组织广结良缘，建立广泛的社会关系网络，形成有利于组织发展的人际环境。

(一) 交际性公共关系的活动方式

交际性公共关系的活动方式包括社团交际和人际交往活动。团体交际包括各式各样的招待会、座谈会、工作餐会、宴会、茶会、谈判、慰问、舞会等；个人交往有交谈、拜访、祝贺、电话、个人署名、信件往来等。

(二) 交际性公共关系的活动特点

交际性公共关系的活动特点是直接性、灵活性，并富于人情味。

(三) 交际性公共关系的活动原则

在开展交际性公共关系时，应遵循以下原则：

1. 广泛性原则

组织应重视充分认识交际性公共关系的作用，要承认关系网，利用关系网，正视关系网，发展关系网，同社会各界广结良缘，构架信息网络。

2. 经常性原则

交际性公共关系活动不仅要广结良缘，还要善于巩固和发展与公众建立的联系和友谊。组织应与社会各界经常来往，勤于交际。

3. 礼貌性原则

礼仪、礼节是开展社交性公共关系活动的重要组成部分，这要求公共关系人员在开展公共关系活动时要礼貌待人，注意礼节辞令，要在仪表、言语、行动和精神风貌上给公众留下深刻的良好印象。

4. 真诚性原则

交际性公共关系活动要以真诚为基础，无论是对其他组织还是对于个人，都要实事求是，讲真话，坦诚相待，以取得公众的信任。

5. 正当性原则

应坚决杜绝使用各种不正当的手段，要明确社会交际只是公共关系的手段之一，绝不是公共关系的目的，更不能把私人间的一切交际活动混同于公共关系。

案例：一次，我国的几位学者到英国访问，一位大学校长热情好客，准备了一桌十分丰盛的晚餐。席间，主人介绍了英国科学工业园区的发展情况，我国学者也谈了一些我国高等学校科学研究同工农业生产相结合的情况和我国学者了解的日本、美国科学城的发展情况。晚饭后，这位大学校长一再对我国学者表示谢意。这种情形使我们的学者感到意外，便说："你花了钱，请我们吃饭，应当是我们感谢你才对，你为什么一再向我们致谢呢？"他十分诚恳地回答说："我在感谢你们为我提供了各国发展科学工业园区的信息，很多信息是我花多少钱都买不到的啊！"

资料来源：姚凤云. 公共关系学. 哈尔滨：黑龙江科学技术出版社，1995.

二、宣传性公共关系

所谓宣传性公共关系，是指运用大众传播媒介和内部沟通方式，开展各种宣传，以达到树立良好组织形象的一种公共关系模式。

宣传性公共关系模式的主要做法是运用各种传播媒介和交流方式，对组织内外部公众进行传播，让其了解和支持组织，进而形成有利于组织发展的社会舆论，使组织获得更多的支持者与合作者，促使组织实现自己的目标。

(一) 宣传性公共关系的活动方式

根据宣传对象的不同，宣传性公共关系的活动方式可分为内部宣传和外部宣传两类。

1. 内部宣传

内部宣传的对象是内部公众，如员工、股东等。宣传的目的是让内部公众及时、准确地了解与组织有关的各方面的信息，如组织的现行方针和政策、组织各部门的工作情况、组织的发展成就或困难和挫折、组织正在采取的行动和措施、外界公众对组织的评价以及外部社会环境的变化对组织的影响等，以便鼓舞士气，取得内部公众的理解和支持。常用的宣传媒介有：企业报纸、职工手册、黑板报、照片、宣传窗、闭路电路、电影、座谈会、演讲会、讨论会等形式。对于企业内部的特殊公众——股东，采用年终总结报告、季度报告、股东刊物、财务状况通告等形式。

2. 外部宣传

外部宣传的对象包括与组织有关的一切外部公众，宣传的目的是让公众迅速获得对本组织有利的信息，形成良好舆论。外部宣传常用的方式有刊登广告、新产品展示会、举办记者招待会、经验或技术交流会、对外开放参观、各种典礼和仪式、制作公共关系刊物和各种视听材料等。

(二) 宣传性公共关系的活动特点

宣传性公共关系的活动特点是主导性强、传播面广、推广组织形象的效果快。

(三) 宣传性公共关系的活动原则

在开展宣传性公共关系时，应把握以下三个原则。

1. 真实性原则

宣传的事实或信息应客观真实，绝不能出现虚假不实之词。

2. 双向性原则

公共关系传播是双向的，这要求组织既要将组织的信息通过各种途径传播给各类公众，又要及时搜集、反馈公众的信息。

3. 适度性原则

宣传工作要主题明确，安排及时迅速，方式方法恰当适宜。避免过度宣传，给公众留下“王婆卖瓜”的印象。

只有遵循以上三个原则，通过组织的宣传性公共关系活动的开展，才能真正得到公众的信任和合作，才能在公众中真正树立良好的组织形象和信誉。

案例：美国有一家房地产公司在密执安湖中一个景色秀丽的小岛屿建造了几幢豪华的公寓，命名为“港湾公寓”。起初，购买者寥寥无几。公寓成为滞销产品。该公司在美国国旗制定二百周年那天，在公寓楼前的空地上建了一个升旗台，树起一根旗杆，邀请海军军校的学员当升旗仪仗兵，并请了一支乐队演奏助兴，芝加哥市长派专员主持升旗仪式，在音乐声中庄严地升起美国国旗。同时，在空地上用三角小旗变换拼出“港湾公寓”四个醒目的大字，为摄影记者提供了拍照的好镜头。此举吸引了大批记者前来采访，在当晚的电视新闻上，升旗仪式的实况被报道出来。“港湾公寓”名声大振。原来的滞销局面很快被打破，成为公众的抢手货。

资料来源：姚凤云. 公共关系学. 哈尔滨：黑龙江科学技术出版社，1995.

三、服务性公共关系

所谓服务性公共关系是一种向社会公众提供优惠、优质、特色服务为主的公共关系活动。其目的是以实际行动来获得社会公众的好评，以自己的优质服务建立良好的组织形象。

(一) 服务性公共关系的活动方式

服务性公共关系的活动方式包括各种消费教育、消费培训、消费指导、售后服务、免费保养保修、接待顾客公众和访问用户、为公众提供优惠服务及其他各种完善的服务措施等。

(二) 服务性公共关系的活动特点

服务性公共关系是一种最实在的公共关系，它的最大特点是看得见、摸得着，实在而又较少商品交换痕迹，人情味足，反馈灵敏，调整迅速。

(三) 服务性公共关系的活动原则

在开展服务性公共关系时，应遵循以下原则。

1. 自觉性原则

必须自觉把服务工作放在重要位置上，自觉开展服务工作。不要只着眼于经济利益，更重要的是社会价值，着眼于通过服务来塑造良好形象。

2. 行动性原则

应注重以实际行动向公众证明组织的诚意，用实际行动去说话，对行为应提出具体的目标，让组织对公众的一切诚意和善意变成看得见摸得着的实在东西。

3. 全员性原则

服务性公关是尊重公众、为公众服务意识的体现，优质的服务不能仅靠公共关系部门的工作，而是需要依靠组织中所有成员的共同努力来实现。

4. 特色性原则

服务性公共关系绝不仅限于专门的服务行业，社会上任何一种组织都能以自己独特的方式向公众提供必要的服务，提倡人无我有，人有我优，形成特色。

5. 规范性原则

为了保证提供优质、实在、便利的服务，有必要建立合理的制度，确立活动的规范性，从而使公共关系工作有条不紊，坚持不懈地开展下去。

案例：世界著名的巴黎希尔顿饭店曾经发生过这样一件小事：一位来自美国的女士在此预订了一个豪华套间，刚刚抵达后就出门访客了。这位女士身上穿的、手上拎的、头上戴的都是大红色的，这一明显的偏好被饭店的经理发现了。女士刚一出门，他就命令服务员重新布置房间。待女士回来后发现，整个套间从地毯、壁毯、灯罩、床罩、沙发、窗帘无一不换成了大红色，与女士身上穿戴的颜色完全一致。这位女士心领神会，兴致勃勃地写了张支票，付了1万美元的“小费”。

希尔顿饭店经理由于懂得顾客的心理，及时施以适当(优质)的服务，使顾客的心理得到了满足，不仅给企业带来了经济效益，更重要的是给顾客留下了深刻的印象，为企业争取长期顾客打下了良好的基础。

资料来源：学习资料共享网. http://www.87994.com/read/e1643f2e4c0b36b71d651758.html

四、社会性公共关系

所谓社会性公共关系是组织利用举办各种社会性、公益性、赞助性活动开展的公共关系模式。其目的是通过各种社会活动，扩大组织的社会影响，提高组织的社会声誉，赢得公众的好感和支持，为树立良好的社会形象创造条件。

（一）社会性公共关系的活动方式

社会性公关活动模式有以下三种。

（1）以组织本身为中心而开展的公关活动。例如，利用公司的开业剪彩、周年纪念的机会，邀请各界宾客，渲染喜庆气氛，借此播下友谊的种子。

（2）以赞助社会福利事业为中心开展的公关活动。例如，支持社区福利事业、慈善事业，赞助教育、残疾人组织，赞助公共服务设施的建设，参与国家、社区的重大活动等，以此在公众心目中树立本组织注重社会责任的形象，提高组织的美誉度。

（3）资助大众传播媒介举办的各种活动。例如，冠以组织名称或产品名称的"××杯"智力竞赛、唱歌比赛、影星评选等，既活跃了社会文化生活，又提高组织的知名度，宣传了组织形象。

（二）社会性公共关系的活动特点

社会性公共关系活动的特点是公益性、文化性强，影响面大，着眼于组织的整体形象和长远利益。

（三）社会性公共关系的活动原则

在开展社会性公共关系活动时，应遵循以下原则。

（1）公益性原则。应体现一种"乐善好施"的精神，突出回报社会、承担社会责任的良好形象。

（2）文化性原则。应充分展示对真善美的和谐追求，组织的社会性公共关系活动应尽量与社会文化事业联系起来，提高文化形象，促进信息交流。

（3）量力性原则。公关人员一定不要拘泥于眼前得失而不顾长远利益；也不要贪多求大，毫无节制；要量力而行，谨慎从事。

（4）宣传性原则。社会性公关活动应与宣传有机地结合，提高组织的知名度与美誉度。

案例：农夫山泉爱心送水

2003年7月28日，农夫山泉公司得到消息，《××晚报》到旱情严重的村庄体验生活。当天，农夫山泉总部就派人到报社联系，希望通过捐赠饮用水的形式带动企业帮助灾区抗旱。7月29日，农夫山泉《××晚报》爱心送水活动方案确定，报纸报道方案提纲出炉，公司广告中心、浙江市场部、储运部、行政部等相关部门的协调工作也安排妥当。7月30日早上，晚报编委会为突出报道效果，临时决定把农夫山泉爱心送水的版面紧跟旱情体验报道在次日编发，这就意味着企业送水车到达莲头村要提前1天，接到改动消息后的短短4个小时内，农夫山泉各部门通力合作，储运安排、送水车包装等均提前完成。下午

3时左右，爱心送水车从农夫山泉总部杭州出发。与此同时，《××晚报》前方记者对旱情重灾区文成县富岙乡莲头村的抗旱体验报道见报。7月31日凌晨1时，经过10个小时的长途跋涉，爱心送水车到达文成县。为加强宣传报道效果，晚报记者和农夫山泉工作人员商定，赶在旱灾区村民做早饭前把水运到。凌晨4时，天还漆黑一片，送水车就和晚报记者、县政府代表、文成电视台记者、富岙乡乡长等一行准时出发，凌晨6时多，爱心送水车终于到达目的地莲头村。村民们有好些已经提着水桶在等了，看到装满农夫山泉的送水车，他们高兴得忙着去招呼大伙儿来领水。每户人家都分到了一箱多的农夫山泉，记者们拍照、摄像、采访。早上7点，晚报的新闻报道现场完成，通过村里唯一的一部电话发电子邮件传回报社。待送水车8月1日启程回杭，此时农夫山泉爱心送水活动的报道已经在报纸上刊发两个版面，赢得了很好的社会反响。

资料来源：好搜网. http://baike.haosou.com/doc/5402501-5640187.html

五、征询性公共关系

所谓征询性公共关系是以信息采集、舆论调查、民意测验为主的一种公共关系模式，其目的是了解社会舆论及民意民情，为组织的公共关系工作和日常经营管理活动提供依据，使组织的行为尽可能地与国家的总体发展目标，市场总趋势及民情民意一致起来。

(一) 征询性公共关系的活动方式

征询性公共关系的活动方式有：开办各种咨询业务，进行有奖测验活动，制作调查问卷，广泛开展社会调查，访问重要用户，设立公众热线电话，受理投诉业务，举办信息交流会和建立信访制度、合理化建议制度及相应的接待机构等。

(二) 征询性公共关系的活动特点

征询性公共关系的活动特点是以输入信息为主，具有较强的研究性、参谋性。

(三) 征询性公共关系的活动原则

在开展征询性公共关系活动时，应遵循以下原则。

1. 长期性原则

征询性公共关系是一项长期艰巨性的任务，应坚持征询活动的日常化和制度化，并善于挖掘信息的潜在价值，才能及时发现问题与机遇，实现组织与环境之间的动态平衡。

2. 公正性原则

在活动中，公共关系人员的态度必须公正。公关人员不但是组织的耳目，更重要的是要站在中间人的角度，广泛、及时、公正地采集一切有关组织形象的意见和建议，起到组织机构与社会公众的中介者的作用。

3. 全面性原则

搜集信息视野要宽广，应全面搜集一切有关信息，不能仅局限在某些领域和方面，而把有价值的信息漏掉。

4. 预测性原则

预测工作是征询性公共关系的重要内容。公共关系人员注重预测，以敏锐的眼光和洞察力，对组织发展的社会环境、市场前景、原材料及能源供应等进行全面的预测分析，为决策服务。

案例：日本一家松屋百货公司因为经营不善，业务不大景气。当他们向PAOS公司征询后，PAOS公司经过市场调查研究，注意到顾客来此买东西主要是为了送礼。于是，就特别设计出一种精致漂亮的包装纸，使许多顾客着迷，引起市场很大轰动，松屋的经营从此大有起色。注重征询智囊和进行市场调查，使这家百货公司改变了经营局面。

资料来源：姚风云.公共关系学.哈尔滨：黑龙江科学技术出版社，1995.

第二节　不同阶段的公共关系模式

任何社会组织，其发展都必须与周围环境相适应。组织在发展的不同时期，都必须适应不断变化的环境。因此，组织中的公共关系人员必须掌握组织发展不同时期公共关系工作的特点，适时适度地开展工作。根据组织所处的公共关系状态，公共关系活动模式可以归纳为五种模式：建设性公共关系，维系性公共关系，防御性公共关系、矫正性公共关系和进攻性公共关系。

一、建设性公共关系

所谓建设性公共关系是指组织采取高姿态的宣传、交际方式，主动向社会公众作自我介绍。建设性公共关系活动的重点是宣传和交际。目的是通过宣传和交际，向社会公众介绍自己，使公众对新组织、新服务、新产品有所认识，引起公众兴趣；并努力结交朋友，提高知名度，尽量使更多的公众知道、理解、接近自己，取得公众的信任与支持，形成良好的“第一印象”。

(一) 建设性公共关系的活动方式

开展建设性公共关系有多种做法，一般采用高姿态的传播形式，主要有：开业庆典、落成典礼、开业广告、新产品展销、新服务介绍、免费试用、免费招待参观、开业折价酬宾、公司资料有奖测验、赠送宣传品、主动参加社区活动等。

(二) 建设性公共关系的适用环境

建设性公共关系活动模式是打基础的模式，特别适用于组织的开创阶段，以及某项事业或产品服务初创、问世阶段，采用高姿态的传播方式，打开局面，扩大影响。

(三) 建设性公共关系的活动原则

开展建设性公共关系活动应把握以下原则。

1. 抓住时机原则

对于建设性公共关系来说，选择时机十分重要，公司挂牌、商场开业、产品上市，都需要注意研究公众的需要，选择有利时机，让公众形成良好的“第一印象”。

2. 练好内功原则

不管是为了一炮打响来个开门红，还是为了开创组织的新局面，赢得新市场，都必须首先在产品规格、产品质量、花色品种、外观设计等服务项目、服务态度的建设和改进上下工夫。这是组织建立新形象的基础工作，这个工作做得不好，开创新局面将成为一句空话。

3. 掌握分寸原则

为了让组织迅速获得公众的认同，或者让新产品新服务迅速占领市场，必须通过各种传播媒介大力宣传组织的新情况、新进展、新产品、新服务，以便让公众了解组织、理解组织。但要掌握好分寸，不能露出过多宣传的痕迹，更不可胡吹乱捧，以免引起公众的反感。

案例：强力胶水店的开张宣传

中国香港一家经营强力胶水的商店，坐落在一条鲜为人知的街道上，为了招揽生意，在开张前一天，这家商店的店主在门口贴了一张布告：“为了庆祝开业，明天上午九点，在此将用本店出售的强力胶水把一枚价值 4 500 美元的金币贴在墙上，若有哪位先生、小姐用手把它揭下来，这枚金币就奉送给他(她)，本店绝不食言！”这个消息不胫而走。第二天，人们将这家店铺围得水泄不通，电视台的录像车也开来了。店主拿出一瓶强力胶水，高声重复广告中的承诺，接着便把那块从金饰店定做的金币背面薄薄地涂上一层胶水，将它贴到墙上。人们一个接着一个地上来试运气，结果金币纹丝不动。这一切都被录像机摄入镜头。这家商店的强力胶水从此销量大增。

资料来源：学习资料共享网. http://www.87994.com/read/e1643f2e4c0b36b71d651758.html

二、维系性公共关系

所谓维系性公共关系是一种通过各种传播媒介，以较低的姿态，持续不断地向公众传递组织的各种信息，推动公众对组织有更新更深的认识与了解的公关模式。其目的是通过不间断的宣传和工作，对公众施以潜移默化的影响，不断巩固组织在社会公众心目中的良好形象。

(一) 维系性公共关系的活动方式

根据公众心理特征的不同，维系性公共关系的开展应采取不同的维系方式，具体可分为硬维系、软维系和强化维系三种。

1. 硬维系

硬维系是指那些维系目的明确、主客双方都能理解意图的维系活动。这种模式适用于已经建立了购买或业务关系往来的组织和个人，特点是靠优惠措施和感情联络来维系与公众的关系。

2. **软维系**

软维系是指那些活动目的虽然明确，但表现形式却比较超脱的公共关系活动，它的目的是让公众不致淡忘了组织。其具体做法可灵活多样，但要以低姿态宣传为主，如定期广告、组织报道、提供组织的新闻画片、散发印有组织名称的交通游览图等。保持一定的媒介曝光率，使公众在不知不觉中了解组织的情况，加深对组织的印象。

3. **强化维系**

强化维系是指在组织已有了一定的形象或相当好的公关形象时，为进一步巩固和发展既有形象、消除潜在危机而开展的公关活动。

（二）维系性公共关系的适用环境

维系性公共关系适用于组织机构稳定、顺利的发展时期，维系并稳定好已建立的关系，采取一种持续不断，较低姿态的传播方式，保持一种潜移默化的渗透力。

（三）维系性公共关系的活动原则

开展维系性公共关系活动应把握以下原则：

1. **抓住公众心理原则**

要维系组织良好的公共关系状态，需要深入研究公众的心理需求，只有有针对性地开展维系性公共关系活动，才能使公众对组织产生有利的心理定式。

2. **渐进性原则**

开展维系性公共关系活动，在方法上应注重“细水长流”，通过传播媒介不断地将组织有关信息传给公众，使组织的良好形象经常呈现在公众的面前，公众在不知不觉中便慢慢地形成对社会组织的好感。

案例 1：美籍越南人开了一家餐厅，第一次光临餐厅的顾客，都将在本餐厅获得一个新户口，顾客每次付账之后，账单上面的钱数都被记在户口上。到餐厅年度结算时，便可从户口中查出顾客光临的次数，然后把餐厅利润的 10% 分给每个顾客。这样，前来用餐的顾客不但可以在餐厅吃到可口的饭菜，年终结算还可以分到钱，就像一个家庭的成员每月向家里交纳伙食费，年底还可以分钱一样。顾客宾至如归，增加了餐厅的吸引力。

资料来源：姚凤云. 公共关系学. 哈尔滨：黑龙江科学技术出版社，1995.

案例 2：长春市魔力商店是一家名不见经传的小商店，且坐落在一家全国赫赫有名的大商店旁边。他们不与大商店争宠，而是经营我国传统的手工艺品。除了商店的商品具有特色外，他们还把目光瞄准省城的外国人。他们把这些在省城工作学习的外国人列入花名册，经常与他们联系，并定时举行联欢会，这家商店被外国人称为“第二故乡”。每年有大量外汇收入，令一些大商店望而生畏。

资料来源：姚凤云. 公共关系学. 哈尔滨：黑龙江科学技术出版社，1995.

以上所叙述的维系性公共关系的两个案例，前者可以称为“软维系”；后者可以称为

"硬维系"。

三、防御性公共关系

所谓防御性公共关系是指组织为针对或防御经营和管理上可能出现的"失调"或"危机"而采取的一种公共关系模式。其目的是通过发挥组织机构的内部职能,及时发现问题和预见问题,及早制定出防治措施,调整组织有关的政策或行为,把问题消灭在萌芽状态。

(一) 防御性公共关系的活动方式

防御性公共关系的工作重点是以防为主,其特点是防御与引导相结合,多采用调查、预测手段来堵塞漏洞,防患于未然。这就需要通过公关人员树立强烈的防范意识,建立科学的预警系统,形成防御机制,对各类可能出现的问题及时发现、及时纠正。

(二) 防御性公共关系的适用环境

防御性公共关系活动模式适用于组织与外部环境出现不协调或与公众发生摩擦苗头的潜在危机时,采取以防为主的策略,重视信息反馈。

(三) 防御性公共关系的活动原则

开展防御性公共关系活动应把握以下原则。

1. 具备危机意识原则

在组织中,应树立一种危机观念,营造"危机"氛围,使企业经营者及所有员工面对激烈的市场竞争激发其忧患意识和奋斗精神。

2. 形成预警系统原则

防御性公共关系工作应以预防为主,重在平时。公共关系部门要对可能遇到的会导致公众产生信任危机的问题,进行预测,分析其发生的概率、性质、范围、影响等,并分别制定应急措施,确定处理问题的恰当人选。

3. 主动采取措施原则

面对潜在危机,必须及时采取对策,在问题未对组织构成任何威胁时着手工作,主动进行调整与引导,防患于未然,使"患"在"胚胎"之中就得到解决。

4. 增加透明度原则

一个组织越增加透明度就越能减少与外部公众发生摩擦的可能性,即使出现了摩擦也能及时得到解决。

案例:美国人比切和他的夫人欧蕾二人创办了一家飞机公司。他们对公司居安思危,及时做好了转产准备的决定。当时正处于第二次世界大战时期,他们所生产的是军用飞机。若战争一结束,军用飞机将马上停止制造,公司的生产线必将陷于停工状态。虽然战争什么时候结束还不知道,但必须为它的结束做好准备。于是,他们计划设计一种现在产品停产后,可供公司制造,而在将来又有市场需要的飞机。由于该飞机公司适时地采取了防御性措施，所以，二战结束后，这家公司仍能很好地经营下去。

资料来源：姚凤云. 公共关系学. 哈尔滨：黑龙江科学技术出版社，1995.

四、矫正性公共关系

所谓矫正性公共关系是组织的公共关系严重失调，组织形象发生严重损害时所采用的一种公关活动模式。其功能是通过快速反应，及时采取有效措施，以对公众负责的态度处理危机，做好善后工作，以尽量减轻损害造成的后果，并重新建立起组织的新形象，挽回组织的声誉。

(一) 矫正性公共关系的活动方式

矫正性公共关系根据产生危机的来源不同，将其活动方式分为内部矫正型和外部矫正型两类。

1. 内部矫正型

内部矫正型是指由于组织内在的原因，如产品质量、服务态度、环境保护、管理政策、经营方针等方面发生了问题而造成组织的公共关系严重失调。这时组织应设法降低知名度，尽量控制影响面，同时具体分析原因，提出纠正措施，解决实际问题，并利用各种公共关系方式向新闻界和社会公众公布纠正的措施和进展情况，平息风波，恢复信任。

2. 外部矫正型

外部矫正型是由于外在的误解、谣言，甚至人为的破坏而招致组织形象的损害。在这种情况下，组织机构应迅速查清原因，公布真相、澄清事实，与舆论及有关部门协同采取措施，消除损害因素。

(二) 矫正性公共关系的适用环境

矫正性公共关系适用于组织的公共关系严重失调，组织形象发生严重损害时，为了尽快挽回信誉，需要采取一系列有效措施。

(三) 矫正性公共关系的活动原则

在这种情况下应及时提出消除危机的办法和纠正错误的措施。与此同时，公共关系人员还需运用各种公共关系手段和技巧开展公共关系活动，消除不良影响，向新闻界，并通过新闻界向广大公众公布纠正的措施和进展情况，求得公众的谅解，平息风波，恢复信任，重新树立良好形象。

1. 正确对待原则

由于组织是在极其复杂的现实环境中进行运行的，不可能对运行中可能发生的各种情况作出完全准确的预见。因此，难免会有失误的地方，并对组织形象造成不同程度的损害。面对各种失误，应当树立正确的态度：亡羊补牢，向公众表明解决问题的诚意，求得公众的谅解和合作。这样，才有可能尽量减少因失误对组织形象产生的损害，并由被动变为主动。

2. **阐明真相原则**

面对受损的组织形象，公共关系部门应迅速查清原因，采取行动，尽快与新闻界取得联系，控制影响面，并及时把外界的舆论准确地反馈给决策层和有关部门，通过坦诚事实的真相，争取公众的谅解和支持。

3. **及时补救原则**

失误一旦发生，组织形象便开始受到损害，因此，纠正失误的公共关系工作要有成效，就要有强烈的"救火"意识，及时发现，及时纠正，及时改善，变被动为主动，控制事态，减少对组织形象的损害。

4. **重塑形象原则**

运用矫正性公共关系纠正组织自身的失误，其根本目的是通过补救措施，主动地、有意识地以该事件为契机，变坏事为好事，向好的方面扩大自己的知名度。这就需要一个组织有高超的公共关系艺术，善于借题发挥，因势利导，把握趋向，重塑形象。

案例：北京大华衬衫厂以制作出口衬衫闻名。一天，该厂突然收到某公司发来的退货索赔急电，说由于该厂运往东京的衬衫货件内发现蚂蚁窝，由此，"顾客相继退货"，"没想到这是被称为中国最好的大华衬衫厂的样品"。随电还附来两瓶蚂蚁样品，以为佐证。衬衫货件内发现"蚂蚁窝"的消息在大华厂内外掀起轩然大波，人们立即行动起来，从全厂的各个办公室到车间、仓库、厕所……角角落落，方方面面进行了反复的检查，均没有见到蚂蚁的踪迹，查遍衬衫生产、包装、贮运的每一个环节，也没发现蚂蚁做窝的可能。结论是："蚂蚁事故"不可能在大华厂内发生，但对方的索赔来电又言之凿凿，且有"佐证"。为了在国际公众面前澄清这一事实，维护本企业的形象，该厂开展了一系列公关工作。首先，大华厂派人带着蚂蚁样品，赶到杭州，找到浙江农业大学，请他们帮助查明标本瓶中蚂蚁的来龙去脉。原来蚂蚁虽小，却拥有庞大的家族体系，各种蚂蚁均有一定的分布区域，由此形成区系。只要查明蚁种的区系，就可断定衬衫货件中的蚂蚁是在何处爬进去的了。农大唐教授反复端详着大华厂送来的蚁样，一面查考数十年积累的资料，一面苦苦思索着自己半生以来，追寻蚂蚁踪迹所到过的每一个地方。当他的思路追溯到遥远的南国时，突然想到眼前这只小瓶子里的样品蚁正是自己几年前曾在福建鼓山上见过的伊比臭蚁！老教授打开蚂蚁标本库的大门，标本库陈列着来自我国 24 省、市的 4 千多只蚂蚁标本，是一部鉴别蚁种，检查蚂蚁区系分布的"活字典"。它清楚地标明了"伊比臭蚁"的来龙去脉，这种蚂蚁是日本人伊藤在日本大阪发现的，1900 年由欧洲蚂蚁专家福勒定名。它主要分布在日本州岛南部东京、大阪四国、九州等地。中国除福建鼓山有少量存在外，其他地方从未出现。据此推断，衬衫中的蚂蚁窝有可能是货到日本后，在码头存放过程中由当地侵入的。为了进一步证实这一科学推断，大华厂根据唐教授制定的调查考察方案，组织专门人员开展实地调查。从大华厂所在地及邻近的友谊宾馆、颐和园、中关村开始，沿着衬衫货件运输路线，对沿途各站一路寻访，收集了大量第一手材料。最后，当一叠经过许多人辛苦努力，行程 2 万里所产生的科学鉴定证书及调查报告材料送到日本代表面前时，日本代表全体起立，冲着大华代表 90 度鞠躬，说"请多多关照！"并当场收回索赔退货的要求。为表示歉意，他们还向大华衬衫厂追加了每年100万件衬衫的订货额。至此，一场“蚂蚁风波”得到了平息。大华衬衫厂通过及时的、富有说服力的矫正性公关，消除了异国公众的误解，挽回和纠正了“蚂蚁风波”给该组织形象带来的损失。

资料来源：姚风云.公共关系学.哈尔滨：黑龙江科学技术出版社，1995.

五、进攻性公共关系

所谓进攻性公共关系是一种在组织与环境之间发生严重不协调时，以攻为守，以积极主动的方式改造环境，创造局面的公关活动模式。它要求组织运用一切可以利用的手段，抓住一切有利的时机和条件，以积极主动的姿态调整自身行为，改变环境，摆脱被动局面，创造有利于组织发展的新局面。

（一）进攻性公共关系的活动方式

进攻性公共关系模式最大的特点就是“主动”，具体采用的方式有：开拓新产品和新市场，改变组织对环境的依赖关系；组织同业联合会，尽量降低与竞争者之间的冲突和摩擦；建立分公司，实行战略性市场转移，创造新环境、新机会等。

（二）进攻性公共关系的适用环境

进攻性公共关系模式适用于组织与环境发生冲突的时候，为了摆脱被动局面，就要采取以攻为守的公共关系活动。

（三）进攻性公共关系的活动原则

开展进攻性公共关系活动应把握以下原则。

1. 把握时机原则

进攻性公关活动很讲究时机、条件，并不是任何组织一旦与环境发生了矛盾冲突就能采用这种活动方式，在缺乏一定的社会气候，环境气候，尤其是在组织的内在应变能力本来就不强时，不能开展这种活动。如果时机、条件没有把握好，盲目出击，不仅会伤了组织的元气，还会加剧组织与环境的冲突。

2. 创新进攻原则

组织在进攻时，应以“创”为主，发挥主观能动性，例如，通过选择新的顾客群、改换合作伙伴、减少社会关系、调整组织在社会上的位置去减少组织与环境的摩擦冲突；通过制造新闻去形成支持组织的社会舆论；通过争取政府制定有利于组织发展的新政策等。

3. 把握分寸原则

组织可以通过积极主动的行为改变环境，使环境适合于自己，但这种改变是有限度的，这个限度就是合理运用环境中有利于组织的实际条件。倘若改变环境的努力超出环境承受力，就会出现“搬起石头砸自己的脚”乃至“玩火自焚”的局面，使组织“赔了夫人又折兵”，陷入更大的困境，所以应把握好分寸。

案例：美国歌露博—雅美拉达公司开发了一种名叫"安全、轻便 4X"型的夹层薄玻璃，强度高，经得起重击而不破碎。怎样才能得到建筑行业的认同呢？此时，恰逢美国劳教委员会在密尔沃基市召开会议。于是，该公司公共关系部抓住时机举办了新产品展览。公司把这种新产品玻璃镶在框架中，右上角贴上"安全、轻便 4X"标签，玻璃背面贴上一张 1 000 美元的支票，旁边放着几根球棒，告示牌写着："击破者有奖"，参观的人都可以拿起球棒朝玻璃猛击三棒，谁能击破玻璃就可拿走支票，赢得 1 000 美元。假如没有人击破，则把 1 000 美元捐赠给密尔沃基市的孤儿院。展览会隆重开幕时，邀请了新闻界的记者和摄影师，并散发了玻璃强度的试验报告及介绍这一产品的资料。参观的人蜂拥而来，跃跃欲试，却始终没有一个人打破玻璃，于是便举行了向孤儿院捐款的隆重仪式，报界和电台进行了生动的报道，电视台也进行了现场直播。展览会获得了成功，随后"安全、轻便 4X"型的玻璃打不碎传为佳话，公司复印了大量介绍产品的剪报，连同强度试验报告一起寄给各建筑企业，短时间内就收到 50 万美元的订单。歌露博—雅美拉达公司展览的成功表明，"安全、轻便 4X"夹层型薄玻璃，在众目睽睽之下经受住了考验。"真金不怕火炼"质量确实可靠，试验报告数据的确可信。1 000 美元的支票挖出了 50 万美元的潜在生意，不仅提高了公司的知名度，而且塑造了公司热心社会慈善事业的形象。

资料来源：学习资料共享网. http://www.87994.com/read/e1643f2e4c0b36b71d651758.html

本章小结

本章分两节进行论述。第一节不同功能的公共关系模式，先后分析了交际性、宣传性、服务性、社会性和征询性公共关系的活动方式、特点和原则；第二节不同阶段的公共关系模式，先后阐释了建设性、维系性、防御性、矫正性和进攻性公共关系的活动方式、环境和原则。通过本章的学习，能比较清晰地了解公共关系活动模式，以便更好地采用各种公共关系活动模式，开展好公共关系工作。

自 测 题

关键名词

公共关系模式

思考训练题

1. 简答交际性公共关系的活动方式。
2. 宣传性公共关系的活动具有哪些特点？
3. 服务性公共关系的活动应遵循哪些原则？
4. 简答社会性公共关系的活动方式。
5. 征询性公共关系的活动具有哪些特点？
6. 建设性公共关系的活动应遵循哪些原则？

7. 简答维系性公共关系的活动方式。
8. 防御性公共关系适用于哪些环境?
9. 矫正性公共关系的活动应遵循哪些原则?
10. 进攻性公共关系的活动方式有哪些?

案例:海尔集团的真诚服务

海尔集团是我国家电行业的龙头老大,海尔不仅因其产品质量高而畅销世界,而且还因其所提倡的"海尔国际星级服务"享誉全球。"满足用户的潜在需求"是"海尔国际星级服务"的宗旨所在。在这一宗旨的指导下,海尔集团于1990年投资800万元建立海尔售后服务中心。售后服务中心制定了一套详尽、严格的服务原则,包括:(1)售前、售后提供详尽的咨询;(2)任何时候都为顾客送货到家;(3)根据用户指定的时间、空间给予最方便的安装;(4)上门调试,示范性指导使用;(5)售后跟踪,终身上门服务;(6)出现问题24小时之内答复,使用户绝无后顾之忧。为了遵循这些原则,海尔人付出了很多。1995年3月,青岛一位老人买了台海尔空调,搭乘出租车回家。当老人回家找人搬运时,出租车司机却将空调拉跑了。海尔空调总公司闻讯后,决定免费赠送老人一台空调,并派人上门安装。老人空调被盗事件本来与生产厂家无关,但海尔人却认为是自己的销售环节还不够完善。为此,海尔总公司在海尔国际星级服务中增添了"无搬动"的内容。用户在购买海尔空调以后,一切事情均由销售人员代办,消费者所需的只是等待开机试用空调,使消费者真正变成"上帝"。为了实现"国际星级服务",海尔人制定了著名的售后服务"一二三四"模式。一个结果——服务满意;二条理念——带走用户的烦恼,留下海尔的真诚;三个控制——服务投诉率小于10%,服务遗漏率小于10%,服务不满意率小于10%;四个不漏——一个不漏地记录用户反映的问题,一个不漏地处理用户反映的问题,一个不漏地复查处理结果,一个不漏地将结果反映到设计、生产、经营部门。为了落实"一二三四"服务模式,海尔公司规定上门维修人员在顾客家中洁净的地板上铺上一条专用布,完工后自带抹布将维修时留下的污渍擦拭干净;如果客户的冰箱需要拉回中心修理,那么顾客马上会得到一台周转冰箱使用。与此同时,海尔对所有服务人员的规定却是如此不近人情:上门维修不许抽烟、喝酒、吃饭、接受礼品,后来干脆规定连用户的水也不准喝。于是有了海尔人自带矿泉水上门维修的情景。

资料来源:道客巴巴网. http://www.doc88.com/p-508348447821.html

问题:

1. "海尔国际星级服务"属于哪种公关模式?其公关意义何在?
2. 结合实际谈谈海尔公司开展"国际星级服务"活动的主要内容。

第十四章

公共关系专题活动

学习要点及目标

通过本章学习，了解公共关系的展览会、新闻发布会、赞助活动、联谊活动、开业典礼、专题日等专题活动的作用、形式、内容和要求，以便更好地在公共关系工作中开展好各种专题活动，进而更好地开展公共关系实务工作。

案例：欣和企业捐资助学献爱心　长期支持教育事业获赞

中新网2015年4月3日电　今日，烟台开发区教育局领导为欣和企业酿味馆送来了捐资助学的感谢锦旗，这是欣和食品企业多年来支持教育事业的证明。作为一家仍在成长中的企业，欣和不仅坚持捐助贫困学生，更是长期支持教育事业，这种精神值得钦佩，这也是一家有社会责任企业应有的表现。现场参加活动的相关领导感慨道。据悉，为了表彰欣和为教育事业所做的贡献，开发区政府在2014年特将“捐资助学先进单位”的称号颁发给了欣和。

“如果没有欣和的帮助和关爱，我想现在我还在外面打工，过着毫无目标、毫无梦想的生活，我真的很感谢欣和，给了我上学和追求梦想的机会，也让我懂得关心帮助他人。”一位受到欣和资助的女生激动地说。从欣和成立之初，欣和就一直在默默资助这些沌朴的孩子们，帮助他们完成梦想、实现人生的价值。

据了解，一直以来欣和以致力于人类生活品质的改善为使命，始终将消费者放在首位，任何的发展、任何的前进，都是为了消费者健康、快乐地生活。欣和设立最严格的食品安全执行目标，确保消费者能够吃到最健康、最安全的爱心产品，在获得消费者认可的同时也不忘反哺社会承担社会责任，欣和人相信得益于社会，奉献于社会，才有助于事业长足发展。

欣和企业负责人表示：“我们一直以来都注重人才的培养，也会经常组织内部员工的培训，帮助他们实现自我价值的提升。我们相信只有惜才、爱才、重才，才能拴心留人、不断发展，所以欣和一直投身于教育事业，希望帮助培养更多的人才满足社会的发展。”据悉，捐资助学只是欣和投身公益事业的一部分，长期以来，欣和从注重环保、关爱困难群体等各个层面承担起企业社会责任，为社会和谐发展贡献自己的力量。今后欣和仍会以各种方式继续关爱社会、回馈社会。

资料来源：中国新闻网. http://ent.chinanews.com/life/2015/04-03/7184000.shtml

公共关系专题活动是组织为配合经常性和定期性的公共关系工作的开展而筹划举办的各种专题会议和活动。之所以称为专题活动，是因为每次会议或活动只有一个明确的主题，但为了突出主题，却需组织调动各方力量，采用各种手段方式，尽量将其举办得丰富多彩，有声有色，以吸引更多的公众的参与和获得更多的公众的支持，达到预期的公关目标。

公共关系专题活动的种类很多，如开业典礼、专题日、展览会、洽谈会、新闻发布会、赞助活动、联谊活动、竞赛活动等。本章将分六节分别介绍展览会、新闻发布会、赞助活动、联谊活动、开业典礼、专题日六种专题活动。

第一节 展 览 会

展览会是通过实物、文字和图表以及音像、影视材料等来展现成果的一种宣传形式。它是组织形象的一个缩影。由于它图文并茂，声像兼备，较为直观形象，往往会给公众一个良好的印象，唤起公众的欲望和动机。所以，大至国际博览会，小至街道企业产品展销会，都很受公众的欢迎。因此，组织的公共关系部门必须学会运用展览会这种形式来宣传组织形象。

一、展览会的类型

展览会从不同角度划分，可以有不同类型。

(一) 从举办的地点看，有室内展览会和露天展览会

室内展览会顾名思义就是在室内举办的展览会。室内展览会的优点是较为隆重、不受天气影响，举办时间长短皆宜，展品不需经常搬动，通信联络、保卫等条件较好。其缺点是，室内展览布置较为复杂，所需费用也高。

露天展览会，即指在户外举办的展览会。露天展览会的优点是布置比较简单，场地较大，可以放置大型展品，所需费用不多；缺点是受天气影响大，往往由于天气原因而影响展览效果。一般的农具展览、大型机械展览、农产品展览、花卉展览，通常采用露天展览会的形式。

(二) 按举办时间划分，可分为长期展览会和短期展览会

长期展览会是专门组织采用的长期的和较固定的展览形式。如北京故宫博物院、中国历史博物馆、军事展览馆等。其他的大多数则是短期展览会。

(三) 按举办的内容划分，可分为综合性展览会和专题性展览会

综合性展览会是总揽全局，全面介绍组织情况的展览会。这种展览会内容全面，有一定的整体性和概括性。既突出重点，又照顾一般。观众参观后能留下一个完整的印象。

专题性展览会即指围绕一项专业或一个专题举办的展览会。这种展览会不要求全面系统，但必须内容集中，主题鲜明有深度。例如，牡丹花卉展览会、国产轿车展览会、家具

展览会、毛纺织品展览会等均是专题性展览会。

(四) 按举办的性质划分，可分为贸易展览会和宣传展览会

贸易展览会又叫展销会，是一种促销性的展览会。这种展览会展出的主要是实物产品。通过对产品的展示，来宣传产品的性能、用途以吸引更多客户来订购选购，扩大销售量和销售额。

宣传性展览会是宣传某一观点、思想和信仰，或者是介绍某一组织的一段史实和现况的展览会。这种展览会通常是通过展出照片资料、图表和有关实物来达到宣传效果的。

(五) 从举办的规模划分，可分为大型展览会、小型展览会和微型展览会

大型展览会是规模庞大、项目繁多、投入人力、物力较多，实施技术较高的展览会。如世界贸易展览会、上海市博会等就属于这种类型。

小型展览会是规模较小，项目小的展览会。如某企业的销售样品展示厅就属于这种类型。

微型展览会是指橱窗展览和流动车展览等。这类展览虽看似简单，但富于技巧性，具有吸引力。

(六) 从举办的主体数量划分，可分为联合展览会和单位展览会

联合展览会是一批专业相同的单位联合起来到某一国家或地区举办的展览会。其目的是树立一个国家或组织的形象，推广一个国家或组织的商品、技术和文化等。

单位展览会是某个组织自己举办的展览会。

二、展览会的特点

(一) 复合性

展览会是一种复合性的传播方式。它将文字、绘画、摄影、幻灯、音乐、录音、录像、现场表演、现场解说、实物展示等多种传播形式，围绕着展览会的主题，复合性地传播开来，是其中的任何一种宣传形式所不能比拟的。它能达到多彩火爆，热烈的传播效果。

(二) 直观性

展览会是向广大公众面对面地进行宣传的传播方式。人们可以在展览会里，身临其境地感受各种传播。心理学认为，实物直观、模像直观、语言直观等不仅能加深对事物的理解，而且能起到强化记忆的作用，因此能使公众印象深刻。

另外，在展览会上，见其面，闻其声，读其文，观其物，会倍感真实、亲切。

(三) 双向性

展览会能给组织提供与公众进行直接双向沟通的机会。展览会上，一般都设有咨询台、洽谈室，有专人回答参观者的问题，并就公众感兴趣的问题进行深入的讨论。另外，即

使人多不便讨论，还可将意见留在留言簿上。这样，举办或参展单位在让公众了解自己的同时，也在了解公众及其意见和反映，而后可据此信息反馈，再进一步做好组织今后的工作。

(四) 新闻性

展览会是一种为吸引公众而不断创新的宣传形式，加之它综合性强，公众集中，所以，往往成为新闻媒介追踪的对象，是新闻报道的好题材。新闻媒介对展览会的传播会对公众产生很大的影响，所以，参展单位可以利用展览会的机会，广泛接触新闻界，搞好与新闻界的关系。

三、举办展览会应注意的问题

(一) 确定好展览会的主题

每次展览会都应有明确的主题和目的，这是办好展览会的关键。只有主题鲜明，才能提纲挈领，选择出能够突出主题的实物、图表、照片及文字和其他展示形式，使其实行有机的组合、排列，形成一个有机的整体。

(二) 落实好参展单位、参展项目和展览会的类型

确定好展览会的主题后，可采用各种联系方式将展览会宗旨、展出项目类型、展览会的要求和费用等信息传递给有关适合参展的组织或个人。情况反馈后，再实际落实一下参展单位、项目和类型。

(三) 选择好适当的时间和地点

在时间的选择上应尽量避开有重大事件的日子，以免影响参观人数。在地点的选择上，一是要考虑方便参观者等因素，如交通方便等；二是要考虑展览地点周围环境是否与展览会的主题相得益彰；三是要考虑展览会的辅助设备是否容易配备和安置。

(四) 预测好参观者类型

参观者的类型将影响到信息传播手段的复杂性和多样性。如果参观者是上层从政者或社会名流、国际友人或对展出项目有较深了解和研究的人，展览会讲解人就需要安排与之资历、水平相近的人，对资料的介绍就应或者较为详细深入，或者较为专业化。如果参观者是一般公众，则应采用通俗易懂的语言去进行普及性的宣传。预测好参观者类型，可以使展览会准备充分，针对性强。

(五) 培训好工作人员

展览会工作人员素质和展览技能的掌握，对整个展览效果起着重要的作用。展览会的工作人员包括讲解员、接待员、服务员等。在严格挑选之后，应对他们在本次展览会内容和形式要求下应具有的知识、口才、仪表、主导作用、应变对策、服务态度等方面进行适

当的培训。

(六) 准备好展览会的辅助设备和相关服务

在筹集好展览会的主体时，还应考虑到相应的辅助内容，如宾馆、邮政、检验、海关、交通、停车场等。

(七) 做好经费预算

展览会经费预算需及早作出。应具体列出展览会的各项费用，如场地费用、设计和建造费、职员费、联络费、交际费、宣传费、运输费、保险费等，而后加以核算，有计划地分配展览会的各项资金，防止超支和浪费。

(八) 应注意展览效果的测定

展览会的组织者和参展者在展出进行过程中，应随时对展览效果做一些测定，从中吸收反馈信息，以便改进今后的工作。

资料：展览王国

德国是“展览王国”。据统计，世界上有 2/3 的国际大型展览是在德国举办的。在这些展览中，很多展览都号称世界最大规模，史无前例。世界上著名的二十大展览会场中，德国囊括了一半。1992 年，德国举办了 102 个型大展览会，参展商达 12 万家，总面积有 570 万平方米，参观人数近 1 000 万。德国人包括很多欧美人有一种传统观念，即把展览会习惯上作为一种贸易推广方式，一种生意形式。一办展览，各路厂商招之即来。

德国又是一个高度发达的国度，新产品、新技术层出不穷，举办展览会无疑对周边国家和一些发展中国家具有相当大的吸引力。德国人重视信息，他们会根据市场需求，用最快的速度举办各种专业展览会，极具针对性和及时性。此外，德国的展览设施十分齐全。会场设备现代化、自动化，交通四通八达，十分便利。各等级旅馆充裕，公共配套设施完善。很多政策，包括海关等管理部门都积极支持举办展览会，处处开绿灯。

德国最大的展览会场在汉诺威，室内和室外面积加起来多达 60 多万平方米。历届展览会参观人数最多的是法兰克福城。科隆展览会侧重于衣食住行等方面，慕尼黑的展览会则偏重于重工、机械、建筑、建材、旅游等方面。此外还有像汉堡、波恩、柏林、莱比锡等城市的展览会也接连不断。德国真是个展览王国，名不虚传。

资料来源：姚凤云. 公共关系学. 哈尔滨：黑龙江科学技术出版社，1995.

第二节　新闻发布会

新闻发布会又称为记者招待会，是组织或个人把各新闻机构记者召集在一起，宣布有关消息并接受记者提问的一种特殊会议。新闻发布会是公共关系人员用来广泛宣传某一消息的最好的工具之一。

一、新闻发布会的特点

(一) 正规性

以新闻发布会发布消息，其形式比较正规、庄重。这比起向新闻界提供新闻稿件来说，要花费很多的人力、财力，从而显出它的高规格，易于引起更多的公众来关注。

(二) 机敏性

在新闻发布会上，记者们经常根据各自感兴趣的问题，从不同角度随机性地向主持人和发言人提问。主持人和发言人一般对记者提出的问题反应比较敏捷，及时作出回答，机敏性较强。由于这种机敏性，使新闻发布会较之其他新闻传播形式更具吸引力和轰动性。

(三) 周密性

召开新闻发布会必须经过充分的准备，对新闻发布会的目的、地点、时间、人选、提纲、辅助材料、邀请范围、可能出现的随机问题等，都需做较为详细的准备，其计划体现出很强的周密性。

二、举办新闻发布会的理由和时机

在确定是否举行新闻发布会之前，主要应考虑两个因素：

(一) 必须有恰当的新闻理由(即有专门召集记者前来报道的新闻价值)

在新闻发布会举办前，必须对所发的消息是否重要且具有广泛传播的新闻价值进行研究分析。一般来说，国际交往中的重大事件、政府发布政策、企业新产品的开发、经营方针的改变、组织大规模的公关活动、重大事故的发生、消除社会上的谣传和误解，或由本身原因造成公众的不满等，皆可举办新闻发布会。在确认召开新闻发布会的恰当新闻价值之后，便可举办新闻发布会了。

(二) 应确认新闻发表的紧迫性和最佳时机

任何组织举办新闻发布会，都是为了公布和解释重大新闻，绝不是在可有可无、可早可迟的情况下进行。举办新闻发布会要在举办单位具有紧迫性，而且客观上又能迎合公众的迫切要求的情况下举行。如无这种紧迫性，就可以不举办，以免劳民伤财，甚至造成不良影响。至于举办的时机，除了要考虑到举办单位本身的时间因素外，还应照顾到各家新闻单位，事先与其商定好一个各方都方便的时间。

三、举办新闻发布会的准备工作

在决定举办新闻发布会之后，组织的公共关系人员应密切配合，做好以下各项准备工作。

(一) 确定主题

这是举办好新闻发布会的关键。以什么为主题，要依据组织的需要来确定。例如，1987年7月，广州佳丽日用化工厂在广州举行了一次记者招待会，主题是向新闻界披露该厂生产的产品被不法厂商假冒并造成重大损失之事。该厂负责人详细介绍了在国内一些地区及中国香港、菲律宾等地出现大量仿冒该厂“神奇药笔”的伪劣产品。他还拿出各不法厂商仿冒的产品给记者看和拍照，指出当前最大规模的仿冒者是广东阳江县某厂和北京某单位。他们不但也取名“神奇药笔”，而且在商标和包装上也模仿该厂产品，在市场上以低价倾销，给该厂的生产、销售及信誉都带来极大的损失。通过这次新闻发布会，许多新闻单位都及时作了报道，使广大公众了解到事情真相，恢复了对该厂的信任，并引起有关部门的反应。国家工商局、商标局对有关厂家作出了立即停产的初步处理意见。

(二) 统一口径

这是指欲对外发布的消息，内部应先统一意见。在新闻发布会上，某一消息发表到何种程度，对某一重大事件的认识态度和处理意见，组织内部应统一认识、统一口径。如果内部意见不一致，就可能在答记者问时口径不一，这样就会引起与会者的怀疑、反感，甚至导致新闻发布会的举办事与愿违。

(三) 选好人员

举办新闻发布会的人选很重要。这主要是指选择好新闻发布会的主持人和主要发言人。新闻发布会一般首先由主持人发布或介绍情况，然后由主要发言人回答记者的提问。由于记者的职业要求和习惯，他们的提问时常是比较尖锐和棘手的。这就对主持人和发言人提出了很高的要求。主持人和发言人必须有较高的文化修养和专业水平，特别更需要对问题比较敏感，思维敏捷，反应快，口齿伶俐，具有较强的口头表达能力。一般情况下，会议主持人由较高专业技巧的人担任，如公共关系人员。会议主要发言人，原则上由组织的高级领导人担任。因为，组织的领导人清楚地掌握组织的整体情况及方针、政策和计划等问题，而且组织的高级领导者回答的问题具有权威性。如果组织的高级领导人尚不能胜任，则需要在会前进行必要的训练，以达到在新闻发布会上应付自如的能力。

(四) 准备材料

举办新闻发布会一定要提前准备好有关材料。一是要起草出会议的主要发言稿。应组织熟悉情况的人成立专门的发言起草小组，围绕新闻发布会的主题，全面收集有关资料、情报，写出准确翔实、富有说服力的发言稿供发言人参考。二是写出报道提纲，以备在会上发给记者作为采访报道的参考。三是预先准备好答记者问的基本答案，供主要发言人参考。四是准备宣传辅助材料，如事件的背景材料、实物模型、照片、图表等，也可以把某一事件的全过程制成录音，录像带，以便在会上播放。

(五) 邀请对象

新闻发布会的邀请对象主要是记者，但有必要时也可邀请一些社会名流和有关专家。邀请对象确定后，要及时发请柬，以便被邀者安排好其工作日程。

(六) 制定预算

新闻发布会是一项费时耗资的会议。会前要根据招待会的规格和规模制定预算计划。一般新闻发布会的预算费用包括印刷费、邮费、会场费、器材费、交通费、住宿费，礼品费、茶点就餐费等。

四、新闻发布会中的注意事项

(1) 会议主持人应充分发挥其主持和组织的作用。会议一开始，主持人就应想办法活跃整个会场气氛，引导记者踊跃提问。会议进行中，主持人要切实把握会议主题，善于巧妙地把话题转到主题上。会议中出现紧张的气氛时，能够及时调解缓和。主持人要把握好会议预定的时间，一般应按时结束会议。

(2) 对于不愿发表和透露的东西，应婉转地向记者解释其原因，不应吞吞吐吐，含糊其词，避免造成尴尬局面。例如，在 20 世纪 60 年代的一次新闻发布会上，一位西方国家的新闻记者提出这样一个问题："最近，中国打下了美制 U-2 型高空侦察机，请问，是用的什么武器？是导弹吗？"对于这个涉及国防机密的问题，陈毅部长并没有以"无可奉告"顶回去，而是风趣幽默地举起双手在空中做了一个动作，然后有几分俏皮地说："记者先生，我们是用竹竿把它捅下来的呀！"一句话引起一阵哄堂大笑，避免了尴尬的局面。

(3) 会议主持人和发言人要尊重别人的发言和提问，不要随便打断记者的发问和提问，也不要采取任何动作、表情或语言对他们表示不满，即使记者的提问带有很强的偏见或挑衅性，也不能显示出激动、愤怒或不耐烦的表情，说话应有涵养，风趣而不失庄重。

(4) 其他工作人员若发现发布的消息错误，应采用适当的方式，提示主持人和发言人，使其在会议进行中，能及时予以纠正。

第三节　赞助活动

所谓赞助活动是指组织为社会公益事业提供金钱或物质上的支持的一种活动。1984 年，在美国洛杉矶举行的世界奥林匹克运动会上，美国政府不花一分钱就将这个运动会举办得非常成功。人们都非常奇怪，世界奥运会耗资巨大，这一大笔的费用从哪里来的？原来，所有的举办费用都是从民间企业和民间组织赞助得来的。这是历史上第一个由民间筹资举办的世界奥林匹克运动会。当时，奥运会要求民间赞助的消息一传出，各大实业公司和其他组织纷纷与此次奥运会的筹委会联系，要求接受它们的赞助。不少公司为了争得为奥运会赞助的机会，展开了一场激烈的竞争，赞助的筹码越加越大。由此可见，一个组织要搞好同公众的关系，举行和参与赞助活动是有效的方式之一。

一、举办赞助活动的目的

(一) 表明组织对社会具有高度责任感

任何一个组织都是社会网络中的一员，都具有一定的社会责任。除了实现自己的职能，为社会作出贡献外，也可根据自身的经济技术条件为社会公益事业提供力所能及的赞助。一个组织所进行的社会赞助活动是其对社会负有高度责任感的真诚而实际的体现。例如，1994 年 6 月，贵州遵义长寿长乐集团公司举办了出资 10 万元盛邀两位勇斗歹徒的浙江省工业设备安装公司职工徐良、陈高家及其家属赴贵阳游览的赞助活动。对此该集团公司总裁曾超文说："现在社会风气不尽如人意，人们都在呼唤一个良好的社会风气出现。我们企业界应该认识到企业除了自身要盈利之外，还必须承担一定的社会责任和义务。一个经济效益好的企业更应想到这点。"很多组织进行的赞助奖学金、医学研究项目、图书馆藏书、艺术或节日庆典等都表明了它们对社会具有高度的责任感。

(二) 培养和各个组织或某类公众的良好感情

例如，可口可乐公司专门赞助各种青年人活动，同年轻公众建立了良好的感情。又如，广东"健力宝"饮料公司独具慧眼，将产品与体育挂钩，称为运动饮料，在配方上做了相应调整，将自己的营销目标做了重新规划，转向了人们关心的体育，很快受到公众的青睐，与体育界公众建立了友情。

(三) 促进本组织的经济效益的提高

组织开展赞助活动，实际上是为自己做广告，这种广告的效果是其他形式的广告无法比拟的。组织的赞助活动通过新闻媒介的报道，会提高企业产品的知名度，继而便会获得较大的经济效益和社会效益。例如，美国运通公司可以说是"赞助活动行销"的鼻祖。该公司自 20 世纪 80 年代以来，所推出的赞助活动已达到 60 项以上。其中特别值得称道的是公司的行销主管威尔奇在 1983 年提出的新点子。运通卡持有人每持卡消费一次，运通公司便保证捐出一美分，作为筹措重新修饰自由女神像的经费。最后统计结果，修饰自由女神像由此得到的捐款为 170 万美元。凭借这个赞助活动，运通公司不仅提高了知名度，而且还发展了不少新顾客。赞助活动行销，只要是创意独特，这种行销方式的效率比起投资巨大、繁杂无比，而结果却往往听天由命的各种媒介广告不知要强多少倍。

(四) 树立组织的良好形象

组织在以实际赞助活动表达对社会的责任感的同时，无形中培养了与公众的良好感情，促进了组织经济效益的提高，而其综合的体现是提高组织在社会上的知名度，在公众的心目中树立起组织的良好形象。这是开展赞助活动的核心目的所在。例如，1986 年，当中美合营的香满楼畜牧有限公司投产时，就曾经开展了近一个月的义卖活动，把 30 多万元所得款全部捐献给广州残疾人福利基金会。这一做法，体现出企业经营者高尚的道德品质，从而博取公众的好感，使该公司知名度、美誉度迅速提高，并有力推动了广州多家企业参加的“亦商亦善，造福社会”活动的开展。

二、赞助活动的种类

(一) 赞助体育活动

由于体育比赛活动是新闻媒介热衷报道的对象，而且拥有众多的观众，对公众的吸引力很大，因此，社会组织常常赞助体育活动，以增加对公众施加影响的广度和深度。赞助体育运动常见的形式有：赞助体育训练经费或物品、赞助体育竞赛活动、设立体育竞赛奖励项目等。

案例：佳能赞助贵阳国际田联世界越野锦标赛

2015 年 3 月 28 日，由佳能集团赞助的 2015 年贵阳国际田联世界越野锦标赛在贵阳清镇举行。佳能作为国际田径联合会的官方赞助商，赞助了 2013 年至 2016 年期间国际田联主办的 15 项赛事，此次的贵阳越野锦标赛便是其中之一。

越野跑已经有几千年的历史，是体育运动中最古老的项目之一。由国际田联主办的世界越野锦标赛自 1973 年起于每年 3 月进行，2015 年是这项赛事第一次来到中国，落户贵阳。

作为影像领域的领军品牌，在众多大型国际体育赛事上，都少不了佳能产品的身影。以高画质、高速为设计理念的佳能 EOS 数码单反相机一直受到全世界专业体育摄影师们的青睐。此前，佳能曾在赞助的包括 2013 年莫斯科田径世锦赛等大型赛事中，为报道赛事的媒体记者们提供技术支持、咨询及维修服务，同时还在现场提供数码相机和镜头的租赁服务。

今年 8 月 22-30 日，国际田联世界锦标赛将首次落户中国北京“鸟巢”国家体育场。更多的国际顶尖运动员将再次展开激烈角逐。佳能也将作为北京田径世锦赛的官方赞助商，继续通过先进的影像技术助力展现精彩的体育运动之美，将美和感动持续传递。

资料来源：中国赞助网. http://www.zhaozanzhu.com/news_detail.asp? id=9034

(二) 赞助社会慈善和福利事业

为各种需要社会救助的人如孤寡老人、残疾病人、福利院儿童等提供物质、经费帮助，开展服务活动，以及济贫、捐助灾民，既是社会组织向社会表明履行社会责任的重要手段之一，又是社会组织改善与社区公众关系、政府公众关系的重要途径之一。

(三) 赞助教育事业

教育是立国之本，发展教育事业是一个国家的基本战略方针。社会组织自觉地赞助教育事业，如捐资建立图书馆与实验室，设立某项奖学金制度、资助贫困学生、捐资希望工程等，既可以促进学校教育事业的发展，又可以为社会组织树立一种关心教育事业的良好形象。

案例：金辉集团资助教育事业　积极践行社会责任

2013 年 3 月 31 日，由中国房地产信息集团、中国房地产测评中心、CRIC 研究中心联合主办的“2013 年一季度中国房地产企业 TOP50 销售排行榜”揭晓，金辉集团以 47.5 万平方米、38 亿元分别位列销售面积第 26 位和销售金额第 42 位，两项指标均进入 50 强，引起业界关注。能够获得中国房地产 50 强企业的荣誉，是金辉实力的见证。

5 月 9 日，“2012—2013 年中国华文教育基金会海外华裔高中生学历教育——金辉奖助学金”颁发仪式在广西华侨学校隆重举行。金辉集团与中国华文教育基金会携手，为广西华侨学校 150 名东盟华裔高中生提供了 80 万元的金辉奖助学金。

5 月 21 日，“2013 中国文化海外行——金辉集团新西兰营”在新西兰基督城芳华武馆举行开营仪式。此次活动是中国华文教育基金会在金辉集团的赞助下首次在大洋洲举办，目的在于鼓励和帮助在大洋洲的华裔青少年学习中文和了解中华文化，推动中新两国文化的交流与合作。

对文化教育事业的大力资助，体现了金辉集团作为知名企业对社会责任的践行。

金辉集团成立于 1996 年，由香港金辉投资集团林定强先生创办，目前主营房地产开发、工程建筑、物业服务三大业务，已有 17 年的历史。版图已经覆盖了包括上海、连云港、盐城、淮安、北京、沈阳、重庆等 15 个城市。

行业数据显示，金辉集团有限公司入围 2013 上半年房企销售业绩排行榜前 50，上半年销售额为 68 亿元。据悉，金辉集团最近两年有谋求上市的打算。

2005 年，金辉集团在新的市场机遇下，开创行业领先的发展理念，以联合投资与开发的形式进行企业扩张。金辉集团运营团队全面负责联合投资与开发项目的战略规划与实施、企业运营与管理、项目发展与管控等核心工作。经过 5 年的变革与发展，实现了整体销售规模突破百亿，2009 年、2010 年、2011 年连续位列全国房企销售 30 强。（新华房产调查　记者　孙祥杰）

资料来源：新华网. http://news.xinhuanet.com/house/suzhou/2013-09-24/c_117485136.htm

（四）赞助文化生活

文化生活是公众社会生活的主要内容之一。社会组织积极赞助文化生活，不仅可以增进社会组织与公众的深厚感情，而且可以提高社会组织的文化品位和知名度。赞助文化生活的方式主要有：赞助拍摄与社会组织有关的影视片、资助文艺演出队伍、赞助文化演出活动等。

案例：“珠穆朗玛”鼎力赞助总冠名泉州站演唱会

珠穆朗玛—2015 凤凰传奇“我是传奇 X”全国巡回演唱会泉州站，于 2015 年 4 月 25 日激情开唱！作为民族食品行业领军品牌，总部扎根深耕泉州晋江的珠穆朗玛（中国）有限公司，自 2013 年起便签约“凤凰传奇”为公司旗下“岑铭堂”饮料品牌代言人。为回馈泉州父老乡亲一直以来的支持与厚爱，珠穆朗玛（中国）有限公司鼎力出击，总冠名本次泉州站演唱会，与千万侨乡人民一同狂欢共享。

2015 年对“珠穆朗玛”来说，是激情跨越、共创共赢的一年。未来，“珠穆朗玛”将继续朝着百亿销售目标，一路勇往直前。今后，我们将看到一个激情澎湃、朝气蓬勃的“珠穆朗玛”，在中国食品市场之巅引吭高歌。（黄祖祥，注：案例内容有删减）

资料来源：中国赞助网. http://www.zhaozanzhu.com/news_detail.asp? id=9034

三、赞助活动的组织与策划

赞助活动是一项技术性很强的公共关系专题活动，一次完整的、成功的赞助活动，需要做好以下工作：

(一) 做好赞助研究

组织要开展赞助活动，进行赞助研究是非常重要的一步。组织应从经营活动政策入手，分析组织公共关系目标，确定赞助目的，并据此考核需要赞助的项目是否对社会、对公众有益，是否能对本组织产生有利影响。在此基础上，研究赞助项目的必要性、可行性、有效性，保证社会和组织都能获益。

(二) 制定赞助计划

组织要在赞助研究的基础上制定赞助计划。赞助计划是赞助研究的具体化，因此赞助计划的内容应该具体、翔实。对赞助的目的、对象、形式、费用预算、具体实施方案等都应有所计划，并控制范围，防止赞助规模超过组织的承受能力。

(三) 评估与审核赞助项目

这一步主要是针对具体赞助项目进行的，对每一项具体的赞助项目，赞助工作机构都应进行分析研究。首先对赞助项目进行总体评估，检查是否符合赞助方向，对赞助效果进行质和量的评估。审核则是结合计划进行，组织每进行一次具体赞助活动，都应有组织的高层领导或赞助委员会对其提案和计划进行逐项的审核评定，确定其可行性、具体赞助方式、款项和时机。

(四) 实施赞助方案

组织要派出专门的公共关系人员，去实施赞助方案。在实施过程中，公关人员要充分利用有效的公共关系技巧，尽可能扩大赞助活动的社会影响。同时，应采用广告和新闻传播等手段，辅助赞助活动，使赞助活动的效益达到最佳峰值，争取赞助的成功。

(五) 测定赞助效果

赞助活动结束后，组织应该对照计划，测定实际效果。赞助活动的效果应由组织自身和专家共同评测，尽可能做到符合客观实际。检测过程包括检查、收集各个方面对此次赞助的看法、评论，看是否达到预定目的，还有哪些差距，对活动不理想的应该找出原因，并把这些写成总结报告，归档保存，为以后的赞助活动提供参考。

四、举办赞助活动应注意的几个问题

社会组织的赞助活动，作为一种投资行为和宣传方式，具有较强的政策性与技巧性，在实际操作中必须注意以下具体事项。

（1）开展赞助活动必须着眼于社会效益，以获得公众的普遍好感。一般地说，社会组织要优先赞助社会慈善事业、福利事业、公共市政建设以及文化教育活动。

（2）开展赞助活动必须符合法律规范。其主要有两方面含义：一是赞助的对象要合法，要认真研究和确认被赞助的组织、个人或社会活动本身是否具有良好的社会声誉，是否有积极广泛的社会影响，以保证赞助活动取得良好的社会效益。否则，就会给公众以“助纣为虐”之感，不仅不利于实现赞助活动的目的，反而会损害组织形象。二是赞助的方式要合法，即严格遵守政策法规。违背政策法规，利用赞助搞不正之风，也会破坏社会组织的形象。

（3）开展赞助活动应当量力而行，不能凭一时冲动，感情用事。比如赞助经费的数额需在社会组织能够承受的范围之内。组织应每年列出赞助总额预算，在预算范围内予以赞助。

（4）目前，社会拉赞助者众多，鱼目混珠，企业应加以仔细鉴别，对各种明显不能满足其要求的征募者，应当坦率而诚恳地解释组织的有关政策，不应为威胁利诱所屈服。必要时可以诉诸社会舆论和法律，以保障组织的合法权益。

（5）要注意留存一部分机动款项，作为遇到临时、重大活动时的备用款。

第四节　联谊活动

联谊活动是组织间为加强联系，加深友谊而联合开展的各种生动活泼的活动。联谊活动通常包括各种联欢会、纪念会、招待会、茶话会、舞会、文体演出以及各种沙龙聚会等。

一、联谊活动的作用

（一）加深感情

联谊活动能使各组织密切关系，彼此增进感情。在各种火爆、活跃、舒畅的活动中，各方人员友善、融洽地相接触，共谈吐，无形中便加深了感情。

（二）沟通信息

联谊活动给人们提供了面对面的信息沟通和观点交流的机会。人们可就各自所掌握的与双方有关的信息进行沟通交流，努力使双方在适应市场的变动中掌握主动。

(三) 增进合作

举办和参加联谊活动的目的是最终达成双方的合作而且，通过一些项目的合作，又能促进双方经济效益的提高。

二、举办联谊活动的原则

(一) 平等原则

举办或参加联谊活动的各方，无论其单位规模的大小，实力强弱，级别高低，其地位是平等的，不应使任何一方受到不公正的礼遇。

(二) 真诚原则

联谊活动中，己方与彼方应以诚相对，真心相奉，不应虚情假意，暗使伎俩，算计对方。

(三) 互利原则

联谊活动中的双方或多方，互相合作，互惠互利，共同受益。当然，与此同时也不能损害社会利益。

(四) 效益原则

联谊活动应在有限的时间和空间范围内取得最佳的效果。

三、联谊活动的形式

联谊活动的形式有很多种，如座谈会、联欢会、舞会、茶话会、文艺(电影)招待会、沙龙、旅游、体育友谊赛等。

(一) 座谈会

邀请有关人员就某一个或某些问题召开会议，收集对某一问题的反映，就某些方面的问题发表看法，是座谈会的主要形式。座谈会要注意以下礼仪：

1. 发送通知

会议通知要发送及时，至少在开会的前一天发到与会者手中，因为座谈会大都要求与会者发言，早一天接到通知可以稍做准备。

2. 会前礼仪

座谈会座位的安排，一般是与会者围圈而坐，主持人也不例外，以便创造一种平等的气氛。

3. 会中礼仪

座谈会开始时，主持人应首先讲明会议的主题以及被邀请者的类别，为什么邀请在座各位来参加座谈会，以便使座谈者了解自己与这个座谈内容的联系，明确自己对座谈会的重要性，更积极主动地进入角色。如果开始有冷场现象，主持人可以引导大家先从比较容易作为话题的稍远处或外围谈起，然后逐步逼近座谈会主题。采取点名的方法请某人先发言，是不得已而为之的。

4. 结束礼仪

座谈会结束时，主持人应总结归纳大家的发言，并对大家发言提供的内容（信息），态度（表现）作出诚恳的肯定，表示座谈对于某项工作有积极的作用。

最后，要向大家表示感谢。

（二）联欢会

联欢会是一个宽泛的概念，它包括各种组织举办的节日联欢会（如新年联欢会、春节联欢会），各种文艺晚会（如歌舞晚会、电影晚会、戏曲晚会、相声小品晚会），游艺晚会等。联欢会对于提高组织凝聚力、向心力，活跃员工的文化生活，加强与外部公众的文化沟通，提高组织形象都有积极的作用。联欢会重在娱乐，但也不可忽视其礼仪，否则会事倍功半。联欢会需做好以下准备：

1. 确定主题

为了使联欢会起到“教人”和“娱人”的双重作用，要精心确定联欢会的主题，使其有明确的指导思想和预期目标。

2. 确定时间、场地

联欢会的时间一般应选在晚上，有时也可根据情况选择在白天。其会议长度一般在两小时左右为宜。联欢会的场地选择非常重要，最好选择宽敞、明亮，有舞台、灯光、音响的场地。

3. 选定节目

要从主题出发来选定节目，尤其是开场和结尾的节目一定要精彩、有吸引力。正式的联欢会上，应把选定的节目整理编印成节目单，开会时发给观众，为观众提供方便。

4. 确定主持人

主持人是联欢会的关键人物，应选择仪表端庄，表达能力强，有一定的组织能力、应变能力，熟悉各项事务的人担当主持人。一场联欢会的主持人最好不要少于两人（通常为一男一女）。主持人也不可过多，以免给人以凌乱无序之感。

5. 彩排

正式的联欢会一定要事先进行彩排。

（三）舞会

舞会是公共关系交往时的重要形式之一，是一种无声的世界语言，是不同国度、不同民族、不同肤色的人进行交流沟通的一种有益的工具。

筹办舞会的注意事项：

1. 确定舞会的时间、地点、规模、邀请对象的范围

组织舞会应尽早确定时间，尽早发出通知。舞会一般安排在晚餐后 7 点到 11 点为宜，时间一般不要超过三个小时。

2. 邀请乐队,布置舞场

舞会最好请一个乐队伴奏,有条件的也可以请两个乐队轮流伴奏,也可采用放音乐的形式。舞场应宽敞雅洁,在场边应安放桌椅,供客人交谈、休息。

3. 确定主持人和接待服务人员

大型的较正式的舞会或有特定内容的舞会需要确定一名主持人,一般舞会可不设主持人,但必须有接待服务人员,做好迎送、接待、引导、协调等方面的服务工作。

(四) 文艺演出

邀请公众观看文艺演出、体育表演等活动,既能增进公众对组织的了解和感情,也是一种艺术享受和娱乐、休闲活动方式。

1. 组织活动程序

(1) 选定节目。节目的选择既要从活动的目的与需要出发,又要考虑客人的兴趣与爱好,更应注意选择那些具有客人本地区、本民族风格的节目,并对节目内容应有所选择,避免因政治内容、宗教信仰和风俗习惯等问题引起不愉快。

(2) 发出邀请。邀请客人应使用较为讲究的请柬,可附带提示一下文艺演出的主要内容,同时也要考虑场地的容纳量,对节目应备有说明书。倘若有外宾,请柬应用主客双方文字印刷,提前提供给客人。

(3) 座次安排。观看节目的座次,一般根据客人的身份事先作出安排。观看文艺节目一般第 7、8 排座位为最佳,看电影则第 15、16 排前后为宜。

(4) 入席与退席。专场文艺演出,可安排普通观众先入席,主宾席客人在开幕前由主人陪同入场;演出进行中,观众不得退场;演出结束,全场起立向演员热烈鼓掌表示感谢,一般观众要待贵宾退场后方可离席。

(5) 献花。许多国家或地方习惯于演出结束后向演员献花,但应主随客便,主人一般不提示客人献花,更不应要求客人上台与演员握手。如来宾提议献花、接见或照相,主人再陪同客人一起上台。

2. 出席文艺演出应注意事项

接到请柬后能否出席,应尽早回复主人;如出席,应提前或按时到场入座;在节目演出中不要鼓掌或喝彩。

四、进行联谊活动应注意的问题

(1) 活动的名称要别致新颖,形象生动,不落俗套,能使活动名称以其鲜明的个性,增强其吸引力。例如,“难忘的旋律”演唱会、“风雨同舟”赈灾义演、城乡儿童“手拉手”夏令营等联谊活动名称均别致新颖,富有吸引力。

(2) 联谊活动日期的选择应尽量避免与国家或地区的重大节日或重大事件冲突。

(3) 联谊地点的选择应尽量注意交通便利,场所适宜,以便于参加者前往。

(4) 应注意联谊的双方或多方的联谊要求、内容和能力,三者缺一不可。

(5) 接待标志应醒目,包括场地指示标、各类服务台的服务牌、接待人员特殊标签等,以便于参加活动的各方人士尽快地熟悉环境、熟悉服务。

(6) 联谊活动的组织者应注意围绕活动的主题，掌握好活动的气氛和节奏，使活动尽可能圆满地结束。

第五节　开 业 典 礼

一、开业典礼概述

公关实务活动中有各种各样的庆典活动，开业典礼是其中最常见的一种。它包括奠基典礼、揭幕剪彩典礼、开工开学典礼、通车竣工典礼，甚至包括社会组织进行转产、迁址、整（装）修结束、开设新部门与新的分支机构所进行的典礼仪式。开业典礼虽然同属于庆典活动，但它与纪念活动有所区别。纪念活动指向过去，而它指向未来，标志着社会组织工作的开端或新的转机。开业典礼是社会组织第一次亮相于社会，引起公众与社会关注的公关专题活动。它可以使组织第一次或在原有基础上以崭新的姿态与公众接触，帮助公众正确认识组织形象以及它所反映的经营管理水平、领导能力与员工素质等。

现代公关专题活动中的开业典礼，已经发展为一系列形式的组合活动。它或者剪彩揭幕，演出庆祝；或者组织参观介绍，向客人馈赠礼品或者宴请嘉宾，给消费者以某些优惠；或者请客人入室座谈；或者外出举行礼仪游行；或者举行隆重的会议，制作散发新颖的广告。更有一些组织别出心裁，将开业典礼的工作提前，在社会组织进行的筹划、奠基、动工阶段就开始大造舆论，或者在开业典礼进行之后的一周、一个月乃至一年，仍然组织一些活动形式，优惠来宾，以求最大限度地扩大组织影响。

二、开业典礼的主要环节与注意事项

开业典礼的组织形式灵活多样，不拘一格。不同的开业典礼，其活动过程与具体环节也不尽相同。以下介绍开业典礼的常规形式与主要环节以及策划实施过程中应该注意的事项。

(一) 开业典礼的前期策划

一般人受思维定式影响容易将这类活动的视点局限在“开业”两个字上，只着重对开业典礼本身下工夫。可是一些有识之士，往往在开业典礼之前就着手大做文章了。例如，某食品饮料公司，决定在某市打开冷饮市场。于是他们在夏季将要到来之际，将统一制作的500个小售货亭一齐运抵该市并分别安放在事先选定的地点。一天之内，该市主要商业区、居民区、交通要道口与旅游点同时出现的统一别致的小售货亭，立刻引起了市民的关注与议论。虽然，夏令未至，冷饮制品尚未上市，开业典礼也未举行，但这家公司整齐、迅速、别致的策划与运作，已经给该市公众留下了深刻印象。这应该说是准确把握并运用公众期盼心理、在开业前先声夺人的公关杰作，同时也是一次成功的广告宣传与促销活动。

另外，开业前的新闻发布会也是开业典礼前期策划的主要活动之一。利用大众传播媒介，最大限度、最大范围地传播信息，以引起公众关注，是现代组织传播自我、推销自我、

塑造自我时必不可少的手段之一。当然，利用广告宣传画、招贴画等形式宣传组织的建立、开业，也是一种十分经济方便的形式。

由此可见，不要将开业典礼孤立起来策划实施，开业典礼应是组织发展过程中有机整体的一个组成部分，它们彼此联系、互相配合。而孤立地策划开业典礼，不仅会使活动本身显得机械、呆板、突兀，而且会事倍功半，不容易收到预期的公关效果。

(二) 开业典礼前的调查与宣传

社会组织创立、开业前，要针对组织自身的性质、特点、对象等，在其所处地区进行广泛地调查研究，充分了解该地区公众对组织的认同程度，大力宣传组织的性质、宗旨，宣传组织对社区公众的益处。如果出现社区公众对组织的性质不甚了解，或者因为对组织的性质存有偏见，从而对组织的设立怀有敌意等情况，则应在做调查研究的同时，开展一些有针对性的公关传播活动，否则，有可能使组织的开业典礼之日成为组织发展难以举步之时。

另外，先期的公关调查还应包括如下内容：尽量调查了解公众对本组织的兴趣之所在，以便在选择开业典礼的形式时，尽量迎合大部分公众的兴趣，甚至在开业典礼的总体规划中设计安排某些独特的活动，以投对于组织创立发展有重要关系的部分公众之所好。

因此，先期的公关调查要包含正反两个方面的内容，既要调查了解公众对组织的兴趣点，又要调查了解周围环境对组织发展的一些不利因素，公关实务人员要善于针对不同的调查结果，策划设计相应的公关活动，选择最佳的开业形式。

(三) 选择最佳的典礼时间

要善于选择最有利于表现组织性质特点的时机举办开业典礼，这样容易产生广泛的社会效应。如经营妇女儿童用品的商场，开业时间宜选在“三八妇女节”、“六一儿童节”的时候；经营学生用品的商场，开业宜选择新学期将至之时；以名人的姓名等命名的基金会的活动等，宜选择名人的诞辰纪念日等。当然，也并不是说任何一个组织的性质都可以找出某个“日”、某个“节”来与之相对应。其实，“时机”是很多的，完全在于公关实务人员的灵活运用。总之，要善于选择组织性质与社会效应巧妙相融的时机来启动开业，以获得公众的广泛关注。

(四) 开业典礼的形式与规模

开业典礼一般具有相对固定、常规性的特点，但也可以不拘一格，灵活处理。

确定开业典礼的形式、规模，应该考虑到组织自身的性质、特点和与公众关系的密切程度等因素，同时还应考虑组织自身规模大小、经济实力等问题。从组织自身性质、特点、公众关系的角度出发，与公众日常生活密切相关的，如餐饮、娱乐、服务行业等组织的开业典礼，最好是选择能使社区公众最大范围地知晓该组织的开业典礼形式；如果是业务性质具有重大意义或广泛影响的组织，最好策划具有轰动效应的开业典礼。从组织自身规模、实力等角度出发，那些规模大、资金实力雄厚的组织，宜采用大规模或豪华的开业典礼；反之，则宜以小巧简朴取胜。

(五) 开业典礼的嘉宾邀请

确定了开业典礼的形式、规模之后，就要择定并邀请出席典礼的嘉宾，这将关系到组织今后的继续发展。邀请嘉宾的用意主要表现在：向组织创业初期协作各方进行答谢、表示继续友好合作的愿望；获取社区公众与其他组织的信任、理解与对今后工作的支持，同时也向组织员工与社区公众昭示，本组织的创立是得到了社会各界与有关机构的大力扶持的。基于此点，一般需要择定的嘉宾主要有：当地的行政官员、上级组织的负责人、该地区的知名人士、协作单位的负责人、各类传播媒介的新闻记者、与组织性质有关的公众代表、兄弟单位的代表等。

(六) 组织精干的工作班子

大型开业典礼本身就是包括许多方面与环节的活动。同时，这些活动中宾客很多，场面宏大，方方面面都要关照到。因此，必须在开业典礼的筹划阶段就开始组织精干的工作班子。这个班子一般包括三个层次的人员：策划管理人员、实施操作人员与其他勤杂人员。策划管理人员包括对整个活动进行整体构思策划的智囊人物，组织领导层中分工负责此项活动的高级管理人员及参与此项活动并分工主管各部分、各环节的管理人员；实施操作人员主要包括策划阶段的材料准备、文字撰写、摄像印制、美工制作、广告设计、公关游说等人员，以及典礼仪式本身所需要的迎宾礼仪、主持司仪、摄影摄像、乐队、调音师等各类人员；其他勤杂人员包括可能需要的总务后勤、司机、厨师、清洁勤杂工、电工木工等。这些人员不仅分工明确，各司其职，而且能随机应变，互相配合。因此，应挑选精明能干、具有强烈公关意识的人员组成工作班子。

(七) 开业典礼的物质准备

(1) 场地的选择。依照典礼的规模、形式、出席者人数及一些附加活动等因素选择场地。

(2) 设计制作组织标识等宣传品。应该在筹划阶段就提前设计、制作组织标识、招贴画、广告词、主题词、条幅等，因为这些东西往往要受印制工期的制约。特别应注意在宣传品设计上要体现本组织的公关意图与活动的主题，突出组织标识与代表色。主题词与广告词设计要新颖、活泼、生动感人，富有人情味，而且读起来响亮上口，如太阳神营养液的广告主题词“当太阳升起的时候，我们的爱天长地久”，就非常有特色而且感人，给公众留下深刻印象。

(3) 各种文稿的撰写、打印工作。在典礼筹划阶段就应结合公关目标与活动主题设计好迎宾词、介绍词与演讲报告内容。

(4) 会场的布置。大型典礼活动会场的气氛应该是隆重、热烈、大方，主席台及主宾位置放在会场前方突出显眼的位置，并视情况安置适当的桌椅、台布、鲜花、茶具，上方悬挂若干横竖条幅，或张贴主题词、宣传画等，室外会场也要悬挂气球、插彩旗、悬宫灯等，还要安装调试好音响扩音设备。

(5) 其他物品的准备。需要准备的其他物品还有：剪彩用的彩带、剪刀；奠基、植树用的铁锹等工具；烘托喜庆气氛的唱片、录音带；收受贺礼的登记簿；赠送客人的纪念品等。

(八) 开业典礼的结构程序

开业典礼结构上大致分三段式，即开场、过程、结局。开场形式有鼓乐齐鸣的，有献花献辞的。结局的形式有以文艺表演或联谊活动结尾的；有以参观或展览结尾的；也有以介绍座谈或招待宴请结尾的。典礼的进行过程则大同小异。

(九) 安排参观、座谈、演出、宴请等活动

开业典礼的最后一项，可以安排嘉宾参观、座谈，观看表演，或是宴请招待嘉宾。这些项目随组织业务内容、性质、特点自行择定。

1. 参观

从公关的角度来说，将参观安排在开业典礼之后，是因为参加典礼的嘉宾往往是有代表性、有影响力的公众，安排这批特殊公众参观本组织，有利于开业典礼后本组织形象的传播，可以扩大组织的影响。这种参观，其内容可以因组织的业务性质不同而异。

2. 座谈

典礼结束后安排座谈，既是向公众进一步宣传本组织的机会，又是本组织与广大公众、上级机构、协作单位、同行代表、新闻记者建立联系，听取意见建议的好机会。座谈的内容可以十分广泛，但其中心议题应该是组织的生存与发展。

3. 观看表演

开业典礼安排的表演，一类是有关的业务生产操作表演，一类是与业务间接相关的表演，如服装生产部门、纺织公司举行服装模特表演。还有一类是与业务无关的文艺表演等。一般前一类表演可随参观一起安排，而后一类表演可以视具体情况和条件来安排。

4. 宴请招待

宴请招待的形式有正式宴会、自助餐招待会或酒会、茶会等，可根据本组织的业务内容、性质、特点及经济实力自行选择。

(十) 开业典礼之后的工作

开业典礼之后，仍有大量工作要做：敦请新闻界客观、迅速地报道本组织的开业活动运转情况，收集传播媒介以及公众舆论的有关反应，特别是应将各传媒的新闻报道制作成剪报资料，存档保留。确定开放参观日的具体日期和实施细则，以使开业典礼在时间和空间上得以延伸。制作开业典礼的声像节目以备开放参观及周年志庆、嘉宾参观、外宾来访时使用。当然还要按照公关工作程序写出总结评估报告。

第六节 专题日活动

公共关系专题日活动的主要目的是不断创造各种机会，扩大组织影响，树立组织形象，加强组织与公众的联系，传播信息，以实现本组织的公关目标。这些机会不是偶然降

临的，而是社会组织巧妙抓取利用或策划创造的，这就出现了公关专题日活动。

一、专题日活动的含义和特点

(一) 专题日活动的含义

公共关系中的专题日活动，指的是社会组织为了达到公关目标，巧妙利用节庆日、纪念日或创造特定机会，经过精心策划，围绕特定主题，进行一些内容或形式相对集中的专门活动。这是公关专题活动中比较常见的一种重要形式。

(二) 专题日活动的特点

专题日活动是一种综合性的公关实务活动，它面对社会各界公众，借助各种传播媒介与公关手段，以新颖多样的形式和内容，吸引社会各界的广泛注意，给公众留下深刻的印象，以提高本组织的声誉，树立本组织的良好形象。公关专题日活动应形式多样，内容新颖、生动、活泼，富有创意性与想象力，能够引人入胜，给人以深刻的印象。与其他公关工作相比，专题日活动更具有艺术的想象力与感染力，它经过精心策划设计，甚至使用戏剧性的手法与效果吸引公众，打动人心。

公关专题日活动因其具有的新闻性与独特性，容易受到大众传播媒介的关注，并能得到新闻界的热心支持与宣传报道。

二、专题日活动的几种类型

由于专题日活动自身的性质与特点，很难用固定统一的模式来规定它。回顾以往的公关实务发展史，各类社会组织与公关机构创造的专题日活动，大致有以下几类。

(一) 利用节庆日的专题日活动

这类活动主要利用世界各国著名节日、各民族民间节日以及宗教节日等，与自己组织的业务内容、性质特点及公关目标相联系，创造出一些活动形式。例如，国外各大工商企业经常利用“圣诞节”搞一些大型的联谊活动。

这类专题日活动是充分利用各种节庆日的到来，策划并设计出公众可以接受的专题日活动。利用节庆日的专题日活动，其特点是：其一，影响广泛。各种节庆日都是在人类社会生活中形成并逐渐发展起来的，有着广泛的群众基础，利用节庆日策划的专题日活动则可利用节庆日的影响尽量扩大活动的社会影响面。其二，公众易于接受。有些节庆日在长期的发展历史中，有许多已经和人民生活融为一体，成为人类社会的组成部分。如我国传统节日“春节”，就已变成了阖家团聚的代名词。利用这种节庆日组织的专题日活动，很容易让公众接受。其三，形式可以灵活多样。社会组织可以结合各种节庆日的性质、特点，设计出内容丰富、形式灵活多样、各具特色的专题日活动，而且活动的各个具体项目与细节还可以紧扣节庆日不同的风俗习惯，变幻出各种为公众所喜爱的活动方式来。

例如，著名的“亚都人工环境科技公司”曾利用春节策划过一个“拜年行动”。1991 年除夕之夜，北京各街头突然贴出了“亚都给您拜年”的标语。可以想象，当大年初一，市民们走上街头相互拜年时，“亚都”也同时走进了千家万户。事后“亚都”公司的领导在总结时说：可以肯定，这条不是广告的广告，比许多次纯商业广告的传播效果都好，因为它不光传播了“亚都”的名字，而且传播了“亚都”的情感，迅速提高了企业的知名度，为亚都加湿器的畅销奠定了基础。

(二) 利用周年纪念日的专题日活动

这类活动主要利用历史上有重大或广泛影响的重要日子，或本组织有重要意义的日子，举行一些周年纪念或庆祝的专题日活动，以扩大自己的影响。

案例："全聚德"店庆造辉光辉煌

“全聚德”作为我国餐饮业驰名中外的老字号企业，自清朝同治三年(公元 1864 年)创立至今已有一百多年的发展历程，经过几代人努力，“全聚德”形成了以烤鸭为代表的系列美食精品和独特的饮食文化。“全聚德”这家百年老店已成为国家领导人宴请国际友人的主要场所，成为国际国内朋友了解、认识北京的窗口。

为了抓住机遇，迎接挑战，积极参与市场竞争，创造具有中国文化底蕴，实力雄厚，品质超凡，市场表现卓越，享誉全球的餐饮业世界级名牌，集团公司决定以 1999 年全聚德建店 135 周年为契机，全年推出多层次、一系列的企业形象公关活动。全年系列公关活动分为三个阶段：

第一阶段：在含有元旦、寒假、春节、元宵节等节假日的第一季度与《北京晚报》、北京楹联研究会联合举办“全聚德杯”新春有奖征集对联活动(以下简称征联)；面向全社会(包括集团员工)开展《我与全聚德》征文，征集店史文物活动；着手整理资料，编辑出版《全聚德今昔》一书。

第二阶段：在农历六月初六，即全聚德创建日的 7 月 18 日举办“全聚德建店 135 周年店庆暨首届全聚德烤鸭美食文化节开幕式”。

第三阶段：在金秋的 10 月份，借新中国 50 华诞举办全聚德品牌战略研讨会，经过近一年时间的实施，1999 年全聚德集团公关活动达到了预期的目的。

首先，“全聚德杯”新春有奖征联活动，把树立全聚德品牌形象与中国传统楹联文化有机地结合起来，营造了“以文化树品牌”、“以文化促经营”的新闻热点，弘扬了全聚德饮食文化和品牌文化。

其次，提高了全聚德品牌的知名度和美誉度。众多新闻媒体都对“全聚德建店 135 周年店庆暨首届全聚德烤鸭美食文化节”做了全面报道，强化了“全聚德”的品牌形象。

最后，全聚德集团通过 135 周年店庆活动取得了良好的经济效益。

由于“全聚德 135 周年店庆暨首届全聚德烤鸭美食文化节”活动的拉动作用，国庆节期间集团公司 10 家直营店共完成营业收入 703.5 万元，接待宾客 76 325 人次，日平均营业额达 100.5 万元。最后，全聚德品牌发展战略研讨会明确了全聚德的品牌战略目标，即以全聚德烤鸭为龙头，以精品餐饮为基业，创造具有中国文化底蕴，实力雄厚，品质超凡，市场表现卓越，享誉全球的餐饮业世界级名牌。

资料来源：《公共关系学》案例. 豆搜网. http://www.docsou.com/doc/110032-28.html

(三) 利用命名日的专题日活动

这类活动主要利用各种国际组织、各国政府等命名的不同主题的各种"××日"、"××周"、"××月"、"××年"等开展有效的公关活动。

案例：湖州广场警务活动范例

2011 年 3 月 14 日是国际警察日，在这个特殊的节日里，湖州的公安民警选择了走进群众，倾听民意。全市各级公安机关广泛开展了"推动'民意评警'促进警民和谐"的广场警务活动。

一场新书首发仪式揭开了活动序幕，这本厚厚的《警务广场——民意导向型警务新模式》凝结了近年来湖州公安机关涌现的感人故事和先进人物，总结了为民服务的经验。

对此，湖州市委常委、公安局长金伯中说："建立民意导向型警务模式，把民意转化为警务决策和警务行动，真正让警务围绕民意转，让民警围绕百姓转。"

在这样的标准下，每年的国际警察日，广场警务活动都是湖州公安机关的"保留节目"。

手持扫帚和铁锹，走上湖城街头清理卫生死角；听说血库告急，100 多人在献血车前排起了长队，献上自己的青春热血；在湖州时代广场，治安、刑侦、禁毒、消防等部门开展了广场大型宣传咨询活动。

在吴兴区的龙泉街道某小区，一张桌子，一块桌布，一条横幅，龙泉派出所所长王永年正和普通百姓拉家常。"我是龙泉派出所的所长，这是我的名片，有什么事情需要我们警察办的，您也可以直接给我打电话"，在向群众递送防范建议手册等宣传资料的时候，王永年总是不忘附上一张自己的名片。据悉，为了方便群众，全所 21 名民警都印有 1 000 张名片。

湖州市公安局还依托警务 e 广场局长网上恳谈室开展了主题为"走群众路线，谈民意评警"局长在线交流活动，与广大网友开展互动。

"以保民安、得民心为核心诉求，疏导民意、回应民意为主要途径，启动了畅通民意、由民意引导警务的警务广场，将一系列的专项活动统驭在公关战略当中"，中国人民公安大学的孙娟教授对湖州公安机关的"警务广场"模式进行了高度评价，"警务广场为我国警察公共关系实践提供了一个富有开拓意义的战略型公共关系的范例"。

资料来源：圣才学习网. http://xwcb.100xuexi.com/view/specdata/20121023/c66333bb-d35b-461d-a2ce-7a66db2b0a16.html

(四) 创造性的专题日活动

这类活动主要是各社会组织为了实现公关目标，结合自己组织的业务范围与性质特点，创造性地设立某种具有固定含义和主题的专题日，并围绕它开展一系列活动。例如，总经理接待日、顾客投诉日、社会服务日、售后服务日、开放参观日等。

案例：花园酒店的“员工日”

原广州花园酒店总经理袁伟明先生向管理人员提出“员工第一”的口号。他认为，只有把员工放在第一位，尊重他们的劳动和尊严，使他们处处感觉到自己作为“花园”不可或缺的一分子的“主人翁”价值，认识到“花园”的荣辱与他们的工作形象和经济效益都息息相关，这个酒店才能成为成功的酒店。根据这一理念，花园酒店最高决策层制定一系列协调员工关系、激励员工士气的措施。例如，每月固定一天为员工日，届时高层管理人员一起下厨为员工炒几道拿手菜；酒店公共关系部定期邀请员工亲属出席“酒店与员工家庭亲善会”，征询意见，争取“后院”的了解和支持；哪位员工工作有成绩，会收到总经理签发的嘉奖信；每一位员工生日的当天，都会收到总经理赠送的生日贺卡；酒店设立意见奖，最高管理层对有建设性的意见保证在3天内作答，并给予奖励等。袁先生是知名的美籍华裔人士，全美酒店管理业的六大明星之一。他认为，优质服务和产品是酒店成功之要素。总经理走马上任刚刚半年，便使广州花园酒店的形象和经济效益都得到很大的提高。这便是“员工第一”带来的效应：2 000名员工的内聚力使酒店整体的外张力大大增强了。

资料来源：网易. http://whwgb110.blog.163.com/blog/static/298384222010428102867/

以上所举的案例都是“外向型”的，即专题日活动的策划是针对外部公众的。其实，能主动地策划出一些针对内部公众的专题日活动，也同样会收到好的效果。举一个简单的例子：如果在你的组织里有一定数量的国外员工或外国专家，你可以不失时机地为其举办一个与他们本国的或民族的节日有关的纪念活动，那么其效果是可以想象的。利用节庆日举办的专题日活动应该做到，使专题日的主题与节日性质相吻合，活动的具体内容、形式及各部分构成项目最好都能紧扣节庆日的特点，将策划重点放在顺应公众心理上，使公众在感动之余接受这次活动。在精心策划、出新出奇时，应尽量体现出活动的文化色彩与人情味来，这样，不仅能传达节日的文化气息，而且还能向社会与公众传播本组织的文化品位与爱心。

三、专题日活动策划实施时的注意事项

专题日活动各有特色，在策划实施时有一些需共同注意的问题：

（一）应善抓天时、地利、人和

如果说“天时”是指利用国内外传统节日的话，那么，“地利”则可以指本组织、本地区一些有独自特色或重要意义的事件，包括民族传统、风土人情等。“人和”在这里也可以理解为社会组织及其公关人员发挥自己的智慧与特长，创造性地设立专题日活动，并使其顺利运作。例如，我国云南省经常组织一些结合“泼水节”、“三月三”、“火把节”等与节庆有关的旅游促销活动，这就是善于抓住天时。而其中利用石林、阿诗玛等自然、人文景观，就是利用地利条件了。云南某卷烟厂在此基础上每年举行“产品质量周”，结合订货会组织

客户联谊日等，即是利用了人和。如果能够把握住这些天时、地利、人和条件，则可能使一年 365 天变得天天有新意、月月有奇想，巧妙地抓住各种机遇，塑造组织形象，传播有利于组织发展的信息。

(二) 应巧妙构思策划

专题日活动贵在独特，贵在创新，公关实务讲究策划、构思的艺术性和创造性，特别强调专题日活动应具有独特个性，做到人无我有，人有我新，与众不同，别出心裁，这样才会给公众留下深刻印象。而拾人牙慧、邯郸学步，则不仅达不到预期效果，反而会在公众心中留下拙劣模仿的印象。

(三) 应精心组织实施

专题日活动是综合性的公关实务活动，有时是在相对集中的一个时间单元(一天、一周或一月)里实施的一系列活动。这就需要组织内外人员团结协作，互相配合，突出主题，强化效果；有时则是在很长一段时间内实施的系列活动，需要很多人员通力合作并精心组织实施。

本章小结

本章分六节进行介绍。第一节展览会，首先介绍了展览会的类型，而后阐释了展览会的特点，最后提示了举办展览会应注意的问题；第二节新闻发布会，首先论述了新闻发布会的特点，而后阐释了举办新闻发布会的理由和时机，接下来介绍了举办新闻发布会的准备工作，最后提示了新闻发布会中的注意事项；第三节赞助活动，首先论述了举办赞助活动的目的，而后介绍了赞助活动的种类，接下来论述了赞助活动的组织与策划，最后提示了举办赞助活动应注意的几个问题；第四节联谊活动，首先论述了联谊活动的作用，而后阐释了举办联谊活动的原则，接下来介绍了联谊活动的形式，最后提示了进行联谊活动应注意的问题；第五节开业典礼，首先阐释了开业典礼概述，而后介绍了开业典礼的主要环节与注意事项；第六节专题日活动，首先阐释了专题日活动的含义和特点，而后重点介绍了专题日活动的几种类型，最后提示了专题日活动策划实施时的注意事项。通过本章的学习，能对公共关系的专题日活动有比较清楚的认识，以使公共关系工作者能更好地开展公共关系的专题活动，更好地搞好公共关系实务。

自　测　题

关键名词

展览会　新闻发布会　赞助活动　联谊活动

思考训练题

1. 展览会有哪些特点？
2. 举办展览会应注意哪些问题？

3. 新闻发布会有哪些特点？

4. 举办新闻发布会需做好哪些准备工作？

5. 新闻发布会进行中应注意哪些事项？

6. 谈谈举办赞助活动的目的。

7. 举办联谊活动应遵循哪些原则？

8. 谈谈联谊活动的形式。

9. 开业典礼有哪些主要环节？

10. 简答专题日活动的几种类型。

模拟新闻发布会
——南京高校新闻院系实践活动

一、活动意义

在新闻发布会上抓住事情的关键，争取提问的机会，提出有建设性、针对性的问题，与新闻发言人的良好互动是一个专业记者的必要素养。而对于新闻发言人，如何在发布会上简洁明了地阐明事件，有技巧地回答记者问题则是对他们最基本的要求。新闻院系的同学们将成为明日的记者，也可能担当未来的新闻发言人，但除了平日的理论知识，我们还需要一定的实践经验。因此，为了锻炼新闻院系同学们的实务水平，同时增进各高校之间的友谊，南京大学新闻传播学院举办这次模拟新闻发布会，这是一次新的尝试，也是展示各新闻院系学生学习成果的最佳平台。

二、主办方：南京大学新闻传播学院

协办：南京师范大学、中国传媒大学南广学院、南京理工大学、南京财经大学。

三、前期准备

4 月 28 日前，联系除南大外的其他高校的新闻院系，发邀请函；

4 月 28 给定 5 场发布会主题（只给定主题方向，具体话题和切入点各高校自行决定），通知各校开始准备相关材料；

5 场发布会的主题分别为：政治（南大 A）、经济（南财 B）、民生（南广 C）、教育（南师 D）、军事（南理 E），学校必须准备一个新闻发言人小组（最后出场 1 人）、一个记者小组（出场 5 人，包括纸媒和电子媒体），并推荐一名评委老师（不强求，如能推荐最好）；

5 月 5 日晚前，各高校需要给主办方发回各自的话题（只需话题，不需要具体阐述内容以及其他，以方便告知其他各高校做好应对准备）；

5 月 6 日，主办方将向各大高校公布每个学校的标题，各校再继续准备相应材料；

5 月 4 日至 5 月 9 日，在南大校园内进行宣传，为模拟新闻发布会作会场布置等准备工作。

四、活动时间：5 月 10 日下午 2:30～4:30。

五、活动地点：南京大学鼓楼校区费彝民新闻楼报告厅。

资料来源：百度文库. http://wenku.baidu.com/view/bea61923bcd126fff7050b2f.html

实训题：请以班级为单位举办一次“模拟新闻发布会”。

第十五章

网络公共关系

学习要点及目标

通过本章的学习，深刻认识网络公共关系的内涵和特征，了解网络公关的发展历程，明确主要的网络公共关系，了解公共关系网站的建立，熟悉网络广告与电子邮件，了解网上公关活动的开展。通过学习，为更好地开展网络公共关系打下基础。

引导案例

案例：TOP1：联想看家宝“思乡体”击中回家痛点引共鸣

看家宝是联想近期推出的一款基于云端存储的视频服务。一年一度的春运，是每个国人心中的痛，谁不想“常回家看看”，但一张小小的车票，让回家的距离显得那么的遥不可及。背井离乡的人们归家心切，在外漂泊一年的辛酸苦辣都浓缩成了内心深处那一句思乡的话语。联想精心策划了“思念的距离”创意话题，同时打造了易于传播的“思乡体”句式，通过情感营销策略引发共鸣。

2014 年 1 月 15 日，新浪微博发起“思念的距离”话题活动，作为此次推广的重点，联想官方微博大力传播，再加上很多名人也纷纷参加活动，撰写“思乡体”，让“思念的距离”话题快速扩散，不管是屌丝还是女神，高富帅还是土豪，都参与其中，各种奇葩的思乡体句式层出不穷！将“思念的距离”话题讨论推向高潮，并迅速登上微博热门话题榜，再一次扩大了活动的自媒体影响力。

资料来源：中国公关网. http://www.chinapr.com.cn/templates/T_Second/index.aspx? nodeid=3&page=ContentPage&contentid=7962

公共关系在中国属于一个新兴行业，从 1984 年美国伟达公关公司进入中国市场算起，至今仅三十多年的历史。目前中国的公关行业，尤其是近几年，无论是从数量还是规模上，发展速度都令人侧目。网络媒体的出现是最近几年的事情，它比公关行业在中国的历史还要短。但是，网络媒体在传播上的影响力却以惊人的速度在增长，成为公共关系一个新平台，二者逐渐整合形成了一个新的子学科——网络公共关系(以下简称网络公关)。因为这个子学科出现的时间太短，同时由于网络公关的特点与传统媒体公共关系的差异太大，且处于变化当中，所以至今仍然没有完全成熟的理论架构体系。本章将分节来阐释网络公共关系。

第一节　网络公共关系的特征与发展历程

一、网络公共关系的内涵和特征

(一) 网络公共关系的内涵

网络公共关系刚刚兴起，目前业界还没有一个统一的定义。大多学数者认为网络公关是指社会组织借助联机网络、电脑通信和数字交互式媒体来实现公关目标的行为。

下面是几种有代表性的定义：

(1) 网络公关又叫线上公关或e公关，它利用互联网的高科技表达手段营造企业形象，为现代公共关系提供了新的思维方式、策划思路和传播媒介。

(2) 公共关系的英文原文是Public Relations，简称公关，那么网络公关也就是指企业在网络空间的公众关系。网络的空间存在着形形色色的"大众群体"，企业通过其网络上的各种存在形式，以及通过采取各种方式与网络公众增进了解，进而维持与公众的良好关系与互动，以此来加强品牌的影响力，促进品牌的推广。

(3) 网络公关是由于计算机网络的迅猛发展而给传统公关带来的一种创新形式，它以互联网作为信息传播的手段来开展公关活动，为企业改善自身形象、提升市场知名度、创造更多商机。

以上第一和第三个定义指出了网络公关的手段是互联网，公关的目的是营造企业形象，但没有涉及网络公关对象。第二个定义对公关的三个基本要素，即主体、客体和手段都有所描述，尤其是对客体阐述得比较详细。

综合以上三个定义，网络公共关系就是社会组织以互联网为手段针对网络公众进行的公关活动。其主体是社会组织，传播媒体主要是互联网，客体是网络公众。网络公关的目的是维护和改善企业形象，提升品牌知名度，以获得更多机会和效益。

但是这些定义不够准确、全面。下面从公共关系结构的三个基本要素来分析网络公关的内涵和外延。

(1) 网络公关的主体，即社会组织主体是网络公关主体组成部分，统称为网络化的社会组织。而社会组织网络公关是网络公关发展的动力，是探索网络公关发展的"先锋"。

(2) 公关手段，从网络公关字面意思上来理解，网络公关的媒介是网络，从技术角度来看，网络包括电信网络、有线电视网络和计算机网络，并且这三种网络中的每一种都是公共关系的重要传播手段。因此，网络公关的媒介不仅包括计算机网络，也包括电信网络和有线电视网络。

(3) 网络公关的客体是网络公众，首先只有经常浏览网页的网络用户才有可能成为网络公关的对象。公关对象是有针对性的目标受众，网络公关也不例外。网络公关的客体就是经常浏览网页的、与网络组织有实际或潜在利害关系或相互影响的个人或群体的总和。

综上所述，网络公关的定义根据网络媒介的三种不同类型，分为狭义和广义两种。广义上的网络公关是指网络化组织以电信网络、有线电视网络以及计算机网络为传播媒介，来实现营造和维护组织形象等公关目标的行为。狭义上的网络公关是指组织以计算机网络即互联网为传播媒介，来实现公关目标的行为。我们主要使用的是狭义上的网络公关概念。

(二) 网络公共关系的特征

1. 网络公共关系传播的互动性

网络媒体的信息传播具有鲜明的互动特征，在网络论坛中，大家可以一起探讨共同关心的话题。社会组织要了解网民对某个问题的看法，可以到网上看看大家的反应。这种互动让受众直接参与进去，从而在快速对传播效果进行评估的同时，也加大了公关传播的深度。另外，网络媒体的互动性也为公共关系的拓展开辟了一条“言路”，大家可以和影视明星、企业家或专家学者直接对话，了解自己关心的问题，同时也让他们能够更好地了解自己的情况，了解他们在公众心目中的真实形象。网络传播的互动性，使网络成为进行公关活动的理想媒介，使组织迅速准确地了解消费者的各种需求，了解更适合现代人个性发展的需要，提供个性化的服务。

2. 网络公共关系传播的便捷性

通过网络传播信息不仅方便而且迅速，很多组织以互联网作为公关活动的媒介。利用互联网，组织或个人都可以发布信息，也可以通过建立网上站点，建立各种链接。在网络上查找信息也十分方便，通过搜索引擎能够在短时间内迅速找到相关的一系列信息，可以帮助我们迅速了解情况，解决问题。

对于厂商来说，网络公共关系也是一种重要手段。企业可以通过网络发布新产品信息、发布上市公司的信息，让股东了解上市公司的发展情况和股票价格的变化情况等。然而网络公共关系传播的便捷性也给它带来了挑战：一些公司为了自己的短期利益，虚构一些信息，对公众造成了很坏的影响；一些组织没有及时处理好网络公关事件或措施不当，也造成了很大的负面影响。

3. 网络公共关系传播手段的多样性

随着传播技术的发展和在互联网上的使用，网络媒体已经开始将文字、图像、音频、视频结合在一起，以多媒体的传播方式影响受众，网络公关越来越多地借助这些途径来对受众进行多角度的影响。如 2004 年美国进行总统竞选时，我们可以对现场进行在线直播和存档回放，同时把有关新闻和报道的文字、图片都放在关联的页面上，当这些手段结合在一起时，可以让受众对整个事件有一个直观的、整体的了解。同时，可以对当时的直播情况反复观看，仔细品味，不仅可以了解竞选现场的情况，还可以了解一些背景性资料，帮助我们更全面地了解问题。所以对于网络公共关系来说，多手段、多途径的结合使得公关传播的效果更好。

二、网络公关的发展历程

1969 年 11 月 21 日，美国加利福尼亚大学洛杉矶分校的计算机实验室的一台计算机和远在千里之外的斯坦福研究所的另一台计算机连通，标志着人类进入了网络时代。

四十多年以来,网络技术迅速发展,互联网的运用给世界带来了巨大的影响,使世界进入了"无国界"的新经济时代。

网络公共关系是计算机网络技术高度发展的产物,它把公共关系从现实社会引入了虚拟社会,显示出了独特的魅力。

公关业的发展与媒介技术的发展密切相关,它随着媒介技术的发展而不断发展。网络公关发端于电信网络的使用,具体到媒介有电报、电话、广播及电视等。

第一阶段是电报、电话以及传真用于公关业。电报是由1845年莫尔斯发明的,后来用于商业领域通信,礼仪电报、鲜花电报等是电报用于公关用途发展的新形式。由于通信事业的进步和发展,现在对电报的使用总体来说已越来越少。电话从1876年贝尔发明到1946年商务流通电话问世,电话沟通,见面细谈,已成为公关的必经程序,目前已出现要求普通话标准,沟通能力、语言表达能力强的电话公关职业。

第二阶段是广播、电视用于公关业。据美兰德媒体公司调研数据显示,广播受众具有年龄低、文化程度高的特征。而电视观众群规模大,其构成基本与全体人口的构成一致,白领比例明显小于广播。从调查数据可以看出广播受众具有质量优势。调查显示,我国广播听众比例在不断上升。电视是视听合一的媒介,具有现场感强、形象真实、可信度高等传播优势,给观众一种面对面交流的亲切感,而且能够直观展示产品、产品的使用过程和使用效果,具有很强的说服力和感染力。与网络媒介相比具有覆盖范围广、到达率和重复率高的优势。因此广播,尤其是电视仍是组织实施公关的重要手段。

第三阶段是互联网用于公关传播。互联网在网络公关发展史上是一个重大的转折点,使网络公关"山重水复疑无路,柳暗花明又一村",也是公关发展史上的一座里程碑。

目前国际互联网已连接了世界上240多个国家和地区,50多万个区域网把世界连接在一起。网络传播成为新的媒体,在国际传播中发挥着越来越大的作用。作为新兴的传播方式,网络传播在国际传播中的地位明显上升。只要世界上有重大的新闻发生,网络就成为媒体进行国际传播和受众查看新闻的重要渠道。

世界经济的全球化和网络化的发展,使世界逐渐进入"无国界"的新经济时代。为了在激烈的市场竞争中取胜,各个社会组织纷纷采取各种措施,想方设法地去吸引受众的注意力。网络公关这种新兴的有效的传播方式逐渐得到了人们的重视,并迅速被广泛使用。

案例:TOP2:百事互动:节奏大师亮相上海地铁

游戏在当今社会已越来越火,《节奏大师》则是一款老少皆宜的产品。在2014年新年到来之际,把百事《我们把乐带回家》2014微电影主题曲——《快乐送》植入《节奏大师》中,在地铁LED屏幕前充分实现人机互动,让乘坐地铁的旅客们一边玩一边乐,真正实现百事倡导的"把乐带回家"。

在上海的人民广场、徐家汇、静安寺、陕西南路,四大核心商业区,百事《节奏大师》互动游戏如火如荼地进行。当人们在LED屏幕前随着音乐节奏互动时,基美传媒使用的尖端技术红外感应Airscan装置,可以即时捕捉互动动作,既可获得游戏带来的乐趣,又能得到百事可乐。此次线下互动活动结合微博、微信等方式进行线上传播，同时活动全过程还被拍摄成视频进行全网传播。

资料来源：中国公关网. http://www.chinapr.com.cn/templates/T_Second/index.aspx? nodeid=3&page=ContentPage&contentid=7962

第二节　主要的网络公共关系

网络公共关系的公众也和一般的公共关系公众一样，分为网络的内部公众、外部公众。内部公众有员工、股东；外部公众有消费者、新闻媒介、政府、社区、能源供应者、金融界等。这里我们只介绍几种主要的公共关系。

一、网络新闻和网络媒体关系

通过在网络上刊发新闻稿传达重要信息一直是社会组织公共关系活动的一项重要内容，这不仅适用于传统公共关系形式，同样也适用于网络公共关系。现在，人们已渐渐习惯于到网上的新闻档案页面上去寻找最新信息，所以网上新闻在组织的网络公共关系活动中非常重要。

一般来说，相对于报纸等传统媒介来说，网上新闻的刊发条件要宽松、自由得多，这给了组织更大的舞台去表现和进行信息传播。网络使组织可直接面向消费者发布新闻而不需要媒体的中介。组织可直接通过网络论坛、BBS、新闻组、E-mail 及其他方法直接发布组织新闻，从而使组织掌握了公关的主动权，同时也引发一些新闻记者的兴趣并与之建立起友好关系。

网络新闻具有的良好互动性也使之成为网络公关的一种很好的实现手段。网络新闻可以通过链接使得该新闻轻松地与众多相关信息相链接，因而使受众可以获取更多的背景资料和有用的信息，从而使网上新闻稿的信息含量大大提高。

网络媒体是现代社会信息传播的重要手段之一，也是公共关系传播的主要手段。组织把新闻通过网络传播出去，新闻界也利用网络传播信息，并从网上搜索信息，网络具有不可替代的作用。网络媒体的沟通方式主要有：

(一) 网上新闻

组织应该建立一个专门的对外网站或网页，专门用于同媒体打交道。这里应该具备媒体需要的所有的公司新闻和材料，包括新闻稿、领导人的重要讲话、年度报告、重要访谈和重要活动、重要人物的文字资料、图片资料或者电子资料。通过网上新闻，可以准确地了解组织的具体情况，从生产经营、产品销售、财务管理、人事变动到战略调整等方面的问题。在新闻稿上要建立相应的链接，使新闻记者查找更为方便。

(二) 网上新闻发布会和网上访谈

组织可以通过网上新闻发布会和网上访谈的形式和公众进行直接的沟通，事先要将发布会或访谈的时间、登录密码告知新闻记者，记者登录公司网站后，就可以对主持会议的管理层人员进行在线访问了。

(三) 用新闻网发布新闻稿

对于上市公司来说，通过新闻网来发布新闻稿是很重要的方式。因为新闻网上的数据经常被各种在线数据库采用，如美国在线、雅虎等。如果公司想让它的股东和潜在投资者了解公司的运营状况，并借由网上告知大众，那么它的新闻稿就最好能放到新闻网上。有的新闻网可以免费发布新闻稿，有的需收取一定的费用。新闻网能够随时报道新闻，信息传播速度快，而且传播面广，所以很多组织都乐于通过新闻网发布信息。

(四) 在线宣传

现在有很多刊物都有在线的电子版，在线发行的数量正在迅速增加。还有很多广播公司也提供了附设的网站，为公共关系宣传提供了新的方法。

另外，电子公告牌、网上讨论室和新闻室、种类繁多的在线服务以及群组发送的邮件等，为组织开展宣传提供了丰富的可选手段。公关人员第一次不再需要依靠传统的报刊、新闻等媒体，而是直接通过互联网，就能与潜在的投资者、顾客或支持者进行接触了。互联网使新闻记者发布新闻的速度大大加快了，然而有时候，这种速度确实有些快得过了头。

二、网络消费者关系

通过网络能够树立组织的形象，能直接与客户或潜在客户接触和沟通。网络公共关系可以为网上进行的各种整合营销提供必要的支持。

(一) 为消费者提供相关的真实信息

现在消费者对媒体的了解越来越多，他们知道何时会受到促销人员和不良销售人员的强行推销。所以公关人员与之沟通时的一个原则就是，应尽可能以真实可信的信息为核心，让消费者获得更多的信息，而不是强行推销产品。互联网是当今世界上能够提供大容量信息的、最具潜力的知识库。

(二) 与客户及时地在线交流

组织的网址中包括了许多可以填写的表格，以解答公众的疑问并提供有效的建议。同时，公众也可以向组织的网址发送他们的忠告与建议，供组织及其他所有公众阅读。通过这种方式，组织可以同所有的公众共同分享有关的有效信息。在网上，组织可以与公众更为自由地进行信息往来，并允许目标公众发出更多的反馈意见。例如，企业产品的发展、定位和提高在一定程度上得益于那些聪明的、有经验的公众的往来信息，这是企业组织不可或缺的一个强大的推动力。更重要的是，公众在网络上完成互动，如果他们觉得很满意，就会与好朋友分享。

(三) 在网上建立相关的广告链接

广告链接所占的面积小，能引导浏览者光顾另一个网站或网页。网络广告通常要采用一些漂亮的画面或极具吸引力的标语，才能引起人们浏览另一网站的欲望。此外，广告链接大多采用自动的超级链接与事先设好的网站链接。这是一种有效的引导公众的方法。

我们可以通过对环宇智业公司的网络实名的作用，了解网络公共关系对企业营销的巨大促进作用。

“保护无形资产，打通推广道路，发现更多价值”，环宇智业公司的负责人如此评价网络营销的作用和优势。在传统营销模式下，作为一家以营销策划和定位策划为主业的公司，环宇智业公司面临着无形资产流失、企业推广乏力以及市场开拓缓慢等问题。首先，无形资产的价值对环宇智业公司尤其重要，在传统营销方式中，在为客户做策划方案的时候，公司既要展现自身实力和专业能力，又要保证不使思路和方案全部曝光从而失去获得回报的机会，环宇智业公司难免有些左右为难。就是在那个时候，该公司开始考虑能不能采用某种模式，在保护自身知识产权的同时，达到推广自身形象和开拓市场的多重目的。

2003 年 7 月，环宇智业公司开始接触 3721 网络实名和网站策划。由于网络实名具有操作更简单方便、为用户提供信息更准确快捷等特点，因此公司分别注册了安徽合肥分类广告网、安徽广告网和安徽 168 网以及安徽各地区的广告网，并购买了广告排名第一的排名服务。很快，环宇智业公司发现以网络实名为主的网络营销能够解决企业当初面临的那些掣肘。

一方面，网络实名就像网络名片，有效地保护了环宇智业公司精心策划的广告网(即 168 网)，切实保护了企业的无形资产。另一方面，网络营销所提供的巨大空间有力地推动了企业自身形象和产品的推广，让更多的人更准确、更快速地了解到相关信息。另外，在实际操作中，用户不需要记忆复杂的英文域名，只需要在地址栏中直接输入相关中文文字或汉语拼音，即可直接到达企业的网站。因此，这一网络营销的方式很快提升了环宇智业公司推广的速度，并帮助公司迅速开拓新的市场。正因为如此，网络实名的网络营销效果十分明显，并迅速增加，这自然也意味着网络营销回报的提升。

购买网络实名的成功让环宇智业公司清晰地看到了网络营销对企业的价值。因此，公司迅速注册了江苏广告网、河北广告网，甚至台湾广告网等全国几乎所有能够注册的广告网和 168 网，用连锁加盟的形式，迅速向省外扩张。由于环宇智业公司在网络营销中抢得了先机，那些“迟到”的企业为使用相应的网络名片而要向环宁智业公司支付租金。3721 的网络实名帮助环宇智业公司创造了更多的价值。

网络营销时代，只有走在前列才能有机会获得更大的竞争优势，很显然，谁抢先一步，谁就能借助网络营销的力量获得更大的收获。

三、网络投资者关系

公关人员的一个重要任务就是与投资者及潜在投资者直接沟通。

目前越来越多的上市公司选用互联网作为与潜在投资者直接沟通的途径。小型投资者常常觉得分析师、股票经纪人或者一些大型投资者掌握着更多的公司信息，而自己掌握的信息却很少，互联网的出现对他们来说是一个福音，他们也能随时获得需要的公司信息。有了互联网，投资者不仅能及时了解自己的投资状况和市场的实时行情，而且无须依靠各种中间人来通知他们了。

政府部门在对证券市场进行网上监督的过程中表现出了疑虑。一方面是因为证券管理者担心，由于在线信息无需署名，所以真假难辨；此外，一些短线股票投资者和一些"不知何故投资收益就远远超出正常水平"的股票老手们，完全可能利用互联网发布错误信息，误导市场，从而达到在市场上兴风作浪的目的。另一方面，监管部门害怕网上一些因粗心导致的错误可能会使本已相当不稳定的市场增添更多的混乱。

尽管如此，互联网毕竟为公关人员与投资者的直接接触开辟了新的渠道。因此，为了便于与投资者搞好关系，各大公司已经加大了对互联网的投资力度。有研究显示，很多上市公司在发布年报时，都在考虑将传统的书面发布形式改为通过互联网发布。尽管对大多数公司来说，印刷文件仍是最主要的沟通交流工具，但是在线版的年报也变得越来越重要了，其原因如下：

(1) 电子版的报告比书面报告更加灵活而生动。在股东和潜在客户面前，电子报告能将公司形象生动地呈现出来，各类图表均可制作得十分精美，并附以声音和动画特效。这不仅是对公司运营状况形象而清晰的描述，还是对公司形象的大力推销。

(2) 电子版报告使用起来更为方便，特别是在与其他沟通形式相互转换和综合运用方面。股票分析师可以直接从电子版报告中摘取需要的财务数据和表格，而无须再保存和翻看那厚厚的装订报告；分析师很快就可以轻松地将电子版报告改编为其他沟通形式，大大方便了分析师的研究工作。

(3) 电子版的报告保存时间更为久远。投资者无需再为保存已经翻旧了的书面年度报告而烦恼。如果需要查阅去年的年度报告，只需按一下鼠标就可以了。

运用互联网来管理投资者的关系，可以给每一个股东相同的获取公司新闻及信息的机会。可以利用网络来建立与投资者的良好信息沟通渠道，最大限度地降低信息的不对称性，从而提高公司与投资者之间的信用度，保持长期的合作关系。

四、网络社区关系

社区是指单位或个人由于某种原因而处于同一区域，而网络社区则是网络上的虚拟社会区域。人们在网络上由于共同关心的话题或由于相同或相近的爱好聚集到网上论坛或网上俱乐部、新闻组、聊天室等。在网络社区里人们可以互相交流思想、交流信息，增进了解和友谊。

通过网络社区能够给组织的公关活动带来很多好处。例如，可以发现新的客户、增加对老客户的了解；可以进行组织的公关调查；通过网络交流发现人们对企业或产品的看法；预防危机事件的出现，控制危机事件的发展等。

通常人们把网络社区分为两种：一种是人们就某一话题在网上交流而自由组成的一个有一定共同兴趣的网络社区，又称为横向网络社区。这类网络社区都是由网民自己创建的，由网民自发组织讨论，安排文章发布，在网上有数以万计的这类社区存在和活跃着。

另一种是由组织利用业务关系和新闻组、论坛等工具形成以组织站点、组织信息为中心的网络商业社区,又称为垂直网络社区。形成这类社区的主题不是共同的兴趣爱好,而是围绕着网上组织站点这一利益中心。

无论是横向网络社区,还是垂直网络社区,在组织的公关活动中都是可以起到积极、促进的作用的,因此都可以为网络公关所用。如在横向网络社区中,在不违反网络道德的前提下,通过发言、提问的方式透露一些组织的相关信息;或是在垂直网络社区中,由组织直接面向社区发布新闻稿或是一些有深度的文章。

但总的来说,垂直网络社区对于网络公关来说更有价值,因为在横向网络社区中,几乎所有的人都可能对带有商业味儿的信息十分敏感和反感,你的发言可能会遭到一连串儿的抨击和批评,还有可能被打入网络论坛的"黑名单"之中。

通过垂直网络社区,能够开展的公关活动主要有以下内容:

(1) 直接面向网络社区或在自己的站点上发布公司新闻稿。

(2) 在与本公司有关的网络论坛上张贴公司信息。开展这一活动的前提是,公司公关人员必须征求相关网络论坛系统管理员的同意,方可在其上张贴新闻。

(3) 创建面向公众,如客户、零售商、编辑记者及其他网络社区成员的单向邮件清单,及时把组织相关信息发送给他们,从而巩固和增强组织与他们的关系。

邮件清单是一种允许你将信息发送到对方 E-mail 信箱中的工具。但是需征求清单中每一个成员的同意,才可将组织信息直接发送过去,否则就会违背网络礼仪而自食恶果。

(4) 提供公司权威人士撰写的有深度的专题文章。这些文章就某些专题提出富有洞察力的建议、实际的操作步骤等,这样就无形中给了人们一种专家和权威的印象,有利于组织在该领域内树立领导者的形象。例如,如果你是一个词典类电脑软件方面的专家,可写类似"如何挑选词典类电脑软件"之类的文章,从而为网络社区成员提供理论与实践上的帮助。

(5) 为网络社区成员提供服务。完善的服务使组织的产品具有更高的附加价值,通过为网络社区成员提供各类服务信息,可以建立组织的网上信誉,大大提升组织的整体形象,从而达成组织的公关目标。

(6) 可以开展网上新闻发布会、网上年会、网上交流(如证券发行人与网民通过互联网进行互动交流的活动)、网上晚会等活动。目前,众多网络服务商已从技术层面上解决了这些网上公关活动不能开展的问题,为他们提供了多种形式的解决方案。事实上,网上新闻发布会、网上年会、网上交流、网上晚会等这些活动,既可以帮助组织树立高新科技代表这一形象,也迅速地提高了组织知名度,从而达到了组织宣传推广的目的。

第三节　公关网站建立及活动开展

一、公共关系网站的建立

公共关系从业人员现在运用得越来越多的一项互联网技术就是创建与维护网站,以此来介绍公司、促销产品及进行市场定位。在网络上,个人或机构都可以自由地发布信息。现在互联网上的网站数量超过100万个，因此，网站之间的竞争也越来越激烈，需要有较高的专业水准和较强的资源整合能力，才能在竞争中取胜。

现在如果公众对某个组织感兴趣，并想获知更多信息的话，查阅该组织的网站通常是最直接、最便利的方法。从这种意义上说，21世纪，网络无疑将成为社会组织最重要的沟通工具。

(一) 建立网站或建立自己的网页

很多社会组织走向网络公关的第一步，就是建立网站或在相关网站中建立自己的网页，为公众及媒体了解组织提供一个窗口和平台。一般来说，组织网站的主页或网页中都应包括以下信息：组织名称、标志、对站点内容进行导航的菜单或图标、重要的新闻以及组织联系地址及联系方式等。主页的设计一定要遵循快速、简洁、吸引人、易于寻找的原则。除了主页以外，社会组织的网站通常还可以发布其新闻稿件及相关行业稿件的新闻稿，如企业组织包括产品和服务的价格的页面、雇员页面、客户支持页面、市场调研页面和组织信息页面以及相关主题的网络论坛或其他网络资源的相互链接等方面的内容。

一般来说，重视品牌的组织，都十分重视通过网站和网页的设计来增强整个组织的品牌形象，如可口可乐公司、耐克公司等著名品牌都已拥有很好的网络信息资源，并把网络作为重要的形象推广手段。

(二) 发挥搜索引擎的作用

搜索引擎能帮助我们迅速发现我们关心的信息，它能借助于一系列的关键词和其他参数识别、阅读、分析并储存从数以百万计的网页上获得的信息。在网络上进行公关活动离不开搜索引擎的作用，这主要表现在两个方面。

1. 在搜索引擎上登记

人们认知新网站往往从搜索引擎开始，因此组织若想成功地把自己的网站或网页推介给受众，就要尽可能多地在相关的搜索引擎上登记，使受众容易寻找。这是网络公关一个既好操作又行之有效的开展手法。

目前很多搜索引擎都采用主题词自动检索，所以组织在各搜索引擎中登记主题词时要尽可能多地包含同义词甚至外围词，例如，公司的主营业务是“打印机”，就可在登记时包含计算机、配件、耗材、惠普、联想、墨盒、“中关村”等内容，在为顾客提供与本公司产品相关的信息的同时，也适当提供一些其他的信息，以保证组织的网站被选中的概率更大。

2. 把搜索引擎作为一种有效的广告投放媒介

即在搜索引擎上投放网络广告，吸引受众浏览该组织的网站或其他相关信息。把搜索引擎作为广告投放媒介的优点在于能够“有的放矢”，使目标消费群的信息到达率显著提高，从而较好地避免无效传播。

(三) 和其他站点建立链接

要鼓励其他站点复制你的站点中的内容或创建到你的站点的链接。看到你的信息的人越多，你获得顾客的可能性也就越大，你的公关活动的成效也就越大。公关人员应该真诚地感谢其他站点对你内容的引用和网站链接的创建，因为无形中它们充当了宣传你的工具，拓宽了你信息传播的通道。所以，公关人员应在站点的醒目位置刊登必要的说明，鼓励其他站点的引用和链接，有时还应该主动出击，为本组织网站寻求更多的链接对象和合作伙伴。

二、网络广告与电子邮件

(一) 网络广告

广告与公关活动从来都是不可分割的关系，在网络上也是如此。事实上，几乎所有的网络公关活动都包括公布广告这一环节。众多的网民也正是从点击网络广告开始，进入组织网站、组织论坛、组织俱乐部或是传播组织公关信息的网页中，开始了解组织的相关信息和参与到组织公关活动中去的。

在创作和使用网络广告时，公关人员一定要注意到网络广告与传统广告的不同，从而更充分地发挥网络广告的优势为公关活动服务。网络广告与传统广告相比，有很大的优越性，它具体体现在以下几个方面。

(1) 在传统的广告传播模式中，信息是以单向流通的模式，以大面积播送的方式，强行灌输于观众(听众)头脑中去的，观众(听众)是信息被动的接受者。所以，传统广告的成功策略是把握“推”的艺术；然而在网络广告中，信息与受众各自扮演的角色完全颠倒了过来。受众成为主动的信息寻求者，而信息则成为被动的被选择目标，所以网络广告的成功策略是把握“拉”的艺术。

(2) 传统广告因篇幅有限，所以通常是通过传播试图以某种印象劝诱消费者购买其宣传的产品或服务；而网络广告有强大的链接功能，可容纳的内容相当之多，就可以针对产品或服务本身提供更多的相关信息，所以可以靠逻辑、理性的说服力促成消费者采取行动。

(3) 传统广告的效果测评比较难，而网络广告则可通过特定的软件，适时地统计出网络广告的各种效果测评指标，如用户点击率、网站访问人数、各主要页面的浏览率等指标。为公关人员提供的这些宝贵的资料，可以促使其准确地了解用户喜好并进一步改进工作。

网络广告常见的投放媒介有：本组织的网站或论坛等垂直型虚拟社区；各大网络媒体，如搜狐、新浪、中华网等，在这些媒体上购买广告空间，以超级链接的方式把受众吸引到组织网站或宣传网页上或其他公用的网站、搜索引擎、电子杂志、公共论坛、聊天室、新闻组、个人网站等。

最常见的网络广告形式主要有六种：横幅式广告(也称 BANNER 广告)、按钮式广告、文字式广告、游动式广告、插页式广告和电子邮件式广告。公关人员应针对具体情况和传播要求，选择采用不同形式和不同内容的网络广告。

(二) 电子邮件

电子邮件既是组织内部沟通的常用工具，也是进行外部沟通的有效手段。

电子邮件现在已经成为很多组织内部沟通的常用工具，越来越多的组织采用电子邮件作为及时传递信息的手段，从而取代了传统的印刷出版物和传真。在大多数的组织内部，电子邮件还被用来发送时事通信和公告等。当很多管理者不乐意直接与员工进行面对面的沟通时，通过电子邮件，更有利于彼此敞开心扉进行交流，可以收到比传统的方法更及时和有效的反馈。电子邮件如此快速省力，管理人员可以在不离开办公室的情况下表达对下属的表扬与关怀，所以，电子邮件极大地改善了组织内部的沟通状况。

电子邮件也使传统的、书面形式的"员工时事通信"失去了原有的重要地位。例如，在天腾计算机公司内部，在线时事通信已经代替了传统的印刷版内部通信。这种在线通信与印刷品相比，前者更具有即时性与互动性，员工可以随时就他们读到或听到的信息进行反馈。同样的，组织也能快速了解员工的态度与意见。显然，这种网上通信工具还轻松地具备了报纸杂志等印刷物很难提供的即时性的特点。

电子邮件的私密性与交互性，也使其成为网络公关的一个很好的载体。组织可以通过 E-mail 与公众或潜在公众建立起"一对一"的亲密关系，把专门服务于该公众或潜在公众的信息或广告通过电子邮件发送给他，同时通过组织的 E-mail 信箱，接收该公众或潜在公众的相关反馈信息，迅速对其信息作出反应，提供及时的帮助。

用电子邮件向公众包括消费者、投资者和媒体在内的外界发送时事通信的做法，也相当受欢迎，而且非常有效。

电子邮件版时事通信与公告等还可以帮助销售产品或服务。广告业巨子 J. 沃尔特·汤普森通过一系列整合营销电子邮件，成功推销了福特新款的金牛座汽车。这个系列邮件包括网上宣传单、海报以及用于专题讨论的网上聊天室等。其中的聊天室还配合以电台的热线电话，让设计师直接回答消费者提出的关于新型汽车的各种问题。

宝洁公司就曾通过电子邮件进行公关推广，获得了很大成功。

宝洁公司计划将来产品的销售都将通过互联网完成，因此他们从推广之初，就采用了电子邮件的营销策略。

他们推行了一个推荐样品计划，即所有的电子邮件用户都可以获得样品，参加有奖游戏，然后他们可以发送邮件给朋友让他们也去试试。

该公司负责人表示：事实证明我们的推广活动是成功的。从这个活动获得的经验就是尽管网站宣传的产品不是非常的高科技，但是电子邮件支持程序确实智能化，非常有效。

然而，我们在使用电子邮件进行公关活动的过程中也要注意，滥发电子邮件的行为以及不当的电子邮件格式也会遭到用户的反感与排斥。因此，我们建议使用 E-mail 建立公共关系时要注意：一定要在征求用户同意的前提下发送电子邮件；要慎用抄送等群发邮件的方式，努力让每个 E-mail 看上去都像是为用户定做的，使收件方感受到来自发件方的重视与尊重；发送邮件尽可能用最通行、最简单的格式；创建信息包裹和电子邮件自动应答系统；在电子邮件末尾加上签名文件，以利于收件人与你取得联系，为下一步的网络公关工作奠定基础。

三、网上公关活动的开展

公关人员常用的一种迅速提高组织知名度、提升组织的品牌形象和建立组织美誉度的有效手段就是举办各类公关活动。

近年来,各种类型的网上公关活动不仅为众多的网络组织所采用,也被越来越多的具有现代眼光的传统组织重视和使用。

常见的网上公关活动有以下三种形式。

(一) 以公益活动为名义进行的各种公关活动

这类活动的优点就在于它很好地掩藏了社会组织公关活动的"商业化"气息,在公众面前塑造了一个重道义、负责任、正直、健康的组织形象,对组织长期公关目标的实现是相当有益的。很多时候,组织的公关活动并不会单纯采取一种手法,而是采取多管齐下的策略,将多种活动形态相结合,以在最短的时间内,以最节约的成本,实现最大的公关传播效应。

(二) 以免费奖品或商品为诱饵吸引网友参加的公关活动

这类活动通常用免费的奖品和免费商品等,吸引网友浏览自己的网站并注册为会员,又以要向他们寄送礼物为名,让这些访问者留下自己的详细资料,从而为组织的公关部门提供了大量宝贵的消费者资料,建立和完善网上消费者数据库。

例如,惠普集团于 2005 年 4 月推出了"网上填表免费试用打印机"的活动,吸引了大量的潜在客户,在网上留下了他们的姓名、公司名称、办公地址、电话、传真、电子信箱等详细资料。

(三) 以游戏大奖赛等评奖以及抽奖的形式吸引网友参加的公关活动

游戏大奖赛、大抽奖作为一种迅速有效,并且效果显著的公关推广手段,已经风靡数十年,这类活动旨在迅速汇聚人气,促进沟通,达到推广组织网站、推进组织信息传播和提高组织知名度的作用。

在开展此类公关活动时,公关人员应注意采用新颖、独特的方法,精心策划。这类网上大奖赛能否取得成功,关键是公关人员在设计网上公关活动的时候对活动的规则必须格外地审慎和严密。公关人员对待这些网上大奖赛、评奖活动,在规则制定上千万马虎不得,否则极易令所有的努力付诸东流,甚至造成严重的负面影响。

本章小结

本章分三节进行论述。第一节网络公共关系的特征与发展历程,首先论述了网络公共关系的内涵和特征,而后介绍了网络公关的发展历程;第二节主要的网络公共关系,先后介绍了网络新闻和网络媒体关系、网络消费者关系和网络社区关系;第三节公关网站建立及活动开展,首先介绍了公共关系网站的建立,而后阐释了网络广告与电子邮件,最后论述了网上公关活动的开展。通过本章的学习,能对网络公共关系有比较清楚的认识,以使公共关系工作者能更好地进行网络公共关系工作。

自 测 题

关键名词

广义上的网络公关　狭义上的网络公关

思考训练题

1. 网络公共关系具有哪些特征?
2. 网络公关的发展经历了哪几个阶段?
3. 简答主要的网络公共关系。
4. 谈谈公共关系网站的建立。
5. 谈谈网络广告与传统广告的区别。
6. 怎样开展网上公关活动?

案例:大众汽车的网上推广策略

大众汽车为了推广2 000辆最新款式甲壳虫系列——亮黄和水蓝,决定在网上发布销售信息。公司花了数百万美金通过电视和印刷媒体大做广告,推广活动的广告语为"只有2 000,只有在线"。推广活动从5月4日到6月30日,根据大众公司商业部经理Aragones的介绍,网站采用Flash技术来推广两款车型,建立虚拟的网上试用驾车,将动作和声音融入活动中,让用户觉得他们实际上是整个广告的一部分。网上试用驾车使得网站浏览量迅速上升。网站的每月平均流量为100万人。在推广的第一天,就有超过8万的访问量。在活动期间,每天独立用户平均为47 000,每个用户花费时间翻了个倍,达到19分钟,每页平均浏览1.25分钟。

网上试用驾车得到更多的注册用户,用户能够在网上建立名为"我的大众"的个人网页。在推广期间,超过9 500人建立了自己的网页。他们能够更多地了解自己需要的汽车性能,通过大众的销售系统检查汽车的库存情况,选择一个经销商,建立自己的买车计划,安排产品配送时间。推广活动产生了2 500份在线订单。

资料来源:中华文本库. http://www.chinadmd.com/file/uzcvuu3ze3uow3r6eroaervr_1.html

问题:

1. 试分析此次活动的成功之处?
2. 试分析网上推广策略与大众传播媒介推广策略的异同点?

第十六章

危机公关管理

通过本章的学习，了解危机的含义和类型，认识危机产生的原因，明确危机公关管理的含义和作用，了解危机公关管理程序与处理方式、对策和善后工作，为本课程的深入学习打下危机公关管理实务的知识基础。

少林寺招媒体总监　要求懂危机公关

2014 年 9 月 1 日，少林寺无形资产管理部门传出消息，称少林寺无形资产管理公司及新媒体公众号《少林禅修中心》招聘媒体总监、主编各一名，要求文字功底扎实，兼具英文沟通经验、有新媒体实战、组织、运营经验者优先；对中国传统文化有一定认知和践行力，有志于少林文化传播与发展。

这一启事很快在网上引发热议，短时间内就收到 300 多份应聘简历。针对网友关心的应聘者性别、婚否，是否要出家和吃素，会不会武术等问题，少林寺有关方面回应称，都不加限制，但要求不能跳槽过于频繁，且要认可佛教尤其是禅宗思想。至于薪酬方面，将会“和其他社会企业持平”。

少林寺有关方面表示，随着新型技术的不断发展，少林寺也在不断改进传播方式，加强与信众的交流，在世界各地宣传中国少林文化，也就需要媒体制作和传播方面的人才。有关负责人称：“少林是全世界人民的少林”，也需要借助新媒体平台，宣传佛教教义、少林功夫、医学和礼仪等内容。同时，由于近年来围绕着少林寺方丈释永信的谣言时有发生，因此招聘的媒体总监应该也必须是一名懂得危机公关的高手。

资料来源：中国公关网. http://www.chinapr.com.cn/templates/T_Second/index.aspx?nodeid=3&page=ContentPage&contentid=7962

在组织的活动中，公共关系最具挑战性的考验当属组织处于危机的时候。危机是市场经济活动的影子，也是公共关系的伴随物，是不可避免的事情。为此，在公共关系实务工作中，就有了一项专门的工作——公共关系危机管理。本章特对危机的含义、特征、周期、类型、产生原因、性质、影响，以及危机公关管理的含义、作用、原则、程序、方式等问题分四节进行阐述。

第一节　危机的含义和类型

俗话说“天有不测风云，人有旦夕祸福”，对于组织而言，由于外部环境的变化或内部各方面的不善，随时都有可能陷入各种危机之中。而为了避免危机或将危机造成的损失减到最少，和尽快恢复到危机突发前的状态，我们必须首先要认识危机，即了解危机的各方面问题。

危机是指突然发生的令人意外的危及组织或个人生存和发展的严重事件。如2001年美国的“9·11”事件、2002年俄罗斯的人质事件、2003年东南亚地区的非典疫情、2004年年末印度洋西域的大海啸灾难……2014年频发的东南亚空难事件、2014年年末我国上海外滩陈毅广场踩踏事件、2015年4月末和5月上旬的尼泊尔强烈地震等，均属于突然发生的危机。危及各类不同组织（国家、地区、企业等）生存和发展的严重事件，均属于危机的范畴。

一、危机的含义

英语危机（Crisis）一词源于希腊语“Krisi”，意思是鉴别或判定。危机一词最初是一个医学术语，指人濒临死亡，游离于生死之间的那种状态；在神学里，采用该词来区别灵魂获得拯救或被罚入地狱；在现实生活中，它是指某一个连续发展过程的中断。16世纪以来，该词就已经成为人们日常用语的一部分，被广泛地应用于政治、社会、经济等众多领域。至今，政治家和学者们对危机的定义有一百多种。

罗森塔尔和皮内伯格（1991年）认为：“危机是指具有严重威胁，不确定性和有危机感的情景。”这一定义指出了危机具有危害性和风险性的特征。

巴顿（1993年）认为，“危机是一个会引起潜在负面影响的具有不确定性的大事件，这种事件及其后果可能对组织及其员工、产品、资产和声誉造成巨大的损害”。这个定义包括了潜在危机，并且指出危机不仅会对组织造成有形的损害，也会造成无形的损害。

韦伯斯特（1951年）利用临界点原理将“危机”定义为“一个更好更坏的转折点，一个决定性的时刻，一段至关重要的事件和一个达到危急关头的情景”。这一定义比较确切地把握了危机的含义和本质。

在我国的汉语大词典里，危机的书面意思是指严重困难的关头或隐藏潜伏的危险。摆在人们面前的是两种选择：要么消除危机，要么被危机击垮。

我国学者马建珍认为：“危机使社会遭遇了严重天灾、疫情或出现大规模混乱、暴动、武装冲突、战争等，社会秩序遭受严重破坏，人民生命财产和国家安全遭受直接威胁的非正常状态。”这一定义又将危机定义为造成重大损失的意外事件。

学者皮伟兵认为，危机是指对一个组织的既定系统构成严重威胁，并要求作出及时决策和行动的不确定事件。这一定义比较简练概括。

二、危机的特征

(一) 突发性

危机的突发性是指危机是否发生、何时发生、发生的情况和程度都是不确定的,令人难以预料,所以危机事件多是在人们毫无准备的情况下,在短瞬之间突然发生的,这使组织感到非常突然。面对这突然的变化,特别是一些不可抗力的因素导致的危机,如地震、海啸、台风、雪灾、政变等更是具有明显的突发性,更令人难以预料和抗拒。同时,在危机的混乱局面中,人们看到原有的发展格局突然被打乱,其既得利益丧失或可能永久丧失,使人们面临一个全新的、不熟悉的环境,人们有一种强烈的希望回到原来状态的心理,但一时又不知所措。如果没有危机公关管理措施应对,可能会使突发的危机事件愈演愈烈。

上海外滩踩踏事件 36 死 47 伤

中新网 2015 年 1 月 2 日电 综合报道,2014 年 12 月 31 日晚 23 时 35 分许,上海外滩陈毅广场发生拥挤踩踏事件。截至 1 日上午 11 点,已有 36 人死亡,47 人受伤,伤员以年轻人为主,其中重伤 13 人。上海相关部门承认,对此次活动人流量预估不足,而针对网传有人抛撒代金券引发拥挤踩踏的传言,上海市公安局 1 日晚间发布调查结果称,抛撒代金券一事发生在拥挤踩踏事件之后。

资料来源:腾讯网. http://news.qq.com/a/20150102/000480.html

(二) 危害性

危机的危害性是指危机会对人员、组织和其他资源造成各种各样的直接或间接的损失和损害。危机程度越是严重,其危害范围和破坏力就越大,所造成的损失也就越惨重。例如,2001 年发生在美国的"9·11"恐怖分子袭击事件,其直接危害是飞机的损失,大楼的倒塌,人员的伤亡,其间接危害是美国许多行业遭受了百年不遇的大劫难。仅航空业(运输和制造)的损失就高达 100 亿美元,外加 10 万名员工被裁减。据联合国发布的报告称,"9·11"恐怖袭击事件使当时世界经济的增长率降低一个百分点,损失达 3 500 亿美元,除了美国经济受到沉重打击外,其他国家和地区的经济增长也因此受到不同程度的影响。危机的危害性还体现在严重损害组织的形象和声誉、恶化组织的社会关系、激化矛盾和纠纷,使内外公众对组织失去信任;挫伤员工的积极性,涣散组织的凝聚力和战斗力;处理危机耗费大量的管理时间和财产资源;处理不当甚至会造成灾难性的后果等。

(三) 紧迫性

危机的紧迫性体现的一方面是危机一旦爆发,就会将其在潜伏期积蓄的破坏性能量在一个很短的时间内迅速释放出来,并快速传播,呈极度蔓延的趋势。如飞机坠毁、球场骚乱、火灾、汽车相撞等危机事件,其发生时间极其短暂,汽车事故常在 1～2 秒内发生,而球场骚乱时1～2分钟人们已无路可走。其他类型的危机也存在着类似的情景。危机爆发后,组织就如同在与时间赛跑,必须在最短的时间里作出反应、采取措施,否则,就会坐失处理危机的最佳时机,造成更大的危害。

如果不及时地采取有效措施加以应对,危机就会在短时间内处于一种失控的状态。另一方面,危机爆发留给人们的反应、决策、处理的时间极其有限。

(四) 连带性

这是指一个危机事件的出现,往往会引起更大的或更多的新的危机出现,也就是说,初始的危机,又会引起一些"连锁反应"。一个组织、一个国家、一个地区发生的危机,会对更大的范围造成更大的影响。如2001年美国的"9·11"事件发生后,美国的全国机场关闭数日,航空公司陷入困境,金融市场瘫痪数日;同时,许多原本打算去美国的游客改变计划。旅游、娱乐、购物等经济活动停顿;许多美国人还患上了"9·11"恐惧症等心理疾病,又导致产生了大范围的心理危机。

(五) 二重性

危机一词,汉语对其解释可以用危害加机会来表达。危机出现以后,既给组织带来了危害,但同时也可能给组织带来新的机会,所以危机具有二重性特征。危机给组织带来的机会一是指使组织认识到自己的不足,尽快对症下药,有效克服自己的弱点;二是指促使组织及时采取措施,使组织化险为夷、转危为安,形成新的发展机会。

(六) 聚焦性

由于危机的突发性、紧迫性、危害性最容易形成舆论,形成新闻媒体关注的热点、焦点问题,所以,它又具有聚焦性特征。尤其在社会传媒技术发达的今天,危机事件更会迅速公开化,成为各类公众关注的中心,成为各种媒体热炒的素材,这时危机的处理会更为棘手和紧迫。

三、危机的类型

1. 按危机产生的诱因分类

按危机产生的诱因分类,可分为组织内部原因危机、组织外部原因危机和组织内外原因危机。

组织内部原因危机是因组织自身素质低下,组织管理缺乏规范、组织决策失误、组织疏于传播沟通、组织公关行为失策等原因所引发的危机。

组织外部原因危机是因自然灾害、意外事故、突发公共卫生事件、突发社会安全事件、恶性竞争、公众误解等原因所导致的危机。

组织内外原因危机是因上述组织内外原因交互所产生的危机。

2. 按危机影响的范围分类

按危机影响的范围分类,可分为国际危机、国内危机、区域危机和组织危机。

国际危机是指某种危机的生成或影响已超出了一国的范围。如2003年的非典疫情,全球性气候变化所造成的各国的汛情等。

国内危机是指某种危机没有涉及他国，但在国家范围内多有影响的危机。如一国的粮荒，一国的政变等均属国内危机。

区域危机是指某种危机只影响到某一区域。如台风这一自然灾害，一般会波及和影响到江、浙、闽、粤、皖、鲁等区域；雪灾这一自然灾害一般会影响到东三省、内蒙古、新疆、西藏等地区。组织危机是指某个组织范围内存在的危机。

3. 按危机的性质分类

按危机的性质分类，可分为经营危机、素质危机、商誉危机和形象危机。

经营危机是指由于管理不善而导致的危机。如投资失误、定价策略失误、产品质量低劣、管理混乱等原因。另外因其他原因而经营不善也属此类危机。

素质危机是指由于内部素质不高危及自身生存的危机。如领导品德差、能力低而不能很好地领导员工促进组织的发展，并因某一领导工作失误导致危机的产生。另外，员工缺乏公关意识和质量意识，缺少专业技能，缺乏纪律性也容易发生危机。再有组织基本建设设施，建筑等老化、设备失修而导致的重大故障的出现，均属此类危机。

商誉危机，也称为信誉危机，主要是指由于不履行合同、不按时交货、质量问题而形成的危机。商誉是组织生存和发展的根本，出现商誉危机会直接危机组织的生存。如据报道，在国内有家面包店为在中秋节前生产更多的月饼赚钱，曾出现严重质量问题，公众纷纷投书新闻媒介。由于消费者投诉，新闻媒体曝光，此店陷入了严重的危机，很难再经营下去。

形象危机是指组织由于自身形象不好、知名度不大、信誉度不高，或者是总体特征设计不好，企业行为不当造成的危机。当然，以上经营危机、素质危机、商誉危机最终都会影响形象，导致危机。

4. 按危机发生的领域分类

按危机发生的领域分类，可分为政治性危机、社会性危机、宏观经济性危机、生产性危机和自然性危机。

政治性危机包括战争、革命或武装冲突、政变、大规模的政治变革、政策变迁、大规模恐怖主义活动、腐败、其他政治骚乱等。

"3·1"云南昆明火车站暴力恐怖案件

2014 年 3 月 1 日晚 9 时 20 分，8 名统一着装的暴徒蒙面持刀在云南昆明火车站广场、售票厅等处砍杀无辜群众。

案件发生后，中共中央总书记、国家主席、中央军委主席习近平高度重视，立即作出重要指示，要求政法机关迅速组织力量全力侦破案件，依法从严惩处暴恐分子，坚决将其嚣张气焰打下去。

截至 2014 年 3 月 3 日，"3·1"严重暴力恐怖事件导致 29 人遇难、143 人受伤、20 名危重伤员尚未脱离生命危险。这些暴徒极其凶残，有可能受过专门训练，遇难者几乎都是一刀致命。暴力恐怖团伙共有8人(6男2女),现场被击毙4名、击伤抓获1名,其余3名已经落网。

2014年3月2~3日,一些国家和国际组织继续对云南昆明“3·1”严重暴力恐怖事件作出反应。联合国安理会发表媒体声明,“以最强烈的言辞”谴责发生在中国昆明火车站、造成大量无辜平民死伤的恐怖袭击事件,呼吁将恐怖袭击实施者、组织者、资助者和支持者绳之以法。声明说,安理会向“这起非常丑恶的恐怖袭击”的受害者及其家人,以及中国人民和政府表示最深切的同情和慰问。安理会重申将根据《联合国宪章》规定的职责,坚决打击一切形式的恐怖主义。

资料来源:好搜网. http://baike.haosou.com/doc/7357782-7624269.html

社会性危机包括社会热点问题的变迁、社会不安、社会骚乱、游行示威、罢工、小规模恐怖主义活动引发的危机。

宏观经济性危机包括恶性通货膨胀或通货紧缩、国际汇率的巨幅变动、股票市场的大幅度震荡、失业率居高不下或上升、利率的大幅度变化等造成的危机。

生产性危机包括工作场所安全事故导致人身严重伤害的职业病、产品安全事故、生产设施与生产过程安全事故等引发的危机。

自然性危机包括雨量的不正常变化(包括干旱、洪水等)、地震或火山、台风或龙卷风、流行性疾病、其他自然灾害等导致的危机。

5. **按危机发生和终结的速度分类**

按危机发生和终结的速度分类,可分为龙卷风型危机、腹泻型危机、长投影型危机和文火型危机。这是罗森塔尔根据危机发生和终结的速度,对其所做的分类。

龙卷风型危机来得快、去得也快,像一阵龙卷风。人质劫持即属于此类危机。

腹泻型危机往往酝酿很长时间,但爆发后结束得快。军事政变即属于此类危机。

长投影型危机是突然爆发,但影响深远。2003年爆发的“非典”即属于此类危机。

文火型危机来得慢,去得慢。旷日持久的巴以冲突是此类危机的典型例子。

第二节 危机产生的原因

一、危机产生的组织内部原因

(一) 因组织自身素质低下产生危机

组织自身素质低下可能引发危机的产生。就企业而言,自身素质低下主要体现为企业人员素质低下。这包括领导者和员工两方面的素质低下。其中,领导者素质低下,导致危机产生的可能性更大。由于领导者道德素质低下,不具备管理决策的能力,缺乏管理经验,不善于用人,缺少凝聚力和感召力等就很容易在其领导过程中产生危机事件。另外,员工素质低下,同样可能造成危机。例如,沈阳商业城店员手操风扇殴打顾客风波、北京花花公子商店领班追打女顾客案等均是员工素质低下而造成危机的出现,影响了企业形象。

(二) 因组织管理缺乏规范产生危机

组织管理缺乏规范主要是指因自治管理制度不健全，岗位责任制度不严明，使员工的行为无以规范。这就容易出现员工不讲职业道德、不注重工作质量、不体现服务礼节、不讲商业信誉。由此而严重损害公众利益和伤害公众感情，进而引发企业危机的产生。

例如，原河北某药厂的领导者指使员工将过期药品换上新出厂药品包装；有的食品厂厂长指使员工偷工减料制造劣质食品等均属于领导者道德素质低下而引发企业危机，使企业走上绝路。

(三) 因组织决策失误产生危机

组织的经营管理决策是实现经营管理效益的关键。如果各种经营管理决策失误，就可能导致组织危机的出现，特别是其中的方向性的、战略性的决策失误，更是导致危机的关键因素。

(四) 因组织疏于传播沟通产生危机

组织疏于传播沟通，一是指缺乏双向沟通的主动性，满足于上通下达和组织自身评价，对外界发展缺乏反应和反馈的机制；二是指不愿意在平等的地位上与公众协商、交流，习惯于号召式的宣传，懒于做细致的沟通工作；三是指发布信息不及时，缺乏针对性，使公众不能及时地了解所需要的信息等。这些疏于传播沟通的现象很容易使公众产生某些误解而引发危机。而在危机发生后，组织仍疏于传播沟通，而听之任之，更易使危机愈演愈烈，造成更严重的损失。

(五) 因组织公关行为失策产生危机

如前所述，所谓公共关系是社会组织为塑造良好的自身形象，创造和谐社会环境谋求与公众共同受益和发展，而运用传播手段与公众进行双向沟通和协调的一种独特的管理活动。如果组织公关行为与此相背，即有损于自身良好形象的塑造，破坏和谐的社会环境，只注重谋求己方较大的利益，甚至因此而严重损害公众利益。只进行单向的沟通和内部的协调，这必然会遭到公众的反对和抵制，使组织与公众之间的关系恶化而形成危机。

例如，1989 年 3 月 24 日，美国埃克森公司的巨轮油轮“瓦尔代兹号”在阿拉斯加州威廉太子湾附近触礁，800 多万加仑原油泻出，形成宽 1 公里，长达 8 公里的原油带。这里是美国和加拿大的交界处，原来是海水湛蓝，风景如画。但原油泄漏使大批鱼类死亡，海岸沾满油污，生态环境遭到严重破坏。这起恶性事故的原因是饮酒过量，擅离职守，让缺乏经验的三副代为指挥造成的。

调查结果一经传出，舆论为之哗然。埃克森公司陷于危机之中。这时，本应发挥公共关系的功效，但是埃克森公司却无动于衷，毫无责任感。其既不向美国和加拿大的当地政府道歉，也不及时采取措施清理油污，以至于使污染区域越来越大。

美国和加拿大地方和环境保护组织以及新闻界对埃克森公司的这种不负责任，企图蒙混过关的恶劣态度为之不满，发起了一场“反埃克森”运动。

结果埃克森公司被迫以重金请工人使用高压蒸汽龙头冲洗海滩，甚至用双手刷洗岩石，仅此一项就付出几百万美元。加上其他的索赔、罚款，埃克森公司的损失高达几亿美元。更为严重的是，埃克森公司的形象遭受严重的破坏，西欧和美国的一些老客户纷纷抵制它们的产品，以往公司曾做过的有益于社会的事情，都被公众抛在脑后。在公众眼里，埃克森公司成了破坏环境，傲慢无比的丑陋典型，原油泄露事件使埃克森公司名誉扫地。

二、危机产生的组织外部原因

(一) 因自然灾害产生危机

自然灾害带来的危机，如地震、海啸、火山爆发、山体崩塌、滑坡、泥石流、河流改道等地质灾害；水灾、台风、冰雹、暴风雪、沙尘暴、浓雾等气象灾害；森林灾害和生物灾害。这些不可抗力的自然灾害带来的危机往往使组织受到重创。

(二) 因以外事故产生危机

以外事故带来的危机，如民航、铁路、公路、水运、轨道交通等重大交通事故；工矿企业、建筑工程、公共场所、机关企事业单位发生的各类重大安全事故；造成重大影响和损失的供水、供电、供油和供汽等城市生命线事故；核与辐射事故；重大环境污染和生态破坏事故等。这些以外事故往往致使一些组织产生危机。

“3·8”马来西亚飞机失联事件

2014年3月8日凌晨2点40分，马来西亚航空公司称一架载有239人的波音777-200飞机与管制中心失去联系，该飞机航班号为MH370，原定由吉隆坡飞往北京。该飞机本应于北京时间2014年3月8日6:30抵达北京，马来西亚当地时间2014年3月8日凌晨2点40分与管制中心失去联系。马航已经启动救援和联络机制寻找该飞机。失去联络的客机上载有227名乘客(包括两名婴儿)和12名机组人员。其中有154名中国人(其中中国大陆153人，中国台湾1人)。24日晚10点，马来西亚总理纳吉布宣称失联的马航MH370客机在南印度洋坠毁，无人幸存。

2015年1月29日，马来西亚民航局宣布，马航370航班失事，并推定机上所有239名乘客和机组人员已遇难。2015年1月30日，马来西亚交通部部长廖中莱表示，马政府将监督并确保马航向MH370客机乘客和机组人员的家属作出赔偿。

资料来源：好搜百科. http://baike.haosou.com/doc/7358420-7625031.html

(三) 因突发公共卫生事件产生危机

突发公共卫生事件带来的危机，如突然发生造成或可能造成社会公共健康严重损害的重的传染病疫情、群体不明原因疫情、重大食物和职业中毒、重大动物疫情，以及其他严重影响公众健康的事件等。这些均是突发公共卫生事件带来的严重危机。

3月甘肃全省突发公共卫生事件3起

甘肃新闻网兰州2015年4月9日电　据《兰州日报》报道：4月8日，甘肃省卫生计生委发布3月全省突发公共卫生事件报告，共报告一般级别突发公共卫生事件3起，发病174人，无死亡。其中麻疹1起，发病54人，无死亡；水痘1起，发病21人，无死亡；食物中毒1起，发病99人，无死亡。

与上月比，事件报告起数增加2起，发病数增加126人。与去年同期相比，事件报告起数增加2起，发病数增加154人。

随着季节的推进，气温已经回暖，省卫生计生委要求各地疾控部门继续做好传染病监测和报告工作，重点加强学校等人群聚集场所的防控工作。各级卫生计生部门和医疗机构要切实抓好发热门诊、肠道门诊工作，广泛宣传消化道传染病、手足口病的防治知识，增加防病意识和能力。

资料来源：甘肃新闻网. http://www.gs.chinanews.com/news/2015/04-09/256269.shtml

(四) 因突发社会安全事件产生危机

突发社会安全事件带来的危机，如重大刑事案件、涉外突发事件、恐怖袭击事件、经济安全事件、民族冲突和宗教对抗事件，其他规模较大的群体性对抗性事件和国家与国家之间的武装冲突或战争等。这些突发社会安全事件是造成各组织产生危机的不可忽视的因素。

哈尔滨仓库大火　5名消防战士牺牲

2015年1月2日，哈尔滨市太古街一间仓库发生火灾事故，而负有处理应急事故责任的黑龙江省政府与哈尔滨市政府陷入危机。事故发生后黑龙江省政府与哈尔滨市政府迅速协调相关部门进行灭火，并通过媒体向民众介绍政府部门的应对行为。2日21时37分，着火大楼突然坍塌，导致多名消防战士被埋，并造成5名消防战士死亡。而民众在为消防战士痛惜的同时，更提出两点质疑：一方面，民众认为黑龙江消防总队有指挥不当的行为；另一方面，民众对哈尔滨市政府在官方通报中过分夸大政府重视态度，而疏于介绍具体救火内容的行为表示不满。3日黑龙江消防总队出面表示不会拿战士的生命开玩笑，否认了民众关于消防总队指挥不力的质疑，但民众仍旧对黑龙江消防总队这种火灾后临时监管的行为表示不满。1月3日，着火仓库的火势基本得到了控制，由于民众的不满情绪仍旧高涨，黑龙江省政府与哈尔滨市政府的公信力和形象受损。

资料来源：麦尼哲中国危机管理资源网. http://www.crisismanagement.com.cn/

(五) 因恶性竞争产生危机

恶性竞争是指组织受到外部其他组织的不正当竞争，使本组织面临严重的经济危机和信用危机。在现实生活中，一些不正当竞争者或采用散布谣言恶意损害竞争对手的形象，或盗用竞争对手的名义生产假冒伪劣产品，或进行比较性广告，宣传有意贬低对手的能力，或采用恶劣行径严重扰乱竞争对手的经营秩序等。这些都可能导致企业组织产生严重危机。例如，有人给一家啤酒厂造谣，说该厂的副总工程师不慎掉入啤酒的发酵管，几个月后才被发现，尸体已经变成一摊白骨。这一无稽之谈，给这家啤酒厂造成了严重的损失。

(六) 因公众误解产生危机

公众对组织的了解并不都是全面的。有的公众会因信息缺乏或专听一面之词对组织形成误解，尤其是当企业组织在新产品质量、原料配方、生产工艺、营养方式、竞争策略方面有了新的进步、新的发展、新的探索，但公众一时还不能适应，或一时认识跟不上，用老观念，老眼光主观判断，也容易引发一些危机事件。公众中的传播媒介公众和权威公众的误解，更可能使误解范围扩大，程度加深，形成极为不利的舆论环境，使危害愈发严峻。

三、危机产生的组织内外原因

在不少情况下，组织因外部环境变化和内部管理不善交互作用，使组织陷入危机。在日常工作中，内部管理不善使得危机爆发的“火药库”不断增大，外部环境某一方面的突然变化，则成为危机爆发的直接“导火索”。此时，危机的产生是组织内外部原因交互所致。

第三节　危机公关管理的含义和作用

如前所述，危机具有意外的突发性、严重的危害性等特征，会带来较大的消极影响，对组织的生存和发展构成不同程度的破坏或制约。为此，当危机来临时，不能坐视不理，任其发展，而应以积极的态度，对危机进行必要的公关管理，以使危机带来的灾害减少到最低程度。

一、危机公关管理的含义

对于危机公关管理，美国学者史蒂文・芬克认为，危机公关管理是指“对于企业前途转折点上的危机，有计划地消除风险与不确定性，使企业更能掌握自己前途的艺术”。

日本企业顾问藤井定美认为，所谓危机公关管理就是“针对那些无法预想何时发生，然而一旦发生却对企业经营造成极端危险的各种突发事件的事前事后管理”。

罗伯特・希期(2001 年)认为，危机公关管理是指企业在经营过程中，针对可能面临的危机，所进行的一系列管理活动的总称，目的在于消除或降低危机带来的威胁和损失，乃至变为转变机会。危机管理包括对危机事前、事中、事后所有方面的管理。

苏伟伦认为，危机公关管理是指组织或个人通过危机监测、危机预控、危机决策和危机处理，达到避免、减少危机产生的危害，甚至将危机转化为机会的目的。

张成福也指出，危机管理是一种有组织、有计划、持续动态的管理过程，政府及其他部门针对潜在的或者当前的危机，在危机发展的不同阶段采取一系列的控制行动，以有效预防、处理和削弱危机。

魏加宁认为，危机管理是对危机进行管理已达到防止和回避危机，使组织或个人在危机中得以生存，并将危机所造成的损害限制在最低程度。

综合中外学者们的观点，我们认为：危机公关管理是指社会组织及其公关机构对潜在的、已发生的和正在发生的危机事件进行监测、控制、消除、恢复的一系列的管理活动。

二、企业危机公关管理的作用

对于企业而言，成功的危机公关管理可以在以下一些方面发挥作用。

(一) 有利于企业战略的实现

企业战略管理的任务在于立足企业的长远发展，设计企业的竞争战略，并将这种战略有效地付诸实施。企业战略管理与危机公关管理的脱节，使得企业容易忽视战略管理过程中可能出现的各种危机诱因，对企业活动可能给自然环境带来的不良影响、企业的活动可能引发的利益相关者权利的削弱，企业的产品可能存在的负面影响、生产过程中可能存在的安全隐患等问题缺乏足够的考虑和准备。危机一旦爆发，必然造成企业战略实施的中断。因此，企业如果将战略管理和危机公关管理有效地融合在一起，就可以弥补单纯的战略管理的缺陷，会有利于企业战略的顺利实现。

(二) 有利于企业管理机构的完善

作为整个企业管理的重要组成部分，企业危机公关管理机制的完善程度也直接影响到企业管理机制的完善程度。在企业危机公关管理过程中，从危机预警、危机处理到危机解决、企业恢复，都离不开对企业生产、销售、财务、人力资源等各部门、各个层面的分析、诊断和状况评估，正是这些调查诊断和分析评估可以及时地找到企业整个管理体系的漏洞，促进企业管理机构的完善。其中比较明显的是，企业危机公关管理能够促进企业日常管理机构的制度化和规范化。有些企业不同程度地存在企业人员权责不明、奖惩不公、劳动纪律松弛；成本、质量、服务意识差；企业财务管理混乱等问题。而当我们自觉建立企业危机公关管理机制以后，就可以牢牢抓住企业日常管理中的一些薄弱环节，强化和完善对成本、资金、产品质量、售后服务等环节的管理，大大加强企业抵御风险的能力，从而使企业日常管理机制更加完善，保证企业健康持续地发展。

(三) 有利于企业的变革和创新

健全的企业危机公关管理机制能够激发企业的变革和创新。企业危机公关管理不仅仅是维持原来的状态，而是强调企业要整合组织行为与关注环境的建设和破坏效应。现代企业面对不稳定和不利环境的可能性越来越大，不利的环境会使企业陷入阶段性危机，但正是这些危机的存在，促进企业进行持续变革，不断反思它们的运作模式、管理机制和制度建设，对企业发展及时作出战略调整，从而提升企业的竞争能力。另外，当危机出现后，企业的生存受到了威胁，人们为了维护自身利益，自然会把彼此的差异和分歧先放在一边。这样，危机就成了鼓励创造性变革的催化剂，使企业主动放弃业已失效的各种管理机制，实现权力的更合理的转移，大大增强企业的变革进度和改革效率。再有，在企业危机公关管理过程中，企业面临着诸多同行业产品竞争力的提高，外国资本的大规模渗透等不确定因素，这会迫使企业不断增强自己的科技创新能力，以适应外部环境的不断变化，保持企业的持续发展。

(四) 有利于企业形象的维护

良好的企业形象是企业长期以客户为本，诚实经营的结果。有效的公关管理有助于企业形象的维护。如果在危机公关管理中表现突出，甚至可以提升企业形象。作为危机公关管理机制健全的企业，从危机爆发前的合理规避，到危机发生后的有力控制，从危机解决时的果断坚决，到危机恢复期的奋发拼搏，每一个步骤都是极佳的宣传自身形象的机会，而且其效果也强于花费巨资在媒体上做广告。如果企业事先具备了良好的危机管理意识，健全的危机预测和预警系统，应对危机时所必须的应急方案和充分的资源准备，面对危机临危不乱，积极采取措施，就可能将危害降到最低点，并能迅速消除危机带来的负面影响，及时恢复企业元气和活力。那么，企业在媒体和公众中的形象，还会不断上升，从而扩大企业的影响。

(五) 有利于企业核心竞争力的提升

企业核心竞争力是企业竞争制胜的特殊能力，它既指企业所拥有的资源、技术专长等方面，也包括企业危机公关管理。事实证明，企业危机公关管理对于提升企业核心竞争力有着不可替代的积极作用。

企业危机并不是孤立地存在，它是与企业内部管理和外部环境相关联的。企业管理中存在的大大小小的问题与缺陷都可能导致企业危机的发生。导致企业危机的外部原因主要有：国家政策法规的调整、宏观经济因素的变化、政治事件、信誉危机、行业危机、供应链危机、自然灾害及各类意外事件等。企业通过加强危机公关管理将企业的经营战略、经营思想、产品定位、产品销售、人力资源管理、企业文化等诸多的内部管理要素与国家政策法规、行业经济、上下游产业链等企业外部相关的经营要素综合起来，构成一个统一体，这就使得企业面对危机时能够平稳地渡过难关，保持企业已经形成的竞争力，维护企业已经取得的竞争优势，为企业的持续发展打下坚实的基础。

第四节　危机公关管理程序与处理方式

一、危机公关管理程序

(一) 制定危机管理计划

1. 危机管理计划的概念

危机管理计划是社会组织为了预防危机的发生或危机发生时尽可能减少损失，而制定的较为全面具体的关于危机事件预防、处理和控制的书面计划。

2．制定危机管理计划的作用

制定危机管理计划有以下四点作用：(1)预防危机发生；(2)减少危机损失；(3)使抢救工作忙而有序；(4)维护声誉，抓住处理危机的时机。

3．如何组建危机管理小组

(1) 编制——只设兼职。对于任何一个社会组织来说，平时的危机管理小组都可以是兼职的，不必设立专职的危机管理行政机构。

(2) 规模——5～7人。危机管理小组的规模到底应该多大，国内外都没有明确统一的答案。从实际经验看，有5人的，也有7人的，还有10人以上的。这里有一个共同的原则是：根据社会组织的规模和社会组织面临危机时的复杂环境来定。一般来说，危机管理小组的人数应比实际需要量略大一些。另外，还应有明确具体的"候补队员"。

(3) 结构——不同层次、不同风格、优势互补。危机管理小组最好由领导人(如企业主要领导)、负责人(如企业内高级公共关系人员)、专业成员(资深主管和各部门的负责人)、相应的骨干力量(精明强干的具体工作人员，如负责记录、摄影、沟通传播、协调工作的人员)组成。

(4) 风格——不同风格。危机管理小组成员常见的风格有："点子"型，富有创造性的人员，他们不断提出新建议、新点子；沟通型，他们善于做沟通传播工作；辩护型，他们善于提出不同意见并进行成功的辩护；记录型，这类人工作有条不紊，耐心、细致；人道主义型，他们解决问题的方法总是倾向于人性的一面，在危机紧急情况下，他们属于高瞻远瞩之人。

4．危机管理计划的内容

危机管理计划大致包括以下内容：

(1) 对社会组织潜在的危机形态进行分类。

(2) 制定预防危机的方针政策。

(3) 为处理每一项潜在的危机，制定具体的战略和战术。

(4) 确定可能受到危机影响的公众。

(5) 为最大限度减少危机对社会组织整体形象和声誉的破坏性影响，建立有效的传播沟通渠道。

(6) 对方案进行实验性演习。实践证明，实验性演习是十分必要的。演习的过程使人们身历其境，而且能发现很多问题。

另外，在制定危机管理计划时最好聘请社会组织外的危机管理专家参与全过程。

(二) 审定危机管理计划

制定的危机管理计划需要经过审定，审定危机管理计划要遵循以下原则：

1．务实原则

务实原则是指审定危机管理计划是否符合社会组织的实际情况。有的社会组织往往借鉴他人成功处理危机事件的经验来制定本社会组织的危机管理方案。殊不知，他人的经验不一定适合自己。原因在于不同社会组织的规模大小、经营范围、经济实力、公共关系基础等方面的情况都不相同。所以，这种照抄照搬的计划虽然看上去很好，但是却不符合本社会组织的实际情况，如果不经过审定就执行这种计划，很可能是漏洞百出，甚至无法执行。所以，制定危机管理计划应深入了解本社会组织的实际情况，审定危机管理计划更要坚持务实原则。

2. 仔细原则

仔细原则是指审查危机管理计划是否遗漏了重要的方面。危机管理计划涉及的方面非常多，稍不注意就可能遗漏许多重要地方，危机管理小组成员在制定计划时，往往认为有的问题太熟悉而不需要用书面形式反映出来。在审定危机管理计划时，应考虑危机管理计划的详细程度或标准应该是怎样的？危机管理计划的阅读对象是谁？是危机管理小组成员还是一般员工？不同岗位、不同层面的内部员工是否都能看得懂？

3. 可行原则

可行原则是指危机管理计划要具有可行性，不要只看格式如何规范、文字如何漂亮、制作如何精良、建议多么新颖，制定的危机管理计划不是做表面文章，也不是为了让别人欣赏，而是为了解决面临危机时的具体问题。有的危机管理手册中没有任何培训、演习的建议、规定和计划，这种危机管理方案在面临千头万绪的突发事件时根本不可行。因为在危机期间需要大量的经过培训和演习的人来协助，才能使危机处理工作有效率，也才能达到危机管理的真正目的。也有的危机管理方案在预算经费方面超出了本企业的承受能力，需要的设备在本地或附近根本找不到等。在审定危机管理计划时，一定要剔除不可行的建议。

4. 全面原则

全面原则是指审查危机管理计划的内容是否涵盖了危机管理的全过程和各个方面。危机管理计划在突出重点的同时，还要照顾到各个方面。例如，危机之前、危机期间、危机处理之后的各个阶段的工作是否都考虑到了。相关方面的协调是否都列在了计划之中。在审查危机管理计划时，一定要从全面和全局的角度来考虑。

(三) 落实危机管理计划

1. 明确危机管理小组的作用

危机管理小组建立后不能成为摆设，要很好地发挥作用。其作用主要有四项：(1)全面清晰地对各种危机情况进行预测；(2)为处理危机制定有关的策略和步骤；(3)监督有关方针和步骤的实施；(4)在危机发生时，对全面工作进行指导和咨询。危机管理小组的成员要有明确的分工，包括平时的分工和“战时”的分工。

2. 写出危机管理实施计划

危机管理实施计划的内容包括：(1)社会组织高层领导对危机管理的重视程度；(2)预测可能发生的危机；(3)公共关系危机管理小组的任务及分工情况；(4)一旦危机发生，大家应遵守的准则，如尽量不要混淆事实真相；不要做无谓争论(包括与记者争论)；事情未弄清之前，不要随便归罪于人；救人要紧等；(5)在危机预防和危机处理过程中的工作步骤和任务要求；(6)就社会组织可能遇到的危机提出相应对策并说明预演准备；(7)评估标准及如何监督执行，如谁来主持监督、检查、评价，都需要在计划中写明。

3. 制定危机管理实施手册

根据国内外公共关系管理专家的经验，社会组织制定了危机管理实施计划还不够，还要依据危机管理实施计划制定出危机管理实施手册。与危机管理实施计划相比，危机管理实施手册的特点是更加详细、具体；有很强的可操作性；要印制成册；要发放到员工手中。

4. 树立全员危机管理意识

即让每个员工都了解危机，知晓危机处理的程序，认识危机管理的重要意义，使每个人都成为不戴标签的公共关系危机处理行家。具体做法是：(1)培训员工。将预测的危机和预防的计划等，以适当的方式介绍给全体员工。为了让员工对预测的危机、预防计划以及相关情况有足够了解，可以把它们印成小册子发给他们，也可以用示意图的方式说明，或通过会议等形式予以介绍。(2)组织危机预演。由于危机不会经常出现，所以对多数人来说，对危机处理是没有经验的。通过训练、模拟演习来积累危机处理的工作经验，是较为可行的方法。即使没有危机发生，也要对预演计划进行修改，看看有没有更好的危机处理办法。

二、危机公关的处理

(一) 危机公关的处理要点

(1) 危机发生时，要以最快的速度成立危机事故处理机构，这是有效处理危机事故的组织保证。

(2) 在制定危机处理计划时，最好是聘请社会上的危机管理专家参与，并多倾听外部专家的意见。

(3) 站在公众的立场，以公众利益为中心考虑问题，确实把公众利益放在首位。

(4) 领导要亲自出面。企业或社会组织的高层领导要亲临危机事故现场掌握第一手资料，以便制定处理危机的方针政策和以最快速度调兵遣将。

(5) 了解公众意见，尤其要了解批评者、对立者的意见。社会组织一旦出现危机，可能会有人批评或指责，尽管这些人当中有的人会有个人目的，但他们的批评一般来说是真实的，或者是因社会组织失败的传播所造成的。所以要冷静地对待持批评意见的公众，要了解他们是谁，他们的意见是什么，并与他们进行对话。

(6) 使受到危机影响的公众站到社会组织的一边，并帮助社会组织解决有关问题。尤其在一个长时间的危机中，社会组织应通过真诚的态度感动受到危机影响的公众，并通过他们配合社会组织解决问题的态度来影响广大公众，受到危机影响的公众越早地来帮助社会组织说话，就越可能尽早地解决危机。

(7) 邀请公正、权威性机构来帮助解决危机，以便确保社会公众对社会组织的信任。在危机处理中，与那些受人尊敬、立场公正的机构进行公开的合作，是解决危机的关键，可以取得事半功倍的效果。

(8) 要善于利用媒介与公众进行沟通以控制危机并创造转机。

(二) 公共关系危机的处理方式

企业遇到危机事件时，应及时调查，迅速了解事件全貌，判明危机事件的性质与来源，认真听取公众意见，选用恰当的方式、方法，恢复、发展企业的商业形象。

1. 单枪匹马快速处理

有些危机事件主要是由于公众误解引起的，企业自身没有实质性问题，不涉及人身、财产等重大问题，影响范围比较小。这种危机，企业完全能够独立解决。这时，企业应该采用单枪匹马快速处理的方式。

单枪匹马快速处理，一则强调只依靠自己，通过企业自身的努力工作来消除危机事件的影响；二则强调速度上的"快"，这个"快"包括以下要求。

第一，发现危机问题快。企业能迅速监测到社会环境之中不利舆论的出现，拥有比较发达的警报系统，能够及时抓住解决公共关系危机的良机。

第二，调查危机事件快。迅速了解造成危机事件的原因是什么，导火线是什么，受害公众的情况与数字，解决危机事件的机会在哪里，等等，从而掌握危机事件的基本情况。

第三，确认危机性质快。在了解危机事件全貌的基础上，迅速判明危机事件的性质，是误解性危机、事故性危机还是受害性危机。如果是事故性危机，那么究竟是管理不当引起的危机还是质量事故造成的危机；如果是质量事故危机，那么究竟是因原料不当、生产工艺落后还是运输不当造成的事故；如果有对己不利的公众，那么他们是受害公众、不明真相而参与反对企业的公众，还是故意破坏企业商务形象的公众……诸如此类的基本问题，公共关系人员应迅速判明，得出结论。

第四，深入危机公众快。哪里出现了危机，公共关系人员就要像消防队员接到救火命令一样，迅速找到受害公众、对己不利的公众，并采取有效手段，稳定公众的情绪。

第五，控制事态发展快。即及时抑制消极因素，培养积极因素，迅速改变企业的处境。我们常说：时间就是金钱。这句话在有些危机事件中是千真万确的。因为有时"速度"就意味着"效果"。从某种意义上讲，时间本身就是一种消除公共关系危机的措施，容不得任何环节上的丝毫脱节，公共关系人员必须争分夺秒，善于打"速决战"。也就是说，要迅速决策，迅速制定工作计划、方案，迅速开展各项活动，争取时间上的主动性，以时间上的主动性控制危机事件对公众的影响，强化对己有利的公众队伍，改变对己不利的公众队伍。

第六，通报情况反馈快。危机事件往往牵涉企业的各个方面，尤其是企业的职能部门。危机事件的处理，需要职能部门的合作，所以公共关系人员应迅速把各方面的情况通报给各职能部门，争取职能部门的协助、支持，以全员的力量消除危机事件的影响。

2. 协商处理

在有些危机事件中，由于时间较长，或危机事件性质比较严重，如涉及人身安全，公众中出现了"意见领袖"。这些"意见领袖"如受害公众、政府公众、新闻公众、民间权威性公众等，对其他公众具有较大的影响力，能够左右公众的舆论。这时，公共关系人员如果想要较好地消除危机事件，就应该与这些意见领袖协商，争取他们的配合，借助他们的力量来说服公众，以便更快地消除公众的疑虑，转变公众的态度。

运用协商处理方式，关键是争取"意见领袖"的支持，这项工作的好坏，直接影响着危机消除与否。

在危机处理过程中，争取"意见领袖"的协助，应注意以下要求：

第一，选择的"意见领袖"与危机事件本身有较大的相关性。他们应该直接与危机事件具有某种联系，或者是受害者，或者是发起者，能够给其他公众一种"当事人"、"代言人"的感觉，这样，其他公众才能相信他们、信任他们，在他们的引导之下改变自己的消极态度。

第二，选择的"意见领袖"在公众中要有较大的有效能量。如果"意见领袖"担任的社会职务较小，没有足够的权威性、知名度，那么他们就不能有效地说服其他公众。这样，尽管这些"意见领袖"倾力相助，由于影响能量有限，也无法有效地消除危机事件的影响。

第三，充分尊重"意见领袖"。"意见领袖"开始是站在企业的对立面的，也是反对企业的。企业要想取得他们的配合，就必须充分尊重"意见领袖"，把他们看成是企业的贵宾，是处理危机事件的决策者之一。这样，他们就会倾心相助，充分发挥自己的积极性，帮助企业渡过危机。

第四，切实改进工作。这是企业争取"意见领袖"支持的基本前提。只有工作改进了，工艺先进了，质量改善了，这些具有特殊身份的"意见领袖"才会愿意协助、支持企业，他们才能理直气壮地为企业进行宣传。

3. 依托处理

所谓依托处理方式就是指依托市场机制的完善和政府力量，逐步消除危机的方式。

有些危机事件的产生，其根源在于社会生产力水平和不合理的社会体制。例如，由于科学水平的限制，有些产品目前确实具有副作用。这种副作用一旦被暴露出来，自然会引起公众的恐慌，甚至愤起而围攻企业。这时，公共关系人员要沉着冷静，稳住阵脚，同时加强科研工作，尽早实现技术上的突破，重新赢得公众的支持。这种危机，不能急，只求尽力而为，以图来日。

有些因社会体制而造成的危机，看似简单，好像能速战速决，然而由于涉及政府管理部门，一般不宜图快，只能逐步解决，否则就会事与愿违，使企业的处境更凄惨。这是因为公众（包括政府公众）对事物的理解有一个逐渐接受的过程，在短时期内，他们不会改变自己的看法，有时表现出明显的固执己见心理。所以，企业不能匆匆忙忙发表言论，而应积极与公众沟通，让公众自己发现自己的不当，主动更正。这就需要时间，反映在处理危机上就是逐步解决。

逐步解决危机，强调"以静制动"，并不是要求我们消极等待。相反，它要求我们在"静"的表面下，一方面，努力改进企业的工作，加强管理，力求尽善尽美；另一方面，积极与有关部门、有关公众沟通联络，交流情况，改善关系，为最终从根本上消除危机创造条件。

总之，由于危机事件出现的情形、背景、原因以及面临的对己不利的公众不同，我们要具体问题具体分析，选择适当的工作策略、方式、方法，才能取得良好的效果，不仅能消除危机事件在公共关系中的消极影响，而且能发展企业的良好形象。

(三) 公共关系危机处理的具体对策

1. 对企业内部的对策

迅速成立处理事件的专门机构；判明情况、制定对策；通告全体人员、统一口径，协同行动，共渡难关；安抚受损人员及相关人员；奖励有功人员。

2. 对受害者的对策

认真了解受损情况，实事求是地承担责任，并诚恳道歉；冷静听取受害人的意见，作出赔偿损失的决定；避免发生不必要的争执；给受害人以同情和安慰；派专人负责受害者提出的要求，并给予重视。

3. 对新闻界的对策

统一新闻传播口径，说明事件要简明扼要；设置临时记者接待场；主动向新闻界提供事实真相和相关的信息，并表明自己的态度；在事实结果没有明朗之前，不对事件作推测性的报道，与新闻界密切合作，表现出主动和信任；不轻易说“无可奉告”，以客观公正的态度表明自己的看法，不带有主观情绪；借助新闻媒介表达自己的歉意，并向公众作出相应的解释；为避免失实的报道，重要的事情要以书面材料形式发给记者；当记者发表不符合事实的报道时，应尽快要求更正，表明立场。

4. 对上级主管部门的对策

事故发生后，及时、主动向组织的主管部门汇报，汇报应实事求是，不能文过饰非，更不能歪曲真相，混淆视听；事故处理中，定期汇报事态的发展情况，求得上级主管部门的指导和支持；事故处理后，对事件的处理经过、解决方法和今后的预防措施要及时总结并向上级详细报告。

5. 对消费者及其团体的对策

事故发生后，组织要及时通过各种可以利用的渠道，如零售网络、广告媒介等，向消费者说明事件的经过、处理办法及今后的预防措施；热情接待消费者团体及其代表，因为他们代表消费者的利益，在新闻界很有发言权。

6. 对业务往来单位的对策

要尽快传递事件发生的信息，以书面形式通报正在采取的对策，如有必要可以派人当面解释。在事件处理过程中，定期向各界公众传达处理经过，对于由事件给业务往来单位造成的损失，用书面形式要表示诚恳的歉意。

7. 对组织所在社区居民的对策

要及时进行咨询服务，让社区公众了解真相，对于给社区居民造成损失的要道歉和赔偿。

三、危机公关管理的善后工作要点

这里说的危机善后工作是指社会组织对危机事件的处理，如传播工作、沟通工作、安抚工作、内部追查原因等工作已经告一段落，社会各界对社会组织的关注似乎又恢复了往日的平静之后，社会组织为了消除危机事件的不良影响应该做的一系列工作。通常以下列工作为重点：

（一）恢复社会组织及产品的声誉和形象

社会组织一旦发生危机事件，很可能出现公众对社会组织及其产品的信任危机，而对于社会组织发展和市场占有来说，社会组织和产品在广大公众心目中的良好声誉和形象是至关重要的。所以，危机事件之后，社会组织不仅应看到有形资产的损失，而且更应该意识到无形资产的损失，应精心策划并实施一系列恢复社会组织声誉的工作。如制作道歉信，为表明社会组织的态度，最好以社会组织领导的名义写道歉信，送交受害各方。道歉信的内容应包括：重建的现状、危机发生原因的调查报告、防止危机再发生的具体对策和落实情况等。

（二）继续关注、关心、安慰受害人及其家属

危机善后工作应继续关注、关心、安慰受害人及其家属，不要觉得做了赔偿就万事大吉了。要突出一个"情"字，让对方感觉到：突发事件是残酷无情的，但社会组织是通情达理的、是有"情"的。要用社会组织的真情、热情，用滴水穿石的精神，用换位思考的方法去融化对方因在突发事件中受到伤害而对社会组织产生的不满、怨恨、偏见和敌意。在这一过程中，还要进一步表明社会组织重建的决心和信心，并期望对方的支持、帮助。

（三）重新开始广告宣传

在危机过后社会组织可能面临着信誉下降、形象受损、产品受抵制、股票价格暴跌、法庭起诉、破产威胁以及高级管理人员辞职等种种困境，甚至还有可能社会组织部分或完全倒闭，所以在危机期间社会组织要停止播出广告。当进入危机善后工作阶段，可根据受损情况和社会组织新的发展战略重新刊登广告。目的在于将重振雄风的决心和期待援助的愿望确实无误地传达给有关公众，使公众不断地听到社会组织战胜危机、向前发展的好消息。

（四）开展重建市场的工作

在互联网时代，危机事件发生的同时或仅仅几个小时内就能传遍全球，如近几年全球皆知的英国的疯牛病、香港的禽流感等事件。现代社会中的一件小小危机事件，就可能毁灭有几十年根基的强大社会组织尤其是企业。因为危机事件会破坏市场组织、销售渠道等，所以重建和恢复市场的工作就显得非常重要。

（五）强化、教育员工树立危机管理意识

在社会组织内部继续强化、教育员工，树立"预防就是一切"的危机管理意识，把危机管理纳入社会组织正常的管理之中。

（六）充分协调社会组织与公众的关系

在社会组织外部适当开展一些公益或社区活动，支持地方经济和社区建设，强化社会组织在公众心目中的社会责任，树立新的良好形象。还要借助互联网扩大宣传范围，利用

互联网的高科技手段以丰富的表现手法把“公共关系到群体”推向“公共关系到个人”，充分协调社会组织与公众的关系。

本章小结

本章分四节进行论述。第一节危机的含义和类型，首先阐释了危机的含义，其次分析了危机的特征，最后介绍了危机的类型；第二节危机产生的原因，先后分析了危机产生的组织内部原因、组织外部原因和组织内外原因；第三节危机公关管理的含义和作用，首先阐释了危机公关管理的含义，其次论述了企业危机公关管理的作用；第四节危机公关管理程序与处理方式，首先阐释了危机公关管理程序，其次介绍了危机公关的处理的要点、方式和对策，最后指出危机公共关系的善后工作要点。通过本章的学习，能比较清晰地了解危机公关管理的各种问题，以便更好地进行危机公关管理的实务工作。

自测题

关键名词

危机　危机公关管理

思考训练题

1. 危机具有哪些特征？
2. 危机产生的组织内部原因大致有哪些？
3. 危机产生的组织外部原因大致有哪些？
4. 企业危机公关管理具有哪些作用？
5. 回答危机公关管理程序。
6. 谈谈危机公关的处理方式。
7. 危机公关管理的善后工作应注意哪些要点？

兰州自来水苯含量严重超标事件

2014年4月11日，兰州市城区唯一的供水企业——兰州威立雅水务集团公司出厂水及自流沟水样被检测出苯含量严重超标。

针对兰州自来水苯含量严重超标一事，兰州市政府2014年4月11日下午作出回应，16时30分举行新闻发布会称，兰州主城区自来水未受大影响，但不建议市民24小时内饮用，政府将每两个小时向市民公布一次检查结果。

4月12日，新华社“中国网事”记者从兰州市委市政府、环保和相关区县等部门在西固区政府召开的电视电话会议上了解到，此次自来水苯超标的源头是中国石油天然气公司兰州石化分公司一条管道发生泄漏，污染了供水企业的自流沟所致。

兰州市环保局局长闫子江在会上说，受到苯污染的是兰州威立雅公司自流沟的4号线。他在会后接受采访时表示，从挖掘出的泥土中发现了原油，目前尚未挖到泄漏的管线，不过泄漏点已经确认，施工人员仍在进行挖掘作业。

然而，在随后的采访中，北京师范大学水科学研究院教授、国家环境应急专家组成员王金生又给出了不同的答案。王金生表示，初步判断，兰州自来水中的苯来源于兰州石化20世纪80年代发生泄漏事故后渗入地下的污染物。

针对回应前后不一致的情况，4月13日，兰州市“4·11”局部自来水苯指标超标事件应急处置领导小组向“中国网事”记者表示，初步判断，此次局部自来水苯指标超标应是周边油污造成的，根据目前调查排摸的情况，周边企业生产装置及环保设施运行正常，对本次事件，调查组正在作更深入的调查分析和研判。

兰州市“4·11”局部自来水苯指标超标事件应急处置领导小组事故调查组副组长郑志强表示，根据环保专家现场初步分析判断，周边地下含油污水是引起自流沟内水体苯超标的直接原因，下一步调查组将对从探坑中提取的含油废水进行化验，进一步从技术层面核实含油污水与自流沟内苯超标水体的关联性。同时，对自流沟内的具体泄露点位进行实地勘查核实。

4月14日，甘肃兰州市政府新闻办通报称，经事故应急处置领导小组及专家研判，全市自来水已稳定达到国家标准。截至14日上午7点，兰州的城关、七里河、安宁、西固4个区全部解除应急措施，全市自来水恢复正常供水。

4月22日下午，兰州市政府就自来水苯污染事件举行第六次新闻通报会。兰州威立雅水务集团公司董事长姚昕首次公开道歉，当被追问姚昕“如何对市民进行赔偿”的问题时，他回答说：“最近可能会考虑，但现在具体还没有研究。”

6月12日，兰州市政府新闻办召开新闻发布会，由兰州市“4·11”局部自来水苯超标事件应急处置领导小组事件调查组副组长陈建军全面通报了事件发生原因。经专家论证、调查组认定，兰州市“4·11”局部自来水苯超标事件为供水安全责任事件，兰州威立雅水务公司主体责任不落实是导致局部自来水苯超标的间接原因之一，公开承认存在信息迟报延报。造成此次事件的直接原因是，兰州威立雅水务公司4号、3号自流沟由于超期服役，沟体伸缩缝防渗材料出现裂痕和缝隙，兰州石化公司历史积存的地下含油污水渗入自流沟，对输水水体造成苯污染，致使局部自来水苯超标。共有20名相关责任人、9个责任单位被问责处理。

发布会上，兰州市还一并公布了“4·11”局部自来水苯超标事件的长远防范措施。兰州市将充分吸取“4·11”局部自来水苯超标事件的教训，以供水安全保障、环境安全保障为重点，及时排查供水卫生安全隐患，确保7月13日前全面完成原4号、3号自流沟球墨铸铁管管线敷设工程，全线实现管道输水；7月中旬完成自流沟所在区域地下水污染场地、兰州石化公司厂区的污染治理。同时将苯等有机物非常规检测指标纳入日常检测，定期向社会公布检测结果。

资料来源：中国公关网. http://www.chinapr.com.cn/templates/T_Second/index.aspx? nodeid=3&page=ContentPage&contentid=7962

问题：兰州市政府对“兰州自来水苯含量严重超标事件”的处理是否抓住了危机公关处理的要点？其危机公关处理的具体对策是否得当？

第十七章

公共关系礼仪

通过本章的学习，了解礼仪的内涵、公共关系礼仪的含义和特征，认识公共关系礼仪的原则、作用、类型，了解迎送、会见与会谈、宴请、舞会、凭吊和慰问等交际活动与礼仪，熟悉日常交往中的各种礼节，弄清公共关系人员的礼仪规范。通过学习系统掌握公共关系礼仪知识和实操技能。

“他带了许多介绍信”

某公司经理对她为什么要录用一个没有任何推荐人的小伙子，如是说：“他带了许多‘介绍信’，他神态清爽，服饰整洁，在门口蹭掉了脚下带来的土，进门后随手轻轻地关上了门，当他看到残疾人时主动让座，进了办公室，其他的人都从我故意放在地板上的那本书上迈过去，而他却很自然地俯身捡起来并放在桌上，他回答问题简洁明了，干脆果断，难道这些不是最好的介绍信吗？”

分析：(1)介绍信是机关团体、企事业单位派人到其他单位联系工作、了解情况或参加各种社会活动时用的函件，它有两种类型：一种是印好格式的介绍信，用时按空填写即可；另一种是用公用信笺书写的介绍信。经理话中的“介绍信”指的是小伙子的礼貌谦恭行为。(2)这些“介绍信”介绍了小伙子讲文明有礼貌，乐于助人，聪明等优点。(3)小伙子在应聘中遵守了语言得体，行为文明，精神抖擞，有礼貌的礼仪规范。

资料来源：百度. http://zhidao.baidu.com/question/101799871.html

“公共关系是推销员皮鞋上的闪光，脸上的微笑，握手时的力量；它是你参观企业办公室时笑盈盈走过来的服务员；是迅速为你接通电话的接线生；是你收到的总经理亲笔签名的热情洋溢的慰问信……”这是一位国外公共关系顾问对公共关系所作的一段形象而深刻的比喻。同时，它也直观地描绘了公共关系个别礼仪应有的状态和风采。作为公共关系人员，作为经常要介入公共关系环境的公众，了解、适应、掌握和应用公共关系礼仪是很必要的。本章将分四节介绍公共关系礼仪等有关问题。

第一节　公共关系礼仪的含义和作用

一、礼仪的内涵

(一) 礼仪的含义、渊源和发展

在西方，礼仪一词是从法语演变而来的。它原是法庭上用的一种通行证，通行证上面记载着进入法庭应遵守的事项。后来，其他各种公众场合也都制定了相应的行为规则，这些规则由繁到简，构成系统，逐步形成，得到大家公认，即大家都愿自觉遵守的通用的行为礼则。在我国，"礼"泛指社会道德规范或行为准则，也是表示敬意的通称。"礼仪"一般指仪式，仪典，也可指仪容。"礼"、"仪"合用是指充满敬意而隆重举行的仪式。如迎送、会见、会谈、宴请、凭吊、慰问等仪式。

(二) 礼仪的基本构成因素

礼是表示敬意的通称，它是人们在社会生活中处理人际关系并约束自己行为以表示尊重他人的准则。

礼貌是人与人之间在接触交往中，相互表示敬重和友好的行为准则。礼貌的内容大致可概括为：遵时守纪、正直守信、待人谦和、仪表端庄、举止文雅、讲究卫生、尊重老人和妇女等。礼貌的具体表现是礼节。它体现了时代的风尚与道德水准，体现了人们的文化层次和文明程度。

礼节是礼仪的节度，即人们在日常生活中相互问候、致意、祝愿、慰问以及给予必要的协助照料的惯用方式。也可以说礼节是礼貌在语言、行为、仪表等方面的具体规定。

礼仪通常是指在较大或隆重的场合，为表示重视、尊重、敬意等所举行的合乎社交规范和道德规范的仪式。它是社会交往中对礼遇规格、礼宾次序等方面应遵循的礼貌、礼仪的礼的较隆重的仪式。

礼、礼貌、礼节、礼仪的联系与区别是：首先，礼包括礼、礼貌、礼节、礼仪，其本质都是表示对人的尊重、敬意和友好。其次，礼貌、礼节、礼仪都是礼的具体表现形式。礼貌是礼的行为规范，礼节是礼的惯用形式，礼仪是礼的较隆重的仪式以及给予必要的协助与照料的惯用形式，是社会文明的组成部分。

二、公共关系礼仪的含义和特征

(一) 公关礼仪的含义

公共关系礼仪，简称公关礼仪。它是指产生于一定文化道德基础之上的用以调节组织与公众关系，促成相互均衡和谐发展的行为规范和准则。它是人们在现代社会交往中各种符合公关精神、准则、规范的交往方式、行为方式、社会活动、典礼程序以及与之相适应的标志、服饰等的总称。

公关礼仪是由公关礼貌、公关礼节、公关仪式三要素组成。公关礼貌是指在交往中所表现出的敬重和友好的行为。如守时、尊重妇女、面带微笑等。公关礼节是礼貌在语言、行为、仪表等方面的具体规定。如拜访客人的礼节、致意的礼节。公关仪式是一种具有固定性质的礼貌、礼节。如奠基仪式、庆典仪式、迎宾仪式等。

(二) 公关礼仪的特点

礼仪的基本特点就是律己、敬人,具体体现在以下几个方面。

(1) 规范性。人们在长期反复的实践活动中形成了一系列有关礼仪的风俗、习惯、传统方式,并且要求后人遵从。这种行为准则,在一定程度上支配和控制着人们的行为举止。

(2) 继承性。礼仪是一个国家、民族文化的重要组成部分,通过人类社会的延续代代相传,不断补充符合时代标准的新的礼仪。

(3) 差异性。不同民族、地区之间的礼仪有着自己鲜明的特征,同一礼仪形式或举止在不同的地方或者时代,可能产生截然不同的含义。

(4) 社会性。礼仪是一种社会文化形态,渗透到社会各个领域和角落中,只要有社会活动存在,就有礼仪存在。

(5) 综合性。礼仪是一门专门研究人的交际行为规范的科学,它又广泛吸收了其他学科的内容用以充实完善自身,礼仪包含了人文、营销、公关、心理等多方面的知识。

(6) 变动性。礼仪是社会历史发展的产物。历史和社会的前进引发了新的社会问题的出现,要求礼仪不断随之变化。

三、公关礼仪的原则

(一) 尊重宽容原则

如前所述,礼仪具有尊重的最基本作用。尊重也是公关礼仪应遵循的首要原则。因参与公关活动的组织或个人之间,关系是平等的,所以,相互尊重也是最基本的公关礼仪。在公关活动过程中,彼此在相互尊重中建立情感关系,对推进公关活动的进程至关重要。据此,公关人员在公关活动中切不可高人一等,作出伤害公众自尊、侮辱他人人格的举动。

另外,公关礼仪还应遵循宽容的原则。宽容的原则也称与人为善的原则。宽容是一种较高的境界,《大英百科全书》对“宽容”下了这样一个定义:“宽容即容许别人有行动和判断的自由,对不同于自己或传统观点的见解耐心公正的容忍。”宽容是人类一种伟大的思想。宽容的思想是创造和谐人际关系的法宝。所以,公关人员应宽容他人、理解他人、体谅他人。

(二) 真诚谦虚原则

苏格拉底曾言:“不要靠馈赠来获得一个朋友,你须贡献你诚挚的爱,学习怎样用正当的方法来赢得一个人的心。”可见,真诚谦虚是公关礼仪的重要原则。真诚谦虚是对人对事的一种实事求是的态度。真诚谦虚首先表现为对人不说谎、不虚伪、不骗人、不侮辱人，态度谦和。在公关活动中，只有言行一致，真诚相待，诚实无欺，才能有发自内心的良好表现，得到对方的尊重和友好。这种真诚谦虚的态度，表现为在公关活动中严于律己、谦以待人。

（三）自信自律原则

自信是社交场合的一份很可贵的心理素质，一个充满自信的人，才能在交往中不卑不亢、落落大方，遇强者不自惭，遇到磨难不气馁，遇到侮辱敢于挺身反击，遇到弱者会伸出援助之手。

公关礼仪还应遵循自律原则。自律乃自我约束的原则。在公关活动中，需在心中树立起一种内心的道德信念和行为修养准则，以此来约束自己的行为。

（四）平等适度原则

平等在交往中，表现为不要骄狂，不要我行我素，不要自以为是，不要厚此薄彼，更不要傲视一切，目中无人，更不能以貌取人，或以职业、地位、权势压人，而是应该时时处处平等谦虚待人，唯有此，才能结交更多的朋友。适度的原则是交往中要把握分寸，根据具体情况，具体情境而行使相应的礼仪，如在与人交往时，既要彬彬有礼，又不能低三下四；既要热情大方，又不能轻浮谄谀，要自尊但不要自负，要坦诚但不能粗鲁，要信人但不要轻信，要活泼但不能轻浮。

四、礼仪和公关礼仪的作用

（一）礼仪的作用

1. 尊重作用

礼仪形式，即是向对方表示敬意。在社会生活中，你对对方有礼貌、讲礼仪，你才会受欢迎，才会受到别人的尊重。同时对方也还之以礼，双方礼尚往来，蕴含着彼此的尊敬和尊重。“尊敬”或“尊重”二字，应该是礼仪之本，也是待人接物之道的根基所在。

2. 教化作用

礼仪通过评价、劝阻、示范等教育形式纠正人们不正确的行为习惯，倡导人们按礼仪规范的要求协调人际关系，维护社会正常生活。

3. 调节作用

社会交往时出现了不和谐，或者需要作出新调整的人际关系，往往需要借助某些礼仪活动去化解矛盾，调整关系。礼仪在协调人际关系方面有着难以估量的作用，除了起着“媒介”的作用以外，还起着“黏合”和“催化”的作用。现在我国正在积极倡导和谐社会，而讲究礼仪当之无愧地会成为新时代人际关系和谐的润滑剂，成为团体和行业发展的促进因素。

4. 美化作用

礼仪的形象离不开美，礼仪带给人们的正是形象的美化。通过仪表规范、言辞谈吐、行为方式中的礼貌、礼节展示独特的个性，内在的修养和发展潜质。

(二) 公关礼仪的作用

1. 礼仪、礼节能展现组织的公共关系的良好状态

组织与其他组织和个人存在着广泛的联系,存在着良好、平衡、亲密的或紧张、疏远的公共关系状态是一种客观存在的现象。作为一个组织总希望处在一个良好的公共关系环境之中,而组织公共关系礼仪的隆重形式为组织公关成员的礼节惯用形式,能烘托、维持和推进组织良好的公共关系状态的展现。因为礼仪、礼节形式的本质是尊重别人,组织和公关成员对公众既易于缓和与之的矛盾,又易于调试与之的偏差;易于拉近与之的距离,又易于融洽与之的关系,从而使组织和公众之间形成一种密切和谐的气氛。使组织能摆脱、改变或避免与公众的那种紧张、疏远的公共关系状态。

2. 礼仪、礼节能塑造组织的公共关系的良好形象

礼仪、礼节是一个组织形象的外在的具体表现。人们认识了解一个组织,首先是从最先接近组织和成员的礼仪和礼节方面开始的。组织的礼仪和成员的礼节中所表现的状态,言谈和举止都可以构成公众对组织的印象和评价,所以,礼仪、礼节对组织形象的塑造极其重要。一个组织经常采用适当的有规范的礼仪接待有关公众,其公关人员都讲究礼节,举止大方,态度和蔼,言谈适度,不卑不亢,就会让公众感受到该组织的较高的文明水准和良好的社会风尚与精神风貌。该组织便会在公众心目中树立起良好的形象。反之如果组织成员在与公众的交往中不注意礼节,带有粗俗的行为举止,满嘴污言秽语,油腔滑调,随意讽刺和攻击人,对公众极不礼貌,那便会使公众对其感到厌恶,鄙弃,肯定会在公众的印象中形成不好的形象。

3. 礼仪、礼节和礼貌能提高公关人员的素质,以利于加强国际间的往来

礼仪,礼节和礼貌反映了人们追求真、善、美的愿望,表现了民族共同的历史文化传统,是人类文明不可忽视的一个重要组成部分。从一个人对它的适应与掌握的程度,可以看出他的文明与教养程度。随着时代的发展,国际交往的增加,文化的沟通和交流,现已形成了一套各国通行的交际礼仪准则。作为我国各类组织的公关人员学习和掌握一些交际礼仪,不仅有利于提高个人的文明修养程度,对于加强组织同国际间的交往,也具有重要的作用。

五、现代公关礼仪的类型

(一) 从内外划分可分为国内礼仪和涉外礼仪

(1) 国内礼仪指本国范围内通行的一些礼仪规范。

(2) 涉外礼仪指参与外事活动应遵循的礼仪规范。

(二) 从主体应酬的工作对象划分可分为内务礼仪、公务礼仪、商务礼仪、个人社交礼仪

(1) 内务礼仪:在家庭中,亲朋好友之间应酬交往时应遵循的礼仪规范,包括家人间的问候、祝贺、庆贺、赠礼、宴请等。

(2) 公务礼仪:指公务活动中,应遵循的礼仪规范,包括公务行文礼仪、公务迎来送

往的礼仪，公务会见会谈的礼仪、公务宴请招待的礼仪。

(3) 商务礼仪：在商务部门工作应酬中应遵循的礼仪规范，如商务接待、商务谈判、商务庆典等礼仪。

(4) 个人社交礼仪：个人参加社交活动时应遵循的礼仪规范，包括一些基本的礼节，如握手、介绍、交谈、馈赠等。

第二节 交际活动与礼仪

一、迎送

迎来送往是国际交往、地区交往、团体交往和个人交往的基本的公共关系礼仪形式之一。组织对来访的客人，通常均视其身份、关系密切程度以及访问的性质等因素，安排相应的迎送活动。

迎送礼仪应注意如下规范：

1. 掌握迎送客人的背景资料

首先必须掌握客人的人数、性别、相貌特征，弄清来访者的身份、来访目的，与本组织的关系性质和程度，特殊要求与生活习惯等基本情况。

2. 确定迎送的相应规格

根据以上资料与对等的原则，对来访的客人应安排身份相称，专业对口的相应人员前往机场(车站、码头)迎接。对较重要的客人，亦可根据特殊关系和特殊需要，安排身份较高的人员破格接待，安排较大的迎送场面。一般的客人由公关部门按常规派人迎送即可。

3. 迎送的准备与安排

与有关方面联系核实抵达(离开)的班机或车船班次、时间；安排好相应的迎送车辆；指派专人协助办理出入境手续及机票(车船票)和行李提取或托运手续事宜；预先安排好食宿；如迎送身份较高的客人，须事先在机场(车站、码头)安排贵宾休息室，准备饮料；如所迎接的客人不熟悉，须准备迎客牌子，写上：欢迎×××先生(小姐、女士)及本组织名称；如重大场面需要安排献花，通常由儿童或少女献上鲜花；要严格掌握和遵守时间。无论迎送均需考虑交通与天气情况，一般须提前15分钟或半小时到达机场(车站、码头)，绝不能让客人等主人。

4. 迎接与介绍

如客人是熟人，则不必介绍，主人主动上前握手或拥抱，互致问候。如客人是生客，互不相知，则应表达诸如"欢迎您的光临"、"您路上辛苦了"的话表示欢迎或慰问，然后相互介绍。通常首先是自我介绍，并递上名片，接着把前来欢迎的人员一一介绍给来宾，然后再听取来宾的介绍。介绍完毕后应主动帮助客人提行李，但客人自提的贵重小件行李则不必代取。为解除客人的拘谨感，接待人员应主动与客人寒暄，交谈话题宜轻松自然，如问候客人旅途情况，介绍各地风土人情、气候、物产、旅游特色等。客人来访的活动安排，食、住、行等有关建议，以及客人感兴趣和关心的问题。

5. 迎接与陪同

按照国际交往礼节，迎接宾客时，一般须有身份相应的人员陪同。如有身份高的主人陪同,宜提前通知对方,并根据情况安排随从或翻译人员。徒步陪同时,应让客人在右侧,主人在左侧,并让客人行走略前一点表示尊敬,主人一般陪同主宾在前,随从人员则尾随其后陪同其他客人。乘车陪同时如果主宾不同乘一辆车,则应主人的车在前、客人的车在后;如果主客同乘一辆车,主人亲自驾车,客人则安排坐主人右侧;如果司机驾车则随员坐在司机右侧,主人坐后排左侧,客人坐后排右侧中间。上车时,主人不必换位;下车时主人应先下车,然后迅速打开客人座位的侧门请客人下车。

二、会见与会谈

会见和会谈是较为正式的社交礼仪活动,为了发展双边的合作关系,公共关系活动通常都需安排会见与会谈,以增进主客双方的沟通和了解。

(一) 会见

会见,国际上一般分为接见和拜会。凡身份高的人士见身份低的,或是主人会见客人,一般称为接见或召见。凡身份低的人士会见身份高的,或是客人会见主人,一般称为拜会或拜见。根据我国惯例则均称为会见。接见或拜会后的回访,称为回拜。

会见的内容一般有礼节性的、事务性的、政治性的,或兼而有之。礼节性会见,一般时间较短,话题较为广泛、轻松,性质多为友谊、交际性的,见面的形式较为正式。事务性会见主题较为集中,会见的内容多为一般外交交涉,业务商洽的礼节性会晤和交换意见。政治性的会见则主题较为严肃和重大,一般涉及国家双边关系、国际局势等重大问题。

会见一般可安排在会客室或办公室。较为正式的会见通常安排在会客室,一般的会见也可安排在办公室。会见座位的安排,有时宾主各在一边就座,有时穿插在一起就座。某些国家领导人的会见还有其他独特的礼仪程序,如双方简短致辞、赠礼、合影等。我国会见的惯例多在会客室会见,客人在主人的右边就座,如需译员和记录员则安排在主人和主宾的后面。其他客人按礼宾顺序在主宾一侧就座,主方陪见人在主人一侧依次就座。如座位不够可在后排加座。

常见的会见布局有方形和弧形两种形式。无论哪一种形式,都以主客双方面门为上,主方坐于左侧,客方坐于右侧。如果是会见外宾,有翻译、记录员时,应坐于主人和主宾的身后。

(二) 会谈

会谈,是指双方或多方正式会面进行的谈话或谈判,就某些重大的政治、经济、文化以及一些共同关心的问题交换意见和看法,或者洽谈业务,进行业务谈判等。会谈比会见更为正式和深入,比较正规和郑重,时间一般也较长。

会谈座席的安排,双边会谈多用长方形桌,宾主相对而坐。以正门为准,主人背门而坐,客人则面向正门。会谈的主宾、主人居中,译员一般安排在主人的右侧,记录员可安排在后面,其他人按礼宾顺序左右排列就坐。

如会议长桌直向正门,则以入门方向为准,右方为客方,左方为主方,席次安排同上。

多边会谈,对等性较强,座席的安排更讲究各方的平行,通常座位摆成圆形、圆锥形或正方形。

(三) 会见(会谈)的注意事项

1. 会见(会谈)的准备

拜会者应根据双方关系，本人身份及业务性质，提出会见的目的和要求，提出要求会见主方某人士；约定会见时间、地点、参加人员，认真提供拜会者的姓名、职务以及有关书面材料。主方应及早回复，如因故不能使对方如愿，应婉言解释。

主方安排者，应主动、及时将会见(会谈)的时间、地点、主方出席人、具体安排及有关注意事项通知对方。拜见一方的安排者应主动向主方了解有关事项并通知有关出席人员。

2. 会见(会谈)的安排

主方应准确掌握会见(会谈)的时间、地点和双方人员名单，及早通知有关方面做好安排。主人应提前到达候客。

主方应在会见(会谈)场所安排足够的座位，并事先排好座位图，按礼宾顺序放好座位卡，准备好扩音器、灯光设备等；准备好会见(会谈)时招待用的饮料，一般只备茶水，夏天可加冷饮。如会谈时间过长，可适当上咖啡和红茶招待。

3. 会见(会谈)时的合影

如需合影，应事先排好合影图。合影时一般由主人居中，主宾居右，按礼宾次序，主客双方间隔排。主要身份者列前排，其余后排。一般来说，两端均由主方人员把边。

4. 会见(会谈)的迎送

拜会者到达时，主人应在大楼正门口或会客厅门口迎接，如果主人不到大楼门口迎接，则应由相应的接待人员在大楼正门口迎接，引入会客厅。如有拍照宜安排在宾主握手之后，拍照后再入座。会见结束时，主人应送至门口或车前握手道别，目送客人离去。

5. 会见(会谈)的其他事项

正式的会见和洽谈，与会者不应随意走动或出入，以免影响别人的思维、视线和谈话。工作人员安排就绪后应退出。如允许记者采访，也只是正式谈话开始前采访几分钟，然后离场。根据双方协议，会见、会谈后方可共同或单独会见记者。

三、宴请

为了表示欢迎、答谢、祝贺，为融洽气氛，联络感情，公关部门常常要设宴招待客人。应根据宴请目的，确定规格、种类。宴请规格对礼仪效果的影响是十分明显的。

宴请的种类和形式较多，但以宴会、招待会、茶会、工作餐为主。

(一) 宴请规格

宴请的种类和形式较多，但以宴会、招待会、茶会、工作餐为主。

1. 宴会

宴会为正餐，分国宴、正式宴会、便宴和家宴四种，坐下进食。按照举行的时间来分，宴会分为早宴、午宴、晚宴。一般情况下，晚宴最为隆重。

(1) 国宴是国家元首或政府首脑为国家庆典或为外国元首、政府首脑来访而举行的正式宴会,因而规格最高。宴会厅内悬挂国旗、奏乐、席间致辞或祝酒。

(2) 正式宴会除不挂国旗、不奏国歌以及出席规格外,与国宴基本相同。宾主均依据身份就位。有些宴会对服饰规格、餐具、酒水、菜道、陈设以及服务人员的着装、仪表等都作严格要求。

(3) 便宴是非正式的宴会。常见的有午餐、晚餐,有时也有早餐。便宴形式简单,不排座位、不作正式讲话,随便亲切。菜道也可以酌减。西方人的午宴有时不上烈性酒,不上汤。

(4) 家宴是在家中设宴招待客人。这种形式亲切友好,往往由主妇亲自下厨,家人共同招待。

2. 招待会

招待会是指各种较为灵活的,不备正餐但准备有食品和酒水饮料的宴请形式。招待会期间不排座位,宾客自由活动。常见的有冷餐会、酒会两种形式。

(1) 冷餐会,即自助餐。其特点是不排座位,菜肴以冷食为主,也可有热菜,供客人自取,客人可以自由活动,也可以多次取食,酒水可以放在桌上,也可由招待端送。冷餐会可在室内或庭院、花园等地举行。可设小桌、椅子自由入座,也可不设椅子站立进餐。举办时间在中午 12 时至下午 2 时;下午 5 时到 7 时。冷餐会有三大优点:可以安排更多的客人,即无论室内室外,客厅或餐厅,只要有位子都可以在冷餐会上派上用场;缺乏人手招待时也毫不影响,客人可自己拿取食物;不受任何正宴礼仪上的约束,无论是用餐前还是用餐中,客人都可以自由活动。

(2) 酒会,又称鸡尾酒会。这种宴请形式活泼,便于广泛接触交谈。招待品以酒水为主,略备小吃。不设座椅,仅设桌、几以便客人随意走动。酒会举行的时间亦较灵活,中午、下午或晚上均可。

3. 茶会

这是一种简单的招待形式。举行的时间多在上午 10 时或下午 4 时左右,以茶或咖啡招待客人。茶会通常设在客厅,而不用餐厅。厅内设茶几、座椅,不排座次。茶会对茶叶和茶具的选用应有所讲究,一般用陶瓷器皿,而不用玻璃杯。

4. 工作餐

这是现代交往中经常采用的一种非正式宴请形式,利用进餐时间,边吃边谈问题。这类活动一般只请与工作有关的人员。工作进餐按时间可分为工作早餐、工作午餐和工作晚餐。宴请的菜肴、程序从简,甚至采用快餐形式或由参加者各自付费。

(二) 宴会的座次和席位

正式宴会均排席位,也可只排部分客人席位,其他人只排桌次或自由入座。大型宴会,最好是排席位,以免混乱。一般桌次高低比离主桌位置远近而定,原则是右高左低。桌数较多时,还要排桌次牌。

同一桌上,席位高低以离主人的桌位远近而定。外国习惯男女穿插安排,以女主人为准,主宾在女主人右边,主宾夫人在男主人右边。我国一般按人员身份、职务排列。如夫人出席，通常把女方安排在一起，即主宾坐男主人右边，其夫人坐女主人右方，其他各桌第一主人的位置可以与主桌主人位置同向，也可以面对主桌的位置为主位。

礼宾次序是排席位的主要依据。在排席之前，要把已经落实出席的主、宾双方出席名单分别按次序列出来。除了礼宾次序之外，在具体安排席位时，还需考虑其他一些因素，如双方身份大体相同的，尽量安排在同桌。译员一般安排在主宾的右侧。以长桌做主宾席时，译员也可以考虑安排在主宾对面，以便于交谈。但有些国家忌讳以背向人，在他们那里用长桌做主宾席时，主宾席背向群众的一边和下面第一排桌背向主席的座位均不安排坐人。在许多国家，译员不上席，为便于交谈，译员坐在主人和主宾的背后。

以上是国际上安排席位的一些常规。遇特殊情况可灵活处理。如主宾有夫人，而主人的夫人又不能出席，通常可以请其他身份相当的妇女做第二主人。如无适当身份的妇女出席，也可把主宾夫妇安排在主人的左右两侧。

四、舞会

舞会是增进交往和友谊的社交活动，是广交朋友、融洽关系的公关形式之一。舞会的组织工作应注意以下几点：

(1) 舞会是一种大众化的高雅文娱活动，老中青皆宜，通常在晚上举行，时间一般三小时左右，重大喜庆节日可延长。

(2) 邀请男、女客人，人数上要大致相等，对已婚者，一般应邀请其夫妇一起参加，如果女性较少，可有计划地邀请外单位女性参加。

(3) 较正式的舞会要发请柬，请柬上注明舞会的形式，如是交谊舞会还是化妆舞会，参加地点和起止时间，客人来去自便等。

(4) 舞会场地应宽敞，邀请人数要与舞场规模大小相应，以免过多则拥挤，过少则冷场。

(5) 舞厅内应把握光线明暗度，灯光柔和，不宜过亮，四壁用彩带装饰。规格较高的舞会，一般安排乐队伴奏。通过场地、灯饰、舞曲等方面为舞会创造热烈气氛。

(6) 在舞池周围准备好适量的桌椅供一曲舞完客人们休息，略备茶点供客人饮用。

五、凭吊和慰问

(一) 凭吊

1. 国家领导人的吊丧

由于各国制度和习惯不同，国家元首逝世的治丧活动，做法有所区别，但大致都有如下程序。

发布讣告，宣布志哀期，全国停止各种娱乐活动，下半旗志哀。治丧国除发布讣告外，还由外交部发出照会通知当地各国使馆。讣告照会的信纸和信封一般都镶有黑边(但也有不带黑边的)；与此同时还由治丧国驻外使馆通知驻在国外交部和当地各建交国使馆(也有由治丧国政府直接通知各建交国政府的)。

治丧活动主要有：向遗体告别或瞻仰遗容，接受各界人士的吊唁，最后举行追悼大会或葬礼。吊唁活动一般在灵堂内进行。在我国,灵堂的布置力求庄严、肃穆。在大厅入口处上方悬挂黑底白字的横幅,门边放置吊唁簿,并为吊唁者准备白花。大厅内正面墙上悬挂死者的遗像,镶以黑边或挽黑纱。上方挂黑底白字横幅。大厅四周悬以黑黄两色相间的挽幛。骨灰盒或水晶棺置于遗像下,周围拥以鲜花和常青树木。遗像两侧放置各界人士送的花圈,而亲属献的花圈则放在骨灰盒或水晶棺前。

追悼仪式后,由国家领导人或治丧委员会负责人和死者亲属护送骨灰盒(或遗体)至安放处(或安葬地)。

政府首脑的治丧仪式大致与元首相同,但规格略低于元首。

治丧期间,当事国的驻外使馆也设灵堂接受驻在国国家领导人和各界人士的吊唁。

对于外国领导人的逝世,各国视两国关系以及死者在世界上所享有的声望确定其志哀的方式。最常见的悼念方式是由国家领导人向治丧国国家领导人发唁电、唁函或发表声明志哀。唁电(函)也可发给死者的家属。

国家领导人前往治丧国使馆吊唁亦是通常采用的吊唁方式之一。吊唁包括签名(也有题词的)、献花圈、默哀等。前往吊唁人员身份的高低视两国关系而定。治丧国使节应亲自出来守灵,接受吊唁。有的国家也有群众到治丧国使馆吊唁。

遇有在世界事务中有重要影响的外国领导人逝世,不少友好国家还以政府命令规定本国的志哀期,举行隆重的追悼活动。葬礼的当天,如正值议会开会,则以默哀或临时休会等方式表示哀悼。

派代表团或特使前往治丧国参加葬礼,也是常见的方式之一。这样的代表团和特使一般不进行其他参观访问活动。我国领导人逝世时,均婉谢其他国家派代表团或特使前来吊丧。

各国驻治丧国的使节、驻第三国的使节在接到治丧国外交部或使馆的照会后,亦应按规定时间前往悼念。至于是否献花圈或以谁的名义献花圈视两国关系和当地的习惯做法而定。

有的国家在其领袖人物逝世举行葬礼时,火车、轮船、军舰、工厂等鸣笛志哀。届时如外国轮船适值靠该国码头,亦应按通例挂半旗和鸣笛。

联合国对会员国元首或政府首脑逝世,联合国旗下半旗一天,并且不升所有会员国国旗。安理会和其他各委员会开会时,由执行主席宣布默哀表示哀悼。

2. 一般人士的吊丧

一般人士在国外任职期间因故去世,其丧事一般是由死者的家属或其本国有关机构举办,但也有由所在国出面举办的。治丧安排常见的有设置灵堂、举行追悼会或葬礼等。所在国有关方面视情况以适当的方式表示哀悼,如向死者家属发唁函、送花圈,派有关人员参加葬礼等。信奉宗教的,还有各种宗教仪式。

我国人员在国外遇有外国友好人士去世,可以以口头或书面形式表示哀悼,向死者家属致以慰问,有时也送花圈。如若参加追悼仪式或丧礼,要尊重当地的风俗习惯,但在参加有宗教仪式的丧礼时,不信宗教者可不做下跪等宗教性动作。

在我国,对长期在华工作的外国友好人士、老专家等逝世,有的由中国有关方面为其举办丧事。对知名的国际友人在华逝世,还组成治丧委员会,报上发表讣告,设置灵堂,接受死者生前好友、外国朋友以及中国各界人士的吊唁。中国政府和有关部门领导人送花圈、参加追悼会。根据死者遗愿，其骨灰（或遗体）或运送本国，或安放（或安葬）在中国。

(二) 慰问

慰问有如下三种：

1. 灾情慰问

遇一国家或某地区遭受重大自然灾害或重大伤亡事故，各国领导人大多发慰问电，或驻外国使节致函外交部部长，代表本国政府和人民表示慰问。各国红十字会还视灾情代表本国政府向受灾国募捐筹款、赠款、赠送药品和其他救济物资。国内灾情慰问大致差不多，发慰问电、筹款、赠送药品衣物等，有关部门还派领导人前去视察并慰问受灾群众。

2. 伤病慰问

国家领导人患病或因故负伤，其他友好国家领导人往往发电慰问，或令其驻外使节前往医院慰问，也有发函和送花篮表示慰问的。经当事国家同意，一些友好国家还派名医前往治疗。对一般伤、病者的慰问，多是前往医院或家庭看望，赠送水果、营养物品、鲜花等表示慰问。

3. 节日慰问

遇一国有重大的官方或民间的节庆活动，其他友好国家领导人亦发电致以节日的慰问。我国的一些重大节日，如春节、“五一”劳动节、“八一”建军节、教师节等节日，政府领导人一般都发布文告表示节日的问候，并以政府名义出面组织各种类型的慰问活动，领导人还深入基层慰问群众。

第三节　日常交往中的礼节

一、致意的礼节

(一) 握手致意

握手是社交活动中见面、告辞或相互介绍时表示致意和礼貌的常见礼节。

握手的一般顺序是：应由主人，身份高者，年长者，女士先伸手；客人，身份低者，年轻者，男士见面时先点头致意，待对方伸手再握。男士不应主动向女士伸手，这是不礼貌的。多人同时握手应注意不要交叉，待别人握完再握。

见面一般先点头致意或打招呼，然后握手，寒暄问候。初次见面者轻握一下即可，关系密切者时间可长些。身份低，年轻者对身份高，年长者应稍弯腰，以双手握住对方的手，以示尊敬，也有先鞠躬再握手的。男士与女士握手，只握手指部分，切不可用力握和握的时间太长。握手时应目视对方，微笑致意，不能看着第三者或东张西望，与第三者说话。对方伸出手来，不能拒绝，否则失礼。

握手须用右手，伸出左手与人握手是不礼貌的；男士握手时如果戴着手套或帽子应先脱下，再与人握手，妇女和地位尊贵的男士见面则可免去握手；军人戴军帽与对方握手时应先行举手礼，再握手；为表示更加亲切和敬重，可用右手握后，左手加握，表示热烈情绪。

(二) 鞠躬致意

鞠躬是典型的东方色彩的礼节，尤其在日本，九十度的鞠躬简直就是日本人的标志。鞠躬时，应脱帽立正，双目凝视受礼者，慢慢地弯下腰去，男士双手紧贴裤缝两端，女士双手交替放在腹前。虽然一般的商务场合不需要鞠九十度的躬，但是鞠躬的角度越大，代表对对方越尊敬。

切忌对着别人三鞠躬，那是只有在追悼会上才用到的礼节。

(三) 合十致意

合十也叫合掌，双手面对面十指贴拢，指尖向上，置于胸前高度，上身微欠，略略低头。这种礼节一般出现在佛教信奉者相遇的场合，不可乱用。

(四) 拥抱致意

在西方国家，拥抱是和握手一样最常见的礼仪，人们在见面、道别、祝贺时，都常常用拥抱来表达内心的感情。拥抱时双方面对面站立，各自举起右臂搭住对方左肩，再用左臂轻轻揽住对方右边的腰际，首先向对方左侧拥抱，其次是右侧拥抱一次，最后再回到左侧。一般完整的拥抱礼是拥抱三次，但是普通场合如果方向搞反了或者次数少了也不会十分尴尬。

(五) 亲吻致意

使用亲吻礼通常会和拥抱礼同时使用，即一边拥抱一边亲吻，长辈吻晚辈可以吻额头，晚辈吻长辈的下颌或者面颊。在公关场合，没有长晚辈之分，同性之间是互相贴一下面颊，异性之间可以吻面颊，接吻仅限于夫妻或情侣之间，如果不是很清楚亲吻的礼仪，则少用或者不用，以免产生笑话或者误会。

(六) 脱帽致意

脱帽适用于朋友熟人见面时，如果戴着帽子，应脱帽比较合适。具体做法是，用一只手脱下帽子，将其置于大致与肩膀齐平的位置，同时与对方交换目光；如果双方相遇速度较快，也可一边问好，一边将一只手轻轻地做一个掀帽子的动作，并不完全将帽子脱下也可。

(七) 微笑致意

适用于相识者或只有一面之交者在同一地点，彼此距离较近但不适宜交谈或无法交谈的场合。微笑致意可以不做其他动作，只是两唇轻轻示意，不必出声，即可表达友善之意。微笑如与点头示意结合起来表示意思，效果则更佳。

(八) 点头致意

点头(也称颔首礼)也是一种致意方法,它适用于在一些公众场合与熟人相遇又不便交谈时、在同一场合多次见面时、路遇熟人时等情况。点头时要面带微笑,目视对方,轻轻点一下头即可。行点头礼时,不宜戴帽子。

(九) 招手致意

招手致意的场合与点头致意的场合大体相同,并且是对距离较远的熟人一种打招呼的形式。正确的做法是:右臂向前方伸直,右手掌心朝向对方,四指并拢,拇指叉开,轻轻向左右摆动一两下即可。

(十) 欠身致意

欠身致意是指身体上部微微一躬,同时点头,是一种恭敬的致意礼节,多使用于对长辈或自己尊敬的人致意。运用这种致意方式时,身子不要过于弯曲。

(十一) 起立致意

在较正式的场合里,有长者、尊者要到来或离去时,在场者应起立表示致意。如长者、尊者来访,在场者应起立表示欢迎,待来访者落座后,自己才可坐下;如长者、尊者离去,待他们离开后才可落座。

二、称呼的礼节

由于各国、各民族语言不同,风俗习惯各异,社会制度不一,因而在称呼上差别很大,如果称呼错了,姓名不对,不但会使对方不高兴,引起反感,甚至还会闹出笑话,出现误会。

(一) 称呼礼节简介

在国际交往中,一般对男子称先生,对女子称夫人、女士、小姐。已婚女子称夫人,未婚女子统称小姐。不了解婚姻情况的女子可称小姐,对戴结婚戒指的年纪稍大的可称夫人。这些称呼可冠以姓名、职称、衔称等。如"布莱克先生"、"议员先生"、"市长先生"、"上校先生"、"玛丽小姐"、"秘书小姐"、"护士小姐"、"怀特夫人"等。

地位高的官方人士,一般为部长以上的高级官员,按国家情况称"阁下"、职衔或先生。如"部长阁下"、"总统阁下"、"主席先生阁下"、"总理阁下"、"总理先生阁下"、"大使先生阁下"等。但美国、墨西哥、德国等国没有称"阁下"的习惯,因此在这些国家可称先生。对有地位的女士可称夫人,对有高级官衔的妇女,也可称"阁下"。

君主制国家,按习惯称国王、皇后为"陛下",称王子、公主、亲王等为"殿下"。对有公、侯、伯、子、男等爵位的人士既可称爵位,也可称阁下,一般也称先生。

对医生、教授、法官、律师以及有博士等学位的人士,均可单独称"医生"、"教授"、"法官"、"律师"、"博士"等。同时可以加上姓氏,也可加先生。如"卡特教授"、"法官先生"、"律师先生"、"博士先生"、"马丁博士先生"等。

对军人一般称军衔，或军衔加先生，知道姓名的可冠以姓与名。如“上校先生”、“莫利少校”、“维尔斯中尉先生”等。有的国家对将军、元帅等高级军官称阁下。

对服务人员一般可称服务员，如知道姓名的可单独称名字。但现在很多国家越来越多地称服务员为“先生”、“夫人”、“小姐”。

对教会中的神职人员，一般可称教会的职称，或姓名加职称，或职称加先生。如“福特神父”、“传教士先生”、“牧师先生”等。有时主教以上的神职人员也可称“阁下”。

凡与我有同志相称的国家，对各种人员均可称同志，有职衔的可加职衔。如“主席同志”、“议长同志”、“大使同志”、“秘书同志”、“上校同志”、“司机同志”、“服务员同志”等，或姓名加同志。有的国家还有习惯称呼，如称“公民”等。在日本对妇女一般称女士、小姐，对身份高的也称先生，如“中岛京子先生”。

（二）称呼礼仪的次序和忌讳

一般情况下，同时与多人打招呼，应遵循先长后幼、先上后下、先近后远、先女后男、先疏后亲的原则。进行人际交往，在使用称呼时，一定要避免失敬于人。称呼时应注意以下细节：不因粗心大意，用心不专而使用错误的称呼。如念错被称呼者的姓名；对被称呼者的年纪、辈分、婚否以及与其他人的关系作出错误判断，产生误会。不使用过时的称呼，如“老爷”、“大人”等。不使用不通行的称呼，如“伙计”、“小鬼”等。不使用不当的行业称呼，不使用庸俗低级的称呼，如“铁磁儿”、“死党”、“铁哥们儿”等称呼。不使用绰号作为称呼，不随便拿别人的姓名乱开玩笑。对年长者称呼要恭敬，不可直呼其名。

三、介绍的礼节

介绍是人们互相认识的开始，是社交活动的基本形式，介绍有自我介绍和居中为他人作介绍。介绍要讲究礼节。

（1）介绍的基本原则，是把别人介绍给应该受到特别尊重的具有了解优先权的人。所以介绍的一般顺序是，把身份低的介绍给身份高的，把年轻的介绍给年长的，把男士介绍给女士，把未婚女士介绍给已婚女士。介绍时，须先称呼身份高者、年长者和女士，以表敬意，再将被介绍人介绍出来。如介绍人和被介绍人双方地位、年龄均等，又为同性，则可向在场者介绍后到者。集体介绍时，主人可从贵宾开始，也可按他们的座位顺序开始。

（2）介绍时，除女士和年长者外，一般应起立示意。但在宴会桌和会谈桌则不必，只微笑点头致意即可。被介绍双方可握手，互相交换名片，问候致意，对身份高的人可以说：“久仰大名，认识您很荣幸。”对一般人可以说：“认识您很高兴”。

（3）为他人作介绍时，还可以说明被介绍者与自己的关系，便于新结识的人相互加深认识和信任。在西方，个人行动去向、年龄、身体、婚姻状况和工资收入均为隐私，介绍时要避讳，以免对方反感。与人同行，在路中遇熟人可不必介绍，但时间逗留较长则应介绍。在家里告辞中的客人不必介绍给刚到的客人。

（4）自我介绍时，一般主动向对方点头致意，得到回应后，再向对方介绍自己的姓名、身份和单位，同时双手递上名片。

四、使用名片的礼节

社交场合，没有名片的人是一个没有现代意识的人，不会使用名片的人也是一个没有现代意识的人。名片是公关人员个人形象和企业形象的有机组成。没有名片，对方会对你产生怀疑，是真的吗？说了算吗？还能找到你吗？有名片不会用名片等于形象自残。

名片，用于社交场合中的相互了解，并在自我介绍或相互介绍之后使用。在递、接名片时，如果是单方递、接，最好能用双手递、双手接；双方互送名片时，应右手递，左手接；两种情况都要求名片的正面（写中文字样的一面）朝着对方。接过对方的名片应点头致谢，并认真地看一遍，最好能将对方的姓氏、主要职称或身份轻轻地读出来，以示尊重。遇有看不明白的地方也可以请教。将对方的名片放在桌子上时，其上面不要压任何东西。收起名片时，要让对方感觉到，你是将其名片认真地放在了一个最重要、最稳妥的地方。切忌不要接过对方的名片一眼不看就立即收起，也不要将其随意地摆弄，因为这样会被对方感觉是一种不敬。

如果是事先约定好的面谈，或事先双方都有所了解，不一定忙着交换名片，可在交谈结束、临别之时取出名片递给对方，以加深印象，表示保持联络的诚意。

拜访性名片，可用于下列情况：寄送礼物时，可将名片附在其中；赠送鲜花或花篮时，可将名片附在其上；在非正式的邀请中，可用名片代替请柬，并写清时间、地点及内容；拜访好友或相识的人而未相遇，可以名片作为留贴，并附上适当的文字。

感谢与祝贺性名片，可用于当朋友送来礼品或书信时，代作收条或谢贴；当朋友有重要的庆典活动时，可寄送一张附上亲笔题写的祝语作为对朋友的祝贺。

如果收名片人非单身，祝语应以夫妇俩人为对象。此外，寄送名片，还可以用于对朋友及其亲属的问候等。

五、交谈的礼节

（一）面对面交谈的礼节

（1）交谈时态度要诚恳、亲切，要开诚布公，不要藏头露尾，欲言又止。语言表达要得体，语句要优美，发音要准确，词汇要丰富。千万不能信口开河，语不及义，满口粗话，恶语伤人。姿势要端正，不要手舞足蹈，唾沫四溅，更不能用手指指人，音量要适度，不要大声叫喊。

（2）交谈的距离要适当，0～45cm 为亲密距离；45～120cm 为熟人距离；120～300cm 为社交距离；360～800cm 为公众距离。

（3）参加别人谈话要先打招呼。别人在个别谈话时不要凑前旁听。谈话现场超过三人时应不时与在场所有的人攀谈几句，不要对个别人只谈两个人知道的事，而冷落第三者。

（4）在交际场合，自己谈话不要发连珠炮，要给别人发表意见的机会。要善于聆听对方谈话，不要轻易打断对方发言，不要做其他动作。

（5）谈话中如遇有急事需要处理或离开时应向对方打招呼，表示歉意。

（6）谈话内容一般不要涉及疾病、死亡等不愉快的事。谈话中发现接触对方反感的问题应表歉意，并立即转移话题。对方不愿回答的问题，不要追问。

(7) 与妇女谈话时，一般不要询问妇女的年龄、婚否、衣饰价格和其他私人生活的问题，不说长得胖、身体壮、保养好之类的话。

(8) 在谈话中，一般不要批评长辈或身份高的人。

(9) 谈话中要使用礼貌的语言，要注意语言的亲密度。

(10) 在社交场合谈话，不能恶语伤人，出言不逊。即使争吵，也不要斥责，更不能讥讽辱骂，最后还要握手而别。

(二) 电话交谈的礼节

电话交谈是一种利用现代技术手段进行的特殊公关交际形式。它具有其他交际形式的共性，又有自己的特殊要求和礼仪。在公关活动中，一方给另一方打电话，一般是有重要的事情，双方对此类电话都会很注意。因此，打电话之前应做好准备，打好腹稿，选择好表达方式、语言、声调等。不论叫或接电话，都要讲得慢一些、清楚一些，让对方可以听得明白。凡是谈到地名、人名、数字、日期、时间或关键话语，最好重复一遍，或询问对方是否听清，再往下讲。对方讲话时，要用心听，可发出“嗯”等表示，不要随便打断其讲话。若通话过程中，电话突然中断，应由叫话一方重拨，即使中断可能是由接电话一方引起的。

通话时，不要随意同身旁的人讲话或同时干别的事情；若万不得已，应向对方说明，然后尽快把事情处理完毕。在恢复通话时，要向对方致歉后再谈下去。

通话后，不管与你对话的另一方是什么人，你一定要态度友善，语调温和，讲究礼貌。无论事情多么紧急，切忌表现出丝毫的粗鲁和急躁，也不可一挂通就急着进行交谈，而应小心询问接话的是否是某先生或女士。在国外通电话时，常会遇到对方讲话听不清楚，而不知如何是好的情形。此时拜托旅馆服务员代劳不失为一个好办法。若接他人电话应首先报清自己的通话地点、单位名称及姓氏，然后转入正题。

六、拜会与告辞礼节

要拜会某人，应事先约好时间，然后按时登门。如果是去对方的家里或办公室，进门后不仅要向去见的人打招呼问好，还应该同遇见的其他人(他的家人或同事)寒暄几句。如果是初次拜会，客人不宜多停留，以 20 分钟左右为宜。

告辞应由客人提出，态度要决然，不要嘴里不停地说：“该走了，该走了”，却迟迟不动身。走出门后应坚决地请主人留步，并主动伸出手握手告别(主人先伸手是不礼貌的，有厌客之嫌)，不应再扯新的话题。如果主人有所款待，还应多说一声“谢谢”。

七、送礼的礼节

赠送纪念品和其他礼物是社交活动的形式之一，也是向对方表示心意的物质体现。俗语说“千里送鹅毛，礼轻情意重”。搞公共关系也有送礼，但公关礼物一般是价廉物美，带有纪念性的。送礼多是在大的节日或有纪念性的日子。

礼物要有针对性。喜礼，如结婚、乔迁、生辰等礼物要显示出热烈祝贺的意味，最好要有永久性纪念的礼品，切忌送被认为不吉利的东西，如钟等(送终的谐音)。礼品必须在喜日之前送到。开张答谢性的礼物也应简单而有气魄，如锦旗、贺匾等。问候性礼物，一般送些食品、小孩玩具、家乡土特产、鲜花、艺术品等。鼓励性礼品，如受奖、表彰、升学纪念之类，一般赠送既有实用价值又有纪念意义的文化用品。

赠送的礼品要用礼品纸（花色、彩色纸）包装。即使礼品本身装在盒子里，也要另加包装。然后用彩带系成漂亮的蝴蝶结、梅花结。

礼物一般应当面赠送。祝贺节日、赠送年礼，可派人送上门或邮寄。这时应随礼品附上送礼人的名片，也可以手写祝贺词，装在大小相当的小信封中，信封上注明受礼人姓名（不写地址），贴在礼品包装的上方。

八、宴请的礼节

（1）在接到宴会邀请后，能否出席要尽早答复对方，以便主人安排。或打电话，或复便函。如果不能出席，应尽早向组织者解释或道歉。

（2）作为宴会的参加者，应掌握抵达的时间，一般应正点或提前二三分钟到达。作为主人或主持者，应在客人到达时站在门口迎接，和每一位客人打招呼或握手。

（3）在宴会入座时，要了解自己的桌次和座位，按座位卡上写的名字入座。如果不用按名入座的话，则应按职位高低、年龄长幼，请职务高、年长者和妇女先入座。

（4）在宴请开始时，应由职务高、年长者和妇女先动筷。用餐时，尽量控制打喷嚏、咳嗽等，万一控制不住，则应用手帕掩住口鼻，扭转头避开桌面。不要让杯、盘、筷、匙或刀叉等，相撞乱响。骨头、残屑等物，不能吐在地上或桌布上，而应放在自己面前的小碟中。

（5）吃东西要文雅。闭嘴咀嚼，喝酒不要啜，吃东西不要发出声音，如汤、菜太热，可待稍凉后再吃，切勿用嘴吹。嘴内有食物时，切勿说话。剔牙时，用手或餐巾遮口。

（6）祝酒时，应是主人和主宾先碰杯，其他人再碰或也可以举杯示意，但不要交叉碰杯。主人和主宾致辞、祝酒时，应暂停进餐，停止交谈，注意倾听。宴会时，可适当饮酒，饮酒量要控制在自己酒量的 1/3 以内，饮酒过量或勉强他人饮酒都是失礼的行为，一定要避免。

（7）在餐具的使用上，中餐一般就是碗、筷、匙，西餐则是刀、叉、盘子。对于西餐餐具的使用，有一定之规。进餐时，刀叉使用次序是从自己面前最外侧开始用。右手持刀，左手持叉，将食物切成小块，然后用叉送到嘴里。菜若吃完，则将刀叉并拢平排放盘内，以示吃完。如未吃完，要摆成八字或交叉摆，刀口应向内。除喝汤外，还用匙进食。喝汤时用匙由内往外舀起送入嘴。盘内汤将喝尽时，可将盘向外略托起，但不要端起盘子喝。

（8）喝茶或咖啡时，要用左手端起茶碟或咖啡碟，右手端杯，不要将搅拌用的茶匙把茶或咖啡放入口中。

（9）吃水果时一般会去皮切块，要用叉子或牙签取食。

（10）在宴会进行中，如果不慎将酒杯碰倒或餐具掉到地上或酒水打翻溅到邻座身上，应表示歉意，或协助擦干。

（11）对招待食品的数量和质量不要随意议论或流露不满；离开时，严禁带走香烟、饮料、水果等剩余物品。

（12）宴会结束后，应与宴会主人或主持者打招呼，表示感谢，方可离去。

九、舞会的礼节

(1) 作为舞会的组织者，客人来到时，应向他们指示脱放外衣之处。之后，应引导客人在步入舞池之前同其他来宾相聚攀谈，寒暄周旋。示意客人在自己喜欢的任何地方坐下。

(2) 参加舞会，要仪容整洁，举止文明。服装要能充分体现出高雅的风度和优美的线条。切忌粗俗与轻浮。

(3) 一般来说，是男方邀请女方跳舞。邀请时，可以稍微俯身询问“可以请您跳舞吗?”女方一般不应拒绝，微微点头说：“可以。”如果女方的男伴或女伴还在一旁，邀请者应向他们点头，说声“对不起!”；如果被邀请者事先已经先同意别人，则可婉言解释：“对不起，已经有人邀请我跳了，下一个曲子再和您跳吧”，或者说：“对不起，我想休息一下。”总之，应是邀舞者彬彬有礼，受邀者落落大方。

(4) 一曲结束，男方应对女方说“谢谢!”，并伴随女方回到原座位，点头致谢再离开。

(5) 跳舞时，男方的右手应在女方腰部正中，不能超过女方腰的中部。参加舞会的来宾，特别是男宾，不应整个晚上独占一位女性，而应邀请任何一位他所喜欢的人跳舞。女方若辞谢邀请后，一曲未终，不要再同别的男子共舞。

(6) 出席舞会，在时间上不像出席会议那样有整齐划一的要求，相对来说比较自由灵活，允许晚去一会儿，也可以中途退场等，这些都应当视为正常现象。

第四节　公共关系人员的礼仪规范

一、公关人员的礼仪意识修养

(一) 真诚

交往时，待人要真心诚意，心口如一。待人真诚的人，也会得到别人的信任。表里不一，口是心非，缺乏诚意的人，即使在礼仪形式上做得无可指责，最终还是得不到他人的信任，使交往难以继续。

(二) 热情

公共关系人员对人要有热情。热情会使人感到亲切、温暖，从而缩短他人与你的感情距离，愿意与你接近、交往。但热情过分，会使人感到虚情假意，因而有所戒备，无意中筑起一道心理防线。过多的吹捧语言、勉强他人吃饭喝酒，会使人不堪负担，陷于难堪。而交往时冷冰冰，就使人难以接近，甚至产生误解。

(三) 温和

温和的人，说话和气，一般比较有耐心，待人不严厉、不急躁、不粗暴。这样的人，态度亲切，乐意听取他人的意见，有事能与他人商量，容易同他人建立亲近的关系。公关交往中，需要这种性格。但温和不能唯唯诺诺，过分顺从，缺乏个性和主见。这样会令人轻视，不利于交际。

公共关系人员与各种公众、不同思想性格的人打交道，要处理各种各样的问题。对对方的误解、无礼，要有气量，宽大为怀；要允许不同观点的存在，也要原谅他人对你的利益的无意侵害。你谅解了他人的过失，允许别人与你的不同，可以化解矛盾，赢得他人的敬重，有利于大局。

(四) 大方

公共关系人员需要代表组织与社会各界人士联络沟通，参加各种社交活动，所以要讲究姿态和风度，既稳重端庄，又落落大方，举止自然。讲话、表演、道歉、走路等都要大方，表现出自信和成熟，使人感到你所代表的组织可敬重。

(五) 幽默

公关人员应当争取交往中的位置。言谈幽默风趣，使他人觉得因为有了你而兴奋、活泼，并使人从你身上得到启发和鼓励。这样，你就会成为交往中的一个核心，他人乐于与你在一起，围在你的周围，有利于你开展有关工作。

(六) 注意小节

有的人做事大大咧咧，行为没有拘束，不拘小节，如进入他人会议室，推开门就往里闯；展览会上随便触摸展览品；当众挖鼻孔、剔牙齿等，不拘小节，反映出一个人的行为修养较差。在注重礼仪的社会交往场合，不注意小节的人是不受欢迎的。作为一个公关人员，注意小节，彬彬有礼，是最起码的交往行为修养。

总之，开展公共关系工作，公关人员应具备一些优良的素质。良好的公关礼仪修养，是公关人员优良素质的体现，也是搞好公关礼仪的基础。

二、仪容礼仪

公共关系人员应该是充满魅力的人。魅力，是一种能够吸引人的力量，它是一个人内在美和外在美的统一，其中，人的仪容和服饰是构成魅力的一个组成部分，它不仅反映其主体的审美能力，也反映其文化、道德、礼仪水平，因此，仪容和服饰既具有自然属性，也具有社会属性。公共关系人员与各种人打交道，在各种场合露面，应重视自己的仪容仪态。

仪容礼仪指一个人在容貌、举止方面保持美好的礼节规范和要求。主要包括个人卫生礼仪、举止礼仪和服饰礼仪等。

(一) 个人卫生礼仪

经常洗澡、洗头，保持身体各部位干净；保持口腔清洁，早、中、晚都应刷牙漱口，每隔三个月，最长半年，洗一次牙，尤其有些男士，衣冠楚楚，一开口，满嘴黑牙、黄牙，斑斑驳驳，很不雅观，如有牙病、口臭，应及时治疗，带着异味与人交谈很不礼貌；如吃了辛辣食物后，应及时漱口。

衣服保持干净整洁。内衣内裤应勤洗勤换。一般1～2天应换一次；衬衫领口、袖口保持干净，1～2天换一次，不要等非常脏了再换；皮鞋应无灰土、应锃亮。

参加社交活动之前，应简单修饰一下自己，除了身体各部位要干净之外，还要注意修面、剪鼻毛、剪指甲，男士应剃胡子、梳理好头发，女士也应整理一下发型。

参加社交活动，还应注意饮食卫生。首先，患有传染病的人不应和别人一同进餐，以防传染给别人；其次，在公共场合，不要与别人同喝一杯茶、同饮一杯酒，或共用餐具等；最后，不要用自己的筷子给别人夹菜。不要在盘子里搅来搅去。

(二) 举止礼仪

举止礼仪是指人们在社交活动中各种表情与姿态行为的规范，包括人的站姿、走姿、坐姿、面部表情等。

1. 站姿

中国人素有"站如松、坐如钟、卧如弓、行如风"之说，优美而典雅的站姿，是发展人的不同质感动态美的起点和基础。良好的站姿应该是直立，头端，肩平，挺胸，收腹，梗颈。具体要求上，男女略有不同。

(1) 男士站姿。男士站立时，应将身体的重心放在两只脚上，头要正，颈要直，抬头平视，挺胸收腹不斜肩，两臂自然下垂，从头到脚成一条线。双脚可微微分开，但最多与肩同宽。站累时可向后挪半步，但上体仍须保持正直。这种站姿从外观上看有如挺拔的青松，显得刚毅端庄，精神饱满。男士站时须注意：

一般在任何场合都不宜斜靠在门边或墙站立。两腿交叉站立也是十分不雅的，这是一种轻浮的举动，极不严肃；同时这种交叉腿的动作，也是一种防卫性信号。有时一只脚踝紧靠在另一条腿上，而以脚尖或脚掌触地，也会给对方一种缺乏自信、紧张的感觉，至少是不够大方。所以如果去谋职，千万不要有这种动作。既然出去工作，就要表现自己的能力和信心，因而应采用开放式姿态——两脚分开，两腿成正步或一前一后，抬头挺胸，眼睛看着对方，给人以坦率、自信的感觉或印象。公关人员在公众面前，也不要采用腿交叉的姿势，否则双方难以达到心理沟通。

站立时，手不宜插在腰间，这是一种含进犯性意识的姿势，如在男女之间，这种姿势还有"性的侵略"的潜意识。

不可双手插于衣裤袋中，实在有必要时，可左手或右手插于左或右前裤袋，但时间不宜过长。

与人站立谈话时，浑身扭动，东张西望，斜肩叉腰均属轻薄浮滑举动，应注意避免。

(2) 女士站姿。女士要想使自己具有优雅迷人的站姿，关键要让自己的双脚、双膝、双手、胸部和下颌等五个部位都处于最佳的位置。双脚的脚跟应靠拢在一起，两只脚尖应相距10厘米左右，其张角为45度，呈"V"字状。两只脚最好一前一后，前一只脚的脚跟轻轻地靠近后一只脚的脚弓，将重心集中于后一只脚上，切勿两脚分开，甚至呈平行状，也不要将重心均匀地分配在两只腿上。

双手在站立时若非拎包、持物，则最好是将右手搭在左手上，然后贴在腹部，同时应当注意放松双肩，使双肩自然下垂。不要耸肩、斜肩，或是弯臂，端肩。

胸部在站立时应略向前方挺出，同时要注意收紧腹肌，并挺直后背，使整个身体的重心集中于双腿中间，不偏不斜。

总之，公关小姐在正式场合最优雅动人的站姿应当是：全身直立，双腿并拢，双脚微分，双手搭放在腹前，抬头、挺胸、收腹、目视前方。

2. 走姿

走姿即人们行走时的姿态，它是以优雅、端庄的站姿为基础的。一般说，行走时步履应自然、轻盈、敏捷、稳健。走姿主要有以下几个要点：

(1) 最基本的走姿是使自己的脊背和腰部伸展放松，并使脚跟首先着地。行走时移动的中心是腰部，而不是脚部，所以行走应被首先视为腰动，而不是脚动。应当上体前屈，借以带动脚动。

(2) 行走时腿不伸直是无法走出漂亮的姿势来的，因此在走动时务必要使膝盖向后方伸直。如果膝盖伸直了，腿也就自然而然地随之伸直了。

(3) 行走时要有一定的节奏。行走时双肩要放松，双臂要伸直，手指要自然并拢并略为弯曲，然后还应当使两只手臂一前一后地摆动。双臂摆动应以肩关节为轴，手臂与上身之间的夹角不要超过30度，双臂各自摆动的幅度不应大于40厘米。走路时双臂不动或同时向一个方向摆，或摆幅过大，都不雅观。

(4) 行走时应使脚尖略为展平，脚跟首先触地，通过后跟身体的重心移送至前脚，促使身体前移。须注意的是，行走时的注意力应集中于后脚，而不是向前跨出的那只脚上。

(5) 行走时应上身挺直，目视正前方。在腰际以上，不允许摆摆晃晃，同时成一直线前进，不左右摇摆。

在公关活动的具体实践中，行姿也有不少特殊之处，公关人员需加以掌握。例如，与人告辞或退出上司的写字间时，不宜立即扭头便走，给人以后背。为了表示对在场的其他人的敬意，在离去时，应采用后退法。其标准的作法是：目视他人，双腿轻擦地面，向后小步幅地退三四步，然后先转身，后扭头，轻轻地离去。

3. 坐姿

坐姿是指人们就座时和坐定之后的一系列动作和姿势。一般来讲，坐姿应当高贵，文雅，舒适自然。基本要求是，腰背挺直，手臂放松，双腿并拢，目视于人。

(1) 公关人员在入座时一定要做到不紧不慢，不慌不忙，大大方方地从座椅的左后侧接近它，然后轻轻地坐下。公关小姐若坐下之后所要面对的是异性，则通常应当在入座前用手将裙子拢一下，显得娴雅。要是面对一位异性坐定之后，才大模大样地前塞后掖自己的裙摆，难免会失之于庄重。

(2) 以优雅的坐姿来体现自己的良好修养，要注意男士和女士坐姿的不同要求。

通常男士入座后，人体重心要垂直向下，腰部挺起，上身垂直，不要给人以“瘫倒在椅子上”的感觉。坐时，大腿与小腿基本上成直角，双膝应并拢，或微微分开，两脚平放地面，两脚间距与肩同宽，手自然放在双膝上或椅子扶手上，头平稳，目平视。需要侧坐时，应上体与腿同时转向一侧，头部向着前方。

女士的坐姿是否优美，是影响印象的重要因素。通常女士可采用的坐姿有如下几种，除了在双腿必须完全并拢，尤其是膝部以上必须完全并拢这一点相同之外，它们之间的区别主要在于坐定之后的腿位与脚位有所不同。

① 双腿垂直式。双腿垂直式的具体要求是：双腿垂直于地面，双脚的脚跟、膝盖直至大腿都需要并拢在一起，双手自然放在双腿上。这是正式场合的最基本坐姿，可给人以诚恳、认真的印象。须注意这种坐姿脊背一定要伸直，头部摆正，目视前方。

② 双腿叠放式。这种坐姿要求上下交叠的膝盖之间不可分开，两腿交叠成一直线，才会造成纤细的感觉。双脚置放的方法可视坐椅的高矮而定，既可以垂直，也可与地面呈45度角斜放。脚尖不应翘起，更不应直指他人，采用这种坐姿时，切勿双手抱膝，且不能两膝分开。穿超短裙时应慎用。

③ 双腿斜放式。双腿斜放式，即坐在较低的椅子上时，双脚垂直放置的话，膝盖可能会高过腰，较不雅观。这时最好采用双腿斜放式，即双腿并拢之后，双脚同时向右侧或左侧斜放，并且与地面形成45度优美的“S”形。当坐沙发时，这种姿势最实用。须注意两膝不宜分开，小腿间也不要有距离。

④ 双脚交叉式。双脚交叉式具体作法是双腿并拢，双脚在踝部交叉之后略向左侧或右侧斜放，坐在主席台上、办公桌后面或公共汽车上时，比较适合采用这种坐姿，感觉比较自然。

⑤ 双脚内收式。双脚内收式的作法是两条小腿向后侧屈回，双脚脚掌着地，膝盖以上并拢，两脚稍微张开，这也是变化的坐姿之一，尤其在自己并不受注目的场合，这种坐姿显得轻松自然。

4. 面部表情

所谓表情是指眼、眉、嘴、鼻等部位和面部肌肉的情感体验的反应。在人的千变万化的面部表情中，眼神和微笑最具有礼仪功能。“眼睛是心灵的窗户”，通过人的眼神变化，可以洞悉其内心世界的复杂情感信息，其信息负载量可能大于有声语言，且比有声语言更真实。公关人员在与公众打交道时，面部表情的基本要求就是热情、友好、诚实、稳重、和蔼。

(1) 眼神。面部表情中起主导作用的是眼睛，眼睛对内心情感的传达主要是靠眼神。为此，公关人员要学会正确地运用眼神。

① 要学会看人。公关人员在与人交际、谈话时，应注视对方的眼睛，以获知对方真正的感受，并将自己的心情坦露给对方，以达到心灵的交流。

这样的谈话，起码要有百分之六十以上的时间注视对方。不难想象，如果谈话时心不在焉，东张西望，目光注视的时间不到整个谈话的三分之一，这就不容易被人信任。

② 要学会用眼神表示对他人的尊重与友好。眼神能很好地表达出对他人的尊重与否，例如俯视带有权威感，且有诲人之意，仰视表示尊敬与景仰。因此与人交往时，尽量不要站在高处自上而下地俯视于人；面对长辈、上司和贵宾时，站立或就座应选择较低下，自下而上地仰视对方，往往会赢得对方的好感。

当与两个或两个以上的人共处时，不应当只看着自己的熟人，与自己谈得来的人，而冷落了其他人。

③ 克服不良的看人习惯。在正式场合，尤其是面对不太熟悉的人时，有的眼神容易引起误会或麻烦，所以要特别注意。不要盯住对方的某一部位“用力”地看；不要浑身上下反复地打量别人；不要窥视别人；不要用眼角瞥人；不要频繁地眨眼看人；不要左顾

右盼，东张西望，目光游离不定，否则会让对方觉得用心不专。

(2) 微笑

五官中，嘴的表现力仅次于眼睛，嘴的开合，嘴的向上、向下运动都能传递一定的信息，如噘嘴表示生气、撇嘴表示鄙夷、努嘴表示纵容、咂嘴表示惋惜等，这些口形的含义早已为人所共知，公关人员是不宜采用的。

在公关活动中，为了表示对交往对象的友好与尊重，公关人员的最佳表情应是面带微笑。微笑是一种人人皆知的世界语。微笑传达的信息常能促进双方沟通，融和双方感情，如当谈话取得一定效果，谈判达成一定协议时，双方能会心地微微一笑，常常能弱化或消除存在于心中的戒忌和隔阂，增进理解和友谊。日本航空公司的空中小姐，仅微笑一项，就要训练半年之久，这足以说明微笑对人际交往的突出效用。要掌握好它，诀窍只有一个：发自真心，有诚意。微笑既不是奴颜婢膝地曲意奉承，强作笑颜，也不是例行公事似的皮笑肉不笑，或是笑的夸张放肆。微笑的基本作法是：不发声，不露齿，肌肉放松，嘴角两端向上略为提起，面含笑意，亲切自然，使人如沐春风。其中亲切自然最重要，它要求微笑出自内心、发自肺腑，而无任何做作之态。也只有这种发自真心和诚意的微笑，才能使一切与你接触的人都感到轻松和愉快。

永远微笑服务

早年希尔顿于1919年把父亲留给他的1.2万美元连同自己挣来的几千美元投资出去，开始了他雄心勃勃的经营旅馆生涯。当他的资产从1.5万美元奇迹般地增值到几千万美元的时候，他欣喜自豪地把这一成就告诉母亲，母亲却淡然地说：“依我看，你跟以前根本没有什么两样……事实上你必须把握比5 100万美元更值钱的东西：除了对顾客忠诚之外，还要想办法使希尔顿旅馆的人住过了还想再来住，你要想出这样的简单、容易、不花本钱而行之久远的办法来吸引顾客。这样你的旅馆才有前途。”

母亲的忠告使希尔顿陷入迷惘：究竟什么办法才具备母亲指出的这些条件呢？他冥思苦想不得其解。于是他逛商店串旅店，以自己作为一个顾客的亲身感受，得出了“微笑服务”准确的答案。它同时具备了母亲提出的条件。

从此，希尔顿实行了微笑服务这一独创的经营策略。每天他对服务员说的第一句话是：“你对顾客微笑了没有？”他要求每个员工不论如何辛苦，都要对顾客投以微笑。

1930年西方国家普遍爆发经济危机，也是美国经济萧条严重的一年，全美旅馆倒闭了80%。希尔顿的旅馆也一家接一家地亏损不堪，曾一度负债50亿美元。希尔顿并不灰心，而是充满信心地对旅馆员工说：“目前正值旅馆亏空，靠借债度日的时期，我决定强渡难关，请各位记住，千万不可把愁云挂在脸上，无论旅馆本身遭遇的困难如何，希尔顿旅馆服务员的微笑永远是属于顾客的阳光。”因此，经济危机中纷纷倒闭后幸存的20%的旅馆中，只有希尔顿旅馆服务员面带微笑。经济萧条刚过，希尔顿旅馆便率先进入了繁荣时期，跨入了黄金时代。

资料来源：网易博客. http://yaoping1027.blog.163.com/blog/static/198795012010378532862/

三、服饰礼仪

(一) 服饰的含义

所谓服饰,包括服装和饰品两部分。服饰是社会风尚的象征,是个性美的展现。因此,通过服饰的选择,能够体现出人与服饰、精神与形体的和谐,体现出人的性格特点、文化修养、审美能力和情感需求,也体现出人的地位、财富、成功与否及职业特征。可以说,服饰浓缩了社会的历史、政治、经济、文化和科技,浓缩了一代又一代人对美的认识、情感体验和价值取向。

(二) 服饰打扮的原则

1. 整洁原则

这是服饰打扮最根本的原则,一个穿着整洁的人总能给人积极向上的感觉,总是受欢迎,而一个衣衫褴褛肮脏的人,给人的感觉总是消极颓废的。

2. 个性原则

不同的人由于年龄、性格、职业、文化素养不同,自然就会有不同的气质,因此,服饰的选择既要符合个性气质,又要能通过服饰突现个性气质。

3. 和谐原则

美的最高法则即是和谐。对于服饰打扮应包含两层含义:一是指服饰应与自己的社会属性(即职业、社会地位、文化修养等)相和谐;二是指服饰应与自己的自然属性(即年龄、体型、肤色、发型、相貌特征、性格特征等)相和谐。

服饰打扮首先应考虑自己的社会形象。如超短裙穿在青春少女身上,倍显亮丽活泼,而穿在女教师身上,则会引起非议,并有损教师的形象;而政府官员、公司职员穿上乞丐服,同样不可理喻。一般情况下,穿着保守些肯定会有利于塑造个人和组织的良好形象。

生意界几乎尽人皆知 IBM 公司强制实行一套颇为严格的服装守则,尤其是对它的推销员,其中一条主要的训令是必须穿标准的白色衬衫。这对 IBM 公司在竞争中取得惊人成功帮助很大,因为 IBM 的服装体现出一种积极的道德特征,取得了公众的信任。

4. 着装的 TPO 原则

TPO 原则是国际上公认的穿衣原则。TPO 是英文 Time(时间)、Place(地点)、Object(目的)三个单词的缩写。

(1) T(时间)原则,是指服饰打扮应考虑时代的变化、四季的变化及一天各时段的变化。服饰应顺应时代发展的主流和节奏,不可太超前或太滞后;服饰打扮还应考虑四季气候的变化,夏季应轻松凉爽,冬季应保暖舒适,春秋两季应增减衣服并防风;服饰还应根据早中晚气温的变化及是否有活动而调整。

(2) P(地点)原则,是指服饰打扮要与场所、地点、环境相适应。在严肃的写字楼里,小姐穿着拖地晚礼服送文件,将会是什么情景?在工作场所就应穿职业服,回到家里就应穿居家服,不同的时空应选择不同的服饰。

(3) O(目的)原则,是指服饰打扮要考虑此行的目的。参加国事活动,服饰打扮自然要稳重大方；而与女友蜜月旅行，则应穿得轻松舒适些。

总之，TPO原则的三要素是互相沟通、相辅相成的。人们总是在一定的时间、地点，为某种目的进行活动，因此，我们的服饰打扮一定要合乎礼仪要求，这是工作、事业及社交成功的开端。

本章小结

本章分四节进行论述。第一节公共关系礼仪的含义和作用，首先阐释了礼仪的内涵，而后论述和分析了公共关系礼仪的含义和特征，接下来先后论述了公关礼仪的原则和作用，而后介绍了现代公关礼仪的类型，最后提示了公关礼仪的注意事项；第二节交际活动与礼仪，先后介绍了迎送、会见与会谈、宴请、舞会、凭吊和慰问等交际活动与礼仪；第三节日常交往中的礼节，先后阐释了致意的礼、称呼、介绍、使用名片、交谈、拜会与告辞、送礼、宴请、舞会等礼节；第四节公共关系人员的礼仪规范，首先阐释了公关人员的礼仪意识修养，其次介绍了仪容礼仪，最后介绍了服饰礼仪。通过本章的学习，能比较清晰地了解公共关系礼仪的各种理论和实操知识，以便在实际公关活动中，更好地展示公共关系礼仪，促使公关活动取得较好的效果。

自　测　题

关键名词

礼仪　公共关系礼仪

思考训练题

1. 谈谈礼仪、礼节和礼貌的含义及其联系与区别。
2. 公共关系礼仪具有哪些特征？
3. 公关礼仪应遵循哪些原则？
4. 简答公关礼仪的作用。
5. 迎送礼仪应注意遵循哪些规范？
6. 会见(会谈)应注意哪些事项？
7. 宴会分哪些规格？谈谈应怎样安排宴会桌次和席位。
8. 慰问分为哪几种？
9. 结合实际谈谈日常交往中注重礼节的重要性。
10. 公关人员应注重哪些礼仪意识修养？
11. 谈谈仪容礼仪和服饰礼仪的重要性。

小张的应聘

一次某公司招聘文秘人员，由于待遇优厚，应聘者很多。中文系毕业的小张同学前往面试，她的背景材料可能是最棒的：大学四年，在各类刊物上发表了3万字的作品，内容有小说、诗歌、散文、评论、政论等，还为六家公司策划过周年庆典，一口英语表达也极为流利，书法也堪称佳作。小张五官端正，身材高挑、匀称。面试时，招聘者拿着她的材料等她进来。小张穿着迷你裙，露出藕段似的大腿，上身是露脐装，涂着鲜红的唇膏，轻盈地走到一位考官面前，不请自坐，随后跷起了二郎腿，笑眯眯地等着问话。孰料，三位招聘者互相交换了一下眼色，主考官说："张小姐，请回去等通知吧。"她喜形于色："好!"挎起小包飞跑出门。

资料来源：搜狗网. http://wenwen.sogou.com/z/q202228153.html

问题：小张应聘的仪容、姿态和服饰符合礼仪的要求吗？她能否等到录用通知？假如你是小张你打算怎样准备这次面试？

第三篇 公共关系技术篇

第三篇公共关系技术篇分为三章，即公共关系广告、公共关系谈判、公共关系演讲等三章。

第十八章

公共关系广告

通过本章的学习，深刻认识公共关系广告的含义和特点，了解公共关系广告的类型，熟悉公共关系广告策划的程序，把握公共关系广告实施的时机和空间，掌握公共关系广告的写作内容，明确公共关系广告的写作原则。通过学习，为更好地进行公共关系工作打下广告的公关技能的知识基础。

TOP3：打车小秘 & 易试互动，打造上海"超级出租车"

打车小秘作为目前出租车市场上最火热的打车软件黑马，也是国内第一款真正实现用微信打出租车的移动产品，在覆盖了北京 33 000 余辆出租车和司机后，于 2014 年 7 月 17 日正式对外宣布开通上海市场。

易试互动为客户定制 3D 体感赛创意游戏，这款赛车应用是易试互动为打车小秘的产品宣传量身定制的，采用体感技术，参与者只需按照屏幕上的指示作出手臂动作，就可以操纵屏幕中的赛车进行奔驰竞速，互动感极强。

广告投放一周，线下活动总覆盖人数 182 万人，线下活动总参与人数 45 735 人。活动现场微博、微信直发数约 433 条，微博转发＋评论 648 条，活动影响覆盖粉丝超过 22 万人。活动第一天打车小秘 APP 下载量高达 9 000 多次。

资料来源：中国公关网. http://www.chinapr.com.cn/templates/T_Second/index.aspx?nodeid=3&page=ContentPage&contentid=7962

第一节　公共关系广告的特点和类型

一、公关广告的含义和特点

(一) 公关广告的含义

广告是以大众传播或其他外部展示形式向公众介绍产品、服务等观念的一种付费传播方式。广告主要分为商业性广告和非商业性广告两类。非商业性广告又分为公益广告与公关广告两种。商业性广告的内容主要是推销商品和服务，目的在于获取经济效益。

公益广告的内容主要是宣传科学、文明的观念和生活方式以及政府的政策法规，目的在于获取社会效益。公关广告即企业形象广告，是指行为主体有计划地通过传播媒介向公众宣传有关组织信息，使公众对组织有整体了解，提高组织的知名度和美誉度，从而影响公众意向，取得公众对组织的信赖与支持，树立良好的组织形象的一种活动。

(二) 公关广告的特点

公关广告作为广告的一种，由于注入了公关意识，就使公关广告与一般的商业性广告有很大的区别，除具有一般商业性广告有偿性、自主性、真实性和艺术性特征外，还具有区别于一般商业性广告的特点，具体而言，公关广告的特点表现如下。

1. 多功能性

公关广告传播信息量大，既能传播产品方面的信息，又能传播管理方面的信息；不仅能反映技术、设备、财务方面的信息，还能反映职工福利、组织前途及社会责任等方面的信息；甚至还能反映职工素质、人才培养等方面的信息。总之，公关广告把一个完整、立体的组织形象展现在公众面前，是全面广泛地将组织内部的信息传播给社会的一种有效手段。

2. 多层次性

公关广告方式委婉且多站在公众的角度阐述和处理问题，努力履行社会责任，深受公众欢迎，是为组织赢得公众支持与信任的最有效的传播手段。公关广告至少有以下四项优势：高的记忆度、高的熟悉度、深的良好印象、高的行为扶持度。由此可见，公关广告的作用层次要多于商业广告。

3. 多成效性

公关广告不是以产品销售量的消长作为广告实效的考核标准，而是技高一筹，能够恰到好处地把握人们“爱屋及乌”的心理，集中力量来宣传组织形象和声誉这个“屋”，通过使公众热爱本组织来取得其他多种成效。如“长虹以振兴民族工业为己任”和“太阳最红、长虹最新”等一则创意良好的公关广告，没有任何商业气息，赢得了公众广泛的信任和支持，四川长虹集团在获得社会效益的同时，经济效益也大幅度增长。

4. 长期性

公关广告具有长期性，着眼于长远利益，而不斤斤计较眼前利益。以树立组织形象为目标，而不以推销商品、劳务为目标，在经济效益和社会效益上，更注重社会效益；强调以获得较好的社会效益来带动经济效益的实现。因而在宣传上强调长期化、经常化和系列化。

二、商品广告和公关广告的区别

公共关系广告是从广告家族中分衍出来的一种特殊广告，它与商品广告有着明显的区别。

商品广告是以促销为目的的广告，我们每天所看到的广告，绝大多数都是商品广告，如介绍某一商品的特点，与同类商品相比有何优点，售后服务措施如何完善等，促使消费者赶快去买。

而公共关系广告则不是这样，它是通过广告的形式，来塑造良好的组织形象，增进公众对组织的整体了解，提高知名度，从而赢得公众对组织的喜爱和支持。如在元旦、春节、国庆节等重大节日时，单位主要负责人以组织的名义，向大家致以节日祝贺之类的广告就是如此。它的用意不在于宣传组织某一种技术或产品，而在于使更多的公众认识组织、了解组织，从而提高组织的知名度和影响力。

(一) 二者的直接目的不同

商品广告多以推销商品为直接目的，因而往往采取“自赞其物”、“自夸其美”的方式，给商品冠以“国内首创”的美称。而公关广告的直接目的在于引起社会公众对组织的重视，产生对组织的信任和好感，从而树立组织的良好形象，刺激用户的潜在需求。有人通俗比喻为：商品广告卖商品，公关广告卖企业；一个是买我，一个是爱我。

(二) 二者的内容不同

商品广告的主要内容多以宣传商品的名称、商标、质量、功能和价格等来介绍商品和服务。而公关广告在宣传内容上注重长期性和系统性，通过宣传组织的发展目标和经营计划、经营方针和政策、职工的素质和水平、先进技术在组织内的渗透推广度等方面的内容而间接地介绍组织的产品，从而提高人们对组织的信赖程度。

(三) 二者的效果不同

商品广告侧重于它的营业效果，亦即广告对于产品销售额、利润额或服务收入增加的促进作用；而公关广告侧重于传播效果，即它播出后，对提高组织的知名度、美誉度所起的作用。

(四) 二者的应用范围不同

商品广告只是为工、商、服务等经济行业所采用，而公关广告不仅可为这些经济行业所用，还可为行政管理等部门所用。

(五) 二者的报道方式不同

商品广告的目的决定了它较为直接地列出商品的种种优点，总有催促人们购买广告商品的味道，商业味浓；公关广告较为含蓄，不直接劝说人们购买商品，主要是唤起人们对组织的注意、兴趣和好感，使人耳目一新，乐于接受，商业味淡。

三、公共关系广告的类型

公关广告因具体目标不同分为不同类型。

(一) 公司(企业)广告

公司（企业）广告是以提高企业的知名度和树立良好形象为主要目标的广告形式。

任何企业都有一块招牌，它的名称（包括商标）和声誉如同企业的财产一样是构成企业存在的基石。从某种意义上说，牌子比财产还重要，没有财产，可以创造财产；牌子要倒了，企业的生命也就完结了。为此，许多企业家十分重视企业广告。

例如，“白云山，白云山，爱心满人间”，树立了把爱洒向人间的广州白云山制药厂的形象。再如，白加黑/治疗感冒，黑白分明。1995 年，“白加黑”上市仅 180 天销售额就突破 1.6 亿元，在拥挤的感冒药市场上分割了 15%的份额，登上了行业第二品牌的地位，在中国大陆营销传播史上，堪称奇迹。这一现象被称为“白加黑”震撼，在营销界产生了强烈的冲击。

(二) 响应广告

每个组织与社会各界都有密切的关联，一方面，有需要各界广泛理解和支持的意愿；另一方面，也有希望通过一种途径向社会表达自己乐于支持政府和各界活动的意愿，因而就产生了这一“响应广告”。其主要内容是对政府的某种活动或社会生活中的重大事件表示响应和支持的广告。这类广告较为普遍，大致有以下几种。

1. 祝贺性广告

在节日或喜庆的日子里，组织以广告的形式向全社会公众致以节日的问候，或者是在其他组织尤其是同行业组织的重大活动之际，刊登表示祝贺的广告，这是表示愿意携手合作、共同繁荣，也是表示欢迎正当竞争。

2. 致谢性广告

致谢性广告是指对社会各界公众或组织表示自己诚挚谢意的广告。不少组织利用自己的重大庆典或重大活动，以这种广告来提高自己的美誉度，加强与公众的感情联系。

3. 致歉性广告

这类广告是当组织出现失误或被误解时，用以“退”为“进”的策略来宣传自己。这样既能表现组织诚挚的态度，解除误解，使组织改变被动的局面，同时也能借此宣传组织的经营、价值观念。

4. 赞助性广告

赞助性广告是指对社会公益文化事业提供某种形式的赞助广告。很多组织通过刊登对社会公益事业（如教育、残疾人事业、儿童培育事业、城市公关设施的修建等）提供赞助的广告，显示自己的社会责任感，以树立组织在公众心中的美好形象。

5. 表态性广告

这主要是指组织对党和政府的某项政策指示或者社会生活中的某种重大主题，以组织的名义表示态度而做的广告，既推进了政府有关政策的实行，又获得了公众的好评。

(三) 创意广告

创意广告是以企业名义，率先发起某种社会活动，或提供某种有意义的新观念的广告。例如“丰田汽车：车到山前必有路，有路必有丰田车”“钻石恒久远，一颗永留传”“人类失去联想，世界将会怎样”，以及“你若酒驾我就改嫁”、“汽车开得快，阎王最喜爱”等。

(四) 公益广告

公益广告是就某些行为、观念、道德或哲理向社会公众进行告知、提示、劝导和警示的社会性广告。其主要内容涉及社会的方方面面，诸如社会公德、文明礼貌、风俗习惯、生态环境保护、慈善救灾、交通安全、禁赌戒烟、防火防盗、心理教育、亲情友情等。公益广告具有双重作用，一方面，对于社会来说，其作用在于提高整个社会公民的素质，唤起整个社会公民对社会责任和社会问题的正确认识和密切关注，以促进社会的文明进步和健康发展。如"地球是我家，绿化靠大家""九曲黄河一份情，两岸绿林四季清""当地球上只剩下最后一滴水的时候，那就是你的眼泪"等。

从另一方面讲，公益广告对社会组织来说，由于它是社会良知的体现、社会进步的象征、社会文明的标志，因此，它也可以给组织带来无法估量的社会效益。例如，"夜深了，请您调低电视机音量，以免影响邻居休息""千万别点着你的烟，它会让你变为一缕青烟(加油站禁烟)"等。公益广告成功的基础在于抓住公众的心理，研究公众的需要。

由于公益广告用极其凝练、富有艺术性的文字和创意性的画面与公众达成一种感情上的沟通和心理上的契合，因此，很容易使公众对组织产生某种认同感，从而来改善和强化公众对组织的印象，是社会组织树立形象、赢得公众信任和支持的一种有效手段和策略。

(五) 倡议广告

倡议广告是组织或企业以自身的名义率先发起某种社会活动，或提倡某种有意义的新观念的广告。其目的是为了提高组织的知名度，扩大组织在社会公众乃至世界范围内的影响。

(六) 活动类广告

社会组织通常组织各种公共关系活动，争取机会显示实力并加强与公众的沟通，为扩大这些活动的影响，通常会为此发布广告，扩大声势。例如，为展览会、讲座、会议、纪念活动、体育竞赛、赞助活动等发布广告。

(七) 记事广告

用叙述性的文字讲述一段组织的历史、发展规模和现状，看起来像是记事文学，但实际上起到了宣传组织的公关广告作用。这类广告往往有很强的文学性和可读性，能用较高的感染力来吸引读者，赢得社会公众对组织的理解和支持。

(八) 征聘广告

通过征聘的方式吸引社会公众的注意力，扩大组织的影响力，提高组织的知名度。通过征聘以显示组织的经营规模，给公众留下一定的印象。例如，188 财富网长期招聘兼职推广员，坐在家里工作，穿着睡衣赚钱，要求有一定的计算机应用基础(打字、聊天、发帖子等)，会交流，每天有 2 小时上网时间，月薪 3 000 元左右，详情点击 http://jw158.188rmb.com。

第二节 公共关系广告的策划和实施

一、公共关系广告策划的程序

与其他公共关系活动一样，公共关系广告也需要详细的计划和系统的制作程序，以便取得更佳的社会效果。一个成功的广告策划，一般是按下列程序进行的。

(一) 调查分析

任何广告项目在确定之前都要进行各方面的调查。一般的广告调查主要是通过搜集市场从生产到消费过程的相关资料，同时深入调查消费者的需求，综合各方面进行研究以确立广告对象、诉求重点、表现手法和活动策略。

由于公共关系广告既是广告又是一次公共关系活动，所以针对公共关系广告所开展的调查主要是了解组织面对的公众素质、感兴趣的问题、消费心理、对组织的态度、意见或建议，以及相关组织或竞争对手的现状和发展趋势。

(二) 确定公关广告目标

在进行了调查分析后，就需要确立公共关系广告目标，作为公共关系活动策划的公关广告，应根据公关目标来确立广告目标，公共关系广告目标主要有以下几种。

(1) 认知目标。其主要目的是将组织的相关信息传播给公众，加深公众对组织的认识和了解。

(2) 情感目标。通过公共关系广告联络组织和公众的情感，增加公众对组织的信任和好感。

(3) 态度目标。通过广告改变公众对组织的偏见，解除公众对组织的误解。

(4) 行为目标。通过公共关系广告使公众产生购买组织产品，支持组织的实际行动。

(三) 确定公关广告对象

每个组织、每种产品都会面对众多的公众和消费者，但任何组织、产品都不会，也不可能同时对所有的公众有吸引力，更不会满足所有公众的需求，它只能迎合一部分人、一部分消费者的需求。因此在策划广告时，要首先把这部分要争取的公众确定下来，有重点地进行广告计划。

(四) 采用恰当的广告策略

恰当的广告策略是广告策划成功与否的关键，选择恰当的广告策略能使组织形象突出，做到扬长避短，优化组织形象。广告策划中的常用策略有：

1. 广告定位策略

广告定位就是把组织、商品放在社会或市场中的什么位置。它不是去创造某种新奇的或与众不同的东西，而是寻找已存在的东西并将其重新组合产生新的成果。目的在于使组织在公众心目中占有一席之地。美国著名的广告大师大卫·奥格威说过："广告活动的结果不在于怎样规划广告，而是在于把商品放在什么位置上。"

广告定位策略又分为观念定位策略、市场定位策略、功能定位策略和角色定位策略等多种形式。

(1) 观念定位策略。观念定位策略是从观念上人为地把商品市场加以区分的定位策略。根据诉求方式的不同，观念定位策略可分为逆向定位和是非定位两种策略。

① 逆向定位策略。这是针对现代人所特有的逆反心理而采用的宣传方式。逆反心理是公众在外界信息刺激下，有意识地摆脱习惯思维的轨迹，而向相反的思维方式进行探索的一种心理取向。在这种心理状况支配下，禁止得越多，公众越是想冲破戒律。这就是所谓的"禁果效应"。根据这种效应，可以策划"正话反说"的宣传作品，通过"禁止"来刺激公众消费欲望，有时比正面宣传更加有效。

② 是非定位策略。这是从观念上人为地把商品市场加以区分的定位策略。最著名的例子是美国的七喜汽水。他们在广告宣传中运用是非定位策略，把饮料分为可乐型和非可乐型饮料两大类，从而突破可口可乐和百事可乐垄断饮料市场的局面，使企业获得空前成功。广告的产品定位策略，同样可用于企业定位、劳务定位。它是根据企业的营销策略、商品差别化、市场细分化、产品生命周期等状况，确定广告最有利的诉求位置的一种有效策略。该策略应用的好坏，直接影响到广告效果。

(2) 市场定位策略。市场定位是对市场进行细致的分析，根据消费者需求的差异，按一定的标准，将整个消费群体划分为一些有共同特征的子消费群，针对子群体制作广告。例如，美国约翰逊公司生产的一种洗发剂，原先市场定位在婴儿上，因该洗发剂不含碱质，婴儿洗发不会刺激眼睛，故深受消费者的欢迎。后来美国人口出生率降低，婴儿用品市场相应缩小，公司广告定位又"随行就市"，强调这种洗发剂另外的特点"使头发柔润、松软、具有光泽，适合于年轻母亲和青少年使用"，使该洗发剂仍保持可观的市场效益。

(3) 功能定位策略。这是凭借商品和组织特色取胜的一种策略。在广告中突出组织的特别之处，表现组织的与众不同，增强组织的竞争力。例如，美国百事可乐不含咖啡因；保险中介在保险市场上作用的发挥，是由其在专业技能服务、保险信息相同、危害管理咨询等诸方面的功效所决定的。天福地板具有防水、防地热、温湿度调节功能，热放射性能较高，导热系数适中，平衡室内温度、湿度，吸音力强，又可吸收紫外线，独有的上漆工艺，不会刺激眼睛，可见光反射率低，使耳目舒适，身心舒畅，具有保健的功效等广告传神地表现出产品独特功效。这透射出产品的核心品牌价值：关爱、体贴和健康。

(4) 角色定位策略。这是指组织应认识到自己在社会中、市场上占据何种位置，扮演何种角色，应采取何种姿态。例如，DDB 广告公司为艾飞斯出租汽车公司策划的广告正体现了企业的角色定位。当时美国最大的出租汽车公司是赫兹公司，而艾飞斯公司与之竞争多年却持续亏损，于是 DDB 为其打出广告"我们排行老二，我们要加倍努力"。这种正确给自己定位，主动承认自己的弱势的做法，再加上质朴的语言，引起了美国消费者的极大兴趣和同情，该公司立即受到公众的关注，夺得了一部分市场份额，并扭亏为盈。

2. 品牌形象策略

随着商品经济的发展，社会组织越来越多，各色商品也琳琅满目。只有那些形成一定的品牌，具有独特个性的商品和组织才能在激烈的市场竞争中生存下来。

品牌形象的塑造有两种方式：

(1) 人格化品牌形象塑造。这是将品牌或组织与某种类型的公众相联系的手法，使品牌成为特定气质、形象的象征。这会使某些群体对该品牌产生心理上的亲近感和认同感，从而使这一群体成为该品牌的长久支持者。例如，"施威普斯柠檬水"的广告就是以人格化品牌形象塑造的。施威普斯柠檬水是奥格威早年承接的广告，它被赋予业主自己的形象来建立品牌形象。施威普斯是闻名的英国酒。奥格威创作的第一幅广告首先显示公司特派爱德华·华特海德去大西洋彼岸当美国分部负责人的情景。图案采用华特海德下飞机的大照片：他戴着礼帽，穿着西式大衣，扎着领带，留着大胡子，手里拎着公文箱和长柄伞，一个典型的英国绅士的打扮。华特海德先生的目光中透着诚实、严谨和坦然自信，还有其背后的贵宾级专机红色地毯，都烘托出广告主的形象。照片下的标题是："施威普斯的人来到此地"，使人感到这是来自英国的正宗威士忌。

(2) 时事性品牌形象塑造。这是指组织针对社会上所发生的重大事件或社会公众普遍关注的热点问题，及时将自己的立场、态度、观点融入进去，加以传播。这种广告往往是提出一些号召或倡议来获得公众的关注和支持。这种形象塑造一定要扮演正义、关心、爱护民众的形象。

3. 广告心理策略

广告心理策略主要是指采取攻心之术，根据目标消费者的心理特征以及偏好，专攻其心理薄弱之处，采用不同的方式，让消费者作出配合行动。如威胁性的说服，即向公众灌输如果不这样，就会出现怎样的不利情况；权威性说服，即利用专家来说服消费者购买产品；明星说服，即利用明星效应产生广告效果。例如，宝马汽车的定位是"赋予驾驶的愉悦"，它强调感性和浪漫的色彩，由此赢得了众多年轻消费者的喜爱。而奔驰则注重理性和实用，因此备受稳健持重的人士青睐。

4. 广告文化策略

现代社会是一个综合竞争的社会，企业之间的竞争越来越趋向于综合的企业文化竞争。广告界流行这样一种说法："国际主体，本土创作。"也就是说，广告创作要深入本土文化中，寻找本土文化特点，追求民族文化气质。例如，万宝路香烟代表的是粗犷、洒脱、阳刚的男子汉，它的成功主要得益于"男性文化"的导入，使其品牌形象独具魅力。而另一种日本的香烟品牌"七星"呈现出的则是完全不同的气氛，那是银装素裹的冰雪世界，给人的是清凉的感觉，这就是暗示着它的柔和、甜美。每一个品牌都应当着眼于塑造差异性的品牌文化，以文化动人。

(五) 广告媒体的选择

对广告媒体的选择要考虑以下多方面的因素：

首先，要考虑目标消费者是谁？这些人的受教育程度如何？生活状况、消费水平如何？所选择的媒介能否将信息传播到他们那里去。

其次，要根据所宣传的信息的复杂程度来决定是使用文字、图像或是图文并用的传播方式。

最后，还要考虑到组织的经济状况。例如，小企业就不要尝试做大投资的电视广告。

(六) 制定公共关系广告预算

广告的作用在于将产品的需求曲线向上移动。企业希望花费实现销售目标所需要的最低金额，也就是追求预算效率的最大化。但是在销售额未定的情况下，企业怎样才能知道支出的金额是否适当呢？一方面，如果企业的广告开支过低，则收效甚微；另一方面，如果企业在做广告方面开支过高，那么有些可以用在更好的场合的开支，却浪费在做广告上。所以制定广告预算时应考虑：产品不同生命周期的不同策略；市场份额大小和消费者基础的不同；竞争的力度和市场喧嚣度的强弱；产品替代性强弱等。

二、公共关系广告实施的时机和空间把握

公共关系广告策划完以后，必须充分重视公共关系广告的实施。要取得最佳公共关系广告的实施效果，必须抓住最有利的时间与空间。

(一) 公共关系广告实施的时机把握

公共关系广告实施宣传活动的有利时机，是指能够最大限度地发挥公共关系广告的时间与机会。在公共关系广告中，有利时机虽然多种多样，但却瞬息万变，稍纵即逝，公共关系人员必须学会抓住最有利的时机。

1. 组织成立或开业之际

一个刚刚开张的企业机构，在公众心目中的印象是一张白纸，与社会各界没有建立起广泛的关系，无所谓知名度和美誉度。因此，只要注意从一开始就重视广告公共关系宣传，注意在公众中创造良好的第一印象，就会为自身的形象塑造和创建组织声誉打下基础。

2. 组织易名之际

当一家企业、机构另起新名称时，一方面，会造成原有知名度和美誉度的下降，给自身形象带来不同程度的损害。另一方面，也会给自己带来重振声威的机会。在这种情况下，开展一些服务型、公益型和亲善型的广告宣传活动，都会引起公众的注意与共鸣，从而收到好的效果。

3. 组织推出“新招”之际

当组织推出新的服务项目或新产品时，通过广告宣传推广事宜，着重介绍新产品和新服务项目，就会强化公众的新鲜感与好奇心，引起他们的关注和好感。组织也可以由此掀起一个公共关系活动新高潮，提高自身的知名度，扩大自身的影响力。

4. 组织出现危机之际

一旦某个组织、企业机构在日常工作中出现失误，或公众由于不了解事实真相产生误解或流言蜚语时，组织的声誉或公众形象就会受到损害，此时的明智之举是及时查清危机根源，利用公共关系广告向广大公众诚恳说明事实真相，及时采取行之有效地补救措施，矫正公众心目中原有的形象记忆，化被动为主动，重新博取公众的理解、信任与支持。

(二) 公共关系广告实施的空间把握

公共关系广告宣传中的最有效空间，是指最有利于公共关系广告宣传和最有利于公共关系广告效能发挥的外部环境。把握有效空间，将使各项公共关系广告宣传工具具有秩序性与条理性，有助于提高公共关系广告宣传的效果。

1. 把握有效的工作空间

每一项具体的公共关系广告宣传活动应在最有利于发挥公众积极性的地点与场所实施，以把握最有效的公共关系广告宣传空间。

2. 把握有效的视觉空间

在具体工作中，公共关系广告宣传活动不仅应当尽可能在公众看得见、摸得着的视觉空间和范围内进行，而且应当尽量选择在十分醒目、引人注意的环境和地点开展，借以把最详尽的信息传播到最大量的公众中去。

3. 把握最有效地听觉空间

公共关系广告宣传不仅应在听得清、噪声少的场所进行，而且应当选择气氛宁静和谐、环境舒适宜人的听觉空间中实施，以使公共关系活动收到理想的效果。

第三节　公共关系广告的写作

公共关系广告的写作有广义和狭义之分。广义的写作，它的内容包括：广告语言、照片、绘画、音乐等。狭义的写作指广告作品中的语言部分。这里所讲的公关广告的写作，是从狭义角度讲的，即指用以展示广告宗旨的语言文字。

一、公共关系广告的写作内容

(一) 确定主题

这里的“主题”是指一则公关广告中要说明的重点问题与所期望达到的主要目标。公关广告的总目标是树立、提高组织的良好形象。但由于每个社会组织的具体情况不同，所制作的公关广告的主题重点也就不同了，例如，一个新成立的企业它的公关广告应着重于宣传本企业的宗旨、经营范围、环境条件等；一个已具有一定知名度的企业，则主要应放在宣传自己设计、生产的新产品，技术上的新成果，生产上的新设备及消费者的好反响等；一个声名鹊起的企业，应重点放在赞助社会公益事业，创意发起社会新风尚的活动上。

一般说，公关广告的主题可围绕以下几方面来确定：

1. 组织声誉主题

通过广泛宣传企业的历史、规模、产品、政策方针、企业文化、精神理念、分配制度、管理制度等，来树立组织的良好声誉。

2. 社会服务主题

通过向公众说明本组织对社会所做的重大贡献，包括对社区、对本行业、对国家所做的贡献及提倡某种有意义的新观念、新风尚、新行为，引起公众对组织的注意和赞誉。

3. 特殊活动主题

通过宣传和报道公关专题活动，如庆典、展览、新厂落成、设备投产等，引起公众对组织的兴趣和好感。

4. 职工关系主题

通过宣传组织内部公关工作的新情况、新动向，促进与内部员工的积极沟通。

(二) 制作标题

标题是公关广告的题目，它应揭示广告的主旨。广告标题应力求简洁、生动、独特、富于趣味性。标题拟写的方式，主要有以下几种：

1. 直述式

这种标题就是把广告的主要内容直接、准确地告诉公众，给公众留下明晰的印象。如"祝贺××公司成立""××公司向社会各界人士拜年""常饮劲酒，精神抖擞"等。

2. 内蕴式

这种标题比较含蓄、委婉，只有看了广告文之后才会明白标题的含义。如："千万不要卖掉你的黄金""乘本航空公司飞机从香港飞往旧金山只需5分钟""天上彩虹，人间长虹"等。

3. 提问式

标题中向公众揭示与组织有关的问题，以引起人们的思考和注意。例如，生产草珊瑚牙膏的企业在电视广告中，首先提出"为什么全国90%以上的人患有不同程度的牙周疾病"的问题，以引起公众的注意，从而体现出该组织对公众的关切之情，同时推出自己的产品，为公众排忧解难。

(三) 写好正文

正文是广告的中心部分，也是表现主题的主要部分。由于公关广告内容广泛，目的有别，很难规定一个统一的模式。但通常的要求是：重点突出，简明易懂，具体亲切，真实自然。

(四) 标语的写作

标题与标语在广告的写作中都是以引人注目的词句出现的，但二者不完全一样：

(1) 标题的作用是引导公众注意广告和阅读广告正文；标语的作用是使消费者建立一种观念，用以指引选购行为。

(2) 广告标题可以随广告设计的变化而变化；广告标语一经选定，可以在相当长的一段时间里不变，用在各个不同设计的广告上。

因此，在拟定标语时，应注意：简短、独特、易记，精心推敲，认真措辞。有些广告标语之所以人尽皆知，就因为它具备这些特点。如"新飞广告做得好，不如新飞冰箱好""要想皮肤好，早晚用大宝""维维豆奶，欢乐开怀"。

(五) 写清随文

随文是公关广告中对组织名称、地址、法定代表人、邮编、电话、传真、商标、牌名、价格、经销部门等内容的说明,对公众起联络式购买指南的作用。

二、公共关系广告的写作原则

(一) 内容真实,实事求是

公关广告必须以事实为依据,既不能夸张,也不能掺假,要始终按照客观事实的本来面目进行宣传。若其内容不真实或言过其实,就会损害公众的利益,对组织的声誉是不利的,会导致组织的信誉下降。因此,在广告中必须谨慎使用诸如“领导世界新潮流”等一类词语。

社会组织要通过公关广告扩大知名度,树立良好的形象。如果说假话、搞欺骗,势必激起公众的愤慨,使组织臭名远扬,声名狼藉。这是公关广告绝不允许的。

(二) 遵守法规,符合公德

广告一经发布就会或多或少地在社会上产生影响,因此公共关系广告必须服从社会对广告的制约,也就是遵守广告的管理法规。1995 年 2 月 1 日我国施行了《中华人民共和国广告法》,2015 年 4 月 24 日十二届全国人大常委会第十四次会议表决修订了《中华人民共和国广告法》,并于 2015 年 9 月 1 日起施行。广告必须服从遵守这一法律或其他法规。

另外,广告还要符合社会公德。符合社会公德是指公关广告要符合国家有关方针政策的规定,注重社会主义道德规范的要求。在当前改革开放的形势下,公关广告不仅是一种简单的经济现象,而且是一种社会意识形态,它的内容和形式对社会文化和社会风气的好坏都将产生一定的影响。因此,公关广告的写作必须做到符合社会公德。

做广告将划出“五大禁区”

新华社北京(2014 年)12 月 22 日电(记者　王思北　胡浩)　广告不是想做就能做,更不是有钱就能随便做。不得为药品推荐疗效、公共场所不能做烟草广告、弹窗网页广告须能一键关闭、10 岁以下孩子不能做广告代言人……十二届全国人大常委会第十二次会议审议的广告法修订草案二审稿,为做广告划出五大“禁区”。

医药医疗广告不能宣称“疗效”

广告法修订草案规定,药品、保健食品、医疗器械、医疗广告不得有表示功效、安全性的断言或者保证;不得说明治愈率或者有效率;不得利用医药科研单位、学术机构、医疗机构、行业协会、专业人士、患者或者其他广告代言人的名义或者形象作推荐、证明。

“一吃就停”“腰不酸了腿不疼了”“××胶囊,降压降糖”“多年没孩子,是××药给我们送来了小天使”……这些疗效诱人的广告,以后将不能再出现。

全国人大法律委员会副主任委员安建说,医药、医疗等关系消费者的生命健康和人身安全,且功效因人而异,不但不得利用科研机构、专业人士和患者进行推荐证明,也不得利用其他任何广告代言人的名义和形象作推荐证明。

烟草广告不能“登”上公共场所

根据修订草案，禁止利用广播、电视、报纸、移动通信网络、互联网等大众传播媒介和形式发布或者变相发布烟草广告；禁止在公共场所、医院和学校的建筑控制地带、公共交通工具设置烟草广告；禁止设置户外烟草广告、橱窗烟草广告。

安建表示，除了在烟草制品专卖点的店堂室内可以采取张贴、陈列等形式发布经国务院工商行政管理部门批准的烟草广告，以及烟草生产者向销售者内部发送的经批准的广告外，其他任何形式的烟草广告将均被禁止。哪怕是“鹤舞白沙，我心飞翔”这类的不露痕迹的烟草广告。

弹窗网页广告须能“一键关闭”

修订草案规定，互联网信息服务提供者利用互联网发布广告，不得影响用户正常使用网络。在互联网页面以弹出等形式发布的广告，应当显著标明关闭标志，确保一键关闭。

打开一个网页，经常跳出多个广告窗口；有的像胶布一样粘在窗口关不掉，有的明明有一个画叉的关闭标志，可是一点击却打开了更多链接……几乎每位网友都有过这样的无奈和烦恼。

“网络不是法外之地。”有专家认为，网络逐渐成为广告发布的重要媒介，实践中网络广告违法、影响用户使用网络等问题较为突出。此次广告法修订，不仅明确网络要遵守其他媒介广告的一切“游戏规则”，同时还有条额外要求：网页弹出广告、飘窗广告必须能一键就关掉。

只要与虚假广告“沾边”都将被追责

修订草案规定，发布虚假广告，欺骗、误导消费者，使购买商品或者接受服务的消费者的合法权益受到损害的，由广告主依法承担民事责任。关系消费者生命健康的商品或者服务的虚假广告，造成消费者损害的，其广告经营者、广告发布者、广告代言人应当与广告主承担连带责任。

有全国人大常委会委员指出，虚假广告欺骗、误导消费者，影响广告业健康发展，损害社会经济秩序，因此修订草案进一步明确了责任主体、加大惩处力度。无论是广告主、广告经营者还是发布者，抑或是设计师、代言人，只要和虚假广告沾上边，就要承担责任。

广告监管部门“不作为”将被问责

修订草案规定，工商行政管理部门对在履行广告监测职责中发现的违法广告行为或者对经投诉、举报的违法广告行为，不依法予以查处的，对负有责任的主管人员和直接责任人员，依法给予处分。工商行政管理部门和负责广告管理相关工作的有关部门的工作人员玩忽职守、滥用职权、徇私舞弊的，依法给予处分。

“要加强广告活动的事中事后监管。”全国人大常委会委员孙大发指出，为进一步规范广告活动，保护消费者权益，应当强化广告监管部门的责任，对不作为、乱作为的，实行问责。

10 岁以下孩子不能做广告代言人

修订草案规定，不得利用 10 周岁以下未成年人作为广告代言人。

这意味着，时下火热的天天、cindy 等小童星们将不能再代言广告。

一些全国人大常委会委员认为，新增的这一条款有利于更好地保护未成年人权益，促使未成年人健康成长。

有关人士分析认为，如果不出姓名、不以自己的名义做广告宣传，属于广告表演，不属于广告荐证；广告表演者无须为角色行为负责，而广告荐证者要对自己的行为负责。由于童星们有一定名气，他们为广告做宣传的行为属于代言。

另外，根据未成年人身心发展的规律和特点，修订草案还对涉及未成年人的广告活动作出相应规范，如在针对未成年人的大众传播媒介上不得发布药品、医疗器械、网络游戏、酒类广告等；针对14周岁以下未成年人的商品或者服务的广告，不得含有劝诱其要求家长购买广告商品或者服务以及可能引发其模仿不安全行为的内容等。

资料来源：新华网. http://news.xinhuanet.com/video/2014-12/24/c_127330068.html

(三) 立意深刻，构思新颖

公关广告要宣传一个什么主题，要达到一个什么样的宣传效果，要运用什么样的宣传方式使听众最易接受、启迪最深，这些都是公关广告立意构思的重要内容。公关广告的创作必须通过宣传使公众认识到组织的整体形象，领悟到组织的群体精神，感受到组织的强大凝聚力。否则，广告宣传就失去了意义。

公关广告的效果在于新颖性、启发性，有艺术感染力。为此，创意要时时更新，用语要时时出新，不能囿于格式化，忌讳人云亦云和千篇一律。创作人员要发挥艺术想象力，使构思独特，内容简洁完整，令公众产生新奇惊喜之感，这样广告所要传达的信息也就深深刻印在他们的心目中了。

(四) 独具风格，富于创新

公关广告必须不但要具有组织自身独特的风格，绝不能与人雷同，而且要做到始终如一，在今后公关广告中都以自己独特的风格出现在公众面前。一个组织的风格不是一朝一夕能够形成的，它要求公关人员及组织所有成员坚持不懈的努力。

组织的风格、特色要保持始终如一，但公关广告宣传的内容、分析角度、运用手法、写作技巧不能一成不变，要不断创新，给公众以耳目一新的感觉。

(五) 友善悦人，追求时效

公关广告的宗旨是尽可能多地争取朋友，协调与同行间的关系。在广告创作过程中，要通过文字的表达和感情的倾诉密切组织与同行间的关系，在和谐的气氛中使接触者感受到组织的亲切和温暖。即便是对竞争对手，也不要肆意贬低，对那些曾排挤和刁难过自己的公众，也不要肆意攻击。另外，公关广告应给人以真善美的熏陶，使人获得精神上的愉悦和享受。

公关广告要追求时效，要把社会效益放在第一位。因此，营利性的经济组织还要通过公关广告间接获得经济效益。要通过公关调查、民意测验等方式，了解公众的需求和意向，有针对性地撰写公关广告。发广告时，还要掌握时机，时机选择得当，可以收到事半功倍的效果。如在广播电视的“黄金时段”播发公关广告，则可扩大其传播范围，增强其影响程度，收到比较好的传播效果。

本章小结

本章分三节进行论述。第一节公共关系广告的特点和类型，首先介绍公关广告的特点，其次阐释了商品广告和公关广告的区别，最后介绍了公共关系广告的类型；第二节公共关系广告的策划和实施，首先阐释了公共关系广告策划的程序，即调查分析、确定公关广告目标、确定公关广告对象、采用恰当的广告策略、广告媒体的选择、制定公共关系广告预算等程序，其次提示了公共关系广告实施的时机和空间把握；第三节公共关系广告的写作，首先介绍了公共关系广告的写作内容，其次论述了公共关系广告的写作原则。通过本章的学习，能对公共关系广告有比较清楚的认识，使公共关系工作人员能运用好广告这一公共关系技术，进而更好地开展公共关系工作。

自测题

关键名词

公共关系广告

思考训练题

1. 公关广告有哪些特点？
2. 商品广告和公关广告有哪些区别？
3. 公共关系广告可分为哪些类型？
4. 简答公共关系广告策划的程序。
5. 公共关系广告实施应把握哪些时机？
6. 公共关系广告实施应怎样把握好实施空间？
7. 谈谈公共关系广告的写作内容。
8. 公共关系广告的写作应遵循哪些原则？

“学者证言”广告

1998年9月，长岭集团公司在首都各大报纸刊登了系列广告引起了人们的注意。这则广告与众不同之处在于：清一色地采用了7位在科技领域取得了相当成就的学者和专家的形象。据说，请出如此阵容的专家学者做广告，在国内尚属首次。这个以“卓越，是他和长岭的共同追求”为主题的系列广告，醒目处或刊登一组，或刊登一位学者的头像，旁边是学者成就的简单介绍，大标题是“他(她)也用长岭冰箱”。

敢于“第一个吃螃蟹”，站出来为国企品牌的质量作证的专家阵容甚大，他们当中有：国家科技委员会专业评委，博士生导师陈庆寿；玉柴机器董事长，上海交大教授王建明；语言学家，北大东方学系教授巴特尔等。

据悉，这些专家无一例外均是长岭冰箱的新老用户。他们此次为长岭冰箱做广告的起因，源于长岭集团董事长兼总经理王大中亲自领导的一次客户回访活动。王大中在用户档案中发现，在长岭冰箱十几年的老用户和最近购买长岭冰箱的新用户中，有很多是为国家作出突出贡献的专家和学者。于是他们派出专门的访问小组对这些学者进行了专访。回访中专家的话使王大中怦然心动。他想，在人们看烦了千篇一律的各类“明星”们做的广告时，让社会形象较好的专家走上广告，说一说实在话，也许能有意想不到的效果。就这样长岭集团首家推出了“学者证言”广告。

资料来源：《公共关系学》案例. 豆搜网. http://www.docsou.com/doc/110032-28.html

问题：

1. 这是利用组织外部的什么关系所开展的公关活动？长岭集团的“学者证言”广告，采用了何种广告策略？

2. 此案例对你有什么启示？

第十九章

公共关系谈判

通过本章的学习,认识谈判的含义和特征,了解谈判的原则和分类,熟悉谈判的程序,学习谈判的策略,为更好地进行公共关系工作打下谈判的公关技能和知识基础。

谈判名师罗杰道森

1991年的一个夜晚,美国一名谈判大师在家中接到一个电话,对方称自己在科威特石油公司的兄弟被伊拉克大独裁者萨达姆扣为人质,他想聘请他为谈判顾问,说花多少钱都愿意赎回他的兄弟。这位谈判大师告诉对方,他不用花一分钱赎金就能救回他的兄弟。

他联系了一名CBS的著名记者,问其是否愿意陪他去巴格达一趟,与萨达姆展开谈判,如果他愿意,就把独家采访权给他。时逢美伊激战正酣,真是天逢良机,记者非常乐意,但CBS总编却不同意记者冒险上战场,于是这位谈判大师又拿出第二套方案:在伊拉克临国约旦采访萨达姆。结果,萨达姆喋喋不休地对着电视说了两个小时之后释放了人质,而这正是那段时期萨达姆所放出的唯一的人质。

这位谈判大师就是罗杰道森。

罗杰道森出生于英格兰,1962年移民加州,用不到30年的时间就从一个普通移民变成总统顾问,在美国人的眼里,他就是英雄的化身,是现代美国梦的真实注脚。

美国前总统克林顿曾这样评价他的同事:"他是我合作过的最有才华的伙伴,睿智、机敏、精力充沛。"作为克林顿内阁最重要的政治高参之一,罗杰道森被认为是当今世上最会谈判的人。

罗杰道森不但富有丰富的政治经验,而且著作等身,其成名作《优势谈判的奥妙》更是连续三十周高居《纽约时报》图书排行榜首。

几十年来,他的著作被翻译成西班牙文、法文、葡萄牙文、俄文、土耳其文、波兰文、日文、阿拉伯文、德文、中文等38种语言,部分书籍还被耶鲁、普林斯顿等名校列为指定阅读书目。

资料来源:中华演讲网. http://www.zhyjw.com/article/html/2936.html

第一节　谈判的概念和特征

一、谈判的含义

什么是"谈判"？谈判的含义怎样表述？从国内外权威的辞书《辞海》、《大不列颠百科全书》中尚未找到"谈判"的词条。目前，从国内有关的谈判和公共关系学的书籍对谈判定义的表述来看，均不尽相同。

笔者认为，所谓谈判是组织或个人的双方或多方，为建立联系、解决共同问题，处理相互冲突与纠纷、改善相互关系，实现各自需要而进行互相交流、讨论、磋商和达成一致意见或协议的活动过程。

为了更好地理解谈判这一定义，我们有必要对其做如下的具体解释。

首先，此定义阐明了谈判的主体是各类组织或个人，谈判活动是一种人的行为。它必须由双方或多方的大小组织的代表或个人相对进行谈判，而不应是人对机器人或计算机的谈判，更不应是机器人和计算机相对的谈判。

其次，此定义阐明了谈判是为实现一定的目的而进行的。

第一种目的是为了建立一定的联系或解决共同关心的问题。如国与国之间的建交谈判，各地区相同行业间的横向联合协商，就是为了建立一定的联系，寻求共同发展的途径。例如，一些社会公益问题的谈判就是为了实现解决共同关心的问题这一目的的。像居民区各住户就公共卫生较差的问题进行磋商，并制定卫生公约的目的，就是为了解决共同关心的卫生环境问题。

第二种目的是为了处理各方的冲突和纠纷，改善相互关系。例如，邻里吵架、家庭遗产纷争的调解，都是为了处理各方的纠纷，改善相互关系。

第三种目的是为了实现各自的需要。第一种目的中"解决共同关心的问题"和第二种目的中"改善相互的关系"已包含各方共同的需要。除此之外，谈判还有各自不同的需要。如买卖洽谈的目的多是为了实现各自的经济需要，有的是为了赚钱，有的是为了买到物；或有的是为得到此物，有的是为得到彼物。再如，求职录用谈判中，求职的个人是为了实现找到称心的工作的需要，录用单位则是为了满足选到称职的出色的人才的需要。

有很多谈判又是多种目的兼而有之的。如1972年以前的中美建交谈判，一是为了解决长达二十余年的中美冲突问题，以改善两国的敌对关系；二是为了谋求两个大国在各自领域的共同发展；三是为了实现各自的政治、经济利益和其他利益的不同需要。

最后，该定义明确了谈判是进行相互交流、讨论、磋商和达成一致意见或协议的活动过程。这是指谈判是从相互交流认识、意见和需求起，经过讨论，甚至是论辩、磋商，直至达成一致意见或协议的整个过程。而其中明显的标志是达成一致意见或协议。谈判不像一般辩论，辩论出是非、好坏、优劣就行了，而是要在辩论的基础上，各方就所议的问题达成一致的意见或协议。

二、谈判的特征

谈判是一种变幻莫测的人际交往的行为，但是，谈判跟任何客观事物一样，是有其自身规律和特征的。

(一) 对抗性和一致性的统一

在实际的谈判中，人们会觉察到，人们走到谈判桌前的背景均是双方或多方已产生一定的冲突和分歧，或有一定的差距，或缺少某种联系。而冲突和分歧的存在却又从中占了很大的比例。谈判双方或多方都希望通过谈判的争辩、讨论、协商来寻求各自的利益，达成一致赞同的协议。所以，在开始谈判前，便存在着客观的对立性和主观的一致性。

在谈判序幕拉开以后的正式谈判中，双方或多方时而展开"横眉竖目"、"唇枪舌剑"之辩，时而显示出"电闪雷鸣"、"刀光剑影"的紧张气氛，谈判双方往往体现出明显的对抗性。

在政治谈判中，这种对抗显得较为明显。而在商务谈判中，也存在着这种对抗性。如在农贸市场上，买主和卖主在讨价还价过程中，一个想尽量卖高一点价钱，一个想压低价钱买下，二者在价格上存在的差异就是一种矛盾。再如，在邻里谈判中，住宅楼单元一楼和上几层楼住户因下水道堵塞而引起纠纷，互相争辩、谈判，同样也是一种对抗。可见，谈判中的对抗性是客观存在的。

然而，谈判中的矛盾和对抗不同于体育竞赛中的矛盾和对抗，最后的胜利者只有一个，它也不同于一般辩论，辩论出是非、好坏、优劣就行了，而是要在双方辩论的基础上对所辩论的问题的认识逐步达到统一，谋求一致，从而促成双方达成比较满意的协议。在商务谈判的讨价还价中，在家庭邻里谈判的协商中，以及在其他内容谈判的进行中，谈判各方也总是努力寻求一致，尽量促成协议的达成。所以说，谈判是一种对立，也是一种合作，它具有对抗性和一致性相统一的特征。

(二) 原则性和灵活性的统一

谈判是一种既在立场上遵循一定的原则性，又在策略技巧上注意灵活性的人际交往活动，它具有原则性和灵活性相统一的特征。在一般的组织团体或个人进行的各种内容的谈判中也都应坚持和遵循一定的原则。例如，邻里间的公共卫生问题的谈判，就应遵循"不重私利，公益为先"的原则。然而，抽象的谈判原则性，又往往是通过谈判策略技巧的具体灵活运用来实现和维护的。如必须注意谈判是因时间、地点、场合及对象而论的，要考虑到各种氛围和因素，从而灵活运用谈判策略技巧和语言艺术等。

(三) 妥协性和获得性的统一

美国谈判学家杰德勒·尼尔伦伯格认为"谈判就是给与取"。无数谈判实践也证明，谈判是"让"和"得"兼而有之的一种互动过程。它具有妥协性和获得性相统一的特点。在各方立场不同、利益相关的谈判中，为了达成令人满意的协议，使自己获得一定的利益，就必须作出适当的让步，放弃自己的某些利益。

妥协，有被动妥协和主动妥协之分。

1. 被动妥协

被动妥协较为普遍，一般都是在双方或多方谈判出现僵局以后，出现的单方妥协、对等妥协或交叉妥协。对等妥协是双方作出同等程度的让步，如商务谈判中，卖方降价

10 元，买方也提价 10 元；再如，裁军谈判中，双方裁军量等同，等等。交叉式妥协是甲放弃一种利益，而求得乙在另一种利益上的让步。虽然各方在自己放弃的利益中得不到满足，但各自在对方放弃的利益中得到了补偿。这是在不同问题或利益上交叉式的妥协和交叉式的获得。

2. 主动妥协

谈判中的主动妥协比较少见，它是一种比较高超的妥协。它是指为了有所大得，而先一步妥协让利。例如，新加坡一位华裔商人与我国某食品进出口公司洽谈大蒜生意。第一轮洽谈成交时，客商却出人意料地每吨提价 5 美元。等合同签字后，问他为何加价，他说："多加 5 美元并非没有顾虑，这次虽少赚了 1 万美元，但贵公司对此将永远难忘。"后来事实证明，客商想将货抢先上市，卖出好价，需我方帮助及早运出，结果得到我方帮助，使这批蒜抢先卖出，获得了大利。

第二节　谈判的原则和分类

一、谈判的原则

谈判原则分各种谈判普遍适用的一般原则和各种不同内容或性质的谈判所分别适用的特殊原则两种。在这里我们着重研究任何谈判都适用的一般原则。因为谈判的一般原则是任何谈判都适用的最高规范，也是任何谈判取得成功的一般要求，它对各种谈判具有普遍的指导意义。

我们把谈判的一般原则分为如下几条。

(一) 实事求是原则

谈判的实事求是原则就是要求谈判者尊重客观事实，服从客观真理，而不要仅凭自己的意志、感情主观行事。通俗地说就是要服从事实、讲道理。

谈判者因为处在相互对立的两端，在既定的立场、自身利益和强烈感情的支配下，很容易陷入臆想偏见、固执己见的泥潭中，导致不顾事实真相，不讲客观真理，一意孤行。而如何坚持谈判的实事求是原则呢？一是全面收集准确的信息材料。二是客观地分析材料，站在公正的立场上看待事实。例如，在一次财产保险的理赔谈判中，投保人对失窃的家用电器一味强调其为进口货、质量好、功能多、价格昂贵，国内产品不能类比，等等，要求承保人多付赔偿费。承保人对国内同类产品逐一进行比较，并指出相近型号、相似功能的产品，并坚持按市场价格进行赔款。承保人客观地分析材料，站在公正的立场上看待，应付给投保人的赔偿费额是合情合理的。这样会使投保人没有更多的理由拒绝接受承保人的意见。三是站在对方的立场看问题。一般情况下，谈判者总是从自身的利益出发进行谈判。但坚持实事求是的谈判原则，往往还要求谈判者多站在对方的立场思考问题，多想想对方有什么困难，自己提出的方案会给对方带来什么损失，如何才能满足对方的合理需要等问题。这样一来，就能很大限度地使谈判实事求是地进行下去。四是寻求客观性标准，作为谈判协议的基础。例如，在交通事故发生以后，投保的汽车被撞坏，投保人凭个人意志虚报汽车价值，要求承保人赔偿，这样，承保人不会同意；而承保人有意压低汽车价值，投保人也不会同意。双方就此讨价还价，谈判时间再长也难达成统一的意见。而双方若以客观事实为依据，就有了客观、统一的标准。双方的标准一样，就有利于接受对方的建议，可能就会很快地达成协议。五是不屈从于压力，只服从事实和真理。这里的压力是指对方的威胁、固执、粗暴及贿赂等。坚持实事求是的谈判原则，就是不感情用事，冷静、忍耐，只有这样，才能尊重双方的客观实际，把握好谈判。

(二) 公平相议原则

谈判是为了谋求一致而谈、而议、而辩，因此，谈判的相对交锋，应遵循公平相议的原则。

公平相议有下列表现：

首先，参加谈判的各方的人格和地位是平等的。这正如罗曼·罗兰所说："在争论中是不分高贵卑贱，也不管称号姓氏的，重要的是'人人平等'。"谈判中，时常会是大国与小国、大社团与小组织、地位高的人与地位低的人、权势大的人与权势小的人、权威人士与无名小卒的谈判。但无论谈判双方或多方的差异多么大，一旦进入谈判，各方的人格和地位是一律平等的。

其次，谈判的标准要公平。所谓公平的标准就是不以一方认定的标准判定，而应以各方都认同的标准为标准。现代谈判如果标准不公平，就会影响谈判的进行，或达不成好的谈判效果。为了保证谈判标准的公平，可以采取社会公认的标准判定，如惯例、先例、法律、公德、科学数据和方法等。为了保证谈判标准的公平，也可以找各方都信服、与任何一方都无利益冲突的仲裁者仲裁，如邻里纠纷中的居委会的调解等，均是为了确保谈判标准的公平。

最后，达成的协议要公平。公平的最后认定体现在协议上，即各方都感到自己得到了最大可能的满足。只有公平的协议才能保证协议的真正履行，强权之下达成的不平等协议是没有持久约束力的，一旦压力消失，协议就理所当然地被推翻。

(三) 利益兼顾原则

杰勒德·尼尔伦伯格说："应该把谈判看作一项合作的事业，如果双方能在一个合作的基础上进行谈判，那就要使他们深明大义，为实现利益均沾的目标而努力。"由此可见，一项利益相关的谈判，其最高境界就是要兼顾各方利益。由于各方的立场和观点的不同，谈判者往往在利益和权益上发生冲突，而谈判的效果不外乎三种情况：一是各方全胜；二是一方赢一方输；三是各方都败北(达不成协议)。当然这三种情况中的"各方全胜"是最佳的谈判结果。

怎样获得谈判的全胜呢？这就需要在谈判时既要考虑自己的立场和利益，也要考虑到对方的立场和利益，使各方彼此互惠、互利。这样，问题才能解决，谈判才能成功。

周恩来同志曾指出：谈判的"平等互利，就是不能只利于己，不利于人"。所以，谈判者不应抱着"斩尽杀绝"的态度来参加谈判。如果把对方视作"敌人"，务必使其一败涂地，丢尽脸面才肯收兵，那么谈判自然不会成功，各方将会一无所得。例如，在放贷与借贷的谈判中，放贷方应以贷出并能如期收回为目的，而不应以卡住不放为目的。通过放贷，既扶植了借方，又获得贷款增值的效益，达到了共同受益的目的，否则，借贷双方均一无所获。

(四) 求同存异原则

求同存异的谈判原则，是指在谈判中寻求共同之处，保留不同意见。“求同存异”是周恩来处理复杂关系、解决复杂矛盾一以贯之的思想方法和行为模式。

无数谈判的实践体现出，谈判的双方或各方是处于极其复杂的矛盾状态的，相互间在各方面均存在着一定的差异。如国与国之间有制度和政策的差异；各党派间有信仰和意识形态的差异；各组织、团体之间又有组织宗旨和目标的差异；每个人又有各自追求的差异。而走到谈判桌前的谈判者除带有以上的普遍差异之外，还带有以往在人际交往中所酿成的矛盾和出现的问题。然而，矛盾是客观的，追求却是共同的。既然坐到一起谈判，就应在分歧中寻求共同之处，达成一致协议，而对于一时不能弥合的分歧，就允许保留，不应强求一律，可以以后再谈，这样，就是遵循了求同存异的原则。

在谈判中遵循求同存异的原则，就是要尽量使双方立场接近，尽量弥合分歧，寻找一个大家都能接受的目标，使各方成为谋求共同利益、解决共同关心问题的伙伴，做到这一点有时很困难，但总是可以实现的。例如，在商务谈判中，往往双方分歧很大，但双方总会寻找到买卖成交后而提高经济和社会效益的共同利益。有时，在供销活动的谈判中，双方议定某种商品的价格，从供方来说，价格虽然可能低于自己原定的理想价格，但商品销售出去，加速了资金周转，最后收回的资金中，除了弥补损失外，还可能获得一定的利润；对于买方来说，购买价虽然可能高于自己原定的理想的购买价，但购进的原料或商品也会有利于自己的生产或消费，保证了生产的顺利进行或实现了必要的消费欲望。所以，在商务谈判中要遵循求同存异的原则，少考虑各自的细枝末节的亏损，多注重共同提高经济和社会效益也是很必要的。

二、谈判的分类

(一) 按谈判内容划分的类型

按谈判内容划分，主要分为政治军事谈判、商务谈判(或经济谈判)、外交谈判、文化谈判、求职录用谈判、家庭邻里谈判。

1. 政治军事谈判

国家之间、政党之间、民族之间、阶级之间就某些政治、军事的争端、冲突、合作等问题而进行的交涉、磋商、合作和协议的活动均属于政治军事谈判。

2. 商务谈判

各类经济技术实体之间就有关经济、技术贸易问题的谈判均属于商务谈判(经济谈判)。

3. 外交谈判

各主权国之间就政治、经济、文化发展等问题进行的谈判，均属于外交谈判。

4. 文化谈判

科技、文化、艺术、体育性问题的谈判都属于文化谈判。

5. 求职录用谈判

人才市场中双向选择的谈判，大中专毕业生与用人单位的面谈，各单位招干、招工的面试等属于求职录用谈判。

6. 家庭邻里谈判

教育子女、理顺婆媳关系、缓解邻里冲突、互助合作协商等家庭邻里范围的调解、协商属于家庭邻里谈判。

（二）按谈判性质划分的类型

按谈判性质划分，可分为合作性谈判、对抗性谈判和互利性谈判。

1. 合作性谈判

合作性谈判是指谈判各方都具有达成协议的诚意，都不想支配他方，而且各方都采取合作态度进行协商的谈判。这种谈判是诚意、坦率和富有建设性的。在谈判的各个阶段，双方都配合默契，乐于提供信息，积极提出建议，以促使谈判达成协议。如联合办学的协商，联合科技攻关的协议等均属于合作性谈判。

2. 对抗性谈判

对抗性谈判是双方都坚持自己的立场，并想支配和驱使对方就范的谈判。这种谈判双方在利益上处于彼得我失，甚至是你死我活的关系中。国与国之间的政治立场或领土、领空、领海等有关国家主权问题的谈判均属于此类谈判。

3. 互利性谈判

互利性谈判是由对抗性谈判转化而来的，属于对抗性谈判和合作性谈判之间的一种谈判。它是指在谈判双方的利益、目标有很大差异，甚至是相互对立的情况下，而又能在相异、对立中契合利益，获得互补的谈判。各种商务谈判便属此类谈判。

（三）按谈判主体数量划分的类型

按谈判主体数量划分，可分为双边谈判和多边谈判。

1. 双边谈判

双边谈判是谈判主体只涉及你我双方的谈判，像江泽民主席与克林顿总统的中美首脑西雅图会晤、买卖双方的谈判、求职录用面谈等均属于双边谈判。

2. 多边谈判

多边谈判是指谈判的主体涉及三方或三方以上的多方谈判。如“朝核六方会谈”、“伊核六方会谈”就属多边谈判。

（四）按谈判主体地位等级划分的类型

按谈判主体地位等级划分，可分为对等谈判和不对等谈判。

1. 对等谈判

对等谈判是指同级之间的谈判。这类谈判其谈判主体在权力、地位以及谈判者的级别上均相近或相同。如习近平主席与俄罗斯总统普京的会谈、中美大使级会谈、国与国之间边界问题的外交部部长级的谈判等属于此类谈判。

2. 不对等谈判

不对等谈判是指各方在权力、地位和级别上不对等的条件下所进行的谈判。如工会组织与职工个人就有关问题的协商等属于不对等谈判。

(五) 按谈判区域内外范围划分的类型

按谈判区域内外范围划分,可分为内部谈判和外部谈判。

1. 内部谈判

内部谈判是指一个区域或一个组织内部各种不同利益的人们解决分歧、调整利益、谋求一致的谈判。它特指国家内部各组织、个人间的谈判。如企业内部承包人和职代会的谈判,某知识分子知识产权在国内受到侵害,而与有关组织或个人的谈判均属内部谈判。

2. 外部谈判

外部谈判是指与本区域或本组织之外的其他区域的组织或个人的谈判。它特指与国家范围之外的国家、组织或个人所进行的各种谈判。我国的外部谈判包括对我国大陆范围以外的一切国家和地区的组织和个人所进行的谈判。如中美纺织品谈判、中国进出口公司与日本松下电子集团进行的贸易谈判等均属外部谈判。

内部谈判和外部谈判有一定的差异和区别。内部谈判各方的根本利益是一致的,所要解决的分歧是局部的;而外部谈判,各方虽然也有共同点,但其国家利益却不同,有的甚至是对立的。另外内部谈判协议受国家法律和司法机关的保护,具有法律效力;而外部谈判协议,虽然受到国际法和有关国际法庭的干预,但它缺乏强制的力量。

(六) 按谈判进行的地点划分的类型

根据谈判进行的地点不同,可以将谈判分为主场谈判、客场谈判和中立地谈判。

1. 主场谈判

所谓主场谈判是指对谈判的某一方来讲谈判是在其所在地进行的,他就是东道主。

2. 客场谈判

客场谈判是指与主场谈判一方相对应的谈判的另一方或多方的谈判。他是以宾客的身份前往谈判的,所以称为客场谈判。

3. 中立地谈判

所谓中立地谈判是指在谈判双方所在地以外的其他地点进行的谈判。在中立地进行谈判,对谈判双方来讲就无宾主之分了。

不同的谈判地点使得谈判双方或多方具有不同的身份(主人身份和客人身份,或者无宾主之分)。谈判双方或多方在谈判过程中都可以借此身份和条件,选择运用某些谈判策略和战术来影响谈判,争取主动。

(七) 按谈判时间长短划分的类型

按谈判时间长短划分,可分为长期谈判、中期谈判和短期谈判。

1. 长期谈判

长期谈判是指持续相当长的时期进行非常多次数的谈判。例如，在1972年以前的15年里，中国与美国的大使会谈共进行了134次，这是典型的长期谈判。

2. 中期谈判

中期谈判是指进行比较长时间，进行多轮会谈的谈判。如中英关于香港回归中国的有关问题的谈判，在几年里进行了多轮谈判。中葡就澳门回归中国的问题的谈判也是如此。这些都可以算是中期谈判。

3. 短期谈判

短期谈判是指进行一次性谈判便达成协议的谈判。如买卖双方偶然相遇，互不相识，买方看中一件商品，于是就和卖主交涉，价格谈得拢就买，谈不拢交易就告吹。这类谈判的成败对双方都无长远影响。一般的求职录用谈判也多属短期谈判。

(八) 按谈判问题多少划分的类型

按谈判问题多少划分，可分为单一型谈判和统筹型谈判。

1. 单一型谈判

单一型谈判是指只有一个谈判主题的谈判。如一般的买卖谈判、求职录用谈判等均属单一型谈判。

2. 统筹型谈判

统筹型谈判是指谈判的主题由多个议题构成。如在1945年7月17日至8月2日苏、英、美三国首脑之间的波茨坦会议上，三方谈判的问题包括对德管制方针，德战败后的赔偿，波兰疆界，对意大利的政策，对罗马尼亚、匈牙利、芬兰的外交承认及其参加联合国组织等，这些问题本身又都包含了具体的政治、军事和经济方面的议题。

(九) 按谈判规模划分的类型

按谈判规模，即谈判项目的多少，内容的复杂程度，以及涉及谈判人员的范围与多少等划分，可分为大型谈判、中型谈判和小型谈判。

1. 大型谈判

大型谈判类似商务谈判，一些成套项目的引进谈判，大型建设项目的招投标谈判，由于技术性较强，内容复杂，成交额巨大，谈判中需各方面的人员参加，谈判队伍比较庞大，均属于大型谈判。英国人比尔·斯科特曾就贸易洽谈提出过划分的方式。他认为，通常情况下，谈判项目较多，内容复杂，各方参与人数超过12人时，即可称为大型谈判。

2. 中型谈判

如果各方参与人数在4人至12人之间，即可称为中型谈判。

3. 小型谈判

如各方参加人数在4人以下，则称为小型谈判。

(十) 按谈判方式划分的类型

按谈判方式划分，可分为横向谈判和纵向谈判。

1. 横向谈判

横向谈判是指把几个要谈的议题同时展开讨论,并同时取得进展的谈判。换言之,就是把问题全面铺开,或者横向铺开,而不是只局限于谈一个问题。简言之,就是要把所谈的问题都摆在桌面上谈。例如,洽谈购置设备,把价格、术语、品质、运输、保险等所有条款都先摆到桌面上来,然后再逐条依次而谈。

2. 纵向谈判

纵向谈判就是按各个问题的先后顺序,或轻重缓急,一个一个地来讨论和解决。也可以认为,每次谈判只能讨论一个议题。如购置设备洽谈,就须先讨论价格,如果价格确定不了,就不谈其他条款。

(十一) 按谈判连续性划分的类型

按谈判连续性划分,可分为递进式谈判和重复式谈判。

1. 递进式谈判

递进式谈判,既表示谈判内容的逐渐递进,也表示谈判对立的逐步升级。一些国际间的重大谈判,一般都分级进行。第一级是由谈判各方的工作人员就正式谈判的时间、地点、各方的谈判代表人数及级别、谈判的议程等问题进行磋商,达成协议;第二级由各方的主管人员谈判协议的具体内容;第三级由各方的首脑进行会谈,对各方已同意的协议草案加以确认,并签字生效(有些重要协议还须各国立法机关批准,方能生效)。如1971年至1972年的中美建交谈判便属于递进式谈判。第一、二级谈判由美国国务卿亨利·艾尔弗雷德·基辛格及其随员代表美方与中方谈判,第三级由美国总统理查德·米尔蒙斯·尼克松前来谈判。

2. 重复式谈判

重复式谈判,是围绕同一重大问题在同一级对手之间多次重复进行的谈判。如一对夫妇在自建别墅的设计上有各自蓝图,异议很大。设计师综合他们的要求设计出一张草图,让双方看满意与否,结果双方对图纸都挑剔一番,之后设计师根据双方对图纸的意见,对其进行了修改,再去征求二位意见,如此再三,直到双方都满意为止。此例便属于重复式谈判。有些重复式谈判不像这个案例有中间人设计师提出草案,而是谈判的双方各自提出文本,经过多次交锋,各方不断对自己的文本加以修改,作出某些妥协,使之逐渐相互接近,最后达到一致的协议。

(十二) 按谈判内容与谈判目标划分的类型

按谈判内容与谈判目标划分,可分为程序性谈判和实质性谈判。

1. 程序性谈判

程序性谈判是指为实质性谈判顺利进行而在事先就有关议程、日程、议题、地点、时间、范围、级别、人数等安排的磋商,它也是指递进式谈判的第一级谈判。

2. 实质性谈判

实质性谈判是指谈判的内容与参与谈判的各方的谈判目标直接相关的谈判,它是指递进式谈判的第二、三级谈判。

一般较重要的或难度较大的谈判多是程序性谈判和实质性谈判先后进行。

(十三) 按谈判各方交换方式划分的类型

按谈判各方交换方式划分，可分为直接谈判和间接谈判。

1. 直接谈判

直接谈判是指当事人之间直接的面对面的谈判。

2. 间接谈判

间接谈判是指各方的当事人或某一方的当事人不直接出面参与谈判，而通过委托人、代理人进行谈判，如聘请律师、代理人、经纪人、监护人等，也包括授权下属用信函、电话、电报、电传等方式与对方谈判。

(十四) 按谈判的透明度划分的类型

按谈判的透明度划分，可分为秘密谈判和公开谈判。

1. 秘密谈判

秘密谈判是指在不同程度保密情况下的谈判。有的谈判是谈判者的行踪、谈判日程公开，但谈判内容和协议在一定时间内(一般是协议生效或实施前)保密。这是比较秘密的秘密谈判。而有的谈判的一切都须保守秘密，这属于特别秘密的秘密谈判。如1971年7月美国国务卿基辛格秘密来华与中国领导人解冻式接触的谈判就属于秘密谈判。

2. 公开谈判

公开谈判是指谈判人员、日程、议题、结果公开的谈判。有的谈判除以上几项公开外，甚至谈判过程也公开，允许记者旁听和拍摄，这属于完全公开的谈判。

(十五) 按伦理道德划分的类型

按伦理道德划分，还可分为公正谈判和卑鄙谈判。

1. 公正谈判

公正谈判是指公平合理、坦荡正直的谈判。现代谈判多属此类谈判。

2. 卑鄙谈判

卑鄙谈判是指谈判各方或单方在不正当场合下进行违法和违反公德的谈判。如走私毒品、黄金及其他走私谈判，嫖娼、“拉皮条”、绑票、分赃谈判，以权势勒索谈判等均属卑鄙谈判。卑鄙谈判是应予以消除和禁止的谈判。

(十六) 按谈判各方诚意划分的类型

按谈判各方诚意划分，可分为真实谈判与非真实谈判。

1. 真实谈判

真实谈判是指谈判的具体目的与谈判者的真实目的一致的谈判。

2. 非真实谈判

与以上相反的，就为非真实谈判。如有些商务谈判，表面上看是要谈成生意，但实际上一方谈判者并无心达到谈生意的目的，而主要是想通过谈判来探测对手的商业秘密。

第三节 谈判程序

一、谈判的准备程序

每一种谈判都有一个准备阶段，特别是像正规谈判的大型谈判，更要经过充分的准备。可以说，谈判前的准备，是决定谈判成功与否的前提。谈判的准备，须做好以下几步工作。

(一) 广泛搜集资料，摸清对方虚实

孙子兵法云："知己知彼，百战不殆。"要使谈判成功，谈判前必须先设法掌握对方有关谈判的情报资料。如若不事先搜集对方情报，而等到谈判中需要的时候就来不及了。谈判桌前如缺少谈判资料，谈判者的谈判就等于"盲人摸象"。

谈判所需的对方的情报资料包括对方的实际情况和对方的需要。实践证明，在当今充满竞争的条件下，谁能掌握对方的需求信息，谁能更全面、准确、清楚地了解对方的利益需求，谁就有可能在竞争中取胜。

谈判所需的对方的情报资料还包括对方的意图、方案、策略，甚至谈判人员构成的素质、性格、嗜好、权限等。

搜集对方情况时应注意三点：(1)情报必须真实可靠。这就要求摸清对方的虚实，以避免由于不了解对方实际情况或了解到的信息资料的失真而给谈判带来严重损失。(2)所搜集的资料应尽可能广泛详细。因为，许多事情看来好像是跟谈判无关，但如果不通晓一些点点滴滴的情况，那么恰恰可能在这些"小事"或"点滴情况"上出差错而影响谈判效果。(3)需要从人们司空见惯的情况中寻找有价值的信息。

相反，在此阶段，我方应严守己方的秘密，严防将自己的信息泄露给对方。作为一般谈判中的我方更应保守己方的秘密。如果做不到这一点，我方就有可能会遭受重大的损失。

(二) 认定自身实力，理清我方思路

谈判前，还应正确估计各方面的条件和能力。古人云："人贵有自知之明。"评估自己的实力是谈判前不容忽视的一项重要工作。因为，过高地估计自己或过低地估计自己易于冒失或怯场，所以，对自身实力的认定，应当采取辩证唯物主义的科学态度。这就要求在谈判前进行长时间的思想准备，大致理清谈判的头绪，如确立谈判目标、设计谈判方案、确定谈判时地、选择谈判人员等大致的思路。同时，还应结合对对方情况的分析与估计，对谈判中可能出现的意外情况进行充分的估计，并预先制定相应的应变措施。这样，才能在谈判桌旁驾驭局势的发展。

(三) 确定谈判目标，设计谈判方案

谈判目标是谈判的方向和要达到的目的，换言之，即指期望值和期望水平。任何谈判

都应在谈判前确立目标，以便在谈判中以目标的实现为导向。谈判目标可以划为三个层次：(1)必须达成的目标；(2)希望达成的目标；(3)乐于达成的目标。

在谈判中乐于达成的目标，必要时可以放弃。希望达成的目标只有在迫不得已的情况下，才考虑放弃。而必须达成的目标则毫无讨价还价的余地，即宁愿谈判破裂，也不能放弃这个目标。谈判目标经可行性分析进一步确立之后，就要根据谈判目标、所搜集的信息资料和我方的实力设计谈判方案。在设计方案时，首先要确定谈判主题。主题是进行谈判的灵魂。整个谈判都要围绕主题来进行，都要为主题服务。其次要拟定谈判要点，其要点包括目的、程序、进度和人员等。最后是制定谈判战略和策略。方案设计应注意博采众长，广泛听取各方面意见，同时又要有创新精神，讲究时效性和预见性。

(四) 择定人员时地，预先模拟谈判

1. 选择谈判人员

要使谈判达到预期的目标，提高它的成功率，选择谈判人员尤为重要。有些谈判是个人性质的，只需两人就行了；而许多谈判是集体性质的，就需要认真组织队伍。在组建谈判队伍时，首先是确定谈判班子的规模；其次，要考虑人员的选择。军事谈判、外交谈判和政府首脑间谈判，一般双方的人数和级别是对等的。外贸谈判不一定严格遵守对等原则，但也要参考对方人数而定。谈判人员要慎重选择，要有权威性。要充分注意到他们所应具有的必要的专业知识和丰富的经验、高尚的情操和修养、独立见解和坚强的意志、科学的思维能力和快速决断的能力、善于倾听和清晰表达的能力等。谈判小组的每个成员还要明确分工。所确定的主谈是谈判小组的主要发言人，是谈判小组与对方进行谈判的意志、力量和质量的代表者，他是谈判工作能否达到预想目标的关键；所确定的副主谈是为主谈提供建议或视机而插谈的。此外，还要有人负责谈判记录，负责分析动向意图，负责法律条款和财务。如是外事谈判还要有翻译。

2. 选择谈判时间

谈判前，还应选择好谈判时间。因为谈判时间的适当与否，对谈判的结果影响颇大。为此，在选择谈判时间时应注意下列情况：(1)在赴较远地谈判时，如外地、外国，应避免经过长途跋涉以后，立即开始谈判，原则上应安排在有较充分的休息时间后再进行谈判。(2)尽量避免安排在用餐时谈判。因为用餐地点如果在公共场合，谈判是不适宜的。再者，太多的进食可能会导致思维迟钝。(3)当自己身体不适时，不宜安排谈判。(4)注意生物时钟，避免把时间安排在身心处于低潮时进行谈判。

3. 选择谈判地点

谈判前，还应选择好谈判地点，因为谈判地点涉及一个谈判的环境心理因素问题。谈判地点和环境的选择是影响谈判的一个不可忽视的因素，谈判人员应当对此十分重视并加以利用。所以，应尽量争取在自己所在地和本单位谈判。因为(1)无须去分心熟悉环境或适应环境，可使自己专注于谈判。(2)在自己熟悉的场地谈判，一般人都比较审慎。因为都担心在自己的场地举行谈判失败，有损于自尊心。(3)对手是客人身份，一般都讲究礼仪，而不至于侵犯主人的权益。

若争取到在己地或本单位进行谈判，则要选择好谈判的场所，布置好谈判场地，安排

出座位次序。谈判环境应选择无噪声,无人为干扰,光线温度适宜的场所。然而,若争取不到在己地谈判,便应选择双方都不熟悉的地方来谈,而不应选择到对手的根据地去谈。当然,如是多轮谈判,可轮流到双方所在地谈判。

择定谈判人员时地以后,还要进行模拟谈判。对谈判方案进行争论、反驳、挑剔,从中找出漏洞,以使方案更加完备。

二、谈判的进行程序

谈判的进行阶段是整个谈判过程的中心环节。由于谈判的内容和类型不同,谈判进行阶段的划分也不尽相同。一般的正规谈判可分为七个阶段,即导入、概说、明示、交锋、相持、妥协和协议阶段。

(一) 导入阶段

导入阶段的基本作用是营造一个良好的谈判气氛。谈判的顺利开始,与良好的谈判导入所形成的融洽的气氛息息相关。

导入阶段可分为两个方面:一是有形的导入,它是指谈判人员的食宿安排和谈判地点的布置。这种有形的导入虽然与谈判的内容本身似乎无内在的联系,但有丰富谈判经验的人对此却认为,它会关系到谈判的发展前途。二是无形的导入。这是指通过介绍与被介绍使谈判各方相互认识,彼此间了解对方的姓名、地位、工作职务,以使在谈判中分清对方一行人的主次地位,以有针对性地实施谈判计划。各方相识后,最好是营造一种适宜的气氛。营造气氛总的原则应是和谐、自然、从容不迫。如果是互利型、合作型的谈判,就需要多营造一种十分和谐、坦诚、富有创造性的气氛。寒暄一些双方感兴趣的,易于产生共鸣的话题,如过去的合作、共同的爱好等。这一阶段,有人认为站着比较好,因为站着随便,容易使用各种社交手段;同时,设下一个"伏笔",一旦这个阶段结束,就用坐下来暗示下一个阶段的开始。导入阶段时间不宜过长。

(二) 概说阶段

概说阶段是双方彼此都让对方简单地了解自己的基本想法、意图和目标的阶段。也就是说,这一阶段不是把自己的一切想法和盘端出,还隐藏着不让对方摸到的有关资料。概说阶段是双方彼此认识谈判对手目标要求的第一回合,因此,必须小心谨慎。这一阶段必须注意以下几个问题:一是谈论的内容要简短而把握重点,并注意双方情感的沟通;二是留有一定的让对方表达意见的时间,找出对方的目的动机,并与己比较,找出差距;三是要注意使概说的态度诚恳、语言亲切,进而使对方消除戒备,以寻求互助的机会;四是概说时间不宜太长。

(三) 明示阶段

明示阶段是各方将所要解决的问题开始摆在谈判桌上来讨论的阶段。一般而言,谈判双方都包含有四种主要问题:一是自己所求。对此不应过分苛刻,要合理。二是对方所求。对此不要过分谴责。三是彼此互相所求。对此应尽量使对方满意。四是内涵的需求。这一需求一般暂时从外表看不出来,待时机成熟,条件允许时方可提出。为了使谈判顺利进行,这一阶段应心平气和地进行讨论和倡议。

(四) 交锋阶段

谈判过程,双方由于利益和心理等的对立,必然存在着分歧,而在交锋阶段,这种对立和分歧会明显扩大。在任何谈判中都将交锋列为谈判进行过程的高峰。它是谈判的实质性阶段,对谈判的总体效果具有不容忽视的影响。但是,应该看到,谈判交锋的目的不是为了扩大分歧和对立,而是通过彼此间的争执,揭示双方利益的异同,从而达成求同存异的一致协议。

交锋的环节有表明立场与磋商。表明立场是指谈判双方各自把自己的观点和态度向对方陈述清楚。陈述的内容有以下几个方面:一是我方认为这次会谈应涉及的问题;二是我方的利益,即我方希望通过洽谈所取得的利益;三是我方可向对方作出让步的事项;四是我方的立场(包括双方以前合作的结果);五是我方在对方所建有的信誉;六是今后双方合作中可能出现的机会或障碍等。当一方陈述完毕,另一方接着陈述。磋商是对对方陈述的观点进行评论、挑剔,在认真交换意见、反复商讨、仔细讨论的基础上,使双方的目标达到相互接近。当然,此阶段如果把握不好,也可能会形成僵局,甚至使谈判不能正常进行下去。

(五) 相持阶段

相持阶段是谈判交锋形成僵局的阶段。这是交锋阶段的延伸。在这一阶段中,由于双方都对对方提出了很多质询,因此,双方都列举大量的事实,希望对方了解并接受自己的意图与建议。这就犹如打乒乓球和排球一样,你来我往,相持不下。有时也可能达到相对无言的地步,也可能不得不暂时休会。

(六) 妥协阶段

双方的交锋和相持不可能永远继续下去,其目的还是希望取得谈判的成功。而达到这一目的的中间途径便是让步和妥协。在妥协阶段,双方都要有诚意地适当调整自己的目标,在双方分歧的热点上,各自作出一些必要的让步,以使谈判能继续进行下去。

让步,说起来容易,做起来并不简单,要经过周密的考虑后才不会导致失误或出现得不偿失的结果。

在妥协让步时应注意以下几点:一是原则问题不能让步。特别是政治军事和外交谈判中的有关国家主权的原则问题绝不能让步。二是让步时替自己留下讨价还价的余地。三是让对方在重要问题上先让步。四是尽量以较小的让步给对方以较大的满足。五是一次让步的幅度不宜过大,节奏不要太快。六是如让步后,又觉欠妥,想收回,也不要不好意思,因为这不是协议,完全可以推倒重来。

(七) 协议阶段

协议阶段是谈判的最后阶段。这是双方经过交锋、相持、妥协之后,认为已经基本达到自己的理想而拍板定案阶段。

这一阶段,双方各代表自己的一方,在协议书上签名盖章,握手言和。在这一阶段应重点推敲协议的内容和文字的准确性,避免出现一些模棱两可的提法,以防日后节外生枝。同时,还要履行必要的公证手续。

以上我们介绍了一般正规谈判所要进行的七个阶段。但有的谈判不必逐一进行所有程序。如交锋阶段后,很快进入妥协阶段,便不必经过相持阶段。虽然谈判所经过的阶段不必强求一致,但综观各种谈判,说明意图,点出分歧、目的所在,并且就双方不同意见进行磋商,决定进退,均是不可缺少的。

第四节 谈判策略

一、谈判策略的作用

如前所言,谈判策略的运用,对于谈判的成功与否关系重大。具体而言,谈判策略的正确灵活运用,对于谈判的开端、进程和结局均有着至关重要的影响。

(一) 能为谈判的顺利进行奠定良好的基础

在"谈判的准备"一节里,我们已大致了解了谈判前应做哪些准备工作。这些准备工作也往往体现了谈判准备阶段的种种策略,如调查研究、搜集情报、了解对手、布置环境等,这些谈判准备阶段的策略运用得好坏,直接关系到谈判能否有一个好的开端,关系到谈判能否顺利进行和达到预期的目的。适宜、充分地运用好这些策略,便能为谈判的正式进行奠定一个良好的基础。例如,大陆海协会长陈云林 2008 年 11 月 3 日赴台访问之前,大陆从各方面做了充分的准备。台北市政府于 10 月 28 日晚间开始拆除台北市区插挂的"中华民国国旗",从环境造势上做了准备。由于谈判准备阶段,海协会和海基会方面运用策略得当,为谈判的顺利进行奠定了良好的基础,使海协会会长陈云林访台取得了重要成果,即签署了两岸空运直航、海运直航、邮政合作、食品安全四项协议,给两岸同胞带来了实实在在的利益,为两岸关系的和平发展注入了新的动力。在商务谈判前,"调查研究、搜集情报"这一策略也显得非常重要。有时,它不仅能为谈判奠定一个良好的基础,而且还决定着谈判的成败。

谈判准备阶段可运用的策略还有"养精蓄锐"、"以逸待劳"、"主动预先接触对手,联络友好感情"等,对这些策略的恰当运用,也都能为谈判的顺利进行奠定一个良好的基础。

(二) 能为谈判的顺利进行起到一定的导向作用

"良好的开端是成功的一半。"谈判开局的好坏在很大程度上决定着整个谈判的前途,对谈判的结局有举足轻重的影响。谈判七个阶段的任何一个阶段都存在着成功和葬送成功的可能。而在开局中运用好谈判策略便能起到一定的导向作用。谈判开局中运用的策略常有"烘托气氛"、"放试探气球"、"开诚布公"和"模棱两可"等。在谈判开局中有针对性地运用这些策略,有助于使谈判一开局就很好地打开局面,有一个好的导向和一个乐观的前景。

(三) 能对谈判的顺利进行起到调整和促进作用

谈判开局的导入和概说阶段之后，先后进入明示、交锋、相持、妥协阶段，各个阶段的谈判如同登山，使谈判者步履维艰，谈判室如同战场，使谈判者在看不见的硝烟中挑战或迎战，而在谈判进行中恰当地运用谈判策略，便能对谈判局势起到一定的调整作用，对谈判双方的心境起一定的调解作用，对谈判的顺利进行起一定的促进作用。从某种程度上看，适时、灵活地运用谈判策略，能在谈判顺利时使其加速进程；能在谈判出现分歧混乱时"快刀斩乱麻"或理出头绪；能在谈判出现僵局时将其打破。例如，1986 年，广东玻璃厂与美国欧文斯玻璃公司就引进新式设备问题进行谈判。我方坚持部分引进这条生产线，而美方代表却坚持"要买就全买，不买就算了"的一揽子方案，双方相持不下，形成僵局状态。我方主谈代表认为：我们来谈判的目的是既要拿到新的设备，又要节省外汇，这样，就不能把事情搞僵。为了缓和气氛，他换轻松的话题说："你们欧文斯的技术、设备和工程师都是世界第一流的，你们用最好的技术设备帮助我们成为全国第一，这不但对我们有利，而且对你们更有利，我们厂的外汇的确有限，不能买太多的东西，所以，国内能生产的就不打算进口了。现在你们也知道，法国、比利时和日本都在和我们北方的厂家合作，如果你们不尽快和我们达成协议，不投入最先进的设备和技术，那么你们就会失掉中国的市场，人家也会笑话你们欧文斯公司的无能。"这段采用"激将"策略而陈述利害的一番话，产生了奇妙的效果，一举打破了僵局，双方很快达成了协议。

这些便是谈判出现僵局时，运用谈判策略将僵局打破的有明显说服力的实例。

二、谈判策略的选择和运用

谈判策略的作用是通过恰当的选择和灵活的运用而显现出来的。在这一节里，我们阐释一下怎样选择谈判策略和几个重点的打破谈判僵局的策略运用等问题。

(一) 谈判策略的选择

1. 要根据谈判对象选择谈判策略

"到什么山唱什么歌，见什么人说什么话"，"看人下菜碟"，"量体裁衣"这些俗话的原理在谈判策略选择上可以适用。这就是，应根据不同的谈判对象选择不同的谈判策略。具体地说，应根据谈判对象的身份、性别、经验、年龄、态度、性格等因素选择不同的策略。

(1) 应根据谈判对手的不同身份选择不同的谈判策略。从谈判对手的身份看，主谈人可能是国家各级机关的官员、国营集体企业的企业家、个体户的老板、一般业务员等。与以上各种身份的对手谈判，其谈判策略的选择会各有差异。如与政府机关官员和与个体户老板同样是就经济问题进行谈判，其策略的选择就不可能完全相同。国家政府机关官员好表现为居高临下的姿态，对其就应多采用"以柔克刚"、"以退为进"、"开诚布公"等策略；而个体户老板常显现出过于精明的做派，对其就应多采用"以柔克刚"、"以刚克柔"，或"声东击西"、"旁敲侧击"等多种策略。

(2) 应根据谈判对手的不同性别来选择谈判策略。从谈判对手的性别看，对男性和女性的谈判对手所采用的策略也大不相同。目前,随着改革开放和市场经济的发展,大批党政女领导、女性企业家、女性公关人员的数量逐年增多,谈判中异性对手交锋的场合越来越多。在对方是一位年轻貌美的女士的时候,其谈判策略与对同性对手的谈判策略相比应有很大差别。因为善于合理利用人类这一自然现象,也应是策略谋划应考虑的重要方面。怎样应付女性谈判高手?其一,可配备一名年轻貌美、风度谈吐优于对手的女性副手;其二,让谈判经验丰富,颇具男性魅力的人员出任主谈代表;其三,培养自己的女性谈判高手。

(3) 应根据谈判对手的经验程度来选择谈判策略。从谈判对手的经验差异看,其谈判策略的选择也大不相同。如对久经"沙场"的富有谈判经验的高手的谈判,与对初到谈判桌旁,没有经过谈判较量的新手的谈判,其策略的选择便有很大区别。对于前者,选用策略要迅速、多变,甚至是全方位策略的运用,令其防不胜防;对于后者,就应像对乒坛新手那样,不能"打快板",应"发慢球"或"回慢球",使其思维跟得上。所用策略也不能太复杂了,因这样会使其领会不了。应以诚相待地用一招一式的策略一步一步地与其谈。

(4) 应根据谈判对手的年龄差异来选择谈判策略。从年龄上看,谈判双方年龄差异大和相差无几的谈判策略也有很大的不同。因为双方年龄大小的差异是影响谈判结果的因素之一,所以,善于根据年龄差异"做文章",对谈判工作是有益无害的。如果对方是一位明显大于你年龄的长者,你就应多运用谦和的谈判语言,时时体现出对长者的尊重,"以柔克刚";倘若对方的年龄比你小许多,那么,你的知识和经验就应在谈判中显示出优势,以势、以智取胜。假如对方与你几乎同龄,那么,你应发挥与其不同的优势,如知识、见识、经验等去征服对方,或利用同龄人彼此间有共同语言、思想易沟通的特点,使其放松戒备而争取达成有利于你的协议。

(5) 应根据谈判对手的态度选择相应的谈判策略。在各种谈判中,谈判对手的态度往往是不一样的。例如,有的诚恳,有的狡诈,有的主动,有的不在乎,有的消极等。谈判时,应根据这些谈判对手的态度选择不同的谈判策略。如果对方"开诚布公",我方就应"以诚相待";如果对方狡诈油滑,我方就应"以牙还牙"或"巧妙周旋";如果对方积极主动,我方就应顺应发展,因情而动地采用相应的策略;如果对方对谈判的成败不在乎,我方就应适当地采用"以柔制柔"或"激将法"等策略;如果对方消极或固执,我方就应多采用"以柔克刚"、"以刚克刚"或"抑制激怒法"等策略。

(6) 应根据谈判对手的性格选择相应的谈判策略。个性,是使人具有独特性的一个重要方面。从接受性看,一种对手是"开放型"的,这种人热情、开朗、健谈、思想透明度强,心胸开阔,短期行为较少,与其谈判,应多采用"门户开放",即"开诚布公"策略;一种对手是"封闭型"的,这类对手注重礼仪、客气、言谈谨慎,与其谈判应多采用"忍耐"和"蚕食计"等策略。从反应性看,一种对手是"直觉型"的,这种人机敏、干练、精明,富于冒险精神,与其谈判,就应多采用"以诚相待"策略;一种对手是"理智型"的,这种人在谈判中提的问题较多,喜欢考虑每一个细节而进行权衡,与这类对手谈判,要多强调不成交会给对方带来哪些利益上的损失,少强调成交会给对方带来多大的利益,因为这种人对你的诚意往往有较高的戒备心。从社交倾向性看,一种是"外向型"的对手,这种人热情、友善、宽容、活泼、开朗、急躁、直率,与其谈判应多采用"以静制动"、"以慢制快"等策略。一种对手是"内向型”的，这种人孤独、害羞、腼腆，与其谈判须以“烘托气氛”策略，使对方放松紧张的心理，并根据谈判的进展，采用相应的策略。

2. 要根据谈判的性质选择谈判策略

不同性质的谈判，应该选择不同的谈判策略。如对合作性的谈判就应多采用类似商讨式的策略；如对互利性的谈判就应多选择类似“讨价还价”的策略；如对对抗性的谈判，就应多采用类似“针锋相对”、“以静制动”、“以牙还牙”、“有理有节”等策略。

3. 应根据自己当时的处境选择谈判策略

谈判进行中，自己处境的优劣，其策略的选择应有所不同。当我方处于较强的谈判地位，并涉及谈判的一些重大原则问题时，就需采用强硬的对抗性策略，即坚持己方原先的立场，绝不妥协，迫使对方让步。相反，若是我方处于弱势，又要与对方建立和保持一定的关系，就应多采用柔软的策略。如采用顺应策略，心平气和地倾听对方的意见，耐心地与其交换意见，循循善诱地充分说理；或采用“真心求助”、“以长补短”等策略。

4. 应善于观察，随机应变地选择谈判策略

谈判进行的各个阶段有多种多样的谈判策略可以采用，而如何恰当地选择和运用，需要谈判者善于观察谈判对手的言论、表情，揣摩对方的用意和期望，从而灵活机动、随机应变地运筹自己的对策。进而达到，你有什么高招，我就能拿出什么策略来应对自如，如同“魔高一尺，道高一丈”所形容的那样。如果你的对策抛出后很奏效，就应坚持和辅以另外的对策；反之，就应及时地更换。另外，当对方在谈判中使用诡计时，应及时识破对方的伎俩，以适当的策略给予揭穿，使其无法得逞，但所施策略应委婉含蓄一些，不要使对方感到难堪和不安。通过揭穿诡计，使谈判得以顺利进行。如果对方仍然不思悔改，就可以采取“转身就走”的策略，理直气壮地离开谈判现场，以表示抗议，甚至拒绝继续进行谈判。

5. 应依据法律和谈判的规则选择谈判策略

谈判策略的运用是为了实现法律规定的精神和体现谈判的原则和规定。当代社会文明的特点之一是人的行为法制化、规范化。而谈判是人的行为的一种，所以，谈判策略的选择，也必须符合法律规定和谈判规则。

谈判策略不计其数，但各种内容的谈判，如政治军事、商务、文化、求职等谈判和各种范围的谈判，如国际、国家内部等谈判策略上的法律约束和规则约束也不尽相同，所以，谈判策略的选择既要有利于己方和尊重对方，也要以不违反有关法律和谈判规则为前提。

(二) 谈判中打破僵局的策略运用

1. 对事不对人

参加谈判的人一般是国家利益的代表，或一个组织利益的代表，或者是个体利益的代表。谈判之所以出现僵局，是这些谈判者各执己见造成的。他们因其特定的地位和责任为维护其所代表的利益和个人的形象及尊严，而往往不愿动摇自己的立场。所以，在谈判出现僵局，各执己见时，往往立场坚定，不肯退让。因为，他们一是怕人说自己软弱和无实力；二是怕个人信誉扫地，丢面子。那么，就此而言，怎样才能打破僵局呢？这就应该是对事不对人，应对争论焦点的具体问题就事论事，而不要对对方进行人身攻击，即应把人与问题分开。有一则关于“发电机故障”的谈判就是用“对事不对人”的策略而打破僵局

的。买方说:“你们提供服务的这部轮转发电机又出故障了。这是本月内的第三次故障。本厂需要一部能发挥功能的发电机。我想请你们提供建议,要如何减少故障的发生或是我们应该换一家公司,或是你们应该如何处理。”这时,买方所指责的只是这部发电机,而不是针对卖方的谈判者。这样,不失卖方的体面,因此很快打破了僵局。

2. 采取灵活的方式

在谈判中,当出现僵局时,需要谈判者能及时看出问题的症结所在。因为如果双方坚持的症结问题不解决,那么,僵局就会继续下去,谈判就无法再取得进展,所以,需要采用灵活的方式去消解症结,打破僵局。打破僵局的策略、招数、套路很多。策略无穷,常用常新。作为谈判者,特别是主谈,应采取灵活的方式运用好这些策略、招数、套路去打破谈判中的僵局,以获得谈判的成功。

3. 掌握好谈判的“临界点”

美国谈判学家杰拉德·尼尔伦伯格认为,“谈判有一个临界点,一旦越过这个临界点,就会发生失去控制的、毁灭性的反应”,所以,掌握好谈判的“临界点”会避免谈判的破裂和破裂后造成的损失,更会使谈判的僵局就此打破。例如,在美国有一位新房地产主打算盖一幢摩天大楼,需要拆除原来的四层楼。四层楼只剩一家房客未搬出去。那位房地产主意识到,要让这家房客搬出去,就得多付钱,因为这家房客的租约还要过两年才期满。新房地产主找到房客的代理人尼尔伦伯格谈判,欲付给一些钱,让房客搬出,但经过三番五次的谈判都没有达成协议,到房地产主的开价抬高到 12.5 万美元时,尼尔伦伯格预测出此价快接近“临界点”了,便同意成交,打破了僵局。后来得知,如果再多要 5 美元,一架超重机就将把楼房撞成危险建筑而非拆不可,这样,房客将一无所获并且蒙受损失。所以,掌握谈判的“临界点”是打破僵局、避免损失的一个适宜的策略。

4. 暂时停止谈判

暂时停止谈判是指在谈判陷入僵局相持不下,不能尽快地找出解决问题的办法时,一方提出,或双方同意的暂停休会。这样,一方面,可以使双方谈判人员松弛一下神经,恢复体力,养精蓄锐;另一方面,可以利用空间条件的变化,临时改变谈判环境,使谈判双方分别重新整理思路,检查谈判的全过程,及时对谈判作自我分析与自我评价,从而研究如何使谈判继续引向深入。等到谈判恢复时,便可能产生新的构想,出现新的气氛和局面。

5. 变更活动场所

变更活动场所是指暂时停止谈判期间,谈判双方改变一下谈判的紧张环境,共同参加一些娱乐、体育活动或举办酒会、招待会和私下交谈等。多进行一些这样的非正式场合的交往和接触,能缓和谈判场上剑拔弩张的气氛。例如,当年芬兰的部长都是清一色的男性公民,每当会议僵持不下,便集体去洗桑拿浴,在那种赤诚相见的情况下,许多争议便容易解决了。

6. 更换谈判人员

更换谈判人员是指更换个别谈判人员或谈判班子。谈判中,有时,最先谈判的人员可能是代理人,在一些重大僵持的问题上,可能因权限所致,或为慎重起见,他不敢轻易让步,这时可能会主动要求更换为上司来参加谈判;有时也可能因谈判人员在谈判中言辞太死,没留有退路,或此人很不受对方欢迎而无法再谈下去,可这方组织还希望继续谈判时，也必须更换谈判人员。有时为打破僵局，还有必要请中间人来主持双方的谈判。

7. 利用调解人

当出现了比较严重的僵局时，彼此间的感情可能都受到了伤害。因此，即使一方提出缓和建议，另一方在感情上也难以接受。在这一情况下，最好寻找一个双方都能接受的中间人作为调解人或仲裁人。仲裁人或调解人可以起到以下作用：提出符合实际的解决办法；出面邀请对立的双方继续会谈；刺激启发双方提出有创造性的建议；不带偏见地倾听和采纳双方的意见；综合双方观点，提出妥协的方案，促进交易达成。最好的仲裁者往往是和谈判双方都没有直接关系的第三者。此人一般要具有丰富的社会经验、较高的社会地位、渊博的学识和公正的品格。总之，调解人的威望越高，越能获得双方的信任，越能缓和双方的矛盾，而达成谅解。

8. 提出最后期限

大量的谈判实践都表现了这样一个现象：大多数人都是在截止日期才交税；大多数学生是在最后期限才交作业；甚至像美国国会这样一个纪律严明的责任机构，它的大多数立法也是在即将休会时通过的。所以，谈判者应掌握谈判时间这一规律，恰当使用提出最后期限这一策略。提出最后期限这一打破谈判僵局的策略是指在谈判前或谈判中，规定谈判结束的时间，这样，有助于双方有意识地提高谈判效率，一反以往的拖沓或相持状态，造成一种紧张的气氛，促使双方集中精力，灵活地、创造性地解决未谈妥的问题，从而使谈判加快进行，尽早打破僵局，使谈判圆满结束。

本章小结

本章分四节进行论述。第一节谈判的概念和特征，首先阐释了谈判的含义和特征，其次论述了谈判的特征；第二节谈判的原则和分类，首先阐释了谈判的原则，即实事求是、公平相议、利益兼顾、求同存异等原则，其次介绍了谈判的几种分类；第三节谈判程序，先后论述了谈判的准备程序和进行程序；第四节谈判策略，首先阐释了谈判策略的作用，其次论述了谈判策略的选择和运用。通过本章的学习，能对公共关系谈判有比较清楚的认识，以使公共关系工作者能运用好谈判这一公共关系技术，进而更好地开展公共关系工作。

自测题

关键名词

谈判　谈判策略

思考训练题

1. 谈判具有哪些特征？
2. 谈判应遵循什么原则？
3. 简述谈判的准备程序。
4. 简答谈判的进行程序。

5. 简答谈判策略的作用。

6. 怎样选择谈判策略?

7. 谈谈打破谈判僵局的策略的运用。

大庆油田与A国B公司在一项经济索赔案中的公关谈判

某年3月,一张传票从遥远的A国某地方法院送到了大庆油田——A国B公司向该法庭提起诉讼,指控大庆石油管理局将其销售的合格产品判为不合格,损害了该公司的名誉,要求赔偿由此造成的一切损失。这突如其来的消息,使大庆人感到震惊。原来,这年年初,大庆石油管理局为试验采油新技术,经国内有关公司承办,向B公司购买了一批采油设备,合同金额近158万美元。货到之后经检验发现,其中价值约49万美元的设备有问题,无法正常使用。他们迅即将这一情况通知了B公司。此后,B公司曾先后两次派专家来大庆进行复验,都承认产品确实不符合合同要求。为此,大庆石油管理局提出了索赔要求,B公司代表表示回国请示后给予答复。

然而,B公司不仅没有作出赔偿,反而在A国法院对大庆油田起诉。大庆石油管理局局长果断作出决定:这场官司一定要打!随后将应诉决定电告A国法院,并对B公司的无理要求提出反诉。

不久,由大庆市标准计量局刘副局长率领的大庆诉讼小组抵达A国C市。在此之前,他们委托了在当地知名度很高的约·奥尼尔先生做辩护律师。奥尼尔先生从事律师工作20余年,他表示为了维护正义和法律的尊严,他将努力工作。他先后阅读了20多本包括《毛泽东选集》在内的有关中国政治、经济、风土人情的书籍,并与大庆代表详细制定了各种与对手交锋的方案。

庭外提问取证中,B公司老板的律师W先生百般刁难,取证持续了整整7天。W先生先后提出了800多个问题,没有得到任何对其有利的东西。B公司老板此时方知遇到了对手,为了避免败诉,他改变了手段,托人给大庆诉讼小组传话,说官司还是不要打了。打赢了,好处也是你们国家的,如果你们现在回国,B公司老板愿意给你们一笔钱。此举遭到了大庆代表的严辞拒绝,他们表示,我们来贵国打官司,既为了赔偿本身,也为了大庆油田的声誉,为了国家与民族的尊严。B公司想认输可以,但必须通过律师和法庭,其他任何无法律保障的提议我们都不能接受。

正式的出庭诉讼开始了。按照A国法律规定,民事诉讼由陪审团裁决,陪审团是由计算机推荐的36名当地市民候选人,然后由原告、被告双方一起从中挑选的12人组成。B公司老板为扭转败局,在陪审团中散布不利于中国的政治情绪,大庆诉讼小组发现后,立即要求律师当众揭露这种行为,指出这种做法是企图把纯粹的经济纠纷蒙上政治色彩,借此逃避法律责任。他们进而要求法庭解散这组陪审团人选。最后法庭决定解散,重新选定陪审团。B公司又陷于被动。

B公司老板不服输,策划曾到过中国的T先生出庭作伪证,说是中方强迫B方在检验报告单上签字。大庆代表依事实说话,最后T先生不得不承认没人强迫他签字。后来竟滔滔不绝地谈起了中国的饭菜好吃，酒也好喝，高兴之余把B公司老板让他作伪证的内幕也抖了出来，法庭上顿时一片哄笑。

B公司老板终于无法抵赖其产品不合格的问题，只得求和。他托人传话，表示愿意庭外解决，赔偿大庆人损失，并把赔偿金从最初的20万美元提高到120万美元。4月，刘副局长出庭发言，在4个多小时的法庭申诉中，他列举了大量的事实，指出了B公司提供了不合格产品并企图进行欺诈行为，同时用各种数据和图表，向陪审团和法官证明，由于B公司提供的油管不合格，使大庆油田的生产受到严重影响，要求为此赔偿1 200万美元。发言刚结束，B公司老板的律师立即跑了过来，连声说这官司不打了，咱们坐下来谈判，赔偿费可增加到180万美元，为了防止B公司老板因无力支付过高的赔偿金而被迫宣布破产，使赔偿工作复杂化，经协商大庆代表同意以此为基础进行谈判。最后经过激烈争论，双方达成协议，由B公司老板赔偿大庆195万美元，并将不合格设备留给大庆改作他用。扣除法庭费用、律师报酬和其他开支，大庆油田获赔偿费93万美元。至此，一场历时两年的国际诉讼案，以大庆的胜诉而告终。

资料来源：搜狗网. http://wenwen.sogou.com/z/q233313555.html

问题：在这场跨国经济索赔谈判中，大庆油田代表团遵循了谈判的什么原则？该代表团在谈判中运用策略起到了什么作用？

第二十章

公共关系演讲

通过本章的学习，认识公共关系演讲的含义和特点，明确演讲的类型和功能，熟悉了解演讲稿主题的确立、材料的选择和结构的安排，为更好地进行公共关系工作打下演讲的公关技能知识基础。

周恩来逝世震惊世界　联合国破例下半旗

1976年1月8日，周恩来逝世时，设在美国纽约的联合国总部门前的联合国旗降了半旗。自1945年联合国成立以来，世界上有许多国家元首先后去世，联合国还没有为谁降过半旗。一些国家感到不平了，他们的外交官聚集在联合国大门前的广场上，言辞激愤地向联合国总部发出质疑：我们国家的元首去世，联合国的大旗升得那么高，中国的总理去世，为什么要为他下半旗呢？当时的联合国秘书长瓦尔德海姆站出来，在联合国大厦前的台阶上发表了一次极短的演讲，总共不过一分钟。"女士们，先生们：为了悼念周恩来，联合国下半旗，这是我个人的决定，原因有二：一是中国是个文明古国，她的金银财宝多得不计其数，她使用的人民币多得我们数不过来，可是她的总理没有一分存款。二是中国有九亿人口，占世界人口的四分之一，可是周总理没有一个自己的孩子。你们任何国家的元首，如果能做到其中一条，在他逝世的日子，联合国总部将照样为他降半旗。谢谢！"说完，他扫视了一下广场，而后转身返回秘书处。这时广场先是鸦雀无声，接着响起雷鸣般的掌声……

这是一篇简短而精彩的即兴演讲，表现出瓦尔德海姆先生机敏的谈吐和机智的外交才能。这篇成功的即兴演讲最大的特点就是言简意赅，内涵深刻。在现代社会，具备较高的演讲能力对一个组织和个人来说，是十分重要的。演讲者不仅要有广博的知识，还要有驾驭语言的能力，才能使演讲达到预计的公关效果。

资料来源：吴妙发.外交官亲历：周恩来逝世震惊世界　联合国破例下半旗.http://news.sina.com.cn/c/2002-01-04/435043.html,2002-01-04

如前所述，组织公共关系活动的开展是要通过公共关系的基本要素之一的传播中的人际传播、组织传播、公众传播、大众传播等传播类型向公众传播信息。其中，组织常运用演讲的形式来进行人际传播、组织传播、公众传播、以达到和公众沟通信息，改变其态度的目的。由此可见，演讲是公共关系活动开展应采用的重要技能之一。本章分节对其进行论述。

第一节　公共关系演讲概述

一、演讲的含义和特点

(一) 演讲的含义

演讲是工具，是武器，演讲是一门艺术，更是一门科学。但对演讲的定义一直都众说纷纭，演讲学术界的研究者和专家，都根据自身对演讲的认识和理解，下着不同的定义。从 20 世纪 30 年代以来，直到近年的不少演讲著作，都给演讲下着这样或那样的定义。那么究竟什么是演讲，演讲的定义到底是什么？

演讲又叫讲演或演说，是说话者在特定的时境中，借助有声语言（为主）和态势语言（为辅）的艺术手段，针对社会的现实和未来，面对广大听众，对某个具体问题，鲜明、完整地发表自己的见解和主张，阐明事理或抒发情感，进行宣传鼓动，从而达到感召听众并促使其行动的一种语言交际活动。简言之，演讲就是当众讲话，是演讲者通过口头语言和态势语言，向公众表达思想、观点和情感的一种宣传艺术。

从以上定义的阐述中我们可以清楚地看到演讲是一种最直接、最灵活、最经济和极有效的口语表达形式和宣传教育艺术，它有着与一般口头语言和书面文章不同的特点和作用。

(二) 演讲的特点

演讲是一种独特的语言表达形式。这种独特的口语表达形式主要有以下几个特点。

1. 表达的综合性

演讲又称演说，“讲”是讲明道理，诉说对某一问题的看法。“演”是借助声音、表情、动作来加强演讲的生动性。演讲以讲为主，以演为辅，运用有声语言，加上“无声”的动作、体态、表情，两者相辅相成，巧妙结合，融为一体。要“讲”得好，必须有逻辑、修辞、音韵、朗读等方面的知识和修养。成功的演讲应当首先字正腔圆、抑扬顿挫、悦耳动听。

2. 主体的独特性

演讲者是演讲活动的主体，在整个演讲过程中，听众始终处于接受地位。因此真正意义上的演讲，是高度个性化的产物，是一个人的性格、气质、形态、口才的综合反映。一些演讲者，他们站在讲台上虽然侃侃而谈，旁征博引，有时还能插入一些令人捧腹的俏皮话，说理似乎也很透彻，但演讲却往往不能激起听众热烈的反响。听众既不动心，也不动情，原因何在？这就是因为他们的演讲只有客观的叙述，而没有自己的喜怒哀乐，缺乏自己独特的观点与感受，没有鲜明的个性，也就是缺少感染力和号召力。

3. 活动的真实性

活动的真实性就是跟活动的客观事实相符合。人们登台演讲都受制于一定的动机，诱发于一定的目的,这是人类行为特征所决定的。"真"是认识的价值,即对客观世界与人类自身有正确的认识;"实"就是真实,实在。演讲只有为真实而演讲,为呼唤真实而演讲,那它才有真正的生命力,才会经得起时间与历史的考验,才会有利于社会的进步、事业的发展。一切违背真实的"咆哮",终将被真实所抛弃,被扫进历史的垃圾堆。

4. 听众的广泛性

听众的广泛性就是听众范围广、普遍。演讲时的听众应该具有广泛性,只有听众具有广泛性,不同的观点和语言表达方式,才能被不同的对象、不同层次的听众选择,最终实现演讲者与听众心理相容、观点共鸣。只有听众具有广泛性,演讲者在与听众进行感情交流,在进行信息传递时,才能根据不同的听众的反馈及时调整演讲的内容及角度。

5. 观点的鲜明性

演讲的观点具有鲜明性就是演讲符合事实、道理或某种公认的标准,分明而确定,一点也不含糊。只有鲜明正确,才能准确地表达演讲者的观点,才能让听众明白演讲者究竟在说些什么,才能进行互动。观点鲜明,就会显得与众不同;观点正确,就不会误导听众。在注意观点正确的同时必须高度重视听众的可接受性。听众接受、形成共鸣,才能成功。演讲者所言、所语、所感、所悟、所举、所动与听众达成最佳的交流,才能形成最强烈的共鸣。

6. 宣传的鼓动性

一次演讲,或者为了让听众接受某种主张、观点,或者为了让听众得到某种新知识、新信息,或者为了打动听众,使听众激动、兴奋。要达到这些目的,从演讲的内容到演讲的语言都应当有较强的宣传鼓动性。即真正的演讲,要着力表现阳刚之气,使人振奋,使人鼓舞。例如,美国第 16 任总统林肯在 1863 年 11 月 19 日葛底斯堡国家烈士公墓落成典礼上的演说,只两分多钟,听众五次鼓掌,结束后的掌声长达十分钟。

二、演讲的类型

演讲作为一种最高级和最高效的口语表达形式,作为一项包含广泛内容的自成系统的社会实践活动,可以用不同标准把它区分为性质相异的若干类型。

演讲的类型是根据演讲内容、风格或形式等不同标准所划分的演讲类别。演讲的分类标准不同,就可以有不同的分类。

(一) 按演讲主题内容上的不同分类

从内容上,演讲大致可分为政治性演讲、学术性演讲、法庭演讲、教育演讲、礼仪演讲五个类型。

1. 政治性演讲

政治性演讲是针对国内外的政治问题与社会现实生活中出现的思想认识问题,进行分析、评论,阐明和宣传某种政治观点和主张的演讲。诸如世界上一些国家首脑的竞选演讲,就职演说;各党派团体或个人在政治性集会上的讲话以及为社会政治服务的各类主题演讲。

2. 学术性演讲

学术性演讲是指必须具有科学内容性质的演讲。它多是用来在学术座谈会、学术讨论会、学术报告会上向听众发表学术研究成果、传授科学知识和学术见解的演讲。

3. 法庭演讲

法庭演讲是演讲艺术中最古老的类型之一。这类演讲主要用于法庭控告、法庭申述、法庭辩护，诸如起诉词、辩护词等。法庭演讲，以其绝对的客观性、充分的论据、详尽的旁证和雄辩的逻辑力量为其特点。法庭演讲获得成功的必要条件是客观事实。

4. 教育演讲

教育演讲也称课堂演讲，它是学校师生教育教学过程中的一种讲授知识、交流思想、探讨学问和进行道德和素质教育的演讲。教育演讲分为教师演讲和学生演讲两种。

5. 礼仪演讲

礼仪演讲通常指在公众节日或国家、社团、个人重要仪式和庆典上进行的讲话，既包括欢乐、愉快的节庆演说、迎新演讲、联欢演说、开业演说、婚礼演说、祝寿演说、开幕词、闭幕词、祝酒词、颂词等；也包括悲伤、难过的悼词、祭词、纪念演说、告别演说等。

(二) 按演讲表达形式上的不同分类

从形式上，演讲可分为陈述型、论辩型、主情型、鼓动型四类。

1. 陈述型演讲

陈述型演讲是一种叙述事件发生经过、缘由、人物生平事迹的演讲，也叫叙述式演讲。它主要用于报告某一地区、某一单位的政治、经济、文化发展情况，及某项工作开展情况，或报告参观访问、参加会议的情况，或报告某人或自己的生平事迹等。陈述型演讲是“主识”型，目的是使人“知”。它的内容决定了它不容演讲者在思想和艺术两方面作更多的创造，而必须是从客观事实出发加以发挥。

2. 论辩型演讲

论辩型演讲是一种运用逻辑手段证明演讲者所提出的论点令人信服的演讲，也叫议论式演讲。它可分为立论和驳论两种。前者以论为主，后者以驳为主。但无论是立论还是驳论，辩中不可少论，论中不可少辩。论辩型演讲是“主劝”型，目的在于把“理”说通、说透，令人“信”，令人“服”。

3. 主情型演讲

主情型演讲是一种以抒发演讲者的主观情怀为主，融情于理，融情于事，情、理、事交融，以情动人的演讲，也叫抒情式演讲。它既包括各种礼仪性演讲，也从属其他类型的演讲。

4. 鼓动型演讲

鼓动型演讲是指通过演讲者的意志创造一种磅礴的气势，鼓励、动员、号召听众接受演讲者所提倡的理念，从而奋发行动的激励式演讲。如战争、战斗动员，救灾动员，鼓励人们参加某一行动，从事某一事业，增强某一毅力等。

(三) 按演讲表现风格上的不同分类

演讲风格按基本情调和表现手法的不同，大体可分为慷慨激昂、情感深沉、哲理严谨、明快活泼四大类型。

1. 慷慨激昂型演讲

慷慨激昂型演讲，是演讲者用火热的情感和洋溢的热情去吸引听众的演讲。它表现为节奏快、起伏大，音量对比强烈，语言声情并茂、铿锵有力，利用对听众施加感情影响的手段，去达到牵引听众理解演讲主题的目的。

2. 情感深沉型演讲

情感深沉型演讲，其感情色彩深沉浓厚，节奏较慢，平铺直叙，娓娓道来，音量对比较弱，音色较柔和，语调起伏不大。它的特点是发人深省，具有启发性，适合于正统、庄重、严肃、悲壮的演讲主题和内容的演讲。

3. 哲理严谨型演讲

哲理严谨型演讲，是演讲者以严密的思考和准确的逻辑推理去吸引听众，它表现为语言经过严密而又谨慎的加工，情调稳定，没有过多的语言变化；形象材料少，没有过多的记事描述；居主导地位的是对判断进行分析，使判断严密无隙，互相贯通。

4. 明快活泼型演讲

明快活泼型演讲的明显特征是节奏明快，语言变化幅度大，情调多变，富有表情，感情热烈，表达通俗，喜用比喻，表现力强，语言幽默而形象、清新而生动，令人感到十分亲切。明快活泼型演讲能使演讲会场气氛活跃、融洽，能给听众带来欢乐和活力，让听众在轻松愉快的氛围中受到教育和得到启发。

(四) 按演讲活动方式的不同分类

以演讲活动的方式为标准，演讲可分为命题演讲、即兴演讲、论辩演讲三种。

1. 命题演讲

命题演讲是根据组织者事先规定主题的范围，在有准备的基础上，所作的主题突出、内容系统、结构完整、要求全面的演讲。它包括竞赛命题演讲、会议专题演讲和学术专题演讲三种类型。

2. 即兴演讲

即兴演讲是指演讲者事前无准备，由于受某一环境、氛围或某一主题的诱发而临时发表的演讲。它包括政治生活、工作事务中的即兴演讲和比赛、答辩等现场的即兴演讲两种类型。

3. 论辩演讲

论辩演讲是指对某一事物持有不同观点的双方，在同一个演讲环境中，所进行的以坚持本方观点、批驳对方观点为宗旨的演讲。这包括日常论辩演讲、专题论辩演讲、赛场论辩演讲三种类型。

三、演讲的功能

演讲，作为一种社会实践活动，作为人类的精神财富，之所以从古至今，绵延不衰，方兴未艾，其重要原因，就是它有着强烈而广泛的社会作用，有着不可估量的社会价值和极其深远的历史意义。正因如此，古往今来，从中到外，演讲无不被人们所重视、所利用，发挥着它独特的、巨大的功能。

演讲的功能有很多，主要表现在四个方面。

(一) 组织动员功能

演讲在组织动员公众有所行动上有着充分的体现。有很多演讲，最直接的目的就是动员，组织公众去进行某种实际行动。在演讲中，演讲者总是以自己的真知灼见，坚定提出人们(公众们)必须去进行某种行动，并明确地指出其必要性和迫切性。当听众听到这种演讲后，往往会被演讲者的演讲所打动，接受他的劝导，并积极地去行动。例如，1941 年 11 月 7 日，法西斯德国的百万大军兵临城下，将莫斯科围得水泄不通，国家、民族处于生死存亡的关键时刻，为鼓舞士气、庆祝十月革命 24 周年，苏联红军在莫斯科红场举行了盛大阅兵式。斯大林发表了著名的充满激情的演说。该演讲极大地鼓舞了苏联人民的战斗意志。阅兵式一结束，受阅部队直接开赴前线。

(二) 教育启发功能

自从人类进入文明社会以来，无论哪一个阶级、阶层或社会集团都很重视演讲的教育启发作用。一个好的演讲本身携带着大量的知识文化信息。通过演讲，演讲者可以得到自我教育，听众可以从中受到熏陶感染，接受信息，从中受到教育启发。

例如，苏维埃政权建立初期，列宁为了教育群众，捍卫十月革命的伟大成果，巩固新生的人民政权，就深入工厂、红军部队和农民中，发表演讲 300 余次，其中，有 16 次录成留声片，广泛传播，以教育启发人民树立起捍卫十月革命伟大成果的自觉意识。

(三) 激励鼓舞功能

演讲者往往与大多数公众的愿望一致，在演讲中，能鲜明地说出广大公众想说的话，想听并爱听的话。演讲者大多有一种激情能够感召和振奋听众。他们演讲时褒贬分明，歌颂、讽刺、赞扬、鞭挞，无不充满了感情色彩。这种激情常常会吸引公众、感染公众，从而使公众被激情所激励，所鼓舞。例如，1940 年 5 月，纳粹德国用"闪电战"突袭欧洲拥有 300 万大军，号称欧洲最大陆军强国的法国，使其在短短的 30 天中溃败。法国国防部部长戴高乐将军突然出走英国伦敦。伦敦的 BBC 广播电台向全世界播放了戴高乐在伦敦发表的演说："……我是戴高乐将军，我现在在伦敦，我向目前在英国土地上和将来可能来到英国土地上的军火工厂的一切工程师和技术工人发出号召，请你们和我取得联系。无论发生了什么事，法国抵抗的火焰不能熄灭，也绝不会熄灭。戴高乐永远和你们在一起，自由独立的法兰西万岁！"在法国人民处于屈辱、痛苦和危难的时刻，法兰西升起一颗灿烂的政治、军事明星。戴高乐的演说有力地鼓舞了法国抵抗运动的战士和人民的斗争，也使他成为法国人民和第二次世界大战反法西斯英雄，与罗斯福、丘吉尔、斯大林齐名，永垂青史。

(四) 调适塑造功能

首先，演讲具有调适功能。常言道："良言一句三冬暖"、"一言可以兴邦"。英国史学家、陆军大臣麦考莱曾说："演讲的目的不在真理，而在说服。"演讲的调适功能也在于其说服性。要使人思想被触动，演讲者必须运用一定的演讲技巧，以真情实感感染听众，使听众改变或修正原有的思想认识，接受某种思想、理论和观念，并导向实践，起到心理调适和社会调适的作用。

案例导入

2015 年 4 月 22 日，国家主席习近平出席亚非领导人会议并发表题为《弘扬万隆精神 推进合作共赢》的重要讲话。其中，习主席引用中国古语说：非洲有句谚语，"一根原木盖不起一幢房屋"。中国也有句古话，"孤举者难起，众行者易趋"。亚非国家加强互利合作，能产生"一加一大于二"的积极效应。这里强调的是群众的力量、团结的力量。这引起了与会者的共鸣。

资料来源：中国网. http://news.china.com.cn/2015-04/23/content_35402101.html

其次，演讲具有塑造功能。演讲给演讲者及其所在的组织提供了一个直接在公众中传播个人和组织形象的条件和机会。组织的思想、意图都可以通过演讲的方式传递给公众，以达到内求团结完善，外求发展和谐，塑造组织良好形象的目的。

例如，美国一家制药公司由于更新了一批设备，使得传统药品质量大为提高，而且还研制了一些高效能的新药品。但消费者并不了解这些情况，所以该公司效益一直不好。为了打开销路，使公众了解自己，这家公司挑选了一批有口才的员工，分派他们到各地进行有关这家公司及其药品情况的演讲。通过这种演讲活动，使广大公众了解了这家公司及其药品情况，树立了公司的良好形象。从此之后，该公司的药品销售量直线上升，效益日渐看好。

第二节 演 讲 稿

演讲准备的重要一环是写好演讲稿。演讲稿是进行现场演讲的主要依据。

一、演讲稿的含义

演讲稿又称演讲词，它是演讲者在演讲前事先写出来的，供演讲时使用的主要依据。简而言之，就是供口头发表演讲的文稿。

演讲稿的含义包括广义和狭义两种。广义上的演讲稿，是演讲者为准备在听众面前发表意见、抒发情感而写成的文稿。它的外延很宽，许多讲话稿也属于演讲稿之列，如学术专题演讲、会议报告演讲、法庭论辩演讲、各种礼仪演讲等供口头发表演讲的文稿。狭义上的演讲稿，专指各种主题演讲稿，即参加各种演讲赛、演讲会使用的文稿。

演讲稿的好坏，直接影响到演讲的成功与失败，演讲者千万不可等闲视之。从以演讲的形式发表来看，演讲稿属于演讲学研究的对象，从内容和形式的构成来看，演讲稿又属于写作学研究的对象。

演讲稿具有一般文章的共性，要符合写作一般文章的共同要求。但是，演讲稿又是适应演讲特殊需要而写作的一种实用文体。因为，演讲稿的传播对象与一般文章有所不同。

写出来的演讲稿要用嘴说出去，它的传播对象是听众。听演讲的人，一般是要一听到底的，不能有所选择，除非实在听不下去了而悄悄退场。一般文章的传播对象是读者，读者对写出的文章可以自由地选择，愿意读便读，不愿读则不读。写演讲稿如果不考虑这个不同之处，是收不到好的效果的。

事实上，选题立意、组织材料、安排结构、编列提纲等，都是撰写演讲稿的探讨范围。下面就演讲稿主题确立、材料的选择、结构的安排等几方面来加以探讨。

二、演讲主题的确立

(一) 演讲议题的确定

萌发了演讲的动机，拟定了演讲的最初目的，就必然要选择议题、确定中心。这个环节非常重要，直接决定着演讲的主题和价值，影响着演讲的成败。

所谓议题，就是演讲的内容。选择议题就是选择话题，确定谈哪方面的内容。演讲者总是通过阐述、分析、论证话题来表情达意的。那么，究竟怎样选择话题呢？其基本原则应当是：

1. 体现时代精神，顺应历史潮流

演讲的目的在于宣传、教育、组织和激励群众。因此，选题一定要有时代意义，必须紧紧抓住人们普遍关心的问题，抓住社会现实中急需解决的问题。

2. 适合听众需求，内容有的放矢

选题要有针对性，要能深刻影响听众，极大地感染听众。由于民族不同，性格各异，职业有别，年龄差距，以及生活环境和文化修养不同，演讲的听众存在着很大的心理差异、风格差异、感情差异等。选题应考虑不同类型听众的需要。根据不同民族、不同职业、不同层次的听众的知识水准、兴趣爱好、风俗习惯等来确定。只有选题适合听众的心理、愿望，才能调动听众的注意力，唤起听众的热情和兴趣。例如，如果对山区老农大谈高能物理，谈得再好恐怕也不会受欢迎；倘若换成水土保持，情况则大不一样。

3. 切合自己的身份，不妨“驾轻就熟”

选择演讲议题，应切合自己的年龄、身份、气质，适合自己的知识水平和兴趣。这样，演讲者便能自然地融入自己的思想感情，“得心应口”，措辞、语调、口气也就自然、生动、有声有色、富有活力，给人以新鲜感和亲切感。

演讲者不妨“驾轻就熟”，选择自己比较熟悉、最感兴趣的议题，这样容易讲深讲透，讲出水平，讲出风格。

4. 注意演讲场合，考虑预定时间

演讲者应考虑演讲的时空环境，包括现场的布置、时间、背景、组织和听众等因素。演讲者设置议题还应考虑演讲可提供的时间，努力做到恰如其分。

(二) 演讲主题的确立

选定了议题，就有了演讲的大方向，但仅有大方向还不行，还必须确定一条具体的途径，必须确定主题。主题是演讲的灵魂，它决定着演讲思想性的强弱，制约着材料的取舍和组织，影响到论证方式和艺术调度。它是选题的具体化和明朗化。没有明确的主题，演讲就如同没有灵魂的偶像，即使讲得天花乱坠，也会让人不知所闻，不得要领。

演讲的主题要集中。一般来说，一篇演讲只能有一个主题，必须围绕这个主题展开阐述，否则就容易出现焦距模糊、思想枝蔓的毛病。主题要求鲜明、正确、新颖、深刻。鲜明，是指主题要贯穿于全篇，能够给听众留下深刻的印象，引起强烈的反响。

三、演讲材料的选择

(一) 演讲材料的含义和意义

作为演讲稿写作对象的“材料”，是指客观存在的一切人、物、事（事件、事情、事实）、景（景色、景物、场景）、情（情感、情怀）、理（理论、道理、伦理）等。不管古今中外，也不管历史的、现实的还是具体的、抽象的，凡可作为演讲写作对象的都可称为材料。这些材料作用于人的头脑，会引起人们的思索、想象和认识，给人一种信息。一篇演讲稿，不论选择了什么题材，确定了什么主旨，材料的充分、可靠和典型的程度都是衡量其质量优劣的尺度之一。

善于收集材料对演讲是非常重要的。例如，美国第 16 任总统林肯，经常戴一顶当时流行的高帽子，随时将所见、所闻、所感的材料记在碎纸片、旧信封及破包装纸上，然后摘下帽子，放进里面，再把帽子戴上，闲暇之时，便分门别类，加以整理，抄进本子以备用。他的特点是收集材料十分及时。再如，维德摩迪是美国 19 世纪的大演说家，他准备了许多大信封，信封上标着醒目的标题，倘若遇到好材料，便及时抄录下来，放入相应题目的信封内，分档储存有用材料。他们的成功演讲与平时“做有心人”，注意收集材料密切相关。

当然，收集材料的过程，本身就是一个鉴别筛选的过程；要慧眼识宝，善于识别，确定材料的性质、价值和作用。否则身在宝山不识宝，即使有好的材料，也会熟视无睹，轻易放过。但是，演讲者在他所掌握的这些材料中，只有很少一部分适合写一篇演讲稿。因此在写作演讲稿的时候，对材料就要进行选取。

(二) 收集材料的途径和方法

1. 选材的方法

首先，对材料进行分析。材料是客观存在的，它包含一定的内容，能说明一定的问题，但是并不直接显露出来。它可以说明这个问题又可以说明那个问题。这说明，被选取的材料既是客观的也是主观的。正确选取的材料是主客观的统一。

其次，在分析的基础上鉴别。即把它们的本质意义和所能说明的问题做一番比较，把与演讲主旨相关的留下，不相关的舍去。做到材料和主旨统一，客观和主观一致。“大同”可使主旨集中、统一，“小异”可使主旨充实、圆满。

2. 选材的原则

演讲者通过分析和鉴别，保留了一些适合这次演讲用的材料。在演讲稿写作时，对这些材料还要进一步选取。对材料的选取，一般依照下列原则：

(1) 以主题为根据，选取能充分、贴切展现主题的材料。

(2) 选取具有典型性的材料。

(3) 选取真实、可靠、具体的事实材料。

(4) 选取新鲜、有趣的材料。

(5) 选取符合自己身份的材料。

写作时如果有一两个材料从这个原则看去有两三点合适，就是很好的材料，仅有一点合适也是可取的。

四、演讲结构的安排

演讲的文稿，不是主题和材料的简单相加，而是它们严谨巧妙的结合。演讲文稿总是由开头、中间和结尾三部分组成。这三部分必须配合恰当，形成有机的整体。开头如何勾勒提要，定好基调；中间如何逐层分析，形成高潮；结尾如何自然收束，发人深省，都必须认真揣摩。

(一) 开头

俗话说“万事开头难”。演讲开头的好坏，将直接影响演讲整体的展开，影响听众的情绪，以及整个演讲会场的气氛。

古人云：“善于始者，成功已半。”出手不凡的开头，能唤起听众的兴趣和求知欲，能产生巨大的吸引力，紧紧抓住听众的兴头，使听众非听下去不可。那么，究竟怎样设计和安排演讲开头？这主要取决于演讲的内容、环境和听众的情况。内容和时空环境的多样性决定了演讲开头的多样性。常见的有下列几种：

1. 设问式开头

聪明的提问是智慧的标志，是通往知识宝库的桥梁。演讲者一开始就提出一个或几个出乎意料的问题，触发听众神经元的亢奋，迅速地唤起听众的兴趣和注意力，引起人们的深思，自然地激发听众的参与意识，缩短演讲者与听众的距离，使两者的思想感情得以迅速沟通。同时，提问能加深听众对问题的记忆和理解。

例如，毛泽东同志的《人的正确思想是从哪里来的?》的开头是：“人的正确思想是从哪里来的？是从天上掉下来的吗？不是。是自己头脑里固有的吗？不是。人的正确思想，只能从社会实践中来，只能从生产斗争、阶级斗争和科学实验这三项实践中来。”

2. 叙事式开头

演讲者一开始就叙述一件事情或讲述一段故事。这种开头，由于事情或故事具有情节生动、内容新奇等特征，容易赢得听众的关注，并能制造悬念，激起听众的兴趣。

例如，有一篇演讲是以这样一个故事开头的：“一个旅客租了一匹驴子。中午旅客坐在驴影中休息，以躲避骄阳，可驴子的主人也想在阴影中休息一会，但驴影只能遮蔽一个人。于是，两人发生了激烈的争论，争论谁有权在驴影下休息。就在他们两人吵架的过程中，驴子早已跑得无影无踪了。”这是《莫为小事争吵》演讲中的开头。演讲者引用了这一故事，来告诫人们不要为小事争吵，这种争吵对双方都没有好处。

3. 明旨式开头

这是常见的开头方式。这种方式开宗明义，概括主要内容，直接揭示主题，说明意图。

使听众能够直接明了演讲的主要内容，乃是一种最常见的形式。

例如，邓小平同志于1980年3月12日在中央军委常委扩大会议上发表演讲时，是这样开头的："军队的问题，主要有四个问题：第一是'消肿'，第二是改革体制，第三是训练，第四是加强政治思想工作。"

4. 悬念式开头

悬念式开头能激发听众的好奇心，能促使听众尽快进入演讲者的主题框架。

例如，一位日本教授在给大学生做演讲前，面对台下叽叽喳喳、谈论不休的大学生们，他没有急于宣布他的演讲主题，而是从口袋里摸出一块黑乎乎的石头扬了扬："请各位同学注意看，这是一块非常难得的石头，在日本，只有我才有这一块。"当同学们都伸长脖子想看个究竟的时候，这位教授才说明，这块石头是他从南极探险带回来的，并开始了他的南极探险演讲。

运用悬念式开场白要注意两点：一是不要把人人都知道的常识性问题硬性转换成悬念；二是不要故意吊听众的"胃口"，因为这有可能激起听众对演讲者的反感。

5. 渲染式开头

这种开头意在渲染气氛，引发听众相应的感情，使听众迅速受到情绪感染，注意聆听演讲内容开头方法。这种开头形象生动，引人入胜。

例如，恩格斯《在马克思墓前的讲话》的开头："三月十四日下午两点三刻，当代最伟大的思想家停止思想了。让他一个人留在房里还不到两分钟，等我们再进去的时候，便发现他在安乐椅上安静地睡着了——但已经是永远地睡着了。"这个开头，只用短短的两句话，便把听众引进了一个庄严、肃穆、沉痛、对革命导师敬仰的气氛之中，有利于听众接受演讲的正文所欲展开的谈论。

渲染式开场白容易陷入空泛和抽象，初学演讲者要慎重选用。

6. 强力式开头

强力式开场白是把要论及的内容加以适度夸张或从常人未曾想象过的角度予以渲染，以引起听众的高度重视。

例如，美国一家广播公司在宣传无线电作用的科普演讲中这样开头："各位可知道，一只苍蝇在纽约一个玻璃窗上行走的微细的声音，可以用无线电传播到中非洲，而且还能使它扩大成像尼亚加拉大瀑布般惊人的声响。"这则广播演讲选择普通人难以想象也不会去付诸实践的角度宣传无线电的特殊效能，构成了强力式开场白。

但要注意，强力式开场白不能一味夸大，以免造成故弄玄虚、骇人听闻的负面效应。

7. 幽默式开头

幽默式是以幽默、诙谐的语言或事例作为演讲的开场白，可振作听众情绪，也可活跃演讲气氛。

例如，美国黑人领袖约翰·罗克在面对白人听众关于解放黑人奴隶的演说时说："女士们，先生们——我来这里，与其说是发表讲话，还不如说是给这一场合增添了一点'颜色'"。

这是一个自嘲式的开场白，引起听众哄堂大笑。笑声冲淡了由种族差异而造成的心理隔阂，使沉重的话题变得轻松。

幽默式开场白切忌低级庸俗的笑话或粗俗的语言。这样的所谓的“幽默”，不仅仅损坏了演讲主题的价值，也贬低了演讲者在听众心目中的人格形象。

8. 名言警句式开头

公关人员在演讲中，适当地引用深邃而新颖的格言，或采用哲言隽语、名言警句作为开场白，可以给听众留下难忘的印象，强化演讲开场白的分量。

例如，演讲题为《让生命在追求中闪光》的开场白是：美国黑人教育家本杰明·梅斯有句耐人寻味的名言：“生活的悲剧不在于没有达到目标，而在于没有想要达到的目标。”这话是极有道理的。

如果演讲题目为《青少年应珍惜光阴》，那么在开场白的语言中不妨用“一寸光阴一寸金，寸金难买寸光阴”和“大禹圣人，乃惜寸阴；至于今人，当惜分阴”之类的名言，给听众留下深刻的印象。这要求我们在平时多收集各种名言、警句、成语，并进行分类整理，这样到用时便可以得心应手了。

(二) 主体

主体是演讲稿的主干部分，篇幅较大。要使演讲的观点站得住、立得牢，就必须做到内容充实丰满，有血有肉，要围绕中心论点，处埋好论点与论据之间的关系，合乎逻辑地逐层展开论述，做到结构有力、层次清楚、过渡自然。

1. 安排好讲述层次

撰写演讲稿、安排层次的过程，实际上就是对所选材料进行归类的过程。要根据客观事物内部联系的特征和共性来合理安排层次。事件一般有发生、发展、结局等几个阶段；问题一般有提出、分析和解决等几个过程；人物有成长变化的历史；场景有空间位置的特征等。因而，层次安排常以时空为序，以逻辑线索为序，或以认识过程为序，形成时空结构层次、逻辑结构层次和心理结构层次。

安排层次要注意通篇格局，统筹安排，给人以整体感；要主次分明，详略得当，给人以稳定感；要互相照应，过渡自然，给人以匀称感。同时，演讲稿主要是用以讲给人听的，是转瞬即逝的，结构层次不宜太复杂，要给人以明朗感。

演讲稿的层次排列形式可分为纵向组合结构、横向组合结构和纵横交叉结构。

(1) 纵向组合结构。它是指按照时间的推移来排列层次，包括直叙式和递进式两种。

第一，直叙式。即是以时间先后为序，或以事情的发生、发展或变化过程为序。这种结构层次比较单一，事情的来龙去脉很清楚。运用这种方法，要注意突出重点，兼顾一般，切忌平均用力，平铺直叙。

第二，递进式。即是按事理的展开或认识由浅入深的递进过程来安排结构层次，或按演讲者感情发展的脉络来安排层次。按事理展开，多采用“叙事—说理结论”的模式，即摆情况，作分析，下结论，也就是提出问题，分析问题，解决问题。按照由浅入深的递进过程安排层次，其内容则呈螺旋式层层深入，由表及里。这样的安排，说理透彻，说服力强。按照演讲者感情发展的脉络来安排层次，内容起伏跌宕。

(2) 横向组合结构。这种组合结构，或按事物的组成部分展开，或按空间分布展开，或按事物的性质归类关系展开。按照不同的排列展开方式，横向组合可分为简单列举式和总分并列式。

简单列举式即是围绕主旨，把选取的材料逐条逐项并列排出，它们从不同角度来表现演讲中心。总分并列式则常遵循总分思路辐射式地展开，并列的各部分按事物的逻辑关系分类安排，分别围绕主旨阐述一个问题，或说明事物的一个侧面。

采用横向组合结构，要力戒罗列现象，要注意发掘各部分材料间的必然联系，发挥整体效应。

(3) 纵横交叉结构。有些内容丰富、容量较大、时间较长的演讲，常采用此种结构。它以时间顺序为主线，穿插横向组合材料；或者以横向组合为主，其间穿插纵向组合材料。先按纵向组合容易看出事物发展的全过程，先按横向组合则易于分析出事物各部分之间的联系和区别。

2. 组织和安排演讲高潮

在演讲的主体中，要组织和安排一个或几个演讲高潮，形成强烈的“共振效应”。演讲高潮实际上就是演讲者和听众感情最激昂、精神最振奋的地方。它是运用典型的事例，恰当的议论，深刻的哲理，巧妙的修辞，生动的语言，真挚的情感，得体的动作所组成的强烈的兴奋点。它是崇高美、哲理美和诗意美达到的高度和谐统一。

(三) 结尾

俗话说：“编筐编篓，重在收口；描龙画凤，难在点睛。”演讲的结尾，就是演讲的“收口”、“点睛”。美国作家约翰·沃尔夫认为“演讲最好在听众兴趣未尽时戛然而止。”其意就是说，最好在演讲达到高潮时果断“刹车”，以此来强化给听众的最佳印象。

怎样设计和安排演讲的结尾呢？常见的有以下几种：

1. 总结式结尾

总结式结尾，即以总结归纳的方式结尾。这种结尾，扼要地总结演讲内容，能起到提醒、强调的作用，给听众留下完整的总体印象。

例如，毛泽东同志题为《必须制裁反动派》的演讲的结尾是：“我们今天开这个大会，就是为继续抗战，继续团结，继续进步。为了这个，就要取消《限异党活动办法》，就要制裁那些投降派、反动派，就要保护一切革命的同志、抗日的同志、抗日的人民。”在这次演讲中，毛泽东同志在分析、论证、说明了问题之后，再以极其精练的语言，概括地总结全文，简明扼要地突出全文中心。这样的结尾给听众留下清楚、完整而深刻的印象。这个结尾恳切、热情、概括，点化主旨，给听众留下了清晰、完整而又深刻的印象。

2. 感召式结尾

这种结尾多是提希望、发号召、表决心、立誓言、祝喜庆、贺成就，以激起听众感情的波涛，给人以心志的激励。

例如，左英同志的《生命之树长青》的演讲的结尾是：“现实曾经是过去的希望，现实的希望则在于未来。现实是连接过去和未来的桥梁。还是让我们从现实做起吧。用知识来充实我们的头脑，让高尚的理想为我们插上奋飞的翅膀。时代的火炬已点燃了我们青春的烈火，让我们喷发出所有的光和热吧！”这个结尾富有哲理和战斗激情，有很大的感召力。它既能使人受到激励鼓舞，又能让人明白应该怎样去做，能鼓动和唤起听众的反应。

3. 决心式结尾

以表决心，发誓言的方式结尾。这种结尾感情饱满，态度鲜明，激情奔放，有助于坚定听众的信念，增加演讲的感召力。如演讲稿《无愧于伟大的时代》的结尾："同学们，让我们高举起'五四'的火炬，弘扬民主与科学的精神，把爱国之情，报国之志化为效国之行，用我们的热血和汗水、青春和智慧，甚至是生命，向我们的先辈和后代，向我们的祖国和民族呐喊：我们将无愧于伟大的时代，无愧为中华民族的炎黄子孙！我们将无愧为跨世纪的中国人！谢谢！"这种结尾言简意赅，语言真切，充分表达了演讲者鲜明的立场和坚定的决心，从而有力地鼓舞着广大听众朝着这一目标奋进。

4. 抒情式结尾

这种结尾往往是演讲者在叙述典型事理后，油然而生的激情，以抒情方式结尾，言尽而意未尽，留有余韵，给人启迪。郭沫若的《科学的春天》的演讲，就是这样结尾的："春分刚刚过去，清明即将到来。'日出江花红胜火，春来江水绿如蓝。'这是革命的春天，这是人民的春天，这是科学的春天！让我们张开双臂，热烈地拥抱这个春天吧！"这样结尾，热情奔放，以诗一般的抒情语言激励人们向科学进军，拥抱科学的春天，具有很强的感染性和鼓动力。

5. 名言警句式结尾

即通过引用谚语、成语、格言、警句、诗词等方式结尾。这种结尾言简意明，多有韵律，使内容显得充实丰满，具有哲理性和启发性。

例如，习近平主席 2014 年 7 月 4 日在韩国国立首尔大学发表题为《共创中韩合作美好未来，同襄亚洲振兴繁荣伟业》的演讲的最后，习近平引用唐代著名诗人李白在《行路难》当中的诗句，表达对中韩友好的信心。他说"'长风破浪会有时，直挂云帆济沧海。'我相信，只要我们升起友好合作的风帆，坚持互利共赢的航向，中韩友好合作的巨轮必将乘风破浪，不断驶向和平与繁荣的光明彼岸！"

用名言警句式结尾，能给演讲者的思想提供有力的证明，增加演讲的可信度，显得更加优美、含蓄，睿智大气，具有较强的说服力和鼓舞作用。

6. 祝愿式结尾

这种结尾方式多用于各种典礼、聚会的讲话之中，以表达演讲者的良好祝愿。

例如，夏安斌同志在徐特立先生六十寿辰祝词中的结尾是这样的："徐老师，但愿我的一句话和一个希望会有助于您晚年的幸福、健康、长寿！"

7. 点题式结尾

用重复题目的方式结尾。演讲的题目或标题是演讲的重要组成部分，是最具个性和特色的标志。在演讲结束时，如果重复题目，再一次点题，那么，就能加深听众对演讲的印象，使听众产生强烈的共鸣。如演讲稿《我爱长城，我爱中华》的结尾就是用点题式：

雄伟啊长城，伟大啊中华！我登上崇山峻岭的高峰之巅，我站在万里长城耸入云端的城楼之上，我昂首挺立在世界的东方，在祖国的山川大地，向世界的大洲、大洋，向天外的星球宇宙，纵声呼喊："我爱长城！我爱中华！"

这种结尾方式，即表达了主题的需要，同时又对听众产生振聋发聩的冲击力。

8. **余味式结尾**

以留余味、泛余波的方式结尾。这种结尾语尽而意不尽，意留在语外，像撞钟一样，清音有余，余味袅袅，回味无穷，三日不绝。余味式结尾好像秋天瑰丽的晚霞一样，收得俊美漂亮，并且伴有“渔舟唱晚”的娓娓之声，让听众流连忘返，久久回味。如演讲稿《人生的价值何在》的结尾：“我们的雷锋，在他短暂平凡的人生中，创造出了巨大的人生价值，给我们留下了无与伦比的精神财富，那么，亲爱的朋友们，在漫长而又短暂的人生之路上，我们将做些什么？创造些什么？留下些什么呢？”这个结尾采取对比和提问的手法，听后令人深思，发人深省，叫人不得不扪心自问，三省吾身，给听众留下了哲理性的思索和回味。

综上所述，结尾一定要有深度，如异峰突起，要韵味深刻，使听众情绪激动感奋；切忌虎头蛇尾或画蛇添足，努力避免陈词俗套或语言干巴。

本章小结

本章分两节进行了论述。第一节公共关系演讲概述，首先阐释了演讲的含义和特点，其次介绍了演讲的类型，最后阐释了演讲的功能；第二节演讲稿，首先论述了演讲稿的含义，其次阐释了演讲稿演讲主题的确立、演讲材料的选择、演讲结构的安排等问题。通过本章的学习，能对公共关系演讲有比较清楚的认识，以使公共关系工作者能运用好演讲这一公共关系技术，进而更好地开展公共关系工作。

自测题

关键名词

演讲　演讲稿

思考训练题

1. 演讲具有哪些特点？
2. 按演讲主题内容上的不同分类，演讲可分为哪几种类型？
3. 按演讲表达形式上的不同分类，演讲可分为哪几种类型？
4. 按演讲表现风格上的不同分类，演讲可分为哪几种类型？
5. 按演讲活动方式的不同分类，演讲可分为哪几种类型？
6. 谈谈演讲的功能。
7. 谈谈演讲稿结构的安排。

周恩来的精彩演讲

1945 年，国共谈判期间，周恩来曾应重庆“西南实业协会”的邀请，出席他们的一次星期五聚餐会，并准备演讲《当前经济形势》。在此聚餐会之前，周恩来认真阅读了当时重庆的经济材料，并且叫经济学家许涤新同志前去汇报重庆资本家存在的问题和思想动态，汇报资本家对于国民党的经济政策和官僚资本的态度等。

在星期五聚餐会上，周恩来作了《当前经济形势》的演讲。听报告的人极其踊跃，不仅座无虚席，而且在讲堂的窗台和窗外都站满了人，但会场秩序很好，只有周恩来同志的气壮山河的洪亮声音在震荡着。

此案例中，周恩来充分运用了演讲这一公关手段，宣传了中国共产党的观点和思想。他在演讲前做了充分的准备工作，包括了解听众、熟悉主题和内容、搜集素材和资料、准备演讲稿和作适当的演练等。他的这些准备工作为演讲的成功奠定了基础，使他在重庆作了一场精彩的演讲。

资料来源：公关案例及分析.新浪网(有改动).http://blog.sina.com.cn/s/blog_5c3de9d30100ijyc.html

问题：谈谈周恩来的这次演讲之所以能获得如此巨大成功的原因。这对你有何启示？

参考文献

1. 王乐夫等.公共关系学.沈阳：辽宁人民出版社，1986.
2. 明安香.当代实用公共关系.北京：经济管理出版社，1991.
3. 蒋春堂.公共关系学教程.武汉：武汉大学出版社，1994.
4. 齐冰，吴爱明，赵光辉.公共关系通论.北京：中国林业出版社，1995.
5. 姚凤云.公共关系学.哈尔滨：黑龙江科学技术出版社，1995.
6. 黄辛隐，等.公共关系心理学.苏州：苏州大学出版社，1996.
7. 陈耀春.中国政府公共关系.北京：中国经济出版社，1999.
8. 张克非.公共关系学.北京：高等教育出版社，2001.
9. 徐美恒，尹明丽.公共关系理论和技能.天津：天津大学出版社，2002.
10. 熊源伟.公共关系学.(第三版).合肥：安徽人民出版社，2003.
11. 熊超群，潘其俊.公关策划实务.广州：广东经济出版社，2003.
12. 李道魁.公共关系教程.成都：西南财经大学出版社，2003.
13. 王培才.公共关系.合肥：中国科学技术出版社，2003.
14. 李道平.公共关系学.北京：经济科学出版社，2003.
15. 方宪玕.公共关系学教程.杭州：浙江大学出版社，2004.
16. 居延安.公共关系学(第二版).上海：复旦大学出版社，2004.
17. 田克俭.新编公共关系学实用教程.北京：中国商务出版社，2004.
18. 严成根.王学武.公共关系学.北京：清华大学出版社，2006.
19. 曾琳智.新编公关案例教程.上海：复旦大学出版社，2006.
20. 倪东辉，鲍娜.公共关系原理与实务.北京：机械工业出版社，2006.
21. 蒋楠.公共关系原理现实务.北京：中国人民大学出版社，2006.
22. 杨加陆.公共关系学教程(第二版).上海：复旦大学出版社，2007.
23. 任焕琴.商务公共关系学.北京：清华大学出版社，2007.
24. 陈先红.公共关系学原理.武汉：武汉大出版社，2007.
25. 杨俊.新型实用公共关系教程.北京：高等教育出版社，2008.
26. 朱同娴.公共关系原理与实务.北京：高等教育出版社，2008.
27. 廖为建.公共关系学简明教程.广州：中山大学出版社，2008.
28. 沈永祥，洪霄.公共关系学.北京：化学工业出版社，2008.
29. 周朝霞.公共关系实务.北京：北京邮电大学出版社，2008.
30. 张荷英.现代公共关系学.北京：首都经济贸易大学出版社，2009.
31. 王晓华，巢婷，田素美.现代公关礼仪.天津：天津大学出版社，2009.
32. 查灿长.公共关系学.上海：上海大学出版社，2010.
33. 周华.公共关系学实用教程.北京：北京大学出版社.中国农业大学出版社，2009.
34. 殷娟娟.公共关系学教程.北京：中国人民大学出版社，2011.
35. 殷娟娟，齐小华，赵世清.公共关系学教程.北京：中国人民大学出版社，2011.
36. 鄢龙珠.现代公共关系学.北京：清华大学出版社.北京交通大学出版社，2011.
37. 张晓明，谢先达.公共关系学.北京：中国水利水电出版社，2012.
38. 黄禧祯，刘树谦.公共关系学通用教程(第二版).北京：北京理工大学出版社，2012.
39. 张岩松，张丽英.实用公共关系.大连：大连理工大学出版社，2012.
40. 杨哲昆.旅游公共关系学.大连：东北财经大学出版社，2015.
41. 张云.公共关系中的"双主体"、"多主体"现象解析.国际公关，2014.

42. 佚名.中国公共关系的回顾与瞻望.房策天下网 http://www.swotbbs.com/thread-5495-1-1.html
43. 小榄永年的博客.公共关系学.第五章.新浪网 http://blog.sina.com.cn/u/2849712534
44. 公共关系学案例.2010-06-02.豆搜网 http://www.docsou.com/doc/110032-28.html
45. 公共关系策划综合案例.道客巴巴网 http://www.doc88.com/p-509837906686.html
46. 精品课程.公共关系 http://gggx.lszjy.com/Article/jakj/bzja/201111/232.html
47. 中国公关网 http://www.chinapr.com.cn/templates/T_Second/index.aspx?nodeid=3&page=ContentPage&contentid=7962
48. 中华文本库 http://www.chinadmd.com/file/zxvip6szrppso6e63ppwcocp_1.html
49. 学习资料共享网 http://www.87994.com/read/e1643f2e4c0b36b71d651758.html
50. 圣才学习网(http://xwcb.100xuexi.com/view/specdata/20121023/c66333bb-d35b-461d-a2ce-7a66db2b0a16.html)
51. 中国危机管理网 http://www.crisis119.org/?action-viewnews-itemid-97127
52. 中华演讲网 http://www.zhyjw.com/article/html/2936.html

教学支持说明

尊敬的老师：

您好！为方便教学，我们为采用本书作为教材的老师提供教学辅助资源。鉴于部分资源仅提供给授课教师使用，请您填写如下信息，发电子邮件或传真给我们，我们将会及时提供给您教学资源或使用说明。

课程信息

书　名			
作　者		书号（ISBN）	
课程名称		学生人数	
学生类型	□本科　□研究生　□MBA/EMBA　□在职培训		
本书作为	□主要教材　□参考教材		

您的信息

学　校			
学　院		系/专业	
姓　名		职称/职务	
电　话		电子邮件	
通信地址		邮　编	
对本教材建议			
有何出版计划			

________年____月____日

清华大学出版社

E-mail: tupfuwu@163.com　　网址：http://www.tup.com.cn/
电话：8610-62770175-4903/4506　　传真：8610-62775511
地址：北京市海淀区双清路学研大厦 B 座 506 室　　邮编：100084